Android Apps Entwicklung für Dummies – Schummelseite

Um Android-Anwendungen entwickeln zu können, müssen Sie mit einer Entwicklungsumgebung, einem SDK, Emulatoren und der Android-Plattform vertraut sein. Sie müssen sich mit verschiedenen Bildschirmabmessungen, verwirrenden und komplexen Frameworks und Abhängigkeiten auseinandersetzen. Hier finden Sie einige hilfreiche Hinweise, mit denen Sie Ihre tägliche Arbeit besser bewältigen können sollten.

Hilfreiche Hinweise für die Android-Anwendungsentwicklung

Viele Probleme lassen sich mit Android zwar leicht lösen, aber irgendwann werden Sie eventuell einmal nicht mehr weiterwissen. Die folgende Liste soll Sie auf die richtigen Hilfequellen verweisen.

- ✔ Sie sind sich nicht sicher, wie Sie ein Problem lösen sollen? Besuchen Sie die Foren unter http://StackOverflow.com und benutzen Sie dabei das Android-Tag. StackOverflow wird bei Entwicklerfragen für die Android-Plattform empfohlen.

- ✔ Die gängigsten Aufgabenstellungen wurden bereits für Sie erledigt. Eine entsprechende Liste und Anleitungen finden Sie auf der Website für Android-Entwickler: http://d.android.com/resources/faq/commontasks.html

- ✔ Wenn Sie sich nicht sicher sind, was ein Paket oder eine Klasse macht, führen Sie den Cursor in Eclipse über das Objekt, um das Fenster mit der Dokumentation anzeigen zu lassen. Wenn keine Tipps angezeigt werden, finden Sie die Dokumentation online unter http://d.android.com/reference/classes.html.

- ✔ Um alle Referenzen eines bestimmten Objekts in Ihrer Klassendatei zu ermitteln, markieren Sie es und drücken [Strg]+[Shift]+[G].

- ✔ Um die in der DDMS-Perspektive angezeigten Meldungen übersichtlicher darstellen zu lassen, definieren Sie einen für Ihre Anwendung spezifischen Filter.

- ✔ Bei Eingaben in Eclipse kennen Sie manchmal die Namen von Zieleigenschaften, Methoden oder zu erstellenden Klassen. Sie existieren aber noch nicht. Wenn Sie den Namen der Komponente eingeben, wird Eclipse Sie darüber informieren, dass sie nicht gefunden werden kann. Markieren Sie sie dann und drücken Sie [F2]. Daraufhin wird ein kleines Fenster angezeigt, über das Sie das betreffende Element mit einem Mausklick erstellen können.

- ✔ Zur schnellen Navigation in einer Klassendatei drücken Sie [Strg]+[O] und beginnen mit der Eingabe des Sie interessierenden Mitglieds. Wählen Sie es in der dann angezeigten Liste aus und drücken Sie (Enter).

  Um in der Eclipse-IDE schnell zwischen Registerkarten umzuschalten, drücken Sie [Shift]+[Bild ↑] oder [Shift]+[Bild ↓].

- ✔ Um Ihre Android-App zu starten, drücken Sie [Strg]+[Shift]+(F11).

Eclipse-Tastenkürzel

Beim Entwickeln von Android-Apps werden Sie meistens in der Eclipse-IDE arbeiten. In der folgenden Tabelle habe ich einige Tastenkürzel zusammengestellt, mit denen Sie eine Menge Zeit sparen können.

Aktion	Tastenkürzel
Eine neue Datei im aktuellen Paket erstellen	[Alt]+[Shift]+[N]
Importanweisungen organisieren	[Strg]+[Shift]+[O]
Zur Quelldefinition navigieren	[F3]
Ein Objekt umbenennen	[Alt]+[Shift]+[R]
Java-Dateien durchsuchen	[Strg]+[H]
Einen bestimmten Typ öffnen	[Strg]+[Strg]+[T]

Android Apps Entwicklung für Dummies – Schummelseite

Deklarationen suchen	`Strg` + `G`
Nach links navigieren	`Alt` + `←`
Nach rechts navigieren	`Alt` + `→`

Verbreitete Nutzung von Android-Intents

Bei der Entwicklung von Apps werden Sie zumeist einige Basis-Intents benutzen wie die, deren Code ich in der folgenden Tabelle zusammengestellt habe.

Intent	Code
Eine Aktivität starten	`startActivity(new Intent(this, Destination.class));`
Einen Chooser erzeugen	`Intent.createChooser(ihrIntent, "Bitte auswählen");`
Den Webbrowser öffnen	`Intent i = new Intent(Intent.ACTION_VIEW, Uri.parse("http://example.org")); startActivity(i);`
Eine Aktivität für ein Ergebnis starten	`startActivityForResult(ihrIntent, IHR_REQUEST_CODE);`

Apps für mehrere Bildschirmabmessungen entwickeln

Bei der Entwicklung von Apps für mehrere Bildschirmabmessungen müssen Sie vielerlei Dinge beachten. Die folgende Liste soll Sie dabei auf die richtige Spur bringen.

- ✔ Die Abmessungen der Start-, Menü-, Statusleistensymbole und so weiter variieren bei den unterschiedlichen Auflösungen. Halten Sie sich beim Erstellen der Symbole an die entsprechenden Designrichtlinien (http://developer.android.com/guide/practices/ui_guidelines/index.html).
- ✔ Verwenden Sie bei der Definition der Benutzerschnittstelle möglichst immer die dip-Maßeinheit (density-independent pixel). Sie erleichtert die Skalierung für verschiedene Geräte.
- ✔ Verwenden Sie in der Datei `AndroidManifest.xml` das Element `supports-screens`, damit der Android-Marktplatz feststellen kann, ob Ihre Anwendung mit verschiedenen Bildschirmabmessungen kompatibel ist.
- ✔ Erstellen Sie Bilddateien für hohe, mittlere und niedrige Auflösung. Das kostet während der Entwicklung zwar etwas Zeit, kann aber die Anwenderfreundlichkeit und das Aussehen Ihrer App erheblich verbessern.

Android Apps Entwicklung für Dummies

Donn Felker

Android Apps Entwicklung für Dummies

Übersetzung aus dem Amerikanischen von
Gerhard Franken

WILEY-VCH Verlag GmbH & Co. KGaA

Bibliografische Information der Deutschen Nationalbibliothek
Die Deutsche Nationalbibliothek verzeichnet diese Publikation
in der Deutschen Nationalbibliografie; detaillierte bibliografische
Daten sind im Internet über http://dnb.d-nb.de abrufbar.

1. Auflage 2011

© 2011 WILEY-VCH Verlag GmbH & Co. KGaA, Weinheim

Original English language edition »Android Application Development for Dummies«
Copyright © 2011 by Wiley Publishing, Inc. All rights reserved including the right of
reproduction in whole or in part in any form. This translation published by arrangement
with John Wiley and Sons, Inc.

Copyright der englischsprachigen Originalausgabe »Android Application Development for Dummies«
© 2011 by Wiley Publishing, Inc. Alle Rechte vorbehalten inklusive des Rechtes auf Reproduktion im Ganzen oder in
Teilen und in jeglicher Form. Diese Übersetzung wird mit Genehmigung von John Wiley and Sons, Inc. publiziert.

Wiley, the Wiley logo, Für Dummies, the Dummies Man logo, and related trademarks and trade dress are trademarks
or registered trademarks of John Wiley & Sons, Inc. and/or its affiliates, in the United States and other countries.
Used by permission.

Wiley, die Bezeichnung »Für Dummies«, das Dummies-Mann-Logo und darauf bezogene Gestaltungen sind Marken
oder eingetragene Marken von John Wiley & Sons, Inc., USA, Deutschland und in anderen Ländern.

Das vorliegende Werk wurde sorgfältig erarbeitet. Dennoch übernehmen Autoren und Verlag für die Richtigkeit von
Angaben, Hinweisen und Ratschlägen sowie eventuelle Druckfehler keine Haftung.

Printed in Germany

Gedruckt auf säurefreiem Papier

Coverfoto: © istockphoto, #7130164
Korrektur: Frauke Wilkens, München
Satz: Mitterweger und Partner, Plankstadt
Druck und Bindung: M.P. Media-Print Informationstechnologie GmbH, 33100 Paderborn
ISBN: 978-3-527-70732-4

Über den Autor

Donn Felker ist ein bekannter, führender Entwickler und Berater auf dem Gebiet innovativer, topaktueller Software für mobile Endgeräte und das Internet. Als unabhängiger Berater besitzt er zehn Jahre Berufserfahrung in verschiedenen Bereichen wie Unterhaltung, Gesundheitswesen, Einzelhandel, Vermögensberatung und Immobilien. Als Serienunternehmer und kreativer Erfinder im Mobilbereich und dem Internet ist er von deren Möglichkeiten abhängig und von ihnen begeistert. Er ist Gründer von Agilevent, einer innovativen, kreativen Entwicklungsfirma, die Auftragsarbeiten für kleine Jung- und Fortune-500-Unternehmen erledigt hat. Er ist Microsoft-ASP-Insider, MCTS für Webanwendungen mit .NET-Framework 2.0 und 3.5 sowie zertifizierter Scrum-Master. Er hält überall im Land Vorträge über Themen wie Android, .NET und Softwarearchitektur. Er ist der Autor der TekPub-Videoreihe zur Einführung in Android. Er ist als Autor, Veranstalter und Berater in verschiedenen Themengebieten von der Architektur bis hin zur Entwicklung allgemeiner, agiler Verfahren, Muster und Vorgehensweisen tätig. Folgen Sie Donn Felker bei Twitter (@donnfelker) oder lesen Sie seinen Blog unter http://blog.donnfelker.com.

Über den Übersetzer

Gerhard Franken, der Übersetzer und Bearbeiter der deutschen Ausgabe dieses Buches, ist nach seiner Zeit als Systemadministrator und Fachlektor in einem Verlag seit Jahren als Übersetzer, Autor und Bearbeiter von Computerbüchern und anderen Publikationen tätig und hat mittlerweile eine Vielzahl an Computerbüchern selbst verfasst, übersetzt und/oder bearbeitet. Darunter befinden sich auch eine ganze Reihe von ... *für Dummies*-Bücher, zum Beispiel *Linux für Dummies*, *Netzwerke für Dummies*, *Applikationen mit PHP und MySQL für Dummies* sowie *Podcasting für Dummies*.

Cartoons im Überblick
von Rich Tennant

»Ehrlich, bei dem Gedanken an eine schnurlose Zukunft bekomme ich eine Todesangst.«

Seite 25

»Er schien nett zu sein, aber ich könnte nie mit jemandem eine Verbindung eingehen, der so einen Klingelton verwendet.«

Seite 67

Seite 217

Seite 327

Fax: 001-978-546-7747
Internet: www.the5thwave.com
E-Mail: richtennant@the5thwave.com

Inhaltsverzeichnis

Über den Autor   7
Über den Übersetzer   7

Einführung   21

Über dieses Buch   21
Wie Sie dieses Buch benutzen sollten   22
Törichte Annahmen über den Leser   22
Wie dieses Buch aufgebaut ist   23
    Teil I: Die Grundlagen von Android   23
    Teil II: Eine erste Android-App erstellen und veröffentlichen   23
    Teil III: Eine umfassendere App erstellen   23
    Teil IV: Der Top-Ten-Teil   24
Symbole, die in diesem Buch verwendet werden   24
Wie es weitergeht   24

Teil I
Die Grundlagen von Android   25

Kapitel 1
Spektakuläre Android-Apps entwickeln   27

Warum für Android entwickeln?   27
    Marktanteil   28
    Zeit zum Vermarkten   28
    Offene Plattform   28
    Übergreifende Kompatibilität   29
    Kombinierbarkeit (Mashups)   29
Grundlagen der Android-Programmierung   30
    Java: Ihre Android-Programmiersprache   31
    Activities   31
    Intents   31
    Messages mit Intents versenden   32
    Intent-Receiver registrieren   32
    Cursorlose Steuerelemente   33
    Views und Widgets   33
    Asynchrone Aufrufe   34
    Hintergrunddienste   35
    Hardwarekomponenten   35
    Touchscreen   36

GPS	36
Beschleunigungssensor	37
SD-Speicherkarte	37
Softwarewerkzeuge	37
Internet	38
Audio- und Videounterstützung	38
Kontakte	38
Sicherheit	38
Google-APIs	39
Positionen in Landkarten einzeichnen	39
Durch die Stadt navigieren	39
Cloud-Messaging	39

Kapitel 2
Vorbereitung Ihrer Entwicklungszentrale   41

Den Android-Entwickler in sich entdecken	41
Zusammenstellung Ihres Werkzeugkastens	42
Android-Quellcode	42
Linux-Kernel 2.6	42
Android-Framework	43
Anwendungsframework	43
OHA-Bibliotheken	45
Java-Kenntnisse	46
Optimierung Ihrer Hardware	46
Betriebssystem	46
Computerhardware	47
Hilfsprogramme installieren und konfigurieren	47
Das Java Development Kit erhalten	48
Das JDK herunterladen	48
Das JDK installieren	50
Das Android-SDK erhalten	50
Das Android-SDK herunterladen	50
Den Pfad zu Ihren Tools setzen	52
Eclipse erhalten	55
Auswahl der richtigen Eclipse-Version	55
Eclipse installieren	56
Eclipse konfigurieren	57
Eclipse mit dem ADT einrichten	58
SDK-Speicherort angeben	60
Sich mit den Android-Entwicklungswerkzeugen vertraut machen	61
Sich im Android-SDK zurechtfinden	61
Android-Zielplattformen	61
Die SDK-Tools zur Programmentwicklung nutzen	62
Den kleinen Emulator kennenlernen	63
Erfahrungen mit echten Android-Geräten	63

Beseitigung von Fehlern und Macken in Ihren Programmen	65
Die API- und SDK-Beispiele ausprobieren	65
Die API-Demos im Testlauf ansehen	66

Teil II
Ihre erste Android-App erstellen und veröffentlichen 67

Kapitel 3
Ihr erstes Android-Projekt 69

Ein neues Projekt in Eclipse beginnen	69
Analyse Ihres Projekts	75
Auf Fehlermeldungen reagieren	75
Die Bedeutung der Einstellungen Build Target und Min SDK Version	77
Einen Emulator einrichten	78
Launch-Konfigurationen erzeugen	82
Eine Debug-Konfiguration erstellen	82
Eine Run-Konfiguration erstellen	82
Schnelleinrichtung mit duplizierten Launch-Konfigurationen	84
Die App Hallo Android starten	86
Die App im Emulator ausführen	86
Status der Bereitstellung prüfen	91
Die Projektstruktur	92
Durch die Ordner der App navigieren	92
Der Ordner src (Source)	93
Ordner der Android-Zielbibliothek	95
Der Ordner assets	95
Der Ordner res	96
Die Ordner bin, libs und für referenzierte Bibliotheken	98
Der mysteriöse Ordner gen	99
Die Manifest-Datei Ihrer App	101
Versionscode	101
Versionsname	102
Berechtigungen (Permissions)	102
Die Datei default.properties	103
Eclipse-Macken	104
Fehlende import-Anweisungen	104
Projekte bereinigen	104

Kapitel 4
Design der Benutzeroberfläche 105

Die Anwendung »Lautlosmodus-Umschalter« erstellen	105
Layout der Anwendung	107

Die XML-Layoutdatei nutzen	108
XML-Standarddeklaration	109
Layouttyp	109
Views	110
Die Layoutwerkzeuge des Android-SDKs nutzen	110
Den visuellen Designer nutzen	111
Den visuellen Designer öffnen	111
Die Eigenschaften einer View untersuchen	111
Die Bedienschnittstelle entwickeln	114
XML-Layoutattribute betrachten	114
Mit Views arbeiten	115
Werte für layout_width und layout_height setzen	115
Werte für fill_parent und wrap_content setzen	115
Bilder zu Ihrer App hinzufügen	116
Ein Bild auf dem Bildschirm anzeigen	116
Die Bilder zum Layout hinzufügen	119
Die Bildeigenschaften setzen	119
Darstellbare Ressourcen festlegen	120
Ein Startsymbol für die App erstellen	121
Ein eigenes Startsymbol entwerfen	122
Mit Vorlagen arbeiten	122
Symbolgrößen an Bildschirmauflösungen anpassen	122
Ein eigenes Startsymbol hinzufügen	122
Ein Widget für die Schaltfläche hinzufügen	123
Vorschau der App im visuellen Designer	125
Die Ausrichtung ändern	125
Die Hintergrundfarbe ändern	126

Kapitel 5
Code für Ihre App 129

Aktivitäten verstehen	129
Mit Aktivitäten, Stapeln und Zuständen arbeiten	129
Den Lebenszyklus einer Aktivität verfolgen	130
Wichtige Schleifen überwachen	131
Eine Betrachtung der Methoden von Aktivitäten	132
Abläufe von Aktivitäten verfolgen	132
Konfigurationsänderungen erkennen	133
Ihre erste Aktivität erstellen	134
Mit onCreate beginnen	134
Umgang mit Bundle	135
Android zum Anzeigen der Benutzeroberfläche bewegen	135
Umgang mit Benutzereingaben	135
Tastaturereignisse	135
Berührungsereignisse	136
Ihre erste Ereignisbehandlungsroutine	136

Code eingeben	136
Code in eine Methode auslagern	138
Mit den Klassen des Android-Frameworks arbeiten	139
Dienste nutzen	140
Den Lautlosmodus mit AudioManager umschalten	141
Ihre Anwendung installieren	145
Zurück zum Emulator	145
Ihre App auf einem realen Android-Gerät installieren	146
Erneute Installation Ihrer Anwendung	149
Den Status des Emulators verstehen	149
Ihre App erneut installieren	149
Oje! Auf Fehler reagieren	149
Den DDMS (Dalvik Debug Monitor Server) benutzen	150
Warum Sie DDMS kennenlernen sollten	150
Protokolleinträge für DDMS erzeugen	151
DDMS-Meldungen betrachten	152
Den Eclipse-Debugger nutzen	154
Laufzeitfehler prüfen	155
Haltepunkte setzen	156
Den Debugger und die Debug-Perspektive starten	158
Logische Fehler aufspüren	161
Über Anwendungsgrenzen hinaus denken	162
Mit Ihrer Anwendung interagieren	163
Funktioniert es? Ihre App testen	163

Kapitel 6
Android-Ressourcen verstehen — 165

Ressourcen verstehen	165
Abmessungen	166
Styles (Formatvorlagen)	166
Themes (Schemas)	167
Werte	167
Menüs	167
Farben	167
Mit Ressourcen arbeiten	168
Strings in Ressourcen verschieben	168
Das lange Verfahren	168
Das kurze Verfahren	168
Der Kampf mit den Bildern	170
Treppeneffekte und Kompression	170
Mit Ebenen arbeiten	170
Globalisierung von Apps mit Ressourcen	171

Kapitel 7
Umwandlung Ihrer App in ein Widget für den Startbildschirm — 173

- In Android mit App-Widgets arbeiten — 174
  - Mit RemoteView arbeiten — 174
  - AppWidgetProvider nutzen — 175
- Mit PendingIntent arbeiten — 176
  - Das Intent-System von Android verstehen — 177
  - Intent-Daten verstehen — 178
  - Intents auswerten — 179
  - PendingIntent nutzen — 180
- Das Widget für den Startbildschirm erstellen — 181
  - AppWidgetProvider implementieren — 181
  - Kommunikation mit dem App-Widget — 182
  - Das Layout des App-Widgets erstellen — 183
  - Arbeit in AppWidgetProvider verrichten — 185
  - IntentService verstehen — 185
  - AppWidgetProvider und IntentService implementieren — 186
  - Arbeiten mit den Metadaten des App-Widgets — 189
  - Die neuen Komponenten mit dem Manifest registrieren — 191
- Ihr App-Widget zum Startbildschirm hinzufügen — 193

Kapitel 8
Verteilung Ihrer App über den Android-Marktplatz — 195

- Eine verteilbare Datei erstellen — 195
  - Noch einmal zurück zur Manifest-Datei — 196
  - Auswahl der Werkzeuge — 196
  - Digitale Signierung Ihrer Anwendung — 197
  - Erstellen eines Keystores — 198
  - Schutz Ihres Keystores — 198
  - Die APK-Datei erstellen — 198
- Ein Konto für den Android-Marktplatz anlegen — 202
- Preisgestaltung für Ihre Anwendungen — 208
  - Argumente für das kostenpflichtige Modell — 208
  - Argumente für das kostenlose Modell — 209
- Bildschirmfotos Ihrer Anwendung — 209
- Ihre Anwendung auf den Android-Marktplatz hochladen — 210
- Beobachtung der Installationszahlen — 215

Teil III
Eine umfassendere App erstellen — 217

Kapitel 9
Entwurf einer App zur Terminplanung — 219

    Überblick über die Basisanforderungen — 219
        Erinnerungen terminieren — 220
        Daten speichern — 220
        Den Benutzer (höflich) aufmerksam machen — 220
    Die Bildschirme der Anwendung erstellen — 221
        Ein neues Projekt erstellen — 221
        Termine erstellen und bearbeiten — 222
        Das Layout für das Hinzufügen/Bearbeiten von Terminen erstellen — 224
    Ihre erste ListActivity erstellen — 227
        Ein Rumpfgerüst mit falschen Daten — 228
        Verarbeitung von Klick-Ereignissen — 230
        Kurze Klicks — 230
        Lange Klicks — 230
    Intents identifizieren — 231
        Neue Aktivitäten mit Intents starten — 232
        Werte von vorherigen Aktivitäten übernehmen — 233
        Einen Chooser erstellen — 233

Kapitel 10
Menüs gestalten — 237

    Wie sehen gut gestaltete Menüs aus? — 238
    Ihr erstes Menü erstellen — 238
        Die XML-Datei erstellen — 238
        Umgang mit Benutzeraktionen — 240
        createReminder() erstellen — 241
        Die Aktivität vervollständigen — 242
    Ein Kontextmenü erstellen — 242
        Die XML-Datei für das Menü erstellen — 243
        Das Menü laden — 243
        Verarbeitung der Benutzerauswahl — 244

Kapitel 11
Verarbeitung von Benutzereingaben — 245

    Schnittstellen für Benutzereingaben erstellen — 245
        Ein EditText-Widget erstellen — 245
        Anzeige einer Bildschirmtastatur — 246
        Auswahl von Datum und Uhrzeit — 247

Auswahl-Schaltflächen erstellen 248
DatePicker einbinden 249
Den Klick-Listener für die date-Schaltfläche einrichten 249
Die Methode showDialog() erstellen 250
TimePicker einbinden 253
Den Klick-Listener für die time-Schaltfläche einrichten 253
Die Methode showTimePicker() erstellen 254
Ihr erstes Alert-Dialogfeld erstellen 256
Warum Sie Dialogfelder nutzen sollten 256
Zu den Aufgaben passende Dialogfelder auswählen 257
Ein eigenes Alert-Dialogfeld erstellen 258
Eingaben prüfen 261
Toast-Meldungen 262
Andere Prüfungsverfahren nutzen 262

Kapitel 12
Eingabedaten dauerhaft speichern   263

Orte zum Speichern von Daten 263
Die verschiedenen Speicheroptionen 264
Auswahl einer Speicheroption 265
Den Benutzer um Erlaubnis bitten 265
Welchen Einfluss Berechtigungen auf die Benutzerfreundlichkeit haben 266
Berechtigungen über die Datei AndroidManifest.xml anfordern 266
Die SQLite-Datenbank für Ihre App erstellen 267
Die Arbeitsweise der SQLite-Datenbank 267
Eine Java-Datei für den Datenbankcode erstellen 268
Die Schlüsselelemente definieren 268
Die SQL-Tabelle visualisieren 270
Die Datenbanktabelle erstellen 271
Die Datenbank schließen 272
Termine mit SQLite erstellen und bearbeiten 272
Einen ersten Termineintrag einfügen 273
Die Werte auf dem Bildschirm in der Datenbank speichern 273
Die vollständige Implementierung von RemindersDbAdapter 276
Die insert-Operation verstehen 280
Die query-Operation zum Auslesen von Datensätzen verstehen 280
Die update-Operation verstehen 281
Die delete-Operation verstehen 281
Alle Termine über einen Cursor zurückgeben 282
SimpleCursorAdapter verstehen 285
Einen Termin löschen 285
Einen Termin aktualisieren 286

Kapitel 13
Terminerinnerungen mit AlarmManager — 293

- Warum AlarmManager benötigt wird — 293
- Einen Prozess mit AlarmManager aufwecken — 294
  - Die Klasse ReminderManager erstellen — 294
  - Die Klasse OnAlarmReceiver erstellen — 296
  - Die Klasse WakeReminderIntentService erstellen — 298
  - Die Klasse ReminderService erzeugen — 300
- Geräte neu starten — 301
  - Einen BootReceiver erzeugen — 301
  - Funktion von BootReceiver prüfen — 304

Kapitel 14
Die Android-Statusleiste aktualisieren — 305

- Elemente der Statusleiste — 305
  - Symbole in der Statusleiste — 305
  - Benutzer über Statusleistenwerkzeuge benachrichtigen — 306
- NotificationManager benutzen — 308
  - Ihre erste Benachrichtigung erstellen — 308
  - Der Arbeitsablauf — 311
  - String-Ressourcen hinzufügen — 311
- Benachrichtigungen aktualisieren — 311
- Benachrichtigungen entfernen — 312

Kapitel 15
Arbeiten mit dem Android-Preference-Framework — 313

- Das Android-Preference-Framework verstehen — 313
- Die Klasse PreferenceActivity verstehen — 314
  - Einstellungen dauerhaft speichern — 315
  - Das Layout von Einstellungsbildschirmen — 315
- Ihren ersten Einstellungsbildschirm erstellen — 317
  - Eine Datei für die Einstellungen erstellen — 317
  - String-Ressourcen hinzufügen — 319
- Mit der Klasse PreferenceActivity arbeiten — 320
  - Anlegen der Klasse PreferenceActivity — 321
  - Verarbeitung der Menüauswahl — 321
- Während der Laufzeit mit Einstellungen in Aktivitäten arbeiten — 323
  - Werte von Einstellungen ermitteln — 323
  - Werte von Einstellungen programmgesteuert setzen — 325

Teil IV
Der Top-Ten-Teil 327

Kapitel 16
Zehn tolle kostenlose Beispielanwendungen und SDKs (mit Code!) 329

Die offizielle Foursquare-App	330
LOLCat	330
Amazed	330
API-Demos	331
Das Beispiel MultipleResolutions	331
Das Anwendungspaket Last.fm	331
Hubroid	332
Facebook-SDK für Android	332
Replica Island	332
Notepad-Tutorial	332

Kapitel 17
Zehn Tools zur Erleichterung Ihres Entwicklerlebens 333

Droid-Fu	333
RoboGuice	333
DroidDraw	334
Draw 9-patch	334
Hierarchy Viewer	334
UI/Application Exerciser Monkey	334
zipalign	335
layoutopt	335
Git	335
Paint.NET und GIMP	335

Stichwortverzeichnis 337

Einführung

Willkommen bei *Android Apps Entwicklung für Dummies*, dem ersten ... *für Dummies*-Buch, das sich mit der Android-Anwendungsentwicklung befasst. Als ich gebeten wurde, dieses Buch zu schreiben, war ich von der Idee begeistert, meine in den letzten anderthalb Jahren erworbenen Kenntnisse der Android-Entwicklung weitergeben zu können. Ich hoffe, dass es Ihnen ebenso viel Spaß machen wird, mithilfe dieses Buches Programme für die Android-Plattform zu entwickeln, wie es mir Spaß gemacht hat, es zu schreiben!

Als Android 2005 von Google übernommen wurde (ja, Android war einmal ein junges, aufstrebendes Unternehmen), hat mich dies wirklich wenig interessiert. Ich hatte wohl gehört, dass sich Google für den Mobilbereich interessieren würde, glaubte es aber ebenso wenig wie viele andere Meldungen aus dem Technologiebereich, bis ich mich mit eigenen Augen davon überzeugen konnte. Einige Jahre später war es dann so weit, als Google mit dem G1 sein erstes Android-Smartphone vorstellte. Als ich davon hörte, klebte ich buchstäblich am Computer, las Testberichte, betrachtete Videos über das Gerät und versuchte möglichst viel darüber zu erfahren. Ich wusste, dass dieses Produkt der Beginn von etwas Riesigem sein würde.

Mit der Android-Entwicklung begann ich etwa eine Woche, nachdem meine Frau ihr erstes G1-Android-Gerät bekommen hatte. Das G1 war das erste frei verfügbare Android-Gerät. Es konnte seinerzeit zwar nicht mit der großen Funktionsvielfalt des iPhone mithalten, aber ich glaubte an die Plattform. Und als *Donut* (Android 1.6) veröffentlicht wurde, war klar, dass Google erhebliche Anstrengungen in das Produkt steckte. Direkt nach dem Erscheinen der Version 1.6 wurde dann bereits von der bevorstehenden Version 2.0 gesprochen.

Heute ist die Version 2.2 der Android-Plattform aktuell. Und wenn Sie dieses Buch in Händen halten, dürfte 3.0 bereits veröffentlicht worden sein. Die Plattform ist erst etwa zwei Jahre alt und nichts weist darauf hin, dass sich das Entwicklungstempo der Plattform verringern würde. Zweifellos sind wir an einem aufregenden Punkt der Android-Entwicklung angekommen. Und ich hoffe, dass Ihre Begeisterung während der Lektüre dieses Buches und auch später bei der Entwicklung eigener Anwendungen noch anhalten wird.

Über dieses Buch

Android Apps Entwicklung für Dummies soll Sie beim Einstieg in die Entwicklung von Android-Anwendungen unterstützen. Sie benötigen dazu keine Vorkenntnisse in der Android-Anwendungsentwicklung. Ich gehe vielmehr davon aus, dass Sie noch keine Erfahrungen mit der Android-Plattform gesammelt haben, weil diese laufend verschiedene Verfahren nutzt, mit denen die meisten Programmierer kaum vertraut sein dürften. Ich erwarte von Ihnen jedoch gewisse Kenntnisse der Programmiersprache Java. Sie müssen zwar kein Java-Experte sein, sollten aber mit deren Syntax, grundlegenden Datenstrukturen und Sprachkonstrukten vertraut sein. Und da auch XML bei der Android-Anwendungsentwicklung verwendet wird, sollten Sie auch in diesem Bereich gewisse Kenntnisse besitzen oder sich aneignen.

Android ist eine *geräteunabhängige* Plattform. Sie können daher Anwendungen für verschiedene Geräte entwickeln. Dabei handelt es sich nicht nur um Telefone, E-Book-Lesegeräte,

Netbooks und GPS-Geräte. Fernseher werden schon bald zur Liste hinzukommen. Ja, Sie haben richtig gelesen: Fernsehgeräte! Google hat bereits angekündigt, dass TV-Angebote in die Android-Plattform eingebunden werden sollen.

Wenn Sie wissen, wie Sie Anwendungen für die Android-Plattform entwickeln können, erschließen Sie sich damit eine Vielzahl von Optionen. In diesem Buch werden Hunderte, wenn nicht Tausende Seiten an Android-Dokumentation, Tipps, Tricks und Tutorials in einem kurzen, besser verdaulichen Format zusammengefasst, damit es Ihnen als Sprungbrett in eine Zukunft als Android-Entwickler dienen kann. In diesem Buch finden Sie keine fertigen Rezepte, es versieht Sie aber mit den grundlegenden Kenntnissen, die Sie benötigen, um mit den verschiedenen Android-Bausteinen interaktive und überzeugende Anwendungen erstellen zu können.

Wie Sie dieses Buch benutzen sollten

In diesem Buch nutzen Sie die Klassen des Android-Frameworks und werden Java-Klassen und XML-Dateien erstellen.

Quelltextbeispiele werden in diesem Buch in einer nicht proportionalen Schriftart dargestellt, damit sie sich von dem übrigen Text abheben. Codebeispiele sehen daher so aus:

`public class MainActivity`

Java ist eine Hochsprache, die zwischen Groß- und Kleinschreibung unterscheidet. Daher müssen Sie den Text *genau* so in den Editor eingeben, wie er im Buch abgedruckt ist. Ich werde mich im Buch zudem an die üblichen Java-Konventionen halten. Das erleichtert die Austauschbarkeit zwischen meinen Beispielen und denen aus dem Android-SDK (Android Software Development Kit). Für Klassennamen wird zum Beispiel immer ein Format mit Binnenversalien (`PascalCase`) verwendet und alle klassenweit gültigen Variablen beginnen mit m.

Auch alle im Buch angegebenen Internetadressen (URLs) werden in der für Quellcode verwendeten Schriftart dargestellt:

`http://d.android.com`

Sie können sich die vollständigen Quelltexte aus dem Internet herunterladen. Sie finden sie auf den Dummies-Webseiten unter der Adresse `www.wiley-vch.de/publish/dt/books/ISBN978-3-527-70732-4`. Auf meiner Website `http://github.com/donnfelker` finden Sie zudem den Quellcode der amerikanischen Originalauflage, den ich gelegentlich aktualisiere und durch weitere Beispiele ergänze.

Törichte Annahmen über den Leser

Für den Einstieg in die Android-Programmierung benötigen Sie einen Computer, auf dem eines der folgenden Betriebssysteme läuft:

✔ Windows XP (32 Bit), Vista (32 oder 64 Bit) oder Windows 7 (32 oder 64 Bit)

✔ Mac OS X (Intel) 10.5.8 (nur x86)

✔ Linux (i386)

Sofern sich diese Programme nicht bereits auf Ihrem Rechner befinden, müssen Sie sich darüber hinaus das *Android SDK* (kostenlos) und das *Java Development Kit* (das JDK ist ebenfalls kostenlos) herunterladen. In Kapitel 2 werde ich den gesamten Installationsvorgang für alle Tools und Frameworks erläutern.

Da Android-Apps in der Programmiersprache Java entwickelt werden, müssen Sie diese – wie bereits erwähnt – verstehen. Zudem macht Android bei der Definition verschiedener Ressourcen innerhalb der Anwendungen recht intensiv von XML Gebrauch, weshalb Sie auch mit XML vertraut sein sollten. Sie müssen aber kein Experte in diesen Sprachen sein. Bei meinem Einstieg in Android hatte ich nur gewisse C-Vorkenntnisse und Java kannte ich nur aus meiner College-Zeit vor zehn Jahren. Dennoch kam ich gut zurecht.

Sie benötigen auch kein reales Android-Gerät, da alle in diesem Buch erstellten Applikationen im Emulator funktionieren. Ich empfehle Ihnen für die Entwicklung aber dennoch dringend ein echtes Gerät, da Sie nur dann Ihre Apps wie ein echter Anwender bedienen und nutzen können.

Wie dieses Buch aufgebaut ist

Android Apps Entwicklung für Dummies besteht aus vier Teilen:

Teil I: Die Grundlagen von Android

In Teil I stelle ich Ihnen die bei der Entwicklung von Android-Anwendungen verwendeten Tools und Frameworks vor. Hier gehe ich auch auf die verschiedenen SDK-Komponenten und deren Einsatz im Android-Entwicklungssystem ein.

Teil II: Eine erste Android-App erstellen und veröffentlichen

In Teil II erstellen Sie Ihre erste Android-Applikation, den Umschalter in den stillen Modus. Anschließend zeige ich Ihnen, wie Sie ein Steuerelement dafür erstellen, das Sie auf dem Startbildschirm des Android-Geräts ablegen können. Schließlich führe ich diese Elemente zusammen und demonstriere Ihnen, wie Sie Ihre Anwendung auf dem Android-Marktplatz veröffentlichen können.

Teil III: Eine umfassendere App erstellen

Teil III stellt dann etwas höhere Anforderungen an Ihre Talente und zeigt schrittweise, wie Sie eine Anwendung erstellen, mit der Sie Erinnerungstermine für verschiedene Aufgaben festlegen können. Bei dieser aus mehreren Bildschirmen bestehenden Anwendung geht es auch um die Implementierung einer SQLite-Datenbank. Zudem erfahren Sie, wie Sie die Android-Status- und Benachrichtigungsleiste nutzen, um Meldungen anzuzeigen, mit deren Hilfe Sie die Benutzerfreundlichkeit Ihrer Anwendungen verbessern können.

Teil IV: Der Top-Ten-Teil

In Teil IV fasse ich die Resultate meiner Irrungen und Wirrungen im Rahmen der Android-Entwicklung zusammen. Hier gebe ich Ihnen einen Überblick über Beispielanwendungen, die sich als phänomenale Einstiegshilfen für Ihre eigenen Android-Apps erweisen können. Außerdem stelle ich Ihnen nützliche Android-Bibliotheken vor, die Ihnen Ihr Leben als Android-Entwickler erheblich erleichtern können.

Symbole, die in diesem Buch verwendet werden

Dieses Symbol verweist auf Informationen, die Sie keinesfalls überspringen sollten.

Dieses Symbol soll Sie höflich auf wichtige Dinge aufmerksam machen, die Sie beim Lesen des jeweiligen Abschnitts nicht vergessen sollten.

Dieses Symbol weist darauf hin, dass die entsprechenden Erläuterungen zwar informativ sind, aber für das Verständnis der Android-Anwendungsentwicklung nicht zwingend benötigt werden. Wenn Sie wollen, können Sie diese Absätze überspringen.

Dieses Symbol weist auf potenziell auftretende Probleme hin. Lesen und merken Sie sich diese Juwelen, um möglichen Ärger zu vermeiden.

Wie es weitergeht

Nun ist es an der Zeit, die Android-Plattform zu erforschen! Sie können Ihre Scheu ablegen und loslegen. Ein wenig Nervosität ist angesichts des aufregenden und für Sie neuen Themas verständlich.

Teil I

Die Grundlagen von Android

»Ehrlich, bei dem Gedanken an eine schnurlose Zukunft bekomme ich eine Todesangst.«

In diesem Teil ...

In Teil I stelle ich Ihnen die Android-Plattform vor und erläutere, was eine spektakuläre Android-Applikation ausmacht. Dabei untersuche ich kurz verschiedene Teile des Android-SDKs (Software Development Kit) und zeige Ihnen, wie Sie sie in Ihren Apps nutzen können. Ich erläutere auch Schritt für Schritt, wie die zur Entwicklung von Android-Apps erforderlichen Tools und Frameworks installiert werden.

Spektakuläre Android-Apps entwickeln

In diesem Kapitel

- Gründe für die Entwicklung von Android-Apps
- Erste Schritte in der Android-Programmierung
- Mit der Hardware arbeiten
- Sich mit der Software vertraut machen

Google ist Spitze! Google übernahm 2005 das Android-Projekt (siehe den Kasten »Die Wurzeln von Android« in diesem Kapitel), um ein Betriebssystem für Mobilgeräte entwickeln und es nach wie vor als offene Plattform zur Verfügung stellen zu können. Google investiert weiterhin Zeit und Ressourcen in das Android-Projekt, das seine Lukrativität bereits bewiesen hat. Im Juli 2010 wurden täglich 160.000 Android-Mobilgeräte aktiviert, was angesichts dessen, dass es derartige Geräte überhaupt erst seit Oktober 2008 gibt, ein guter Wert ist. Bereits nach nicht einmal zwei Jahren wurde Android zu einem durchschlagenden Erfolg!

Nie war es für Entwickler einfacher, selbstständig Geld zu verdienen. Android-Anwender kennen zwar vielleicht nicht die Entwickler, aber sie wissen, was Google ist und vertrauen ihm. Und da ihre Apps auf dem von Google kontrollierten Android-Marktplatz angeboten werden, nimmt Google an, dass auch ihre Anwendungen in Ordnung sind.

> **Die Wurzeln von Android**
>
> Es ist nur wenig bekannt, dass das Android-Projekt nicht von Google ins Leben gerufen wurde. Anfangs wurde des Betriebssystem Android von einem kleinen, in Silicon Valley neu gegründeten Unternehmen namens *Android* entwickelt, das dann im Juli 2005 von Google aufgekauft wurde. Die Gründer von Android kamen aus verschiedenen Unternehmen des Internettechnologiebereichs, wie zum Beispiel *Danger*, *Wildfire Communications T-Mobile* und *WebTV*. Google übernahm sie in die Google-Mannschaft, um das mittlerweile voll funktionsfähige Android-Betriebssystem für Mobilgeräte zu entwickeln.

Warum für Android entwickeln?

Die Frage sollte eigentlich besser »Warum nicht für Android entwickeln?« lauten. Wollen Sie nicht, dass Ihre App weltweit für Millionen Anwender verfügbar ist? Wollen Sie Apps sofort nach Abschluss der Entwicklung und Tests veröffentlichen? Gefällt es Ihnen, für offene Plattformen zu entwickeln? Wenn Sie eine dieser Fragen bejaht haben, dürften Sie die Antwort kennen.

Sollten Sie aber noch unentschlossen sein, lesen Sie einfach weiter, um zu erfahren, was ich meine.

Marktanteil

Als Entwickler können Sie Apps für einen noch recht jungen Markt entwickeln, der täglich weiter wächst. Android nimmt aktuell Anlauf, viele Konkurrenten um Marktanteile in den kommenden Monaten zu überholen. Angesichts der Vielzahl der Anwender war es nie leichter, Applikationen zu schreiben, die von diesen Anwendern heruntergeladen und genutzt werden können! Über den Android-Marktplatz gelangt Ihre App auf einfache Weise zum Anwender! Anwender müssen nicht das Internet nach zu installierenden Apps durchsuchen. Sie müssen nur den auf ihren Geräten vorinstallierten Android-Marktplatz besuchen, um auf *Ihre* Apps zugreifen zu können. Da der Android-Marktplatz auf den meisten Android-Geräten vorinstalliert ist (auf ein paar Ausnahmen werde ich später noch eingehen), durchsuchen Anwender üblicherweise den Android-Marktplatz nach den von ihnen benötigten Apps. Binnen weniger Tage kann die Anzahl der Downloads einer App daher schnell steigen.

Zeit zum Vermarkten

Angesichts all der APIs (Anwendungsprogrammierschnittstellen – Application Programming Interfaces), die Android beigefügt werden, lassen sich umfassende Anwendungen innerhalb eines relativ kurzen Zeitrahmens entwickeln. Nach der Anmeldung beim Android-Marktplatz müssen Sie Ihre Apps nur noch hochladen und veröffentlichen. Und das ist wirklich so! Im Unterschied zu anderen Marktplätzen für Mobilgeräte gibt es beim Android-Marktplatz kein Genehmigungsverfahren für Apps. Sie müssen Ihre Apps nur schreiben und veröffentlichen.

 Praktisch können alle alles veröffentlichen, es dürfte aber besser sein, wenn Sie sich an die Google-Bedingungen halten und Ihre Apps jugendfrei halten. Und denken Sie auch daran, dass Android-Anwender aus verschiedenen Regionen der Welt und allen Alterskategorien kommen.

Offene Plattform

Das Android-Betriebssystem ist eine *offene Plattform* und ist damit an keinen Hardwarehersteller und/oder Anbieter gebunden. Wie Sie sich vorstellen können, fördert die freie Verfügbarkeit von Android dessen schnelle Verbreitung. Alle Hardwarehersteller und Anbieter können Android-Geräte produzieren und vertreiben. Den Android-Quellcode können Sie unter http://source.android.com einsehen, herunterladen und/oder ändern. Nichts hält Sie davon ab, sich mit dem Quellcode zu befassen, um herauszufinden, wie bestimmte Aufgaben darin gelöst werden. Durch den quelloffenen Code können Telefonhersteller angepasste Benutzeroberflächen (UI – User Interface) erstellen und die Funktionen einiger ihrer Geräte erweitern. Das sorgt für eine gewisse Gleichstellung aller Entwickler. Der Basisquelltext von Android ist allen zugänglich.

Übergreifende Kompatibilität

Android läuft auf vielen Geräten mit unterschiedlichen Bildschirmabmessungen und Auflösungen. Zudem enthält Android auch die Werkzeuge zur Entwicklung entsprechender Apps. Google sorgt dafür, dass Ihre Apps nur auf kompatiblen Geräten laufen. Wenn Ihre App erfordert, dass sich eine Kameralinse an der Vorderseite des Geräts befindet, ist sie auf dem Android-Marktplatz nur für derart ausgestattete Geräte sichtbar. Diese Art der Hardwareerkennung wird bei Android *Feature Detection* genannt. (Mehr zur Veröffentlichung Ihrer Apps auf dem Android-Marktplatz erfahren Sie in Kapitel 8.)

Android-Geräte müssen bestimmten Hardwarerichtlinien folgen, um als kompatibel zu gelten und zertifiziert zu werden. (Geräte müssen kompatibel sein, damit der Android-Marktplatz für sie zugänglich ist.) Einige der Richtlinien sind die folgenden:

- Kamera
- Kompass
- GPS (Global Positioning System – Globales Positionsbestimmungssystem)
- Bluetooth-Sender/-Empfänger

Die Übersichtsseite des Kompatibilitätsprogramms finden Sie unter http://source.android.com/compatibility/overview.html. Dort werden verschiedene Gerätekonfigurationen aufgeführt, die als kompatibel gelten. Diese Kompatibilität sorgt dafür, dass Ihre Apps auf allen Geräten laufen.

Kombinierbarkeit (Mashups)

Wenn Sie zwei oder mehr Dienste kombinieren, um eine App zu erstellen, wird dies *Mashup* genannt. Sie können beispielsweise ein Mashup erstellen, wenn Sie die Kamera und die Ortungsdienste von Android nutzen, um ein Foto aufzunehmen, auf dem die genaue Positionsangabe angezeigt wird! Es lassen sich Unmengen Apps durch neuartige oder interessante Kombinationen von Diensten oder Bibliotheken erstellen.

Angesichts all der Android beigefügten APIs lassen sich ganz einfach zwei oder mehr Funktionen zu eigenen Apps kombinieren. Sie könnten zum Beispiel das Maps-API mit der Kontaktliste kombinieren, um all Ihre Kontakte in einer Landkarte anzeigen zu lassen (siehe den Abschnitt »Google-APIs« weiter hinten in diesem Kapitel).

Die folgenden weiteren Mashup-Beispiele sollen Ihre Fantasie anregen. Und all diese Dreingaben dürfen Sie völlig legal und kostenlos nutzen!

- **Geolokation und soziale Netze:** Soziale Netze sind gerade »in«. Angenommen, Sie wollen eine App schreiben, die Ihren aktuellen Standort mittels geologischer Ortsbestimmung (*Geolokation*) über den gesamten Tag hinweg alle zehn Minuten auf *Twitter* meldet. Kein Problem. Wenn Sie die Lokalisierungsdienste von Android und das Twitter-API eines Drittanbieters (zum Beispiel *iTwitter*) miteinander kombinieren, erreichen Sie genau das.
- **Geolokation und Spiele:** Ortsabhängige Spiele gewinnen zunehmende Beliebtheit und bieten eine tolle Möglichkeit, Ihre Anwender in das Spiel einzubinden. Ein Spiel könnte als

Hintergrunddienst starten, Ihren aktuellen Standort bestimmen und diesen dann mit den Positionen anderer Anwender im gleichen Gebiet vergleichen. Wenn sich ein anderer Anwender beispielsweise im Abstand von weniger als einem Kilometer von Ihnen aufhält, könnten Sie benachrichtigt werden und ihn zur Schlacht in die Arena bitten. Ermöglicht wird dies durch leistungsfähige Basistechnologien wie Android und GPS.

✔ **Kontakte und Internet:** Angesichts all dieser großartigen verfügbaren APIs lassen sich auf einfache Weise umfassende Apps durch das Kombinieren der Funktionen mehrerer APIs erstellen. Sie können beispielsweise Kontakte und Internet zum Erstellen von Grußkarten-Apps kombinieren. Sie könnten Ihren Anwendern über Ihre App auch die unkomplizierte Kontaktaufnahme mit Ihnen oder das Weiterversenden der App an Freunde ermöglichen. All dies ist mit den integrierten APIs machbar.

Die Möglichkeiten sind nahezu grenzenlos. Und sie liegen Ihnen nicht etwa zu Füßen, sondern buchstäblich in den Händen. Wenn Sie eine App entwickeln wollen, die die geografische Position des Geräts aufzeichnet, ist dies problemlos machbar. Android erschließt Ihnen diese Möglichkeiten und erlaubt Ihnen wirklich die einfache Einbindung dieser Funktionen. Als Entwickler liegt es ganz bei Ihnen, wie Sie sie zum Vorteil Ihrer Anwender kombinieren.

Entwicklern bietet Android nahezu alle Möglichkeiten. Deshalb sollten Sie vorsichtig damit umgehen. Bilden Sie sich selbst ein möglichst objektives Urteil, bevor Sie Ihre Apps veröffentlichen und der Masse zugänglich machen. Dass Ihnen als Hintergrundmotiv dieses Filmchen gefällt, in dem Sie auf Ihrer Geburtstagsparty den Hula tanzen, bedeutet nicht zwangsläufig, dass andere das auch sehen wollen oder sehen sollten.

Denken Sie auch an die Gesetze zum Schutz des Persönlichkeitsrechts, bevor Sie die Kontaktdaten Ihrer Anwender sammeln und für eigene Vermarktungszwecke nutzen.

Grundlagen der Android-Programmierung

Sie müssen nicht Mitglied des Mensa-Clubs sein, um Android-Apps programmieren zu können. Darüber bin ich froh, denn ansonsten könnte ich selbst keine schreiben! Da *Java* als Standardprogrammiersprache dient, ist die Android-Programmierung einfach. Aber auch wenn sich Android-Programme relativ leicht schreiben lassen, kann das Erlernen des Programmierens doch eine Herausforderung sein.

Wenn Sie bisher noch nie programmiert haben, bietet dieses Buch möglicherweise nicht den besten Einstieg. Zum Erlernen der Grundlagen empfehle ich Ihnen das Buch *Java 2 für Dummies* von Barry Burd (ebenfalls im Verlag Wiley-VCH erschienen). Wenn Sie erst einmal die Grundlagen von Java beherrschen, sollten Sie sich dem vorliegenden Buch zuwenden können.

Auch wenn Java bei Android im Vordergrund steht, trifft dies auf einige Teile des Frameworks nicht zu. Android umfasst auch *XML* (eXtensible Markup Language) sowie die einfache

Skriptsprache *Apache Ant* beim Erzeugen von Programmen. Daher sollten Ihnen auch die XML-Grundlagen nicht unbekannt sein, wenn Sie sich mit dem vorliegenden Buch befassen wollen.

Wenn Sie mit Java und XML bereits vertraut sind, Glückwunsch, denn dann sind Sie bereits auf bestem Wege!

Java: Ihre Android-Programmiersprache

Android-Apps werden in Java geschrieben. Dabei handelt es sich zwar nicht um das ausgewachsene Java, an das J2EE-Entwickler gewöhnt sind, aber doch um eine Java-Untermenge, die manchmal auch *virtuelle Maschine Dalvik* genannt wird. Dabei handelt es sich um eine kleinere Untermenge von Java, die für Mobilgeräte nicht sinnvolle Klassen ausspart. Wenn Sie bereits Erfahrungen in Java gesammelt haben, sollten Sie sich hier direkt heimisch fühlen.

Es könnte zwar sinnvoll sein, ein Java-Referenzhandbuch bereitzuhalten, aber notfalls können Sie, wenn Sie bestimmte Befehle nicht ganz verstehen, immer noch danach googeln. Da Java keineswegs neu ist, finden Sie eine Menge Beispiele im Web für nahezu alle Einsatzzwecke.

Im Java-Quelltext sind nicht alle Bibliotheken enthalten. Prüfen Sie, ob sie als Paket verfügbar sind. Falls nicht, können Sie wahrscheinlich eine für Sie geeignete Alternative aus dem Lieferumfang von Android nutzen.

Activities

Android-Apps bestehen aus einer oder mehreren *Activities*. Ihre Android-App muss mindestens eine Activity enthalten, kann aber auch mehrere umfassen. Stellen Sie sich eine Activity als eine Art Container für Ihre Benutzeroberfläche vor, der neben dieser auch deren ausführenden Code enthält. Windows-Programmierer würden Activities wahrscheinlich Formular nennen. Activities werden in den Kapiteln 3 und 5 ausführlicher behandelt.

Intents

Intents bilden den Kern des Nachrichtensystems von Android. Intents bestehen aus einer durchzuführenden Aktion (Anzeigen, Bearbeiten, Wählen und so weiter) und Daten. Die allgemeine Aktion ist beim Empfang eines Intents durchzuführen; dabei werden die damit zusammen übertragenen Daten verarbeitet. Hierbei kann es sich beispielsweise um einen Kontaktdatensatz handeln.

Intents werden zum Starten von Aktivitäten und zur Kommunikation zwischen den verschiedenen Teilen des Android-Systems genutzt. Ihre Applikationen können Intents senden oder empfangen.

Messages mit Intents versenden

Wenn Sie einen Intent senden, handelt es sich dabei um eine *Message* (Systemnachricht), die Android mitteilt, dass es etwas geschehen lassen soll. Ein Intent könnte Android aus Ihrer App heraus zum Starten einer neuen Activity oder einer anderen App bewegen.

Intent-Receiver registrieren

Nur weil Sie eine Message versenden, muss aber noch lange nicht automatisch etwas passieren. Sie müssen einen *Intent-Receiver* (Empfänger) registrieren, der auf die Intents wartet und Android dann mitteilt, was es tun soll und ob der Task eine neue Activity oder eine andere App starten will. Wenn mehrere Empfänger (Receiver) mit einem bestimmten Intent etwas anzufangen wissen, kann ein *Chooser* (Auswahlmenü) erstellt werden, über den der Anwender auswählen kann, welche App er verwenden will. Ein klassisches Beispiel ist ein Langdruck auf ein Bild in einer Fotogalerie. Dabei drücken Sie längere Zeit auf ein Objekt auf dem Bildschirm, um dessen Kontextmenü anzeigen zu lassen.

Standardmäßig wissen verschiedene registrierte Receiver etwas mit Intents zur Weiterverarbeitung von Bildern anzufangen. E-Mail-Apps und Nachrichtensysteme sind hier nur zwei Beispiele unter den verschiedenen anderen installierten Apps. Da es mehrere mögliche Intent-Receiver gibt, wird dem Anwender ein Auswahlmenü angezeigt, in dem er gefragt wird, was mit dem Bild weiter geschehen soll (siehe Abbildung 1.1).

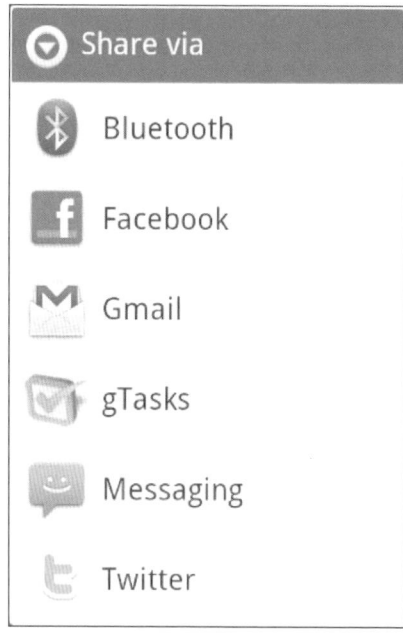

Abbildung 1.1: Ein Auswahlmenü (Chooser)

1 ▶ Spektakuläre Android-Apps entwickeln

 Wenn das Android-System keinen passenden Empfänger für einen gesendeten Intent findet und manuell kein Chooser erzeugt wurde, stürzt die App zur Laufzeit mit einem *Ausnahmefehler (run-time exception)* ab und es kommt zu einem nicht behebbaren Fehler in der App. Android erwartet von Entwicklern, dass sie wissen, was sie tun. Wenn Sie einen Intent versenden, mit dem das Android-Gerät eines Anwenders nichts anzufangen weiß, stürzt es ab. Deshalb sollten Sie für Intents, die nicht für andere Aktivitäten innerhalb Ihrer App bestimmt sind, möglichst *immer* Chooser erstellen.

Cursorlose Steuerelemente

Anders als beim Personal Computer, bei dem Sie einen Zeiger mit der Maus über den Bildschirm schubsen, ersetzen Ihre Finger bei Android-Geräten nahezu alle Funktionen einer Maus. Und was ist mit dem Rechtsklick? Bei Android wird der Rechtsklick durch den Langdruck ersetzt. Wenn Sie Ihren Finger über längere Zeit hinweg auf eine Schaltfläche (auch Knopf für Linux-Anwender), ein Symbol oder den Bildschirm drücken, wird ein Kontextmenü angezeigt. Als Entwickler können Sie Kontextmenüs erstellen und ändern. Zudem können Sie bei Android-Geräten beispielsweise zwei Finger anstelle nur eines Mauszeigers verwenden. Denken Sie aber daran, dass Finger unterschiedlich groß sind und entwerfen Sie Ihre Benutzeroberflächen entsprechend. Die Schaltflächen sollten groß genug sein und ausreichend Abstand voneinander haben, damit selbst Anwender mit riesigen Pranken Ihre Apps problemlos bedienen können.

Views und Widgets

Was ist denn das nun schon wieder? Bei einer *View* handelt es sich um ein Grundelement der Benutzeroberfläche, einen rechteckigen Bereich auf dem Bildschirm, der Objekte anzeigt und Ereignisse verarbeitet. Views sind also einfache Steuerelemente, wie zum Beispiel ein Label in HTML. Einige Beispiele für Views sind:

- ✔ ContextMenu
- ✔ Menu
- ✔ View
- ✔ SurfaceView

Bei *Widgets* handelt es sich um anspruchsvollere Elemente der Benutzeroberfläche, wie zum Beispiel Kontrollkästchen. Stellen Sie sie sich als die Steuerelemente vor, die von Ihren Anwendern genutzt werden. Ein paar Beispiele für Widgets sind:

- ✔ Button
- ✔ CheckBox
- ✔ DatePicker
- ✔ DigitalClock
- ✔ Gallery

✔ FrameLayout

✔ ImageView

✔ RelativeLayout

✔ PopupWindow

Es gibt noch viel mehr vorgefertigte Widgets, die Sie nutzen können. Einzelheiten dazu finden Sie in der Android-Dokumentation des Pakets `android.widget` unter `http://developer.android.com/reference/android/widget/package-summary.html`.

Asynchrone Aufrufe

Die Klasse `AsyncTask` ermöglicht Ihnen in Android die gleichzeitige Ausführung mehrerer Operationen, ohne dass Sie die Threads selbst verwalten müssen. Mit `AsyncTask` können Sie nicht nur einen neuen Prozess starten, ohne sich selbst nach dessen Ausführung um die Aufräumarbeiten kümmern zu müssen, sondern auch der Activity, die ihn gestartet hat, dessen Ergebnisse übergeben. Damit steht Ihnen ein sauberes Programmiermodell für die asynchrone Verarbeitung zur Verfügung.

Ein *Thread* ist ein separat von und simultan mit allen anderen Vorgängen ablaufender Prozess.

Und wann sollten Sie die asynchrone Verarbeitung nutzen? Gute Frage! Sie sollten Sie für Tasks benutzen, deren Ausführung längere Zeit dauert, also für Netzwerkkommunikation (Internet), Medienverarbeitung und alles andere, worauf Anwender möglicherweise warten müssen. Dann sollten Sie mit asynchronen Aufrufen und irgendwelchen Bedienelementen arbeiten, die ihn darüber informieren, dass etwas geschieht.

Wenn Sie kein asynchrones Programmiermodell nutzen, könnten Anwender Ihre App für fehlerhaft halten. Es dauert beispielsweise ein wenig, die letzten Twitter-Mitteilungen aus dem Internet herunterzuladen. Wenn das Netzwerk stark ausgelastet ist und Ihre App nicht asynchron arbeitet, hängt sie scheinbar, reagiert nicht mehr auf Eingaben, woraufhin Anwender meinen könnten, dass ein Fehler aufgetreten ist. Wenn eine App nicht innerhalb eines vom Android-Betriebssystem definierten angemessenen Zeitrahmens reagiert, zeigt es ein Dialogfeld an, in dem dem Benutzer mitgeteilt wird, dass die App nicht mehr reagiert (siehe Abbildung 1.2). Dann kann der Anwender im dargestellten Beispiel einer beschädigten PDF-Datei entscheiden, ob er warten, die App beenden oder gegebenenfalls einen Bericht an den Programmanbieter senden will.

Abbildung 1.2: Das Dialogfeld meldet, dass eine App nicht mehr reagiert.

 Am besten betten Sie CPU-lastige oder länger laufenden Code in einen anderen Thread ein. Die Vorgehensweise wird auf der Seite *Designing for Responsiveness* auf der Website für Android-Entwickler unter http://developer.android.com/guide/practices/design/responsiveness.html beschrieben.

Hintergrunddienste

Als Windows-Benutzer werden Sie möglicherweise bereits wissen, was ein *Dienst* (*Service*) ist, nämlich eine im Hintergrund laufende Anwendung, die nicht notwendigerweise eine Benutzeroberfläche besitzen muss. Ein klassisches Beispiel ist ein Antivirenprogramm, das als Dienst im Hintergrund läuft. Auch wenn die Anwendung nicht auf dem Bildschirm sichtbar ist, wissen Sie doch, dass sie läuft.

Die meisten auf dem Android-Marktplatz verfügbaren Audioplayer laufen als Hintergrunddienst. Dadurch können Sie Musik hören, während Sie Ihre E-Mails abrufen oder andere Aufgaben erledigen, für die der Bildschirm benötigt wird.

Hardwarekomponenten

Google hat eine Unmenge an Funktionen in Android integriert und stellt (selbst unabhängigen) Entwicklern alle benötigten Werkzeuge zur Verfügung, um erstklassige und umfassende Apps für Mobilgeräte entwickeln zu können. Bei den Möglichkeiten zur einfachen Nutzung der verfügbaren Gerätehardware hat sich Google selbst übertroffen.

Um eine wirklich spektakuläre Android-App zu entwickeln, sollten Sie die Vorteile aller verfügbaren Hardwarekomponenten nutzen. Aber verstehen Sie mich in diesem Punkt nicht falsch: Wenn Sie eine Idee für eine App haben, die ohne Hardwareunterstützung auskommt, ist das auch völlig in Ordnung.

Android-Mobiltelefone sind mit verschiedenen Hardwarekomponenten ausgestattet, die Sie im Rahmen Ihrer Apps nutzen können und die in Tabelle 1.1 im Überblick dargestellt werden.

Benötigte Funktion	Hardware
Wo bin ich?	GPS-Funk
In welcher Richtung bewege ich mich?	Integrierter Kompass
Wie liegt mein Telefon?	Lagesensor
Bewegt sich mein Telefon?	Beschleunigungssensor
Kann ich meinen Bluetooth-Kopfhörer nutzen?	Bluetooth-Funk
Kann ich Videos aufzeichnen?	Kamera

Tabelle 1.1: Android-Gerätehardware

Die meisten Android-Mobiltelefone sind zwar mit der in den folgenden Abschnitten besprochenen Hardware ausgerüstet, aber deren Leistungsumfang ist doch unterschiedlich. Da Android von Hardwareherstellern kostenlos vertrieben werden darf, wird es für eine breite Palette von

Geräten genutzt. Bei kleineren Herstellern in Übersee kann daher gelegentlich bei einigen der Geräte schon einmal die eine oder andere Komponente fehlen.

Mit dem technologischen Fortschritt können die Gerätehersteller zudem weitere Funktionen hinzufügen, die von Android noch nicht nativ unterstützt werden. Aber keine Sorge: Wenn Hersteller ihre Geräte mit zusätzlichen Hardwarefunktionen ausstatten, bieten sie üblicherweise auch ein SDK (Software Development Kit) an, mit dem Entwickler diese ansprechen können. Das *HTC Evo 4G* war zum Beispiel das erste mit zwei Kameras ausgestattete Android-Mobiltelefon. Das war bis dahin einzigartig; daher veröffentlichte der Distributor *Sprint* ein SDK, mit dem Entwickler die neue Funktion nutzen konnten, und lieferte gleich auch Beispielcode mit, um deren Implementierung in eigene Apps zu erleichtern.

Android-Geräte sind in den verschiedensten Formen und Abmessungen erhältlich, wie zum Beispiel als Mobiltelefon, Tablet-PC und E-Book-Reader. In Zukunft wird es noch viele andere Android-Implementationen geben, wie zum Beispiel *Google TV* (für Fernseher mit Internetanschluss) oder Kraftfahrzeuge mit eingebauten Touchscreen-Rechnern. Die Android-Entwickler stellen Werkzeuge bereit, mit denen Sie auf einfache Weise Apps für verschiedene Bildschirmabmessungen und Auflösungen erstellen können. Und da Ihnen die Android-Entwickler die wirklich schwere Arbeit abnehmen, brauchen Sie sich auch in dieser Hinsicht keine Sorgen zu machen. Die Grundlagen der Unterstützung verschiedener Bildschirmabmessungen und Auflösungen werde ich in Kapitel 4 darstellen.

Touchscreen

Android-Mobiltelefone werden über Touchscreens bedient, über die sich weitreichende Möglichkeiten erschließen lassen und über die Ihre Apps besser bedient werden können. Anwender können beispielsweise durch Antippen, Drehen, Ziehen und Drücken mit einem oder mehreren Fingern ein Bild auswählen und vergrößern. Sie können für Ihre Apps sogar angepasste Gesten nutzen, mit denen sich weitere Möglichkeiten erschließen lassen.

Android unterstützt auch *Multitouch-Gesten*, bei denen der gesamte Bildschirm gleichzeitig mit mehreren Fingern berührt wird.

Echte Schalter an Geräten sind nichts Neues. Beim Erstellen einer für Ihre App geeigneten Benutzeroberfläche können Sie beliebig aussehende Schaltflächen irgendwo auf dem Bildschirm positionieren.

GPS

Wenn das Android-Betriebssystem mit dem GPS-Funk eines Geräts zusammenarbeitet, können Entwickler in ihren Apps jederzeit den aktuellen Standort eines Anwenders feststellen. Sie können die Bewegungen eines Anwenders bei dessen Ortswechsel aufzeichnen. Die *Foursquare*-App für soziale Netze ist dafür ein gutes Beispiel, denn sie benutzt GPS zur Bestimmung der aktuellen Geräteposition und greift dann auf das Web zu, um festzustellen, in der Nähe welcher öffentlicher Einrichtungen oder Publikumsattraktionen sich ein Anwender befindet.

Ein weiteres gutes Beispiel ist die Fähigkeit einer Kartenanwendung zum Einzeichnen Ihrer Position und der Wegbeschreibung für Ihr Ziel auf einer Karte. Mit Android und der GPS-

Hardware können Sie die genaue GPS-Position des Geräts feststellen. Viele Apps nutzen diese Funktion, um Ihnen mitteilen zu können, wo sich die nächste Tankstelle, das nächste Kaffeehaus oder sogar die nächste öffentliche Toilette befindet. Und natürlich können Sie mit dem Maps-API problemlos die aktuelle Position des Anwenders in Karten einzeichnen.

Beschleunigungssensor

Android unterstützt einen *Beschleunigungssensor* (*Accelerometer*). Die Möglichkeit, der Beschleunigungsmessung klingt zwar beeindruckend, aber was soll man damit schon anstellen? Der Beschleunigungssensor hilft Ihnen weiter, wenn Sie wissen wollen, ob das Gerät bewegt oder geschüttelt wird, und teilt Ihnen auch mit, in welche Richtung es gedreht wird.

Sie fragen sich, was Sie davon haben, wenn Sie wissen, dass ein Gerät geschüttelt oder gedreht wird? Ganz einfach! Sie können diese Angabe zur Steuerung Ihrer App nutzen. Sie können auch feststellen, ob der Bildschirm gerade auf dem Kopf steht, und Ihre App darauf reagieren lassen. Oder vielleicht wollen Sie ein Würfelspiel entwickeln, bei dem die Anwender ihr Telefon zum Wurf schütteln müssen. Durch derartige Funktionen heben sich Mobilgeräte von typischen Desktop-PCs ab.

SD-Speicherkarte

Android sorgt für alle für den Zugriff (Speichern und Laden von Dateien) auf die *SD-Speicherkarte* erforderlichen Funktionen. Bei vielen Mobiltelefonen und Computern lassen sich SD-Speicherkarten einsetzen und zur Speicherung von Daten nutzen. Wenn ein Gerät mit einer SD-Speicherkarte ausgerüstet ist, können Sie darauf alle von Ihrer App benötigten Dateien speichern und darauf zugreifen. Seit Android 2.2 können Sie Apps auch auf SD-Karten speichern. Bei älteren Android-Versionen ist dies nicht möglich. Aber nur weil einige Anwender Apps auf SD-Karten speichern können, müssen Sie diese nicht gleich um 20 Megabyte aufblasen und den beschränkten Speicher des Geräts verbraten. Vielleicht können die von Ihrer App benötigten Ressourcen ja auch ganz oder teilweise von einem Webhost heruntergeladen und nur vorübergehend auf der SD-Karte gespeichert werden. Benutzer finden dies vielleicht besser und werden Ihre App dann nicht so schnell deinstallieren, um Speicherplatz für andere Apps frei zu machen.

SD-Speicherkarten sind zwar bei den meisten, aber nicht bei allen Geräten vorinstalliert. Prüfen Sie immer erst, ob eine SD-Karte installiert und ob darauf noch genügend Platz für zu speichernde Dateien vorhanden ist.

Softwarewerkzeuge

Beim Schreiben von Android-Apps stehen Ihnen verschiedene Werkzeuge zur Verfügung. In den folgenden Abschnitten stelle ich Ihnen einige der beliebtesten Tools kurz vor, die Sie im Rahmen Ihrer alltäglichen Android-Entwicklungsarbeit nutzen werden.

Internet

Dank der Internetfähigkeit von Android-Geräten lassen sich aktuelle Daten leicht abrufen. Als Anwender können Sie das Internet nutzen, um sich über die Anfangszeit des nächsten Films oder die Ankunftszeit der nächsten Straßenbahn informieren. Als Entwickler können Sie das Internet in Ihren Apps für den Zugriff auf aktuelle Wetterdaten, Nachrichten und Sportergebnisse nutzen. Sie können das Web aber auch benutzen, um dort einige der Daten Ihrer App zu speichern und dabei beispielsweise auf YouTube zurückgreifen.

Lassen Sie es nicht damit bewenden. Sofern dies sinnvoll ist, können Sie auch Teile Ihrer App auf einen Webserver auslagern. Dadurch lässt sich manchmal sogar viel Verarbeitungszeit einsparen und dafür sorgen, dass Ihre Android-App schlank bleibt. Diese Vorgehensweise wird *Client-Server-Computing* genannt. Bei dieser verbreiteten Softwarearchitektur richtet der Client Anforderungen an einen Server, der nur darauf wartet, etwas zu tun zu bekommen. Die integrierte Maps-App ist ein gutes Beispiel für eine Anwendung, bei der ein Client auf die auf einem Webserver abgelegten Karten und GPS-Daten zurückgreift.

Audio- und Videounterstützung

Mit dem Android-Betriebssystem lässt sich in Ihren Apps auch Audio und Video spielend leicht nutzen. Dabei werden viele Standardformate unterstützt. Das Einbinden multimedialer Inhalte in Ihre Apps könnte kaum einfacher sein. Toneffekte, Anleitungsvideos, Hintergrundmusik, Videostreams und Audio aus dem Internet lassen sich problemlos zu Ihren Apps hinzufügen. Lassen Sie Ihrer Kreativität freien Lauf. Ihren Möglichkeiten sind kaum Grenzen gesetzt.

Kontakte

Ihre App kann auf die auf dem Gerät gespeicherten Kontaktdaten zugreifen. Diese Funktion können Sie nutzen, um Kontakte auf neue Weise oder einfach anders anzuzeigen. Vielleicht gefällt Ihnen die bereits vorhandene App zur Verwaltung der Kontakte nicht. Da Sie auf die auf dem Gerät gespeicherten Kontakte zurückgreifen können, hält Sie nichts davon ab, sich Ihre eigene App zu schreiben. Vielleicht kombiniert diese ja auch die Kontakte mit dem GPS-System und benachrichtigt den Anwender, wenn er sich in der Nähe einer der Kontaktadressen befindet.

Nutzen Sie Ihre Fantasie, gehen Sie dabei aber verantwortungsvoll vor. Keinesfalls sollten Sie Kontaktdaten missbrauchen (siehe nächsten Abschnitt).

Sicherheit

Android lässt Ihren Apps große Freiheiten! Stellen Sie sich nur einmal vor, dass jemand eine App veröffentlicht, die Kontaktlisten durchsucht und sie komplett irgendwo auf einen Server überträgt, um die Daten dann für eigene Zwecke zu missbrauchen. Aus diesem Grund müssen den meisten Funktionen, die die Gerätekonfiguration ändern oder auf geschützte Inhalte zugreifen, speziell entsprechende Berechtigungen eingeräumt werden. Ohne diese funktionieren sie nicht. Angenommen, Sie wollen ein Bild aus dem Web herunterladen und auf Ihrer SD-Karte speichern. Dazu benötigen Sie eine Berechtigung für den Zugriff auf das Internet. Sie benötigen auch entsprechende Berechtigungen, um Dateien auf der SD-Karte speichern zu können. Zu Beginn der Installation einer App wird deren Benutzer darüber informiert, welche Berechtigungen sie erfordert. Dann kann der Anwender entscheiden, ob er die Installation fortsetzen will. Um eine Berechtigung anzufordern, müssen Sie nur eine Zeile Code in die Manifest-Datei Ihrer App einfügen. Wie das geht, erfahren Sie in Kapitel 3.

Google-APIs

Mit dem Android-Betriebssystem können Sie nicht nur telefonieren, Kontakte verwalten oder Apps installieren. Es bietet Ihnen viel mehr. Als Entwickler können Sie Karten in Ihre Apps integrieren. Dazu müssen Sie das Maps-API nutzen, das die entsprechenden Widgets enthält.

Positionen in Landkarten einzeichnen

Vielleicht wollen Sie eine App schreiben, die Ihren Freunden Ihren aktuellen Aufenthaltsort mitteilt. Mit der Entwicklung eines Kartensystems könnten Sie entweder Hunderte Stunden Entwicklungszeit verbringen – oder einfach das Maps-API von Android nutzen. Google stellt das *Android Maps-API* zur Verfügung, das Sie wie die anderen Android-Funktionen kostenlos in Ihre Apps einbinden können! Sie können das API in Ihren Apps verwenden, um Ihren Freunden anzuzeigen, wo Sie sich gerade befinden, ohne dass es Sie lange Entwicklungszeiten oder auch nur einen einzigen Cent kosten würde. Sie können die ganzen tollen Landkarten ohne eigenen Entwicklungsaufwand direkt nutzen. Mit dem Maps-API können Sie fast alles nur über eine Adresse finden. Die Möglichkeiten sind schier grenzenlos. Zeigen Sie den Aufenthaltsort Ihrer Freundin, die nächste Bäckerei, die nächste Tankstelle oder andere Dinge über deren Adresse an.

Durch die Stadt navigieren

Es ist zwar nett, wenn Sie Ihren Freunden Ihren aktuellen Aufenthaltsort mitteilen können, aber das ist noch längst nicht alles! Das Maps-API von Android kann auch auf Googles Navigation-API zugreifen. Und schon können Sie Ihren Anwendern nicht nur Ihre aktuelle Position, sondern auch den Weg dorthin anzeigen.

Cloud-Messaging

Noch so ein obskurer Begriff! Nun ja, beim Cloud-Computing befinden sich die Rechner, die irgendwelche Dienste bereitstellen, irgendwo in den Wolken (clouds), ohne dass sich ihr entfernter Standort genau ausmachen lässt. Mit *Cloud-Messaging* beziehungsweise dem C2DM-Framework (Cloud-to-Device Messaging) von Android können »irgendwelche« Webserver Ihren Apps Mitteilungen zukommen lassen. Sie könnten beispielsweise die Daten Ihrer App irgendwo auf einem entfernten Server speichern und die benötigten Daten beim ersten Starten Ihrer App herunterladen. Was aber, wenn sich Daten später ändern? Damit die App aktualisiert werden kann, muss sie darüber benachrichtigt werden. Dazu können Sie Ihrer App beziehungsweise dem Gerät aus dem Web eine Mitteilung zukommen lassen (Cloud-to-Device Message), die sie darüber informiert, dass die Daten aktualisiert werden müssen. Das funktioniert sogar, wenn Ihre App nicht läuft. Wenn das Gerät die Mitteilung erhält, sorgt es dafür, dass Ihre App gestartet wird und die entsprechenden Maßnahmen einleitet.

Das KISS-Prinzip

Bei der Entwicklung von Anwendungen kann man es leicht übertreiben und übermäßig komplizierte Lösungen entwickeln. Denken Sie an das KISS-Prinzip, das für »Keep It Simple, Stupid« steht und sinngemäß bedeutet, dass man seine Lösungen möglichst einfach halten sollte. Wenn man einfach loslegt, ohne die integrierten APIs wirklich zu verstehen und ohne zu wissen, was diese eigentlich machen, wird der eigene Code leicht übermäßig kompliziert. Sie können zwar so vorgehen, aber das könnte Sie viel mehr Zeit als das Überfliegen der Android-Dokumentation kosten. Sie müssen sich nicht alles merken, sollten sich aber selbst den Gefallen tun und einen Blick in die Dokumentation werfen. Wenn Sie erst einmal gemerkt haben, wie einfach sich die integrierten Funktionen nutzen lassen und wie viel Zeit Sie damit einsparen können, werden Sie darüber froh sein. Es kann passieren, dass Sie viele Zeilen Code schreiben, um etwas zu machen, was sich eigentlich mit einer einzigen Zeile erledigen ließe. Die Lautstärke des Audioplayers oder das Erstellen eines Menüs ist zwar eigentlich einfach, aber wenn Sie die APIs nicht kennen, werden Sie vielleicht versuchen, sie neu zu schreiben, und sich selbst damit letztlich nur Probleme schaffen.

Bei meiner ersten App bin ich gleich voll eingestiegen und habe eine Menge Code geschrieben, um die Lautstärke des Audioplayers zu regeln. Wenn ich nur ein wenig länger in die Android-Dokumentation geschaut hätte, wäre mir klar gewesen, wie sich diese Aufgabe mit einer einzigen Codezeile an der strategisch richtigen Stelle in meiner App hätte erledigen lassen. Dasselbe trifft auf das Menü zu. Auch dafür habe ich eine Menge Code geschrieben, obwohl ich nur hätte wissen müssen, dass ich mir durch Nutzung eines bereits vorhandenen Menü-Frameworks etliche Stunden des Programmierens hätte sparen können.

Durch Hinzufügen von Funktionen, die eigentlich gar nicht benötigt werden, kann man seine Projekte auch wirklich gründlich in den Sand setzen. Die meisten Anwender bevorzugen einfachste Lösungen. Erstellen Sie also keine aufwendigen Dialoge mit Registerkarten, wenn bereits ein paar Menüelemente ausreichen würden. Android verfügt über genug vorgefertigte Steuerelemente (Widgets), mit denen sich fast alles erledigen lässt. Und mit den vorgefertigten Steuerelementen haben es Benutzer Ihrer App mit Bedienelementen zu tun, die ihnen bereits vertraut sind und ihnen daher die Benutzung stark erleichtern.

Vorbereitung Ihrer Entwicklungszentrale

In diesem Kapitel
- So werden Sie Android-Anwendungsentwickler
- Zusammenstellung Ihres Werkzeugkastens
- Das Android-SDK herunterladen und installieren
- Eclipse beziehen und installieren
- Mit den Android-ADT arbeiten

Die gesamte Software, die Sie zur Entwicklung von Android-Apps benötigen, ist *kostenlos!* Das ist das Schöne an der Entwicklung von Android-Anwendungen. Sicherlich freut es Sie zu hören, dass die für die Entwicklung umfangreicher Android-Apps benötigten Basiskomponenten, die Werkzeuge, Frameworks und selbst Quellcode kostenlos erhältlich sind. Einen kostenlosen Computer bekommen Sie damit zwar nicht, aber Sie können damit Ihre Entwicklungsumgebung einrichten und ohne weitere Kosten und somit unschlagbar günstig mit der Entwicklung von Apps beginnen. Nun, vielleicht können Sie das jetzt noch nicht, aber Sie werden schnell dazu in der Lage sein. Und vielleicht finden Sie ja sogar jemanden, der Sie für das Schreiben von Android-Anwendungen bezahlt.

In diesem Kapitel zeige ich Ihnen Schritt für Schritt, wie Sie die Werkzeuge und Frameworks installieren, um anschließend mit der Erstellung aufsehenerregender Android-Anwendungen beginnen zu können.

Den Android-Entwickler in sich entdecken

Es ist nicht schwierig, ein Android-Entwickler zu werden. Eigentlich ist es sogar viel leichter, als Sie vielleicht denken. Stellen Sie sich selbst diese Fragen, um festzustellen, was dazugehört:

✔ Will ich Android-Apps entwickeln?

✔ Sagen mir kostenlose Softwareentwicklungswerkzeuge zu?

✔ Will ich lieber keine Entwicklungsgebühren bezahlen?

✔ Besitze ich einen Rechner, den ich zur Entwicklung nutzen kann?

Wenn Sie all diese Fragen mit Ja beantworten können, ist heute Ihr Glückstag. Sie sind darauf vorbereitet, Android-Entwickler zu werden. Vielleicht wundern Sie sich über die Sache mit den »Gebühren«. Ja, Sie haben richtig gelesen. Als Android-Entwickler müssen Sie keine Gebühren zahlen.

Irgendeinen Haken muss es aber doch geben, oder? Sie können zwar nach Lust und Laune entwickeln, aber wenn Sie Ihre Anwendung über den Android-Marktplatz (hier laden Sie Ihre

Apps hoch und veröffentlichen sie) anbieten wollen, müssen Sie eine geringe Registrierungsgebühr entrichten. Momentan beläuft sich diese auf 25 US-Dollar.

Nur, um Ihnen die Sorge um Gebühren ein wenig zu nehmen, sollte darauf hingewiesen werden, dass Sie die von Ihnen entwickelten Apps Ihren Kunden auch als verteilbares Paket übergeben können. Ihr Auftraggeber kann die Anwendung dann auf dem Android-Marktplatz unter Verwendung seines Marktplatz-Kontos veröffentlichen. Auf diese Weise können Sie sicherstellen, dass Sie keine Gebühren für Auftragsarbeiten zahlen müssen. Selbst als echter Android-Entwickler müssen Sie dann nie Gebühren zahlen. Das ist doch wirklich toll.

Zusammenstellung Ihres Werkzeugkastens

Da Sie nun wissen, dass Sie bereit sind, Android-Entwickler zu werden, können Sie sich Ihren Computer schnappen und geschwind die zur Erstellung Ihrer ersten Hit-Anwendung benötigten Werkzeuge und Frameworks installieren.

Android-Quellcode

Sie sollten wissen, dass Android komplett aus offenen Quelltexten (Open Source) besteht. Sie können sie also nicht nur kostenlos nutzen, sondern dürfen sie auch ändern. Es steht Ihnen frei, sich die Android-Quelltexte herunterzuladen und selbst eine neue Android-Version zu erstellen. Sehen Sie sich dazu das Git-Repository von Android an. Unter http://source.android.com können Sie die Quelltexte auch herunterladen.

Linux-Kernel 2.6

Android basiert auf dem quelloffenen Linux-Kernel 2.6. Die Android-Entwickler haben sich für diesen Kernel entschieden, weil er bewährte Kernfunktionen bereitstellt, auf denen die Entwicklung des Android-Betriebssystems aufsetzen kann. Unter anderem beinhaltet der Linux-Kernel 2.6 die folgenden Funktionen:

- ✔ **Sicherheitsmodell:** Der Linux-Kernel kümmert sich um die Sicherheit zwischen den Apps und dem System.

- ✔ **Speicherverwaltung:** Der Kernel übernimmt die Speicherverwaltung, sodass Sie sich voll auf die Entwicklung Ihrer App konzentrieren können.

- ✔ **Prozessverwaltung:** Der Linux-Kernel verwaltet auch die Prozesse und weist diesen bei Bedarf die benötigten Ressourcen zu.

- ✔ **Netzwerkstapel:** Der Linux-Kernel kümmert sich auch um die Netzwerkkommunikation.

- ✔ **Treibermodell:** Linux soll dafür sorgen, dass alles funktioniert. Hardwarehersteller können ihre Treiber in das Linux-Betriebssystem integrieren.

Einen recht guten ersten Eindruck der Funktionen von Linux 2.6 vermittelt Ihnen Abbildung 2.1.

Abbildung 2.1: Einige der Funktionen des Linux-Kernels

Android-Framework

Aufsetzend auf dem Linux-2.6-Kernel wurde das Android-Framework mit verschiedenen Funktionen entwickelt. Sie wurden von zahlreichen quelloffenen Projekten übernommen. Die Ergebnisse dieser Projekte führten zu folgender Zusammenstellung:

- ✔ **Die Android-Laufzeitumgebung:** Die Android-Laufzeitumgebung besteht aus den Java-Kernbibliotheken und der Dalvik Virtual Machine (DVM).
- ✔ **Open GL (Grafikbibliothek):** Diese sprachunabhängige und plattformübergreifende Anwendungsprogrammierschnittstelle (API – Application Programming Interface) wird zum Erzeugen von 2D- und 3D-Computergrafiken benutzt.
- ✔ **WebKit:** Dieser quelloffene Webbrowser-Engine bietet Funktionen zur Anzeige von Webinhalten und vereinfacht das Laden von Seiten.
- ✔ **SQLite:** Dieser quelloffene Engine für relationale Datenbanken wurde entwickelt, um in Geräte integriert zu werden.
- ✔ **Media Frameworks**: Diese Bibliotheken ermöglichen die Aufnahme und Wiedergabe von Audio und Video.
- ✔ **Secure Sockets Layer (SSL):** Diese Bibliotheken sind für die Internetsicherheit zuständig.

Abbildung 2.2 können Sie eine Liste der verbreiteten Android-Bibliotheken entnehmen.

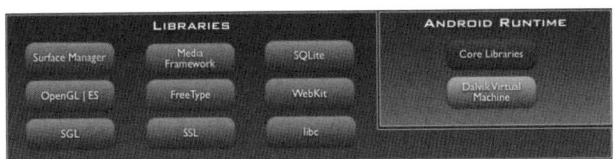

Abbildung 2.2: Android und andere Bibliotheken von Drittherstellern setzen auf dem Linux-2.6-Kernel auf.

Anwendungsframework

Wahrscheinlich denken Sie jetzt: »Das ist zwar schön und gut, aber was habe ich als Entwickler mit diesen Bibliotheken am Hut?« Das ist ganz einfach, denn Sie können über Android auf all diese quelloffenen Frameworks zurückgreifen. Sie müssen sich nicht darum kümmern, wie Android mit SQLite und der Oberflächenverwaltung zusammenarbeitet, sondern können sie einfach selbst als Android-Werkzeuge nutzen. Das Android-Team hat selbst auf einen Satz bewährter Bibliotheken zurückgegriffen und stellt sie Ihnen über Android-Schnittstellen bereit. Diese Schnittstellen hüllen die verschiedenen Bibliotheken ein und machen sie für die

Android-Plattform und Sie als Entwickler nutzbar. Bei Android befinden sich all diese Bibliotheken im Hintergrund und sie stellen Ihnen ihre Funktionen bereit, ohne dass Sie die angebotenen Funktionen selbst erstellen müssen:

✔ **Activity Manager:** Kümmert sich um die Lebensdauer der Aktivitäten.

✔ **Telephony Manager:** Bietet Zugriff auf Telefoniedienste und einige Abonnentendaten wie zum Beispiel Telefonnummern.

✔ **View System:** Kümmert sich um die Steuerelemente (Views) und das Layout der Elemente, aus denen die Bedienschnittstelle (UI – User Interface) besteht.

✔ **Location Manager:** Ermittelt die geografische Position des Geräts.

Abbildung 2.3 können Sie entnehmen, aus welchen Bibliothek das Anwendungsframework besteht.

Abbildung 2.3: Ein kurzer Blick auf einen Teil des Android-Anwendungsframeworks

Vom Kernel bis hin zu den Anwendungen wurde das Android-Betriebssystem mit bewährten quelloffenen Technologien entwickelt. Dadurch können Sie als Entwickler leistungsfähige Anwendungen erstellen, die gewissermaßen von der Open-Source-Gemeinde gepflegt wurden. Abbildung 2.4 zeigt eine vollständige Übersicht über die Schichten des Android-Anwendungsframeworks.

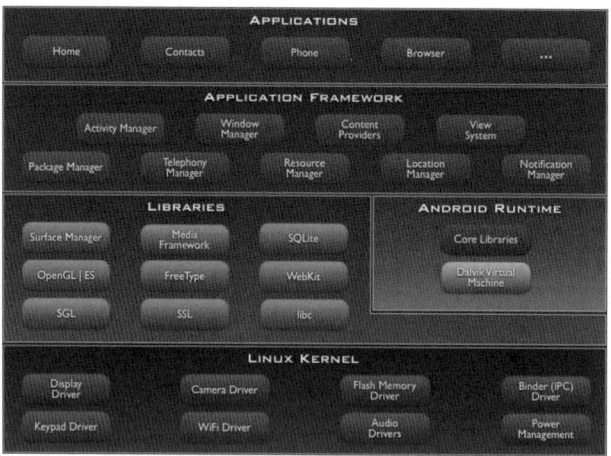

Abbildung 2.4: Die Schichten des Android-Anwendungsframeworks; Ihre Apps befinden sich in der obersten Schicht (Applications).

Bei der Entwicklung einer Android-App werden Sie manchmal dieselben Ressourcen wie der Kern des Android-Systems nutzen wollen. Ein gutes Beispiel wäre ein Symbol für eine Menüoption EINSTELLUNGEN. Dazu können Sie auf die Android-Quelltexte zugreifen, die verschiedenen Ressourcen durchsuchen und die für Ihr Projekt benötigten herunterladen. Durch die verfügbaren Quelltexte können Sie auch tiefer eintauchen und genau sehen, wie Android seine Aufgaben erledigt.

OHA-Bibliotheken

OHA steht für »Open Handset Alliance«. Aber worum handelt es sich bei dieser »Allianz«? Nun, bei diesem Bündnis handelt es sich um keine allzu große Sache, sie ist aber eigentlich irgendwie cool. Letztlich handelt es sich um eine Art von Bündnis zwischen einigen wirklich pfiffigen Unternehmen, über das sie mit ihren Anstrengungen dieselben einheitlichen Ziele verfolgen.

Das Bündnis wurde im November 2007 bekannt gegeben. Damals bestand die Allianz aus 34 Mitgliedern unter der Führung von Google. Mittlerweile besteht die OHA aus 80 Mitgliedern. Dabei handelt es sich um eine Gruppe von Technik- und Mobilfunkunternehmen, die sich zusammengefunden haben, um die Innovationen im Mobilfunkbereich voranzutreiben. Das Ziel besteht darin, Nutzer mit leistungsfähigen, attraktiven und nützlichen Mobilgeräten zu versorgen. Mehr über diese Gruppe erfahren Sie unter www.openhandsetalliance.com.

Zu der Allianz zählen eine Menge herausragende Unternehmen, die mit ihren gemeinsamen Anstrengungen die mobile Welt verbessern wollen. Die Namen der aktuellen Mitglieder (zum Beispiel T-Mobile, Sprint, LG, Motorola, HTC, NVidia, Samsung, Sony Ericsson und Texas Instruments) finden Sie ebenfalls auf der erwähnten Website.

Sie sollten die OHA kennen, weil alle Bibliotheken, aus denen das Android-Betriebssystem besteht, auf quelloffenem Code basieren. Alle Mitglieder tragen auf eigene spezielle Weise bei. Chiphersteller sorgen dafür, dass ihre Chipsätze die Plattform unterstützen, Hardwarehersteller fertigen Geräte und andere Unternehmen steuern intellektuelles Eigentum (Code, Dokumentation und so weiter) bei. Die Zielsetzung besteht darin, Android zum kommerziellen Erfolg zu verhelfen.

Mit ihren Beiträgen beginnen die Mitglieder auch, die Android-Plattform zu innovieren. Einige dieser Innovation werden in die Android-Quelltexte übernommen und einige bleiben, wie es von der OHA beschlossen wurde, das intellektuelle Eigentum der Bündnismitglieder.

Nur weil ein Gerät ein schickes Gimmick hat, muss das bei anderen nicht der Fall sein. Als Entwickler können Sie sich nur auf den Kern des Android-Frameworks verlassen. OHA-Mitglieder können zur besseren Unterstützung irgendwelcher Gerätefunktionen zwar zusätzliche Bibliotheken hinzufügen, aber niemand kann Ihnen garantieren, dass diese Bibliotheken auch auf anderen oder denselben Geräten in anderen Ländern vorhanden sind. Eine Ausnahme stellen dabei Entwicklungen für spezielle Einzelgeräte, wie zum Beispiel ein E-Book-Lesegerät, dar. Wenn deren Hardware nur das Lesen elektronischer Bücher als Funktion un-

terstützt, können Sie es nur für diesen Zweck programmieren. Ein praktisches Beispiel für ein E-Book-Lesegerät mit Android als Betriebssystem ist der Nook von Barnes & Noble. Es besitzt spezielle Vor- und Zurück-Tasten, die es bei anderen Android-Geräten nicht gibt. Da es sich bei diesem Gerät um einen Spezialfall handelt, können Sie diese Tasten in Ihren Programmen nutzen (falls Sie sie für den Nook entwickeln), Sie können aber nicht erwarten, dass es diese Tasten auch bei anderen Geräten gibt.

Java-Kenntnisse

Bei der Programmiersprache Java handelt es sich um eines der wunderbaren Werkzeuge, durch die die Android-Programmierung im Gegensatz zu anderen Mobilplattformen fast zum Kinderspiel wird. Während Sie bei anderen Sprachen den Speicher verwalten und Bytes zur Verfügung stellen und wieder freigeben müssen und dann Bits wie beim Dominospielen herumschieben müssen, gibt es bei Java mit der Java Virtual Machine (JVM) einen guten Kumpel, der Ihnen diese Aufgabe abnimmt. Durch die JVM können Sie sich auf das Schreiben von Code zur Lösung eines geschäftlichen Problems (oder für das nächste wirklich tolle Action-Game, von dem Sie schon lange geträumt haben) konzentrieren und dabei eine saubere, verständliche Programmiersprache verwenden. Sie müssen sich also nicht mit der Schmutzarbeit herumplagen, nur um dafür zu sorgen, dass Ihre Programmfenster auch angezeigt werden.

Bevor Sie Ihre erste Android-Anwendung schreiben, sollten Sie die Java-Grundlagen beherrschen. Wenn Sie sich ein wenig eingerostet fühlen und einen Java-Auffrischungskurs benötigen, können Sie eine der Websites mit Java-Tutorials besuchen, wie etwa http://java.sun.com/docs/books/tutorial (englisch) oder http://www.programmersbase.net/Content/Java (deutsch).

Optimierung Ihrer Hardware

Sie können Android-Apps unter verschiedenen Betriebssystemen entwickeln, zu denen Windows, Linux und Mac OS X zählen. Ich habe für dieses Buch zwar Windows verwendet, Sie können stattdessen aber auch Mac OS X oder Linux benutzen.

Betriebssystem

Android unterstützt die folgenden Plattformen:

✔ Windows XP (32 Bit), Vista/7 (32 oder 64 Bit)

✔ Mac OS X 10.5.8 oder später (nur x86)

✔ Linux (getestet unter Linux Ubuntu 8.04 – »Hardy Heron«)

Beachten Sie, dass alle 64-Bit-Distributionen 32-Bit-Anwendungen ausführen können sollten.

Da ich für dieses Buch Windows verwendet habe, sehen einige der Abbildungen bei Ihrem Rechner möglicherweise ein wenig anders aus. Wenn Sie einen Mac oder einen Linux-Rechner verwenden, sehen die Pfade anders aus. Die Pfadangaben in diesem Buch sehen so aus:

```
c:pfadzurdatei.txt
```

Bei einem Mac oder einem Linux-Rechner werden Pfade hingegen so angegeben:

```
/pfad/zur/datei.txt
```

Computerhardware

Überzeugen Sie sich vor dem Installieren der benötigten Software davon, dass sie auf Ihrem Rechner vernünftig ausgeführt werden kann. Recht sicher lässt sich wohl sagen, dass nahezu alle in den letzten etwa vier Jahren hergestellten Desktop- oder Laptop-Rechner ausreichend sein dürften. Ich würde hier zwar gern genauere Angaben machen, aber das ist nicht möglich. Die für die Android-Entwicklungsumgebung erforderlichen Hardwareanforderungen wurden bisher nicht veröffentlicht. Der langsamste Rechner, auf dem ich Eclipse genutzt habe, war ein Laptop mit einem 1,6-GHz-Pentium-D-Prozessor mit einem Gigabyte RAM. Ich habe dieselbe Konfiguration unter Windows XP und Windows 7 verwendet und beide Betriebssysteme konnten Eclipse-Anwendungen auf dieser Hardware problemlos ausführen und debuggen.

Damit gewährleistet ist, dass Sie alle benötigten Tools und Frameworks installieren können, muss noch genügend freie Speicherkapazität auf der Festplatte vorhanden sein. Auf der Website für Android-Entwickler unter http://developer.android.com/sdk/requirements.html finden Sie eine Liste mit Hardwareanforderungen, die grob angeben, wie viel Speicherplatz für die verschiedenen Komponenten benötigt wird.

Um Ihnen ein wenig Zeit zu sparen, habe ich selbst darauf geachtet wie viel Platz die Tools und SDKs (Software Development Kits) beanspruchen. Insgesamt haben die für die Entwicklung von Android-Anwendungen benötigten Programme bei mir etwa drei Gigabyte auf der Festplatte belegt. Mindestens zehn Gigabyte sollten Sie aber schon einplanen, vor allem wenn Sie für mehrere SDK-Versionen entwickeln wollen.

Hilfsprogramme installieren und konfigurieren

So langsam wird es aufregend. Es wird Zeit, dieses Android zum Laufen zu bringen. Vorher müssen Sie aber erst einmal ein paar Tools und SDKs installieren:

- ✔ **Java-JDK:** Bildet die Grundlagen für das Android-SDK.
- ✔ **Android-SDK:** Bietet Zugriff auf Android-Bibliotheken und ermöglicht die Anwendungsentwicklung mit Android.
- ✔ **Eclipse-IDE (Integrated Development Environment):** Diese Entwicklungsumgebung bringt Java, das Android-SDK und die Android ADT (Android Development Tools) zusammen und enthält Tools zum Schreiben Ihrer Android-Programme.

✔ **Android-ADT**: Nimmt Ihnen eine Menge lästige Aufgaben ab und erstellt beispielsweise die für Android-Apps benötigten Dateien und Strukturen.

In den folgenden Abschnitten werde ich Ihnen zeigen, wie Sie sich diese Tools besorgen und sie installieren können.

Ein Vorteil der Arbeit mit Open-Source-Software besteht darin, dass die Tools zur Softwareentwicklung überwiegend kostenlos erhältlich sind. Android bildet hier keine Ausnahme. Alle für die Entwicklung umfassender Android-Apps benötigten Tools kosten Sie nichts.

Das Java Development Kit erhalten

Aus irgendwelchen Gründen haben sich die Verantwortlichen bei der Namensgebung für das Java-SDK dazu entschlossen, es Java Development Kit oder kurz JDK zu nennen.

Die JDK-Installation kann zu einer etwas entmutigenden Aufgabe werden, ich erläutere sie Ihnen aber nachfolgend Schritt für Schritt.

Das JDK herunterladen

Führen Sie diese Schritte aus, um das JDK zu installieren:

1. **Rufen Sie in Ihrem Browser die Webseite** http://java.sun.com/javase/downloads/index.jsp **auf.**

   Die Seite JAVA SE DOWNLOADS wird angezeigt.

2. **Klicken Sie unterhalb der Überschrift JAVA PLATFORM (JDK) den Link JDK an (siehe Abbildung 2.5).**

   Momentan werden Sie beim Aufruf der obigen Webseite zur Adresse http://www.oracle.com/technetwork/java/javase/downloads/index.html umgeleitet, auf der sich auch dieser Link befindet.

   Wenn Sie einen Mac benutzen, können Sie das JDK über das Panel SOFTWARE-UPDATE installieren.

   Nun wird eine Downloadseite angezeigt, auf der Sie die Plattform (Windows, Linux oder Mac in 32- oder 64-Bit-Variante) auswählen müssen, die Sie für die Entwicklung nutzen wollen.

3. **Wählen Sie Ihre Plattform im Listenfeld aus, aktivieren Sie das als Einverständniserklärung mit den Lizenzvereinbarungen dienende Kontrollkästchen und klicken Sie die Schaltfläche CONTINUE an.**

   Daraufhin wird eine Seite mit einem Download-Link für die von Ihnen ausgewählte JDK-Version angezeigt.

2 ▶ Vorbereitung Ihrer Entwicklungszentrale

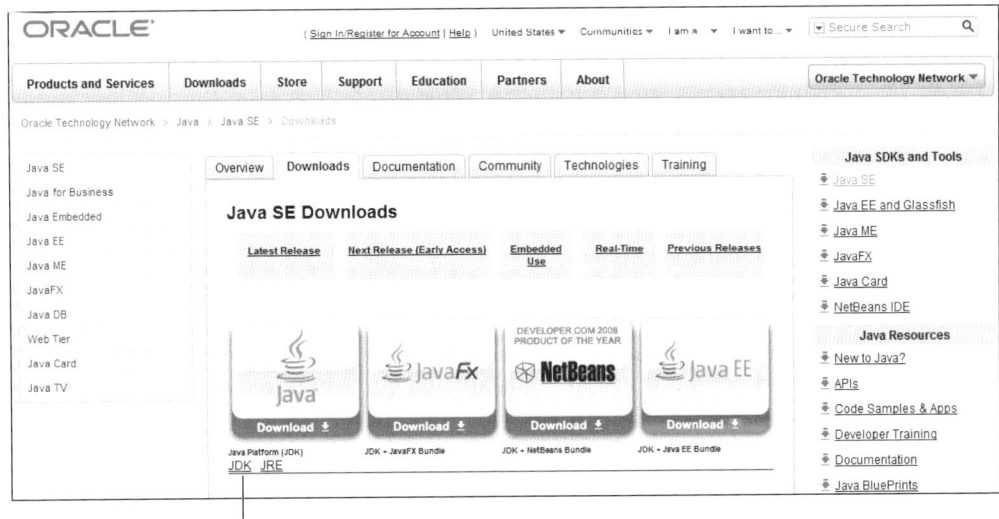

JDK auswählen

Abbildung 2.5: SDK auswählen

4. **Klicken Sie den Link** `jdk-6u24-windows-i586.exe` **(oder wie auch immer er heißen mag) an, um die Datei herunterzuladen.**

   Nun wird ein Dialogfeld angezeigt, über das Sie die Datei herunterladen und/oder direkt ausführen können und das möglicherweise mit einer Sicherheitswarnung aufwartet (siehe Abbildung 2.6).

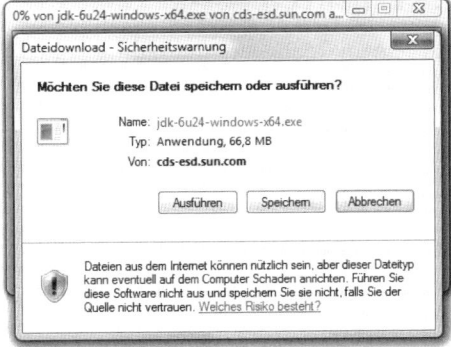

Abbildung 2.6: Sicherheitswarnung beim Internet Explorer

5. **Wählen Sie im Dialogfeld SPEICHERN UNTER aus, wo Sie die Datei ablegen wollen, und klicken Sie SPEICHERN an.**

 Die in Abbildung 2.5 dargestellte Webseite sieht in Zukunft möglicherweise anders aus. Um wirklich die richtige Seite aufzurufen, können Sie über `http://developer.android.com/sdk/requirements.html` die Webseite mit den Systemanforderungen für das Android-SDK aufrufen, auf der sich ein direkter Link zur Java-SDK-Downloadseite befindet.

49

 Sie müssen sich merken, welche Version des Java-SDKs Sie installieren müssen. Momentan unterstützt Android 2.2 die Java-SDK-Versionen 5 und 6. Wenn Sie die falsche Java-Version installieren, führt dies während der Entwicklung zu unerwarteten Ergebnissen.

Das JDK installieren

Nach abgeschlossenem Download führen Sie die Datei zum Installieren des JDKs aus. Daraufhin werden Sie unter Windows Vista/7 in einem Dialogfeld der Benutzerkontensteuerung gefragt, ob die Installation fortgesetzt werden soll. Klicken Sie FORTSETZEN oder JA an. Andernfalls wird das JDK nicht installiert. Klicken Sie jeweils NEXT (WEITER) und zum Schluss FINISH (FERTIG STELLEN) an, um die weitere Installation durchzuführen, und akzeptieren Sie bei Bedarf die Lizenzvereinbarung.

 Sofern Sie noch kein Benutzerkonto bei Oracle besitzen, müssen Sie es anschließend noch anlegen, um das JDK registrieren zu können.

Das war's schon! Sie haben das JDK installiert und können zur nächsten Phase übergehen. Im nächsten Abschnitt werde ich Ihnen Schritt für Schritt zeigen, wie Sie das Android-SDK installieren.

Das Android-SDK erhalten

Das Android-SDK besteht aus einem Debugger, Android-Bibliotheken, einem Geräteemulator, Dokumentation, Beispielcode und Tutorials. Ohne das SDK können Sie keine Android-Apps entwickeln.

Das Android-SDK herunterladen

Um das Android-SDK herunterzuladen, führen Sie diese Schritte aus:

1. **Rufen Sie in Ihrem Browser die Webseite** http://developer.android.com/sdk/index.html **auf.**

2. **Auf der linken Seite sollte unter der Überschrift** ANDROID SDK STARTER PACKET **der Link** DOWNLOAD **aktiviert sein. Wählen Sie das Starterpaket für Ihre Plattform aus.**

   Dabei werden komprimierte Archive (*.zip oder *.tgz) und für Windows auch eine direkt ausführbare EXE-Datei zum Download angeboten.

3. **Laden Sie die Datei mit dem Android-SDK für Ihre Plattform herunter.**

4. **Entpacken Sie die Datei mit dem SDK.**

   Dieser Schritt entfällt, wenn Sie unter Windows entwickeln und die EXE-Datei heruntergeladen haben.

2 ► Vorbereitung Ihrer Entwicklungszentrale

5. **Navigieren Sie zu dem Ordner, in dem Sie das SDK extrahiert oder die ausführbare Installationsdatei gespeichert haben, und starten Sie das SDK-Setup.**

   Unter Windows starten Sie dazu die heruntergeladene EXE-Datei, die Ihnen die erforderlichen Installationsschritte erleichtert.

6. **Führen Sie die Installation durch und starten Sie abschließend entsprechend der Vorgabe den SDK-Manager.**

   Nach einer Weile wird ein Dialogfeld angezeigt, in dem Sie die zu installierenden Pakete auswählen können.

7. **Achten Sie darauf, dass die Option SDK PLATFORM ANDROID 2.2 aktiviert ist.**

   Dieses Buch stützt sich auf die aktuell verbreitetste Android-Version 2.2 (API 8). Die Optionen für die von Ihnen nicht benötigten (älteren) SDK-Versionen können Sie natürlich deaktivieren. Achten Sie aber darauf, dass die Optionen für die Beispiele (und die Dokumentation) der installierten SDK-Versionen aktiviert bleiben (siehe Abbildung 2.7). Um Pakete zu deaktivieren, müssen Sie sie möglicherweise einzeln markieren und rechts im Fenster die Option REJECT anklicken.

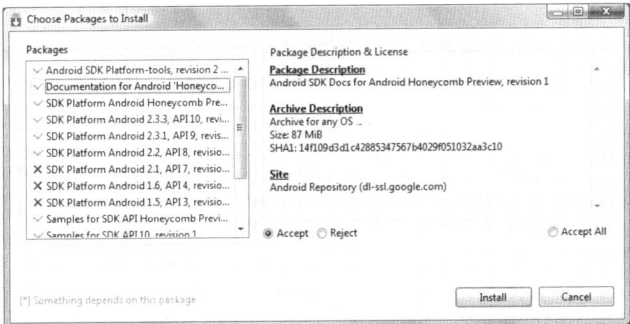

Abbildung 2.7: Wählen Sie die zu installierenden Pakete aus.

Da die benötigten Daten aus dem Internet heruntergeladen werden und recht umfangreich sind, sollten Sie sich bei Ihrer Auswahl vielleicht erst einmal nur auf die wirklich benötigten Pakete beschränken.

In Abbildung 2.7 bin ich bei der Auswahl der Optionen davon ausgegangen, dass Sie für die Android-Versionen ab 2.2 entwickeln wollen, und habe daher die neueren APIs (2.3.x und 3.0 – hier als »Honeycomb Preview« aufgeführt) aktiviert gelassen.

Jeweils beim Erscheinen einer neuen Version des Android-Betriebssystems veröffentlicht Google auch ein SDK, das Zugriff auf die neuen Funktionen dieser Versionen bietet. Wenn Sie in Ihre Apps beispielsweise Bluetooth-Funktionen integrieren wollen, müssen Sie darauf achten, dass Sie mindestens die Version 2.0 des Android-SDKs benutzen, da diese in älteren Versionen nicht verfügbar sind.

8. **Klicken Sie INSTALL an.**

   Die ausgewählten Pakete werden heruntergeladen und installiert. Das kann je nach Geschwindigkeit der Internetverbindung eine ganze Weile dauern. Währenddessen wird das in Abbildung 2.8 dargestellte Dialogfeld angezeigt.

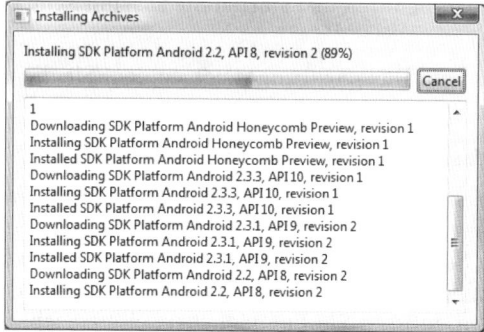

Abbildung 2.8: Das Dialogfeld INSTALLING ARCHIVES

9. **Nach Abschluss der Installation der Archive klicken Sie im Dialogfeld INSTALLING ARCHIVES die Schaltfläche CLOSE an und schließen dann auch das Dialogfeld ANDROID SDK AND AVD MANAGER.**

Während sich das Android-SDK mit den Servern zu verbinden versucht, um die Dateien herunterzuladen, wird möglicherweise der Fehler FAILURE TO FETCH URL angezeigt. Sollte Ihnen das passieren, aktivieren Sie im Dialogfeld ANDROID SDK AND AVD MANAGER unter SETTINGS das Kontrollkästchen FORCE HTTPS://... SOURCES TO BE FETCHED USING HTTP://... und versuchen dann, die verfügbaren Pakete erneut herunterzuladen.

Das Android-NDK hinzufügen

Beim Android-NDK (Native Development Kit) handelt es sich um eine Reihe von Werkzeugen, mit denen Sie Komponenten einbetten können, die nativen Code und damit Code verwenden, den Sie in nativen Sprachen wie C oder C++ geschrieben haben.

Wenn Sie das NDK nutzen wollen, müssen Sie weiterhin das SDK herunterladen. Das NDK ist kein Ersatz für das SDK. Es bietet vielmehr zusätzliche Funktionen, die das SDK erweitern.

Den Pfad zu Ihren Tools setzen

Dieser Schritt ist zwar optional, ich kann Ihnen aber nur dringend dazu raten, den Pfad zu den Tools zu setzen, weil Sie sich ihn dann beim Zugriff auf die Android Debug Bridge (adb) über die Befehlszeile nicht mehr merken und eintragen müssen.

Mit adb können Sie den Zustand eines Emulators oder Android-Geräts verwalten, um Ihre Apps zu debuggen oder auf höherer Ebene mit dem Gerät zu interagieren. Das adb-Tool ist höchst anspruchsvoll, weshalb ich hier darauf nicht gerade ausführlich eingehen werde. Nähere Einzelheiten dazu können Sie aber der Android-Dokumentation entnehmen.

Um die Android-Tools unter Windows zur Pfadvariablen Ihres Systems hinzuzufügen, führen Sie diese Schritte aus:

1. **Starten Sie die Systemsteuerung und doppelklicken Sie auf das Symbol SYSTEM.**
2. **Klicken Sie den Link ERWEITERTE SYSTEMEINSTELLUNGEN an (siehe Abbildung 2.9), um das Dialogfeld SYSTEMEIGENSCHAFTEN zu öffnen.**

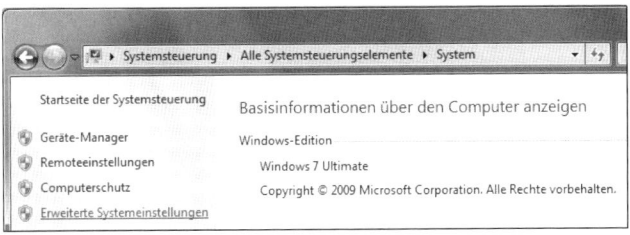

Abbildung 2.9: Der Link ERWEITERTE SYSTEMEINSTELLUNGEN

3. **Klicken Sie die Schaltfläche UMGEBUNGSVARIABLEN an (siehe Abbildung 2.10), um das gleichnamige Dialogfeld zu öffnen.**

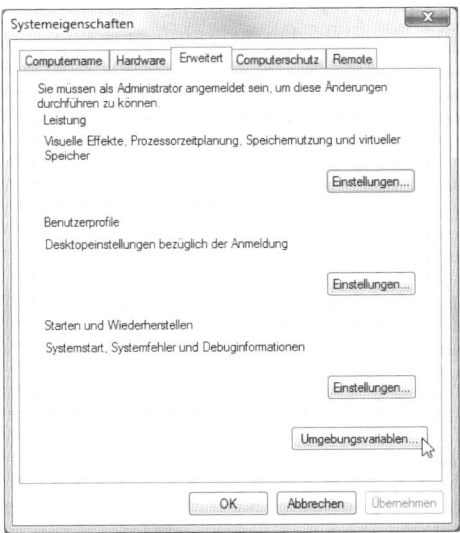

Abbildung 2.10: Klicken Sie die Schaltfläche UMGEBUNGSVARIABLEN an.

4. Klicken Sie die Schaltfläche NEU an (siehe Abbildung 2.11).

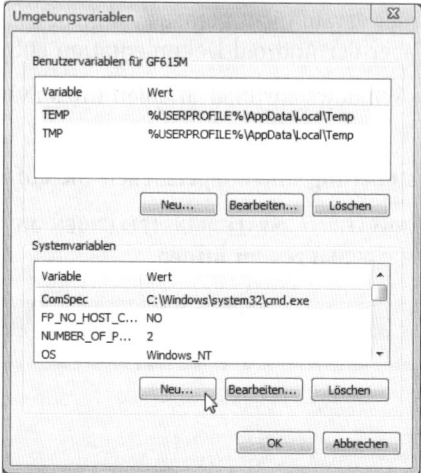

Abbildung 2.11: Das Dialogfeld UMGEBUNGSVARIABLEN

5. Tippen Sie in das Feld NAME DER VARIABLEN ANDROID ein.

6. Tragen Sie den vollständigen Pfad zum Ordner tools in das Feld WERT DER VARIABLEN ein (siehe Abbildung 2.12).

   Wenn Sie das Installationsprogramm unter den 64-Bit-Versionen von Windows Vista/7 zur Installation benutzt haben, würde er beispielsweise C:Program Files (x86)Androidandroid-sdk-windowsools lauten.

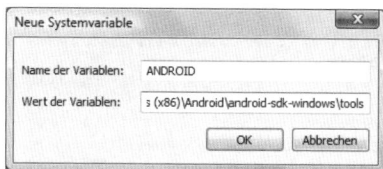

Abbildung 2.12: Einrichtung einer neuen Umgebungsvariablen

7. Klicken Sie OK an.

8. Im Dialogfeld UMGEBUNGSVARIABLEN markieren Sie im Bereich SYSTEMVARIABLEN die Variable Path (siehe Abbildung 2.13).

9. Klicken Sie BEARBEITEN an und fügen Sie ;%ANDROID% am Ende des Feldes WERT DER VARIABLEN hinzu.

10. Klicken Sie jeweils OK an, um das Dialogfeld SYSTEMVARIABLE BEARBEITEN und die anderen noch geöffneten Dialogfelder zu schließen.

2 ➤ Vorbereitung Ihrer Entwicklungszentrale

Abbildung 2.13: Bearbeitung der Systemvariablen Path

Damit haben Sie den Wert der Systemvariablen Path geändert. Wenn Sie nun auf den Ordner mit den Android-Tools zugreifen wollen, können Sie dazu einfach die gerade erstellte Systemvariable benutzen.

 Bei den meisten Betriebssystemen wird die Systemvariable Path nicht aktualisiert, wenn Sie sich nicht ab- und anschließend wieder anmelden. Wenn Sie feststellen, dass die Werte der Variablen Path nicht wie gewünscht gesetzt sind, melden Sie sich also ab und dann wieder an.

Eclipse erhalten

Da Sie das SDK nun installiert haben, benötigen Sie eine integrierte Entwicklungsumgebung (IDE – Integrated Development Environment), um es zu benutzen. Es wird Zeit, Eclipse herunterzuladen!

Auswahl der richtigen Eclipse-Version

 Es ist äußerst wichtig, dass Sie die richtige Eclipse-Version herunterladen. Welche Eclipse-Versionen Sie verwenden können, erfahren Sie auf der Webseite mit den Android-Systemanforderungen unter http://developer.android.com/sdk/requirements.html.

Um Eclipse herunterzuladen, rufen Sie die Downloadseite www.eclipse.org/downloads auf. Wählen Sie dann ECLIPSE IDE FOR JAVA DEVELOPER (ECLIPSE IDE FOR JAVA EE DEVELOPERS können Sie auch verwenden) und klicken Sie die gewünschte Version an, zum Beispiel GALILEO (3.5), HELIOS (3.6) oder INDIGO (3.7). Anschließend können Sie die gewünschte Plattform (Windows, Linux oder Mac) auswählen, bevor Sie den eigentlichen Download starten.

Eclipse installieren

Eclipse steht momentan in einer Archivdatei zur Verfügung, die Sie in einem Ordner Ihrer Wahl extrahieren müssen. Für Eclipse richten Sie am besten eine Verknüpfung auf dem Desktop oder im Menü ein, damit Sie es schneller finden, wenn Sie es benötigen.

Zunächst müssen Sie den Inhalt der .zip-Datei von Eclipse in einem Ordner Ihrer Wahl entpacken. Da es einige Windows-Versionen gar nicht mögen, wenn man manuell Dateien in die Programmordner kopiert (oder entpackt), habe ich für dieses Beispiel den Ordner C:Eclipse benutzt.

Um Eclipse nach dem Entpacken zu konfigurieren, führen Sie diese Schritte aus:

1. **Starten Sie Eclipse (entweder über die ausführbare Datei oder eine eingerichtete Verknüpfung).**

   Sie sollten Eclipse als Administrator starten, da ansonsten einige Optionen nicht funktionieren. Gerätetreiber darf beispielsweise nur ein Administrator installieren. Dazu können Sie das Programm unter Vista/7 entweder nach einem Rechtsklick über die Option ALS ADMINISTRATOR AUSFÜHREN starten oder Sie wählen im Kontextmenü EIGENSCHAFTEN und aktivieren auf der Registerkarte KOMPATIBILITÄT unten das Kontrollkästchen PROGRAMM ALS EIN ADMINISTRATOR AUSFÜHREN.

2. **Richten Sie Ihren Arbeitsbereich ein.**

   Wenn Eclipse startet, wird zunächst das Dialogfeld WORKSPACE LAUNCHER angezeigt (siehe Abbildung 2.17). Hier können Sie zwar einen anderen als den vorgeschlagenen Ordner verwenden, aber für dieses Buch behalte ich die Vorgabe bei:

   C:\Users\<benutzername>\workspace

   Lassen Sie das Kontrollkästchen USE THIS AS THE DEFAULT deaktiviert und klicken Sie die Schaltfläche OK an.

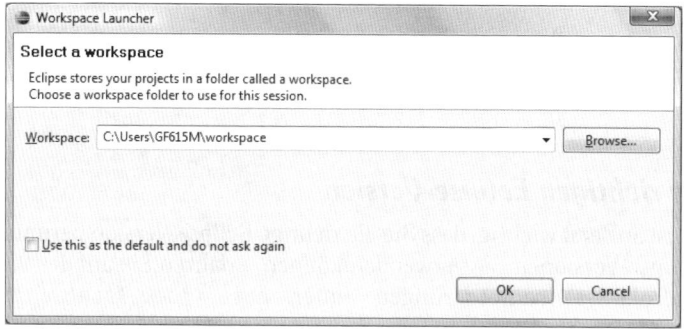

Abbildung 2.14: Den Ordner für den Arbeitsbereich festlegen

 Wenn Sie mehrere Apps entwickeln wollen, empfehle ich die Verwendung getrennter Arbeitsbereiche (workspaces) für die verschiedenen Projekte. Wenn Sie mehrere Projekte in einem Arbeitsbereich speichern, wird es schwierig, den Überblick zu behalten, und man ändert allzu leicht ähnlich benannte Dateien eines anderen Projekts. Wenn Sie für die Projekte getrennte Arbeitsbereiche verwenden, finden Sie sich auch besser zurecht, wenn Sie später einmal Fehler beheben müssen.

Nachdem Eclipse geladen wurde, wird dessen Willkommen-Bildschirm angezeigt (siehe Abbildung 2.15).

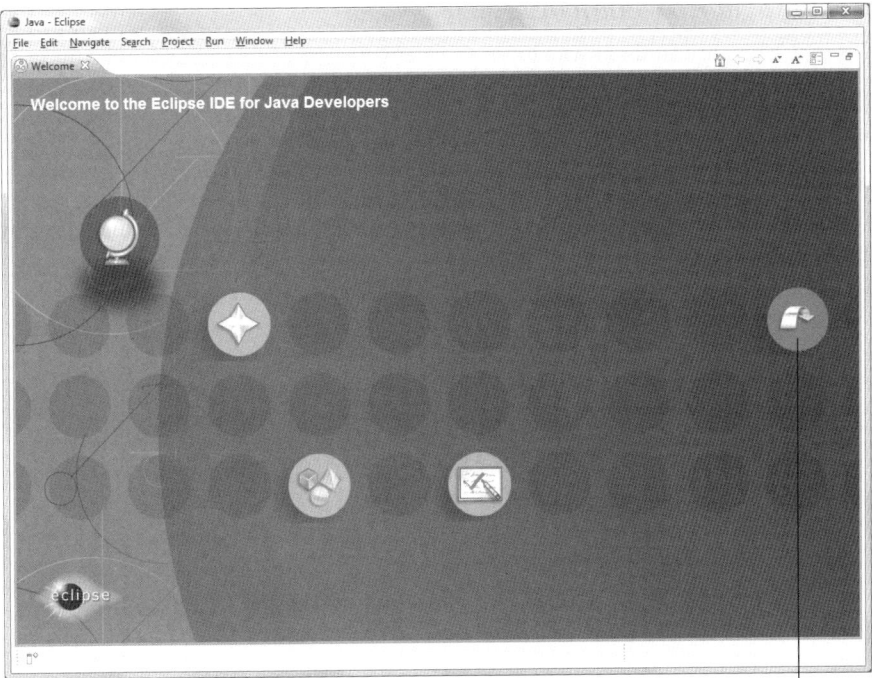

Abbildung 2.15: Der Willkommen-Bildschirm von Eclipse

3. Klicken Sie den gebogenen Pfeil rechts im Fenster an, um die Workbench zu starten.

Eclipse ist installiert und leicht aufrufbar. Wie Sie die ADT (Android Development Tools) hinzufügen, erfahren Sie im nächsten Abschnitt.

Eclipse konfigurieren

Die Android-Entwicklungswerkzeuge (ADT – Android Development Tools) erweitern Eclipse um Funktionen, die Ihnen eine Menge Arbeit abnehmen. Mit ADT können Sie im Handumdrehen neue Android-Projekte erstellen. Sie erstellen alle erforderlichen Basisdateien, die benötigt werden, um schnell mit der Programmierung Ihrer Apps anfangen zu können. Zudem können Sie Ihre Anwendungen mit den Android-SDK-Tools debuggen. Und schließlich können Sie mit ADT Ihre Apps direkt aus Eclipse heraus in signierte Android-Pakete (APK – Android Package) exportieren, ohne dazu Befehlszeilenwerkzeuge einsetzen zu müssen. Anfangs musste ich verschiedene Befehlszeilenprogramme bemühen, um APK-Dateien erstellen zu können. Das war zwar nicht allzu schwierig, aber mühsam und manchmal frustrierend. ADT nimmt Ihnen diese Mühe ab und erledigt den Vorgang über einen Assistenten aus Eclipse heraus. Wie Sie eine signierte APK-Datei exportieren können, erfahren Sie in Kapitel 8.

Eclipse mit dem ADT einrichten

Um Eclipse mit den Android-Entwicklungswerkzeugen einzurichten, führen Sie diese Schritte aus:

1. **Wenn es nicht bereits läuft, starten Sie Eclipse.**
2. **Wählen Sie HELP|INSTALL NEW SOFTWARE.**

    Daraufhin wird das Dialogfeld INSTALL angezeigt (siehe Abbildung 2.16), über das Sie neue Plugins in Eclipse installieren können.

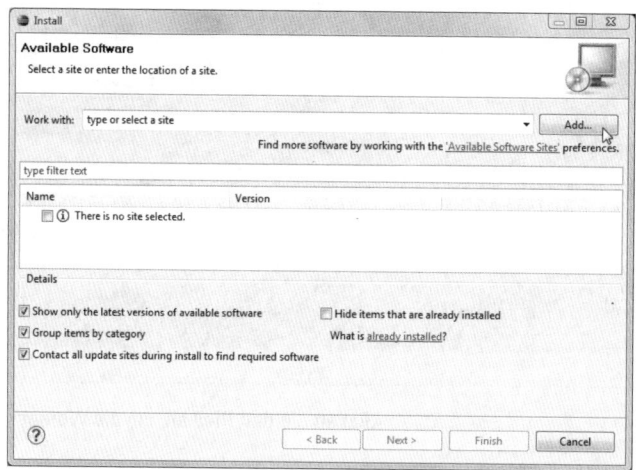

Abbildung 2.16: Klicken Sie die Schaltfläche ADD an, um eine neue Website hinzuzufügen.

3. **Klicken Sie die Schaltfläche ADD an, um über das Dialogfeld ADD SITE eine neue Website hinzuzufügen (siehe Abbildung 2.17).**

Bei *Sites* handelt es sich um die Adressen von Webseiten, auf denen im Internet Software abgelegt ist. Wenn Sie eine Site in Eclipse hinzufügen, können Sie die Software leichter aktualisieren, sobald neue Versionen erscheinen.

2 ▶ Vorbereitung Ihrer Entwicklungszentrale

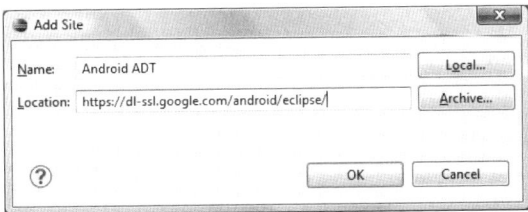

Abbildung 2.17: Tragen Sie eine Bezeichnung und die Adresse der Website ein.

4. **Tragen Sie im Feld NAME eine Bezeichnung ein.**

   Ich würde Ihnen empfehlen, hier `Android ADT` einzutragen, Sie können aber auch beliebige andere Namen verwenden.

5. **Tragen Sie im Feld LOCATION `https://dl-ssl.google.com/android/eclipse/` als Adresse ein.**

6. **Klicken Sie die Schaltfläche OK an.**

   Im Listenfeld im Dialogfeld INSTALL ist ANDROID ADT ausgewählt und in der Mitte des Fensters werden die Namen und Versionen der verfügbaren Optionen angezeigt.

7. **Aktivieren Sie das Kontrollkästchen neben DEVELOPER TOOLS und klicken Sie dann die Schaltfläche NEXT an (siehe Abbildung 2.18).**

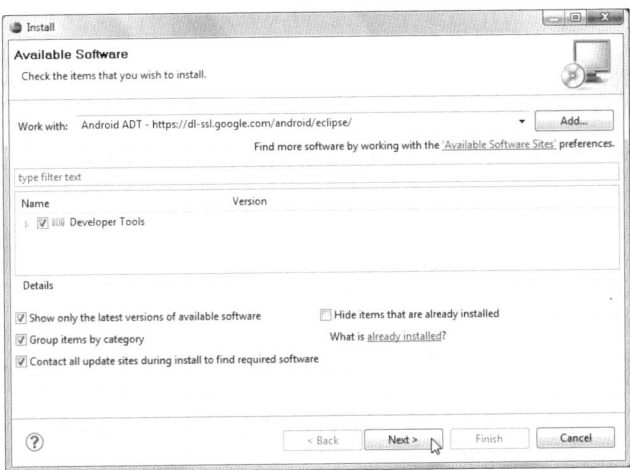

Abbildung 2.18: Installieren Sie die Werkzeuge für Entwickler.

Im Dialogfeld INSTALL DETAILS sollten ANDROID DDMS (Dalvik Debug Monitor Server), ANDROID DEVELOPMENT TOOLS und ANDROID HIERARCHY VIEWER aufgeführt werden (siehe Abbildung 2.19). (DDMS wird im Abschnitt »Erfahrungen mit echten Android-Geräten« weiter hinten in diesem Kapitel eingehender behandelt.)

8. **Klicken Sie die Schaltfläche NEXT an, um zum Dialogfeld mit den Lizenzvereinbarungen zu gelangen.**

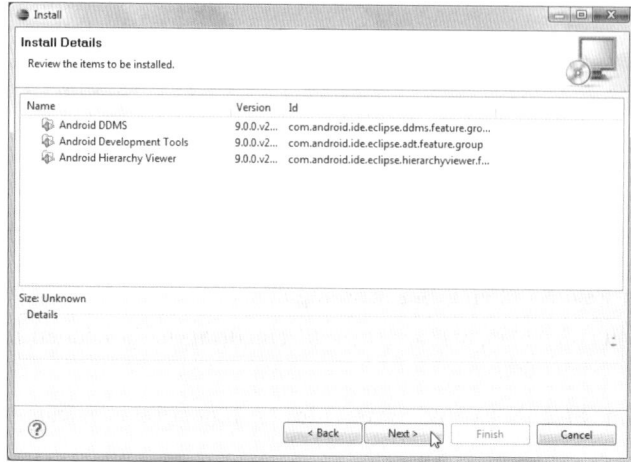

Abbildung 2.19: DDMS und ADT werden im Dialogfeld INSTALL DETAILS aufgeführt.

9. **Aktivieren Sie die Option I ACCEPT THE TERMS OF THE LICENSE AGREEMENT, um sich mit den Lizenzvereinbarungen einverstanden zu erklären.**

10. **Klicken Sie die Schaltfläche FINISH an.**

    Nun werden die gewünschten Komponenten heruntergeladen und installiert. Das kann wieder einmal eine Weile dauern. Möglicherweise müssen Sie zwischendurch noch in dem ein oder anderen Dialogfeld der Installation unsignierter Elemente zustimmen und sie für vertrauenswürdig erklären.

11. **Wenn Sie dazu aufgefordert werden, klicken Sie die Schaltfläche YES an, um Eclipse neu zu starten.**

    Das ADT-Plugin wurde installiert.

SDK-Speicherort angeben

In diesem Abschnitt geleite ich Sie durch die Konfiguration. Ich weiß, dass Sie hier scheinbar eine Menge machen müssen, aber Sie sind bereits fast fertig und schließlich müssen Sie diese Arbeit nur einmal erledigen (zumindest für einen Rechner). Führen Sie diese Schritte aus:

1. **Wählen Sie in Eclipse WINDOW|PREFERENCES.**

    Das Dialogfeld PREFERENCES wird angezeigt (siehe Abbildung 2.20).

2. **Markieren Sie auf der linken Seite ANDROID.**

3. **Tragen Sie auf der rechten Seite im Feld SDK LOCATION ein, wo sich das SDK auf der Festplatte befindet, oder wählen Sie den Speicherort über die Schaltfläche BROWSE aus.**

    Wenn Sie das Android-SDK in der 32-Bit-Version unter einer 64-Bit-Version von Windows Vista/7 über die ausführbare Setup-Datei installiert haben, befindet es sich beispielsweise im Ordner `C:\Program Files (x86)\Android\android-sdk-windows`.

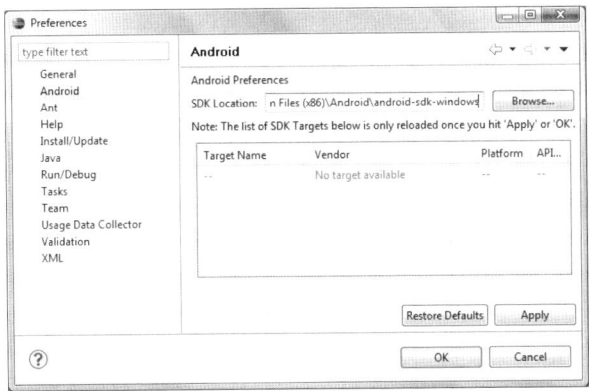

Abbildung 2.20: Geben Sie im Dialogfeld PREFERENCES den Ordner an, in dem sich das SDK befindet.

4. Klicken Sie OK an.

Eclipse ist konfiguriert und Sie können mit der Entwicklung von Android-Apps loslegen.

 Sollten Sie Probleme haben, die Tools von https://dl-ssl.google.com/android/eclipse herunterzuladen, können Sie es auch über http://dl-ssl.google.com/android/eclipse versuchen.

Sich mit den Android-Entwicklungswerkzeugen vertraut machen

Da Sie nun alle wichtigen Tools installiert haben, werde ich Ihnen im Folgenden das SDK und einige der darin enthaltenen Werkzeuge vorstellen.

Sich im Android-SDK zurechtfinden

Hoppla! Das SDK umfasst eine Menge Ordner! Aber keine Angst, wenn Sie den Bogen erst einmal heraushaben, lässt sich die Ordnerstruktur des Android-SDKs recht leicht durchschauen. Um es umfassend nutzen zu können, müssen Sie die Struktur des SDKs aber verstehen. Tabelle 2.1 skizziert, was sich in den jeweiligen Ordnern befindet.

Android-Zielplattformen

Android-Plattform ist nur eine seltsame Umschreibung von *Android-Version*. Mittlerweile gibt es neun Android-Versionen, die zwischen 1.1 und 3.0 liegen. Sie können Apps für alle verfügbaren Versionen entwickeln, wobei die 1.x-Versionen bereits als veraltet gelten und 2.3 und 3.0 gerade erst erschienen sind.

Android Apps Entwicklung für Dummies

SDK-Ordner	Beschreibung
usb_driver	Enthält die Treiber für Android-Geräte. Wenn Sie Ihr Android-Gerät an den Rechner anschließen, müssen Sie diesen Treiber installieren, damit Sie mit dem ADT Apps ansehen, debuggen und auf Ihr Mobilgerät übertragen können. Der Ordner usb_driver bleibt unsichtbar, bis Sie den USB-Treiber installiert haben.
tools	Enthält verschiedene Tools, die Sie während der Entwicklung nutzen können, wie zum Beispiel zum Debuggen, zum Verwalten von Steuerelementen (Views) und zum Erstellen Ihrer Apps.
temp	Dient dem SDK als temporäres Zwischenlager für Dateien. Manchmal benötigt das SDK zur Erledigung seiner Aufgaben vorübergehend Speicherplatz. Zu diesem Zweck benutzt es diesen Ordner.
samples	Enthält eine Reihe von Beispielprojekten, mit denen Sie experimentieren können. Der vollständige Quelltext wird mitgeliefert.
platforms	Enthält die Zielplattformen, die Sie beim Erstellen von Android-Apps verwenden können. Hier finden Sie zum Beispiel die Ordner android-8 (für Android 2.2) und/oder android-4 (für Android 1.6).
docs	Enthält ein lokales Exemplar der Dokumentation des Android-SDKs.
add-ons	Enthält zusätzliche APIs mit Erweiterungsfunktionen. In diesem Ordner befinden sich die Google-APIs, mit denen Sie Landkarten anzeigen lassen können. Dieser Ordner bleibt leer, bis Sie die APIs von Google Maps installiert haben.

Tabelle 2.1: Ordner des Android-SDKs

 Denken Sie daran, dass etliche ältere Android-Versionen weiterhin von Mobiltelefonen verwendet werden. Wenn Sie möglichst viele Anwender erreichen wollen, sollten Sie besser für ältere Zielplattformen entwickeln. Wenn Sie in Ihren Apps Funktionen nutzen, die von den älteren Plattformen nicht unterstützt werden, bleibt Ihnen nichts anderes übrig, als für neuere Plattformen zu entwickeln. Bluetooth wird so zum Beispiel erst ab Version 2.0 unterstützt.

Abbildung 2.21 zeigt, welche Android-Versionen von den Geräten benutzt wurden, die den Android-Marktplatz in den letzten zwei Wochen vor Anfang Februar 2011 besucht haben. Die aktuellen Plattformstatistiken finden Sie unter http://developer.android.com/resources/dashboard/platform-versions.html. Beachten Sie dabei, dass bei diesen Prozentzahlen die neueren Geräte sicherlich überrepräsentiert sind, da sich Besitzer neuer Geräte sicherlich auch einmal auf dem Google-Marktplatz umsehen werden.

Die SDK-Tools zur Programmentwicklung nutzen

Sie haben die SDK-Tools gerade erst installiert. Damit Sie sie auch selbst nutzen können, werde ich Sie Ihnen nun vorstellen. Sie verwenden die SDK-Tools zur Entwicklung Ihrer Android-Apps. Mit ihnen können Sie auf einfache Weise Anwendungen entwickeln und Fehler darin aufspüren. Mit den zusätzlichen Funktionen neuer SDK-Versionen können Sie auch Apps für die neuesten Android-Versionen entwickeln.

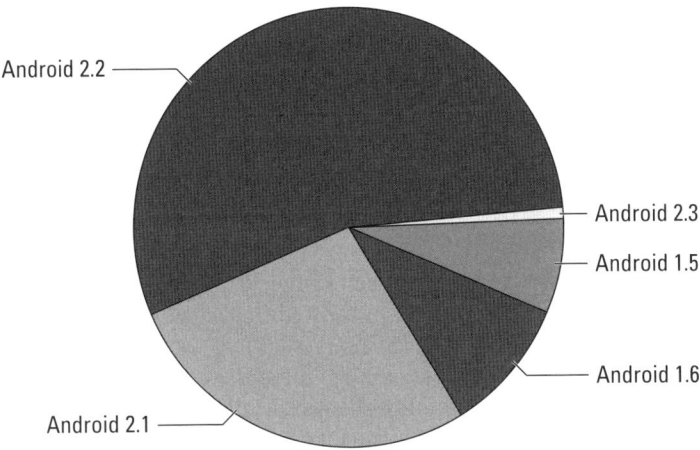

Abbildung 2.21: Android-Distributionen (Stand: 2. Februar 2011)

Den kleinen Emulator kennenlernen

Der Emulator ist wohl mein Lieblingswerkzeug. Google stellt Ihnen nicht nur die für die Entwicklung von Apps benötigten Tools zur Verfügung, sondern auch noch einen großartigen kleinen Emulator, auf dem Sie Ihre Apps testen können! Der Emulator weist zwar einige Beschränkungen auf und kann bestimmte Hardwarekomponenten wie den Beschleunigungssensor nicht nachbilden, darüber müssen Sie sich aber (zumindest vorläufig) keine Gedanken machen. Es gibt eine Menge Apps, die nur unter Verwendung des Emulators entwickelt und getestet werden können.

Wenn Sie zum Beispiel eine App entwickeln, die Bluetooth nutzt, sollten Sie ein reales Gerät mit Bluetooth-Unterstützung verwenden. Wenn Sie Ihre Apps auf einem schnellen Rechner entwickeln, geht auch das Testen schnell. Auf langsameren Rechnern kann der Emulator aber auch bereits zur Erledigung scheinbar einfacher Aufgaben viel Zeit benötigen. Wenn ich bei der Entwicklung ältere Computer benutze, greife ich zum Testen lieber auf echte Geräte zurück. Bei der Verwendung meiner neueren, schnelleren Rechner verwende ich aber üblicherweise den Emulator, da dann nur geringe oder gar keine Verzögerungen zu beobachten sind.

Der Emulator ist besonders praktisch, wenn Sie Ihre App für verschiedene Auflösungen und Bildschirmabmessungen testen wollen. Häufig werden Sie kaum etliche verschiedene Geräte gleichzeitig an Ihren Rechner anschließen können. Sie können aber mehrere Emulatoren für unterschiedliche Auflösungen und Bildschirmabmessungen starten.

Erfahrungen mit echten Android-Geräten

Der Emulator ist zwar eine tolle Sache, aber manchmal benötigen Sie einfach echte Geräte zum Testen. Mit DDMS (Dalvik Debug Monitor Server) können Sie Ihre App auf echten Geräten debuggen. Das ist dann praktisch, wenn in den von Ihnen entwickelten Apps Hardwarefunktionen genutzt werden, die sich nicht emulieren lassen. Nehmen Sie einmal an, dass Sie eine

App entwickeln, die die jeweilige Position des Nutzers aufzeichnet. Sie können das Gerät zwar manuell mit Koordinaten versorgen, aber irgendwann werden Sie während der Entwicklung Ihre App wahrscheinlich testen und feststellen wollen, ob sie tatsächlich die wirkliche Position anzeigt. Das lässt sich nur mit einem echten Android-Gerät machen.

Wenn Sie zur Entwicklung einen Windows-Rechner benutzen und Ihre App auf einem echten Gerät testen wollen, müssen Sie dazu einen Treiber installieren. Bei Verwendung eines Mac- oder Linux-Rechners können Sie diesen Abschnitt überspringen, weil Sie den USB-Treiber dann nicht installieren müssen.

Entsprechend den Angaben auf den Entwicklerseiten eignet sich der USB-Treiber von Google nur für ADP-Geräte (Android Developer Phones), das Nexus One und das Nexus S. Wenn Sie andere Geräte benutzen wollen, informieren Sie sich auf den Herstellerseiten darüber, wie Sie diese Geräte über die ADB (Android Debug Bridge) verwenden können. Installieren Sie dann den USB-Treiber des jeweiligen Herstellers entsprechend den Angaben und *nicht* den Google-USB-Treiber.

Um den USB-Treiber für Android-Geräte für Windows herunterzuladen, führen Sie diese Schritte aus:

1. **Wählen Sie in Eclipse WINDOW|ANDROID SDK AND AVD MANAGER.**

   Das Dialogfeld ANDROID SDK AND AVD MANAGER wird angezeigt (siehe Abbildung 2.22).

2. **Markieren Sie auf der linken Seite AVAILABLE PACKAGES.**

3. **Erweitern Sie THIRD PARTY ADD-ONS und aktivieren Sie die Option GOOGLE USB DRIVER PACKAGE.**

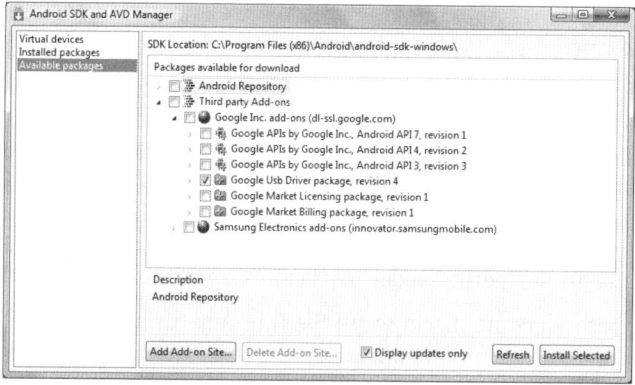

Abbildung 2.22: Die verfügbaren Pakete

4. **Klicken Sie die Schaltfläche INSTALL SELECTED an.**

   Das Dialogfeld CHOOSE PACKAGES TO INSTALL wird angezeigt.

5. **Aktivieren Sie die Option ACCEPT, um sich mit den Lizenzvereinbarungen einverstanden zu erklären, und klicken Sie dann die Schaltfläche INSTALL an (siehe Abbildung 2.23).**

Das Dialogfeld INSTALLING ARCHIVES wird angezeigt, in dem ein Balken über den Installationsfortschritt Auskunft gibt.

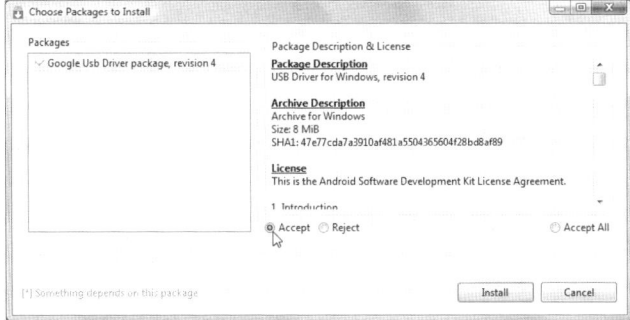

Abbildung 2.23: Klicken Sie die Schaltfläche INSTALL an.

 Nur Administratoren dürfen Gerätetreiber installieren. Um das USB-Treiberpaket installieren zu können, müssen Sie Eclipse daher in jedem Fall mit Administratorberechtigungen starten.

6. Nachdem das Paket heruntergeladen und installiert wurde, klicken Sie die Schaltfläche CLOSE an.
7. Schließen Sie das Dialogfeld ANDROID SDK AND AVD MANAGER.

Beseitigung von Fehlern und Macken in Ihren Programmen

DDMS stattet Sie mit den zum Aufspüren lästiger Fehler benötigten Werkzeugen aus. Damit können Sie, während Ihre App läuft, auch einen Blick hinter die Kulissen werfen und den Status drahtloser Verbindungen prüfen. Aber es leistet noch mehr! Es simuliert auch Aktionen, für die Sie normalerweise echte Geräte benötigen, wie zum Beispiel das manuelle Senden von GPS-Koordinaten (Global Positioning System), simulierte Telefonanrufe oder Textmitteilungen. Sie sollten sich über http://developer.android.com/guide/developing/tools/ddms.html einen Überblick über die Möglichkeiten von DDMS verschaffen.

Die API- und SDK-Beispiele ausprobieren

Die API- und SDK-Beispiele werden mitgeliefert, um Ihnen zu zeigen, wie sich die im API und SDK enthaltenen Funktionen nutzen lassen. Sollten Sie einmal nicht mehr weiterkommen und nicht wissen, wie Sie bestimmte Dinge zum Laufen bringen können, sollten Sie die Webseite http://developer.android.com/resources/samples/index.html besuchen. Hier finden Sie Beispiele für fast alle Zwecke von der Bluetooth-Nutzung bis hin zur Erstellung von Textanwendungen oder 2D-Spielen.

Auch das Android-SDK enthält einige Beispiele. Öffnen Sie einfach den Ordner samples des Android-SDKs, das verschiedene Beispiele von der Zusammenarbeit mit Diensten bis hin zur

Änderung lokaler Datenbanken enthält. Sie sollten sich ein wenig Zeit nehmen, um die Beispiele auszuprobieren. Ich konnte jedenfalls dadurch besonders viel lernen, dass ich mir die funktionierenden Codebeispiele angesehen und sie in Eclipse ausprobiert habe.

Die API-Demos im Testlauf ansehen

Bei den API-Demos im Ordner `samples` handelt es sich um eine Zusammenstellung von Apps, die den Einsatz der verfügbaren APIs verdeutlichen sollen. Hier finden Sie Apps mit Unmengen von Beispielen für:

- ✔ Benachrichtigungen (Notifications)
- ✔ Wecktöne (Alarms)
- ✔ Intents
- ✔ Menüs
- ✔ Suche
- ✔ Einstellungen (Preferences)
- ✔ Hintergrunddienste

Wenn Sie einmal nicht weiterkommen sollten oder sich auf das Schreiben Ihrer nächsten spektakulären Android-App vorbereiten wollen, erfahren Sie alle Einzelheiten unter `http://developer.android.com/resources/samples/ApiDemos/index.html`.

Teil II
Ihre erste Android-App erstellen und veröffentlichen

»Er schien nett zu sein, aber ich könnte nie mit jemandem eine Verbindung eingehen, der so einen Klingelton verwendet.«

In diesem Teil ...

In Teil II stelle ich Ihnen die Schritte zur Entwicklung einer nützlichen Android-App vor. Ich beginne mit einer Einführung in die Android-Tools und wende mich dann der Entwicklung der Fenster und der Widgets für den Startbildschirm zu, mit denen Anwender interagieren. Wenn die Anwendung fertig ist, zeige ich Ihnen, wie Sie sie für die Verteilung über den Android-Marktplatz digital signieren können. Ich schließe diesen Teil mit einer ausführlichen Darstellung der Veröffentlichung Ihrer Anwendung auf dem Android-Marktplatz ab.

Ihr erstes Android-Projekt

In diesem Kapitel

- Ein neues, leeres Projekt in Eclipse erstellen
- Fehlermeldungen verstehen
- Einen Emulator erstellen
- Startkonfigurationen einrichten und kopieren
- Ihre erste App starten
- Ein Projekt sezieren

Sie können es gar nicht mehr erwarten, den nächsten Android-Superhit auf die Menschheit loszulassen? Gut! Um einige der wesentlichen Aspekte bei der Erstellung von Android-Projekten zu verdeutlichen, zeige ich Ihnen aber, bevor Sie diesen nächsten Megaerfolg produzieren, erst noch Schritt für Schritt, wie Sie Ihre erste Android-App erstellen können. Sie werden eine sehr einfache »Hallo Welt«-App erstellen, für die Sie gar keinen Code schreiben müssen. Wie? Kein Code? Ist das möglich? Folgen Sie mir, ich zeige es Ihnen gleich.

Ein neues Projekt in Eclipse beginnen

Ganz am Anfang müssen Sie erst einmal Eclipse starten. Danach sollte auf Ihrem Bildschirm ein Fenster angezeigt werden, das dem in Abbildung 3.1 ähnelt. Und schon können Sie mit Android loslegen.

Sicherlich können Sie sich noch daran erinnern, wie Sie im letzten Kapitel Ihre Entwicklungsumgebung eingerichtet haben. Dort haben Sie alle zum Erstellen von Android-Apps erforderlichen Werkzeuge und Frameworks und dabei auch das Eclipse-Plugin mit den Android-Entwicklungswerkzeugen (ADT – Android Development Tools) installiert. Mit dem ADT-Plugin können Sie neue Android-Apps direkt über das FILE-Menü in Eclipse erzeugen. Und genau das werden Sie jetzt gleich machen. Ich denke, dass Sie zur Erstellung Ihres ersten Android-App-Projekts bereit sind. Führen Sie diese Schritte aus:

1. **Wählen Sie in Eclipse FILE|NEW|PROJECT.**

    Das in Abbildung 3.2 dargestellte Dialogfeld NEW PROJECT/SELECT A WIZARD wird angezeigt.

2. **Erweitern Sie im Dialogfeld NEW PROJECT/SELECT A WIZARD den Ordner ANDROID, indem Sie ihn anklicken.**

3. **Markieren Sie im erweiterten ANDROID-Ordner die Option ANDROID PROJECT und klicken Sie dann die Schaltfläche NEXT an.**

    Das Dialogfeld NEW ANDROID PROJECT wird angezeigt (siehe Abbildung 3.3).

Abbildung 3.1: Die Eclipse-Entwicklungsumgebung wurde gestartet.

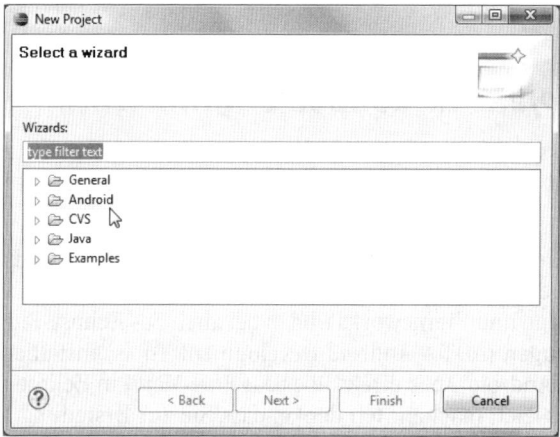

Abbildung 3.2: Das Dialogfeld NEW PROJECT/SELECT A WIZARD

4. **Im Feld PROJECT NAME geben Sie** Hallo Android **ein.**

   Das Feld PROJECT NAME ist sehr wichtig. Über den von Ihnen eingegebenen Name lässt sich Ihr Projekt im Eclipse-Arbeitsbereich identifizieren. Nachdem Ihr Projekt erzeugt wurde, trägt ein Ordner im Arbeitsbereich den hier von Ihnen festgelegten Namen.

5. **Im Bereich CONTENTS behalten Sie die vorgegebene Einstellung CREATE NEW PROJECT IN WORKSPACE bei und lassen das Kontrollkästchen USE DEFAULT LOCATION aktiviert.**

3 ► Ihr erstes Android-Projekt

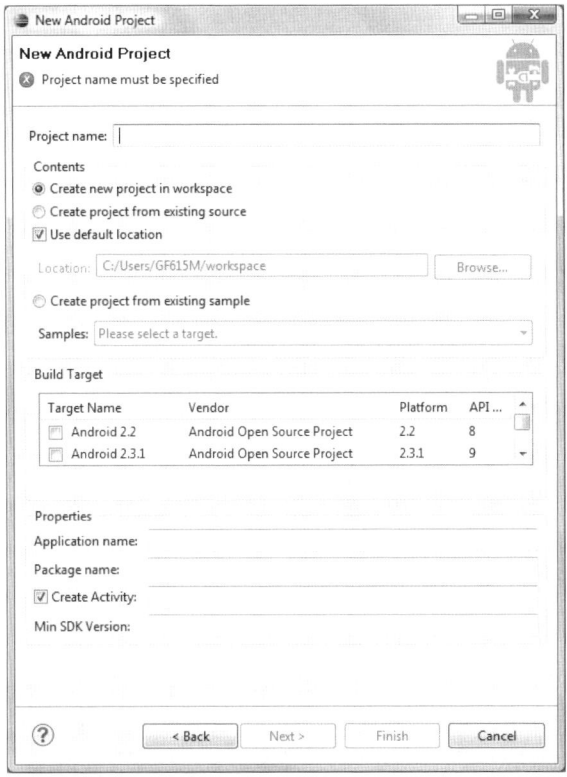

Abbildung 3.3: Das Dialogfeld NEW ANDROID PROJECT

Diese Voreinstellungen werden beim Erzeugen eines neuen Projekts automatisch ausgewählt. Im Bereich CONTENTS wird festgelegt, wo die Inhalte Ihres Eclipse-Projekts im Dateisystem gespeichert werden. Bei den Inhalten handelt es sich um die Quelldateien, aus denen Ihr Android-Projekt besteht.

 Beim Einrichten von Eclipse in Kapitel 2 wurden Sie dazu aufgefordert anzugeben, wo sich Ihr vorgegebener Arbeitsbereich befinden soll. Dieser befindet sich standardmäßig in Ihrem *persönlichen Ordner*. Dort legt das System die Ihnen gehörenden Dateien ab. Entsprechend verweisen die Abbildungen 3.3 und 3.4 auch unter LOCATION auf meinen persönlichen Ordner.

 Wenn Sie Ihre Dateien lieber in einem anderen als dem vorgegebenen workspace-Ordner speichern wollen, deaktivieren Sie das Kontrollkästchen USE DEFAULT LOCATION. Dadurch wird das Textfeld LOCATION nutzbar. Klicken Sie die Schaltfläche BROWSE an und wählen Sie den Ordner aus, in dem Ihre Dateien gespeichert werden sollen.

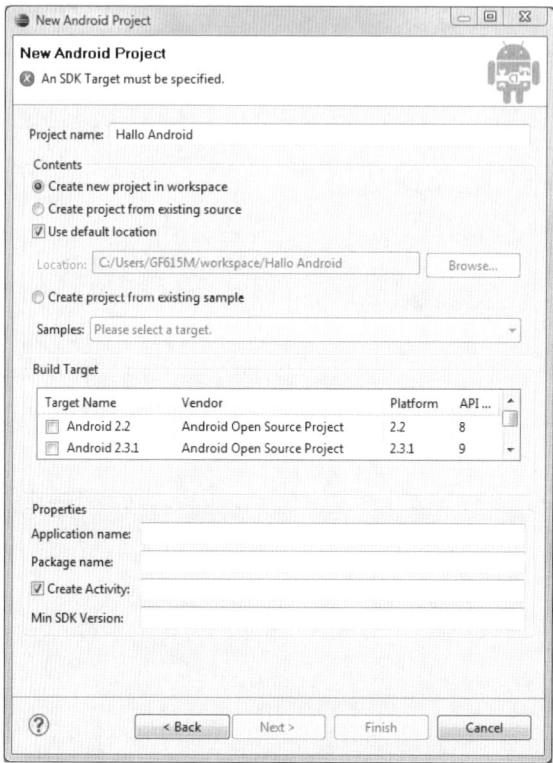

Abbildung 3.4: Die vorgegebene Position für das Projekt HALLO ANDROID lautet `C:/Users/<Benutzername>/workspace`.

6. **Aktivieren Sie im Bereich BUILD TARGET das Kontrollkästchen ANDROID 2.2.**

   Im Bereich BUILD TARGET können Sie angeben, mit welcher API-Version (Application Programming Interface) Sie Ihr jeweiliges Projekt entwickeln wollen. Wenn Sie ANDROID 2.2 auswählen, wollen Sie das Android-2.2-Framework nutzen. Dann können Sie die Android-2.2-APIs verwenden, die neue Funktionen wie den Backup-Manager und Spracherkennungs-APIs unterstützen. Wenn Sie beispielsweise Android 1.6 als Zielplattform auswählen, können Sie keine der erst von späteren Versionen unterstützten Funktionen nutzen. Es werden nur die vom Zielframework angebotenen Funktionen unterstützt. Wenn Sie in Kapitel 2 andere SDKs (Software Development Kits) installiert haben, können Sie sie hier möglicherweise auswählen. Wenn Sie aber Version 1.6 auswählen, können Sie nur auf die APIs der Version 1.6 zurückgreifen.

   Mehr zu diesem Thema erfahren Sie im Abschnitt »Die Bedeutung der Einstellungen Build Target und Min SDK Version« weiter hinten in diesem Kapitel.

7. **Im Bereich PROPERTIES tragen Sie** `Hallo Android` **in das Feld APPLICATION NAME ein.**

   Bei der Angabe im Feld APPLICATION NAME handelt es sich um den für Android geltenden Anwendungsnamen. Wenn die App auf dem Emulator oder einem realen Gerät installiert wird, wird dieser Name im Anwendungsstarter (Application Launcher) angezeigt.

8. **Im Feld PACKAGE NAME tragen Sie** `com.dummies.android.halloandroid` **ein.**

    Hierbei handelt es sich um den Namen des Java-Pakets (siehe den Kasten »Nomenklatur für Java-Pakete«).

> ### Nomenklatur für Java-Pakete
>
> Bei einem *Paket* handelt es sich in Java um ein Verfahren zur Organisation von Java-Klassen in Namensräumen, das dem bei Modulen verwendeten ähnelt. Jedes Paket muss für die darin enthaltenen Klassen einen eindeutigen Namen tragen. Klassen im selben Paket können gegenseitig auf ihre Elemente zugreifen.
>
> Für Java-Pakete gibt es Namenskonventionen, die einem hierarchischen Namensmuster folgen. Die verschiedenen Hierarchieebenen werden durch Punkte getrennt. Ein Paketname beginnt auf oberster Ebene mit dem Domänennamen der Organisation, an den sich die Unterdomänen in umgekehrter Reihenfolge anschließen. Am Ende des Paketnamens kann das Unternehmen frei einen Namen für das Paket festlegen. Für dieses Beispiel werden Sie den Paketnamen `com.dummies.android.halloandroid` verwenden.
>
> Beachten Sie dabei, dass die Domäne der obersten Ebene (`com`) vor dem Paketnamen angegeben wird. Nachfolgende Unterdomänen werden durch Punkte getrennt. Der Paketname durchläuft die Unterdomänen und endet schließlich mit dem Paketnamen `halloandroid`.
>
> Ein gutes Beispiel für eine andere Nutzung eines Pakets wäre ein Java-Paket für alle Kommunikationsaktivitäten über das Web. Immer wenn Sie eine Ihrer Java-Klassen für die Webkommunikation benötigen, könnten Sie das Java-Paket öffnen und die entsprechenden Java-Klassen bearbeiten. Pakete erleichtern Ihnen die Verwaltung Ihres Quellcodes.

9. **Im Feld CREATE ACTIVITY tragen Sie** `MainActivity` **ein.**

    Hier legen Sie den Namen der Startaktivität fest. Dabei handelt es sich um den Eintrittspunkt Ihrer App. Wenn Ihre Anwendung von Android ausführt wird, handelt es sich dabei um die erste Datei, auf die zugegriffen wird. Ein verbreitetes Namensmuster für die erste Aktivität in Ihrer Anwendung ist `MainActivity.java`. (Echt kreativ, oder?)

10. **Im Feld MIN SDK VERSION tragen Sie** 8 **ein.**

    Nun sollte das Dialogfeld auf Ihrem Bildschirm Abbildung 3.5 entsprechen.

    Im Feld MIN SDK VERSION wird der Code der Android-Version eingetragen, die vom Gerät eines Nutzers mindestens unterstützt werden muss, um Ihre App ausführen zu können. Beachten Sie, dass Sie in diesem Feld keine Angabe machen müssen, um Ihre App erzeugen zu können.

    Weitere Informationen dazu erhalten Sie im Abschnitt »Die Bedeutung der Einstellungen Build Target und Min SDK Version« weiter hinten in diesem Kapitel.

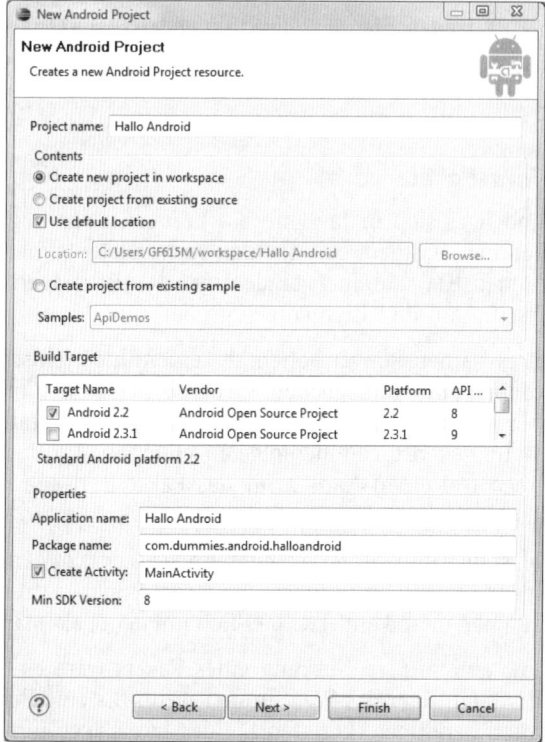

Abbildung 3.5: Das vollständig ausgefüllte Dialogfeld NEW ANDROID PROJECT

Die Bedeutung der Android-Versionscodes

Die Versionscodes sind nicht mit den Versionsnamen identisch. Wie? Android kennt Versionsnamen und Versionscodes. Jedem Versionsnamen ist genau ein Versionscode zugeordnet. Die folgende Tabelle fasst die Versionsnamen und die zugehörigen Versionscodes zusammen.

Versionsname (Platform Level)	Versionscode (API Level)
1.5	3
1.6	4
2.0	5
2.0.1	6
2.1	7
2.2	8
2.3	9
2.3.3	10

Die entsprechenden Angaben finden Sie auch im Bereich BUILD TARGET des Dialogfeldes NEW ANDROID PROJECT.

11. **Klicken Sie die Schaltfläche FINISH an.**

   Fertig! Nun sollte in Eclipse wie in Abbildung 3.6 ein einzelnes Projekt im PACKAGE EXPLORER angezeigt werden.

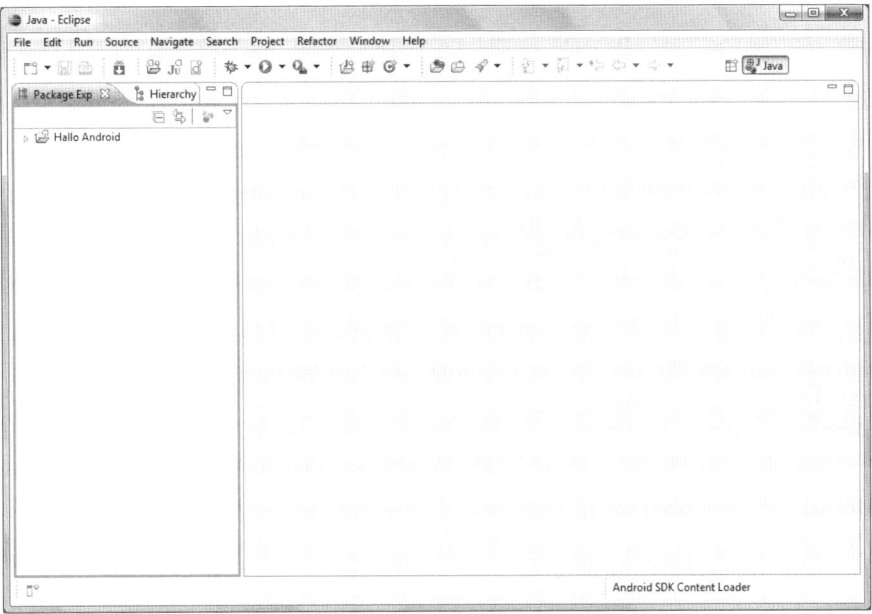

Abbildung 3.6: Die Eclipse-Entwicklungsumgebung mit Ihrem ersten Android-Projekt »Hallo Android«.

Analyse Ihres Projekts

Bei dem von Eclipse erzeugten Android-Projekt handelt es sich um ein neues, sauberes Projekt ohne kompilierte Binärquellen. Manchmal benötigt Eclipse eine Weile, um mit Ihrer Geschwindigkeit mitzuhalten, weshalb sich Ihr Rechner möglicherweise vorübergehend ein wenig seltsam verhält. Sie müssen auch verstehen, was auf höherer Ebene unter der Haube von Eclipse vorgeht. Darauf gehe ich in den folgenden Abschnitten näher ein.

Auf Fehlermeldungen reagieren

Wenn Sie schnell genug hingesehen haben (oder die Geschwindigkeit Ihres Rechners am unteren Ende des Leistungsspektrums liegt), ist Ihnen direkt nach dem Anklicken der FINISH-Schaltfläche im Eclipse-Fenster vielleicht ein über dem Symbol des Ordners HALLO ANDROID im PACKAGE EXPLORER schwebendes kleines rotes Symbol aufgefallen. Wenn Sie es nicht sehen konnten, finden Sie ein Beispiel in Abbildung 3.7. Über dieses Symbol weist Eclipse darauf hin, dass beim Projekt im Arbeitsbereich Probleme aufgetreten sind.

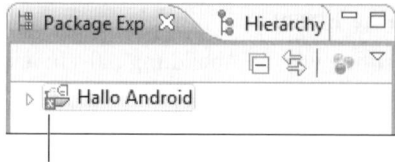

Das rote Symbol verweist auf Fehler

Abbildung 3.7: Ein fehlerhaftes Projekt in Eclipse

Standardmäßig wird Eclipse so eingerichtet, dass es Ihnen diesen optischen Hinweis gibt, wenn Fehler in einem Projekt erkannt wurden. Wie kann es aber Fehler in diesem Projekt geben? Sie haben es doch gerade erst mit dem Assistenten NEW ANDROID PROJECT erstellt. Was ist los? Hinter den Kulissen erledigen Eclipse und die Android Development Tools einige Aufgaben für Sie:

- ✔ **Rückmeldungen zum Arbeitsbereich:** Diese Rückmeldungen informieren Sie darüber, wenn irgendwelche Probleme mit den Projekten im Arbeitsbereich auftreten. Überlagernde Symbole wie in Abbildung 3.7 geben Ihnen in Eclipse die entsprechenden Hinweise. Ein anderes Symbol, das Ihnen häufiger begegnen könnte, ist ein gelbes Warnsymbol, das Sie auf einige im Projekt vorhandene Warnungen aufmerksam macht.

- ✔ **Automatische Kompilierung:** Standardmäßig kompiliert Eclipse die Apps in Ihrem Arbeitsbereich automatisch, wenn irgendwelche der zugehörigen Dateien geändert und anschließend gespeichert wurden.

Wenn Sie die automatische Neukompilierung deaktivieren wollen, wählen Sie PROJECT|BUILD AUTOMATICALLY. Dann wird die automatische Erzeugung des Projekts abgeschaltet. Wenn diese Option deaktiviert ist, müssen Sie Ihr Projekt nach Quelltextänderungen jeweils durch Drücken von [Strg]+[B] (PROJECT|BUILD ALL) manuell erzeugen.

Warum kommt es also zu einem Fehler bei der ersten Kompilierung? Wenn das Projekt zum Arbeitsbereich hinzugefügt wird, übernimmt Eclipse und stellt zusammen mit ADT fest, dass beim Projekt im Arbeitsbereich ein Fehler vorgelegen hat. Zu dem Fehler in Eclipse ist es deshalb gekommen, weil der Ordner gen mit all seinen Inhalten nicht vorhanden war. (Auf diesen Ordner werde ich im Abschnitt »Die Projektstruktur« weiter hinten in diesem Kapitel noch näher eingehen.)

Beim Kompilieren wird der Ordner gen von Eclipse und den ADT automatisch erstellt. Nach Abschluss des Assistenten NEW ANDROID PROJECT wurde ein neues Projekt erzeugt und im Eclipse-Arbeitsbereich gespeichert. Eclipse hat dies erkannt und Ihnen mitgeteilt, dass es einige neue Dateien in seinem Arbeitsbereich vorgefunden hat, Ihnen auftretende Fehler gemeldet und das Projekt kompiliert. Deshalb hat Eclipse ein Fehlersymbol beim Ordner angezeigt. Direkt anschließend wurde kompiliert. Dabei wurde der Ordner gen von Eclipse erzeugt und das Projekt wurde erfolgreich zusammengebaut. Dann erkannte Eclipse, dass im Projekt keine Fehler mehr vorliegen. Daraufhin wurde das Fehlersymbol vom Symbol entfernt und Sie bekamen einen bereinigten Arbeitsbereich und nur noch das Ordnersymbol ohne Fehlerhinweis zu sehen (siehe Abbildung 3.8).

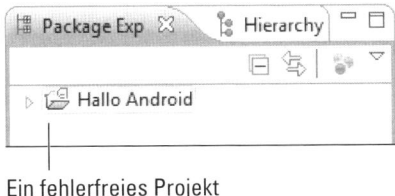

Ein fehlerfreies Projekt

*Abbildung 3.8: Ein fehlerfreies Projekt im PACKAGE EXPLORER.
Beachten Sie das Ordnersymbol ohne den Fehlerhinweis.*

Die Bedeutung der Einstellungen Build Target und Min SDK Version

Wie unterscheiden sich also die Einstellungen BUILD TARGET und MIN SDK VERSION voneinander?

Bei der Zielplattform der Kompilierung (BUILD TARGET) handelt es sich um das beim Schreiben Ihrer Quelltexte verwendete Betriebssystem. Wenn Sie 2.2 wählen, können Sie alle APIs dieser Version nutzen. Wenn Sie 1.6 wählen, können Sie nur die APIs verwenden, die für diese Version bereitgestellt wurden. Mit der Version 1.6 können Sie beispielsweise die Bluetooth-APIs noch nicht nutzen, weil diese erst mit der Version 2.0 eingeführt wurden. Wenn Sie 2.2 als Zielplattform verwenden, können Sie hingegen die Bluetooth-APIs in Ihren Quelltexten nutzen.

Wenn Sie anfangen, eine Android-App zu schreiben, sollten Sie wissen, für welche Zielplattform sie sein soll. Stellen Sie fest, welche Android-Funktionen benötigt werden, damit Ihre App wie beabsichtigt funktionieren kann. Wenn Sie wissen, dass Bluetooth-Unterstützung erforderlich ist, müssen Sie mindestens 2.0 als Zielplattform wählen. Wenn Sie nicht sicher wissen, welche Versionen die von Ihnen benötigten Funktionen unterstützen, finden Sie die entsprechenden Informationen auf den plattformspezifischen Seiten im SDK-Bereich von http://d.android.com. Die Seite für die Plattform Android 2.2 finden Sie unter http://d.android.com/sdk/android-2.2.html.

Die Android-Betriebssystemversionen sind abwärtskompatibel. Wenn Sie beispielsweise die Android-Version 1.6 als Zielplattform verwenden, läuft Ihre Anwendung unter Android 2.3, 2.2, 2.1 und natürlich auch unter 1.6. Der Vorteil der Benutzung des 1.6-Frameworks besteht darin, dass Ihre App von einem viel größeren Teil der Anwender genutzt werden kann. Ihre App lässt sich dann auf Geräten mit den Android-Versionen 1.6, 2.0, 2.1, 2.2 und 2.3 (und zukünftigen Versionen, sofern es bei den neuen Versionen des Android-Betriebssystems nicht zu eklatanten Framework-Änderungen kommt) installieren. Es bleibt aber nicht ohne Folgen, wenn Sie eine ältere Version wählen. Wie bereits erwähnt, bleiben Sie dann auf die Funktionen dieser Version beschränkt und können keine APIs nutzen, die erst von neueren Plattformversionen unterstützt werden.

Bei der Einstellung MIN SDK VERSION handelt es sich um die Android-Version, die ein Nutzer ausführen muss, damit die Anwendung auf seinem Gerät richtig läuft. Der Wert in diesem Feld wird zwar für die Erzeugung einer App nicht unbedingt benötigt, ich empfehle Ihnen aber trotzdem, ihn zu setzen. Wenn Sie keinen Wert in MIN SDK VERSION angeben, wird ansonsten nämlich der Standardwert 1 verwendet, der angibt, dass Ihre App mit allen Android-Versionen kompatibel ist.

 Wenn Ihre App *nicht* mit allen Android-Versionen kompatibel ist und zum Beispiel erst mit dem Versionscode 5 (Android 2.0) eingeführte APIs nutzt, wird sie beim Versuch des Zugriffs auf die nicht verfügbaren APIs abstürzen, wenn Sie Min SDK Version nicht deklariert haben und Ihre App auf einem System mit einem niedrigeren SDK-Versionscode als 5 installiert wurde. Daher sollten Sie in Ihren Apps möglichst immer einen Wert für MIN SDK VERSION eintragen, um derartige Abstürze zu vermeiden.

Versionscodes und Kompatibilität

Der Wert von MIN SDK VERSION wird auch vom Android-Marktplatz (dieser wird in Kapitel 8 ausführlich behandelt) verwendet. Er bestimmt auf der Grundlage der von Ihnen verwendeten Android-Version, welche Anwendungen Ihnen angezeigt werden. Wenn auf Ihrem Gerät noch Android 1.6 (Versionscode 3) läuft, werden Sie nur die für Ihre Version und nicht auch die nur für neuere Versionen wie 2.2 (Versionscode 8) geeigneten Apps sehen wollen. Der Android-Marktplatz entscheidet auf der Grundlage des Wertes von MIN SDK VERSION, welche Apps dem jeweiligen Nutzer angezeigt werden.

Wenn Sie nicht recht wissen, für welche Zielplattform Sie entwickeln wollen, kann Ihnen vielleicht die grafische Darstellung zur aktuellen Verbreitung der Versionen weiterhelfen. Sie finden sie unter http://developer.android.com/resources/dashboard/platform-versions.html. Die Grafik können Sie als Anhaltspunkt nutzen, wenn Sie entscheiden, mit welcher Version Sie die größten Marktanteile erreichen können. Je mehr Geräte Sie erreichen können, desto größer wird Ihr Publikum. Je häufiger Ihre App installiert wird, desto besser macht sie sich.

Einen Emulator einrichten

Was soll's! Ich wette, Sie haben jetzt gedacht, dass Sie Ihr Schätzchen jetzt gleich starten könnten. Nur Geduld, gleich ist es so weit. Sie müssen aber noch ein paar letzte Dinge erledigen, bevor Sie nach all der Einrichtungsarbeit sehen können, wie Ihre Anwendung HALLO ANDROID zum Leben erwacht. Um diese App laufen zu sehen, müssen Sie noch wissen, wie Sie einen Emulator über die verschiedenen Einstellungen für die Startkonfigurationen einrichten können.

Erst einmal müssen Sie ein AVD (Android Virtual Device) erstellen. Dieses »virtuelle Android-Gerät« wird auch Emulator genannt. Es sieht aus und verhält sich wie ein echtes Android-Gerät. AVDs lassen sich so konfigurieren, dass Sie eine beliebige Android-Version ausführen, deren SDK heruntergeladen und installiert wurde.

Nun müssen wir uns noch einmal mit unserem alten Helfer, dem ANDROID SDK AND AVD MANAGER befassen. Führen Sie diese Schritte zum Erstellen Ihres ersten virtuellen Android-Geräts aus:

3 ▶ Ihr erstes Android-Projekt

1. **Um den ANDROID SDK AND AVD MANAGER zu starten, klicken Sie das in Abbildung 3.9 gekennzeichnete Symbol in der Eclipse-Werkzeugleiste an.**

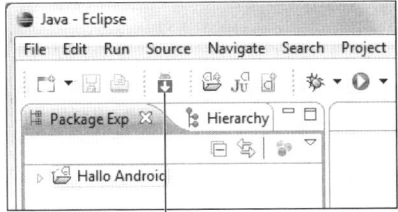

Der SDK/AVD-Manager

Abbildung 3.9: Das Symbol für den ANDROID SDK AND AVD MANAGER in der Eclipse-Werkzeugleiste

Das nun angezeigte Dialogfeld ANDROID SDK AND AVD MANAGER sollte Abbildung 3.10 ähneln.

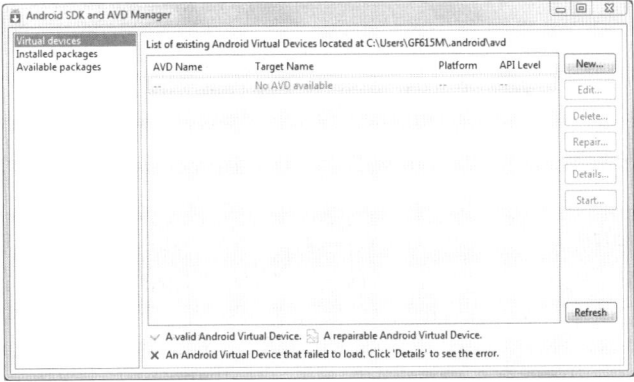

Abbildung 3.10: Das Dialogfeld ANDROID SDK AND AVD MANAGER

2. **Klicken Sie rechts oben im Dialogfeld die Schaltfläche NEW an.**

   Daraufhin wird das in Abbildung 3.11 dargestellte Dialogfeld CREATE NEW ANDROID VIRTUAL DEVICE (AVD) angezeigt.

3. **Geben Sie für dieses AVD in das Feld NAME den Text** `2_2_Default_HVGA` **ein.**

   Weitere Informationen zur Benennung Ihrer AVDs finden Sie im Kasten »AVD-Nomenklatur«.

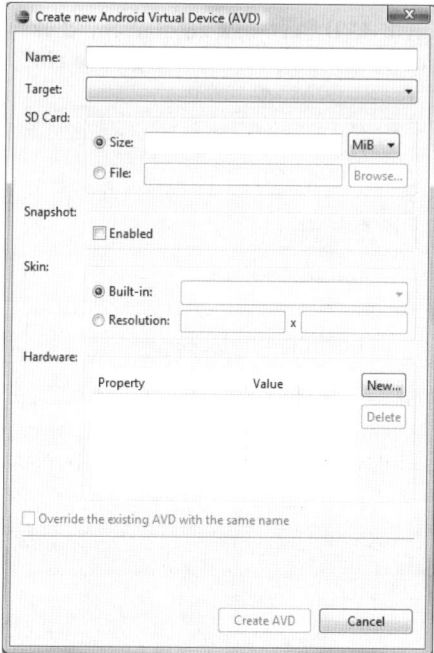

Abbildung 3.11: Das Dialogfeld CREATE NEW ANDROID VIRTUAL DEVICE (AVD)

AVD-Nomenklatur

Passen Sie bei der Benennung Ihrer AVDs auf. Android wird in der realen Welt von vielen Geräten benutzt. Dazu zählen Telefone, E-Book-Lesegeräte, Netbooks und Tablets. Irgendwann werden Sie Ihre Apps für verschiedene Konfigurationen testen müssen. Daher kann es Ihnen später nur helfen, wenn Sie sich beim Erstellen Ihrer AVDs an eine gemeinsame Nomenklatur halten. Dann können Sie viel leichter erkennen, welches AVD Sie für welchen Zweck eingerichtet haben. Ich verwende bevorzugt diese Nomenklatur:

`{TARGET_VERSION}_{SKIN}_{SCREENSIZE}[{_Options}]`

In Schritt 3 des Beispiels in diesem Abschnitt wurde der Name `2_2_Default_HVGA` verwendet. Die Zielplattform (`TARGET_VERSION`) ist Android 2.2. Der Versionsname 2.2 wird dabei in `2_2` umgewandelt. Die Unterstriche anstelle von Punkten werden verwendet, um die AVD-Namen zusammenzuhalten. Wenn ein einzelnes zusammenhängendes Wort für den AVD-Namen verwendet wird, kann das später hilfreich sein, wenn Sie fortgeschrittene AVD-Aufgaben über die Befehlszeile lösen.

Bei `SKIN` handelt es sich um den Namen der Oberfläche des Emulators. Emulatoren können verschiedene Skins (Themen) haben, durch die sie wie echte Geräte aussehen. Das Standardthema wird vom Android-SDK zur Verfügung gestellt.

Beim Wert `SCREENSIZE` handelt es sich um die Bildschirmgröße unter Bezug auf den guten alten VGA-Monitorstandard (Video Graphics Array). Die Vorgabe lautet HVGA oder WVGA800. Weitere Optionen sind beispielsweise QVGA und WQVGA400.

4. **Wählen Sie im Listenfeld TARGET die Option ANDROID 2.2 – API LEVEL 8.**
5. **Im Bereich SD CARD können Sie die Felder leer lassen.**

   Ihre App verwendet keine Speicherkarte. Sie würden die Option SD CARD nutzen, wenn Sie Daten auf einer SD Card speichern müssten. Wenn Sie später andere Emulatoren einrichten, können Sie hier die Kapazität der SD Card in Megabyte (MiB) eintragen, die erstellt werden soll. Dann wird eine emulierte Speicherkarte erstellt und im lokalen Dateisystem Ihres Rechners angelegt.

6. **Lassen Sie im Bereich SKIN im Listenfeld BUILT-IN die Option DEFAULT (HVGA) ausgewählt oder stellen Sie HVGA ein.**

   Wie im Kasten »AVD-Nomenklatur« erwähnt, kann Ihnen hier als Vorgabe HVGA oder WVGA800 (oder ein anderer Wert) angeboten werden.

7. **Erstellen Sie im Bereich HARDWARE keine neuen Funktionen.**

   Im Bereich HARDWARE werden die von Ihrer AVD zu emulierenden Funktionen kurz aufgeführt. Für Ihre erste App müssen Sie keine weitere Hardwarekonfiguration vornehmen.

8. **Klicken Sie die Schaltfläche CREATE AVD an.**

   Das Dialogfeld ANDROID SDK AND AVD MANAGER sollte nun wie in Abbildung 3.12 aussehen.

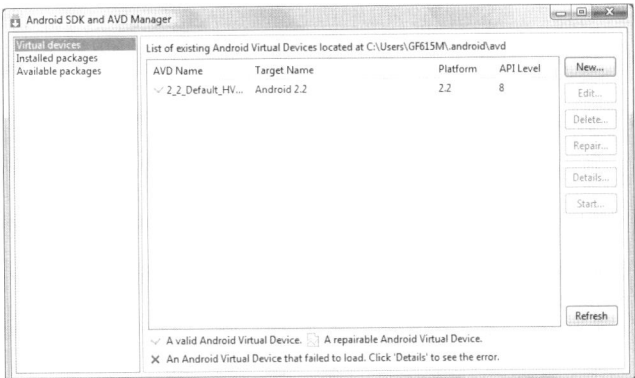

Abbildung 3.12: Die gerade erzeugte AVD im Dialogfeld ANDROID SDK AND AVD MANAGER

9. **Schließen Sie das Dialogfeld ANDROID SDK AND AVD MANAGER.**

Möglicherweise erhalten Sie nach der Erzeugung Ihrer AVD die Fehlermeldung `Android requires .class compatibility set to 5.0. Please fix project properties`. Sollte das bei Ihnen der Fall sein, können Sie den Fehler dadurch beheben, dass Sie das Projekt in Eclipse mit der rechten Maustaste anklicken und im Kontextmenü ANDROID TOOLS|FIX PROJECT PROPERTIES wählen.

Glückwunsch! Sie haben Ihr erstes virtuelles Android-Gerät erzeugt.

Launch-Konfigurationen erzeugen

Nun ist es fast so weit, dass Sie Ihre App laufen lassen können. Eine Run-Konfiguration gibt an, welches Projekt ausgeführt, welche Aktivität gestartet und mit welchem Emulator oder Gerät eine Verbindung hergestellt werden soll. Hoppla! Das sind zwar eine Menge Dinge auf einmal, aber nichts, worüber Sie sich Sorgen machen müssten, denn mit den ADT lassen sich etliche der wesentlichen Schritte automatisieren. Letztlich bekommen Sie Ihre App damit recht schnell zum Laufen.

Mit den Android-ADT haben Sie zwei Optionen zum Erstellen von Launch-Konfigurationen:

- ✔ **Run-Konfiguration:** Diese benutzen Sie, wenn Sie Ihre App auf einem bestimmten Gerät ausführen wollen. Als Android-Entwickler werden Sie zumeist Run-Konfigurationen nutzen.

- ✔ **Debug-Konfiguration:** Diese verwenden Sie, um Fehler in Ihren Apps zu beheben, während sie auf einem bestimmten Gerät laufen.

Wenn Sie ein Projekt erstmals als Android-App über RUN|RUN AS starten, erstellen die ADT automatisch eine Run-Konfiguration für Sie. Dabei wird Ihnen die Option ANDROID APPLICATION angeboten. Wurde die Run-Konfiguration erst einmal erstellt, wird sie von da an jeweils als Vorgabekonfiguration verwendet, wenn Sie RUN|RUN wählen. RUN AS finden Sie auch im Kontextmenü als Option, wenn Sie ein Projekt im PACKAGE EXPLORER mit der rechten Maustaste anklicken.

Eine Debug-Konfiguration erstellen

An dieser Stelle sollten Sie sich noch keine Gedanken über die Fehlersuche in Ihrer App machen. Das dürfte sich aber schon bald ändern.

Eine Run-Konfiguration erstellen

Nun ist es an der Zeit, eine Run-Konfiguration für Ihre Anwendung zu erstellen.

Wenn Sie ehrgeizig sind und Ihre Run-Konfiguration lieber manuell erstellen wollen, lesen Sie hier weiter. Keine Sorge, das ist wirklich einfach. Führen Sie diese Schritte aus:

1. **Wählen Sie RUN|RUN CONFIGURATIONS.**

   Das Dialogfeld RUN CONFIGURATIONS wird angezeigt (siehe Abbildung 3.13). In diesem Dialogfeld können Sie vielerlei Arten von Run-Konfigurationen erstellen. Auf der linken Seite des Dialogfeldes werden viele Arten von Konfigurationen aufgeführt, dabei sollten Sie aber nur auf die beiden folgenden achten:

   - ANDROID APPLICATION
   - ANDROID JUNIT TEST

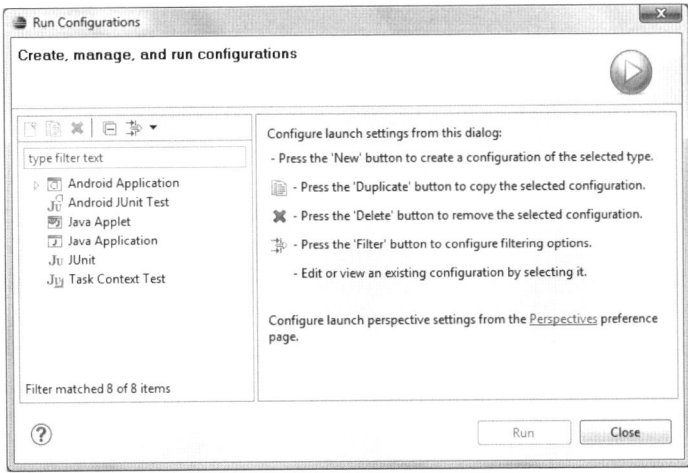

Abbildung 3.13: Das Dialogfeld RUN CONFIGURATIONS

2. **Markieren Sie das Element ANDROID APPLICATION und klicken Sie das Symbol NEW LAUNCH CONFIGURATION an (siehe Abbildung 3.14). (Sie können auch ANDROID APPLICATION mit der rechten Maustaste anklicken und im Kontextmenü NEW wählen.)**

Im Dialogfeld wird unter ANDROID APPLICATION ein neues Element erzeugt, dessen Eigenschaften rechts im Dialogfeld angezeigt werden.

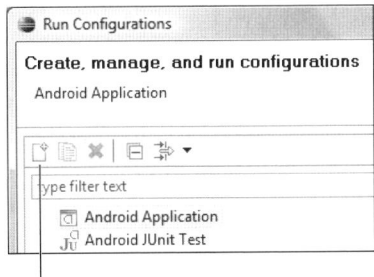

Abbildung 3.14: Das Symbol NEW LAUNCH CONFIGURATION

3. **Tragen Sie im Feld NAME den Text** Beispielkonfiguration **ein.**
4. **Auf der Registerkarte ANDROID wählen Sie das Projekt aus, für das Sie diese Launch-Konfiguration erstellen; klicken Sie dazu die Schaltfläche BROWSE an.**

Das Dialogfeld PROJECT SELECTION wird angezeigt.

5. **Markieren Sie HALLO ANDROID und klicken Sie die Schaltfläche OK an (siehe Abbildung 3.15).**

Das Dialogfeld RUN CONFIGURATIONS wird wieder angezeigt.

Android Apps Entwicklung für Dummies

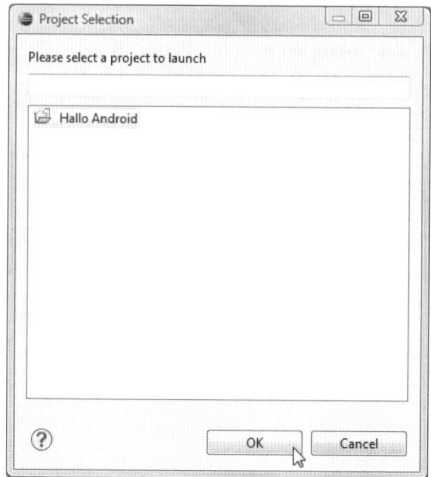

Abbildung 3.15: Auswahl des Projekts für die neue Launch-Konfiguration

6. **Behalten Sie auf der Registerkarte ANDROID im Bereich LAUNCH ACTION die Voreinstellung LAUNCH DEFAULT ACTIVITY bei.**

   Die Vorgabeaktivität ist in diesem Fall MainActivity. Das haben Sie weiter vorn in diesem Kapitel im Abschnitt »Ein neues Projekt in Eclipse beginnen« festgelegt.

7. **Auf der Registerkarte TARGET (siehe Abbildung 3.16) lassen Sie AUTOMATIC ausgewählt.**

   Beachten Sie, dass im Bereich SELECT A PREFERRED ANDROID VIRTUAL DEVICE FOR DEPLOYMENT ein virtuelles Android-Gerät (AVD) aufgeführt wird.

8. **Aktivieren Sie das Gerät 2_2_DEFAULT_HVGA (siehe Abbildung 3.16).**

   Dabei handelt es sich um das vorhin erstellte virtuelle Android-Gerät. Wenn Sie es auswählen, startet diese Launch-Konfiguration dieses AVD, wenn die App über RUN|RUN gestartet wird. Auf dieser Registerkarte gibt es die Optionen MANUAL und AUTOMATIC. Wenn Sie MANUAL wählen, können Sie bei Verwendung dieser Launch-Konfiguration jeweils auswählen, zu welchem Gerät eine Verbindung hergestellt wird. Bei der Option AUTOMATIC wird immer das hier festgelegte virtuelle Gerät beim Starten der App verwendet.

9. **Lassen Sie die übrigen Einstellungen unverändert und klicken Sie die Schaltfläche APPLY an.**

Glückwunsch! Sie haben Ihre erste Launch-Konfiguration manuell erstellt.

Schnelleinrichtung mit duplizierten Launch-Konfigurationen

Irgendwann in Ihrer äußerst erfolgreichen und lukrativen Karriere als Android-Entwickler wird eine Ihrer Anwendungen vielleicht auf einem bestimmten Gerät Probleme bereiten. Launch-Konfigurationen sollen Sie beim schnellen Start bestimmter Umgebungen unterstützen. Die Einrichtung vieler Launch-Konfigurationen kann jedoch insbesondere dann zu

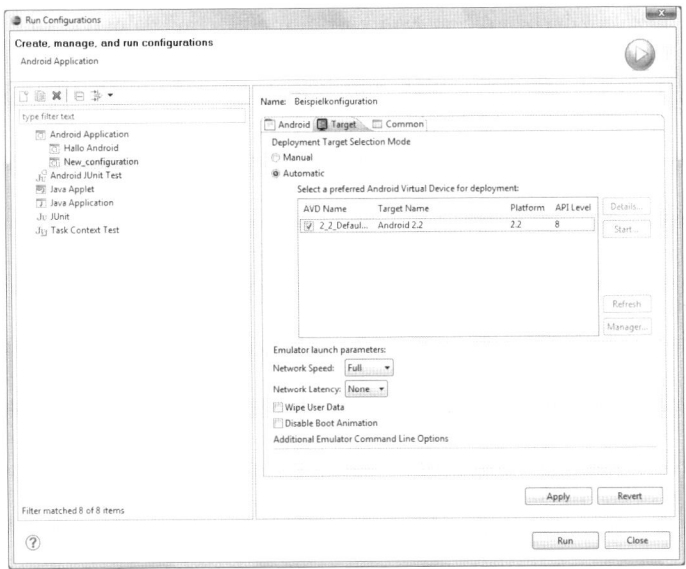

Abbildung 3.16: Eine neue, manuell erstellte Launch-Konfiguration namens Beispielkonfiguration

einer zeitaufwendigen Aufgabe werden, wenn für die benötigte Launch-Konfiguration eine bestehende nur geringfügig geändert werden muss. Glücklicherweise enthalten die ADT Funktionen, mit denen sich vorhandene Launch-Konfigurationen problemlos duplizieren lassen. Auf diese Weise lassen sich schnell verschiedene Launch-Konfigurationen erstellen, die sich unabhängig voneinander für verschiedene Konfigurationen eignen.

Um eine vorhandene Launch-Konfiguration zu duplizieren, führen Sie diese Schritte aus:

1. **Sorgen Sie dafür, dass das Dialogfeld RUN CONFIGURATION angezeigt wird.**

   Falls das nicht der Fall ist, wählen Sie RUN|RUN CONFIGURATIONS.

2. **Klicken Sie im linken Bereich mit der rechten Maustaste BEISPIELKONFIGURATION an und wählen Sie im Kontextmenü DUPLICATE.**

   Mit diesem Schritt erstellen Sie eine neue Launch-Konfiguration, bei der es sich um eine genaue Kopie von BEISPIELKONFIGURATION handelt. Sie wird unter dem Namen BEISPIELKONFIGURATION (1) angezeigt.

3. **Ändern Sie den Namen der Run-Konfiguration; tragen Sie dazu oben im Fenster im Feld NAME den Text** `DuplicateTest` **ein und klicken Sie dann die Schaltfläche APPLY an.**

   Damit haben Sie eine Kopie einer Launch-Konfiguration erstellt, in der Sie verschiedene Einstellungen je nach Bedarf ändern können.

Sie benötigen die Launch-Konfiguration `DuplicateTest` hier nicht weiter, da sie nur erstellt wurde, um Ihnen zu zeigen, wie Sie Launch-Konfigurationen bei Bedarf duplizieren können. Daher können Sie sie mit diesen Schritten wieder löschen:

1. Markieren Sie zum Löschen dieser Konfiguration links im Dialogfeld DUPLICATETEST und klicken Sie dann die Schaltfläche DELETE in der Werkzeugleiste an. (Alternativ können Sie den Eintrag auch mit der rechten Maustaste anklicken und im Kontextmenü DELETE wählen.)
2. Klicken Sie die Schaltfläche CLOSE an, um das Dialogfeld RUN CONFIGURATIONS zu schließen.

Die App Hallo Android starten

Glückwunsch! Sie haben es geschafft! Bei den zum Starten einer Android-Anwendung erforderlichen Grundlagen handelt es sich um einen recht einfachen Vorgang, bei dem aber eine ganze Reihe von Einzelheiten beachtet werden sollten. Nun können Sie das Ergebnis Ihrer harten Arbeit in Aktion sehen. Sie haben eine Launch-Konfiguration und ein virtuelles Android-Gerät erstellt und können Ihre App damit starten. Endlich!

Die App im Emulator ausführen

Das Ausführen der Anwendung ist einfach. Auf Ihren Befehl hin starten die ADT einen Emulator mit der von Ihnen vorhin in diesem Kapitel erstellten und vorgegebenen Launch-Konfiguration. Um Ihre App zu starten, müssen Sie jetzt nur noch RUN|RUN wählen oder ⌈Strg⌉+⌈F11⌉ drücken. In beiden Fällen wird die Anwendung unter Verwendung der vorgegebenen Launch-Konfiguration in einem Emulator (hier: BEISPIELKONFIGURATION) gestartet. Die ADT kompilieren Ihre App und reichen sie an den Emulator weiter.

 Wenn Sie RUN|RUN wählen, ohne zuvor eine Launch-Konfiguration erstellt zu haben, wird entweder eine Fehlermeldung angezeigt (wählen Sie dann RUN|RUN AS), oder es wird das Dialogfeld RUN AS geöffnet (siehe Abbildung 3.17). Wenn Sie dann ANDROID APPLICATION wählen, wird eine Launch-Konfiguration für Sie erstellt.

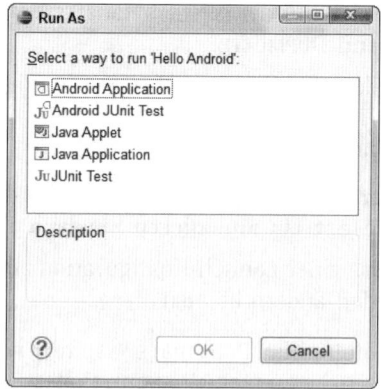

Abbildung 3.17: Wenn noch keine Launch-Konfiguration für ein auszuführendes Projekt erstellt wurde, wird das Dialogfeld RUN AS (oder eine Fehlermeldung) angezeigt.

Nachdem Sie die Beispielkonfiguration erzeugt haben, wird der Emulator gestartet (siehe Abbildung 3.18).

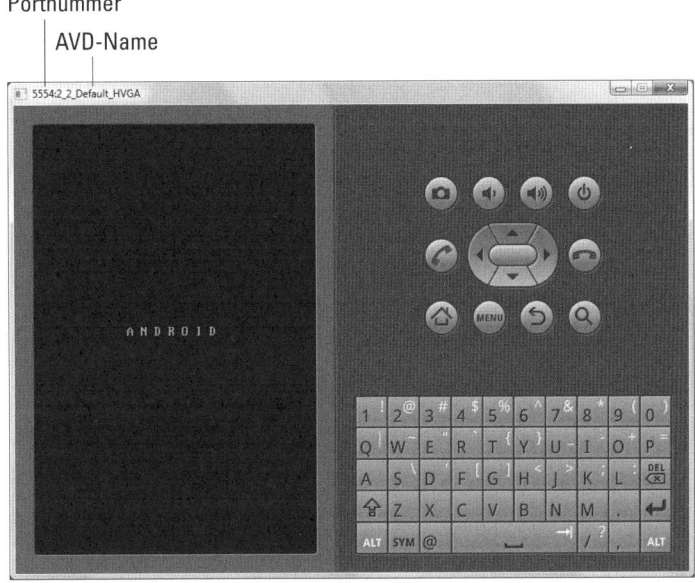

Abbildung 3.18: Der Emulator wird geladen, wobei die von ihm benutzte Portnummer und der Name des virtuellen Geräts in der Titelleiste des Fensters angezeigt werden.

 Hilfe! Mein Emulator wird einfach nicht gestartet! Er bleibt immer beim Android-Bildschirm hängen! Keine Panik, immer mit der Ruhe. Wenn der Emulator erstmals gestartet wird, kann das System durchaus bis zu zehn Minuten benötigen, bis es damit fertig ist. Das liegt daran, dass im Emulator ein virtuelles Linux-System ausgeführt wird. Das muss der Emulator erst einmal hochfahren und initialisieren. Und je langsamer Ihr Rechner ist, desto länger dauert das.

Beim Hochfahren zeigt der Emulator mehrere verschiedene Bildschirme an. Den ersten zeigt Abbildung 3.18. In der Titelleiste werden die verwendete Portnummer (5554) und der AVD-Name (2_2_DEFAULT_HVGA) angezeigt. Während etwa der Hälfte der für das Hochfahren benötigten Zeit wird dieser Bildschirm angezeigt.

Auf dem zweiten Bildschirm wird dann das Android-Logo angezeigt (siehe Abbildung 3.19). Das Logo ist dasselbe, das Nutzern von Geräten mit dem Android-Betriebssystem standardmäßig nach dem Einschalten präsentiert wird, sofern der Gerätehersteller keine eigenen Anpassungen der Benutzeroberfläche vorgenommen hat, wie es zum Beispiel beim HTC Sense der Fall ist.

Der dritte und letzte Bildschirm zeigt dann den geladenen Emulator (siehe Abbildung 3.20).

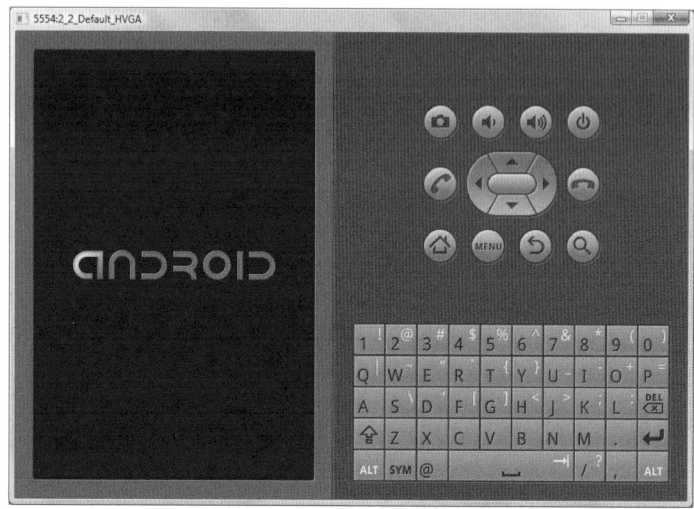

Abbildung 3.19: Der standardmäßig beim Hochfahren des Android-Betriebssystems angezeigte Bildschirm

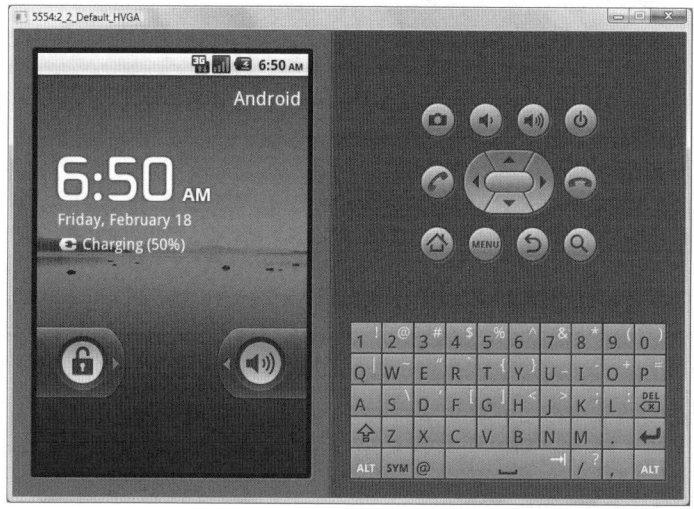

Abbildung 3.20: Der Emulator 2_2_DEFAULT_HVGA wurde hochgefahren.

 Sie können wertvolle Zeit sparen, wenn Sie den Emulator laufen lassen. Dann muss der Emulator nicht jedes Mal hochgefahren werden, wenn Sie Ihre Anwendung starten wollen. Wenn der Emulator läuft, können Sie Ihre Quelltexte ändern und Ihre App neu starten. Die ADT finden den laufenden Emulator und übertragen Ihre App dorthin.

Wenn der Emulator geladen ist, wird der gesperrte Vorgabebildschirm angezeigt. Um den Begrüßungsbildschirm zu entsperren, klicken Sie das Schloss-Symbol an und ziehen es nach rechts (Abbildung 3.21). Beim Ziehen wird der Balken grün und es wird der Text UNLOCK (ENTSPERREN) angezeigt.

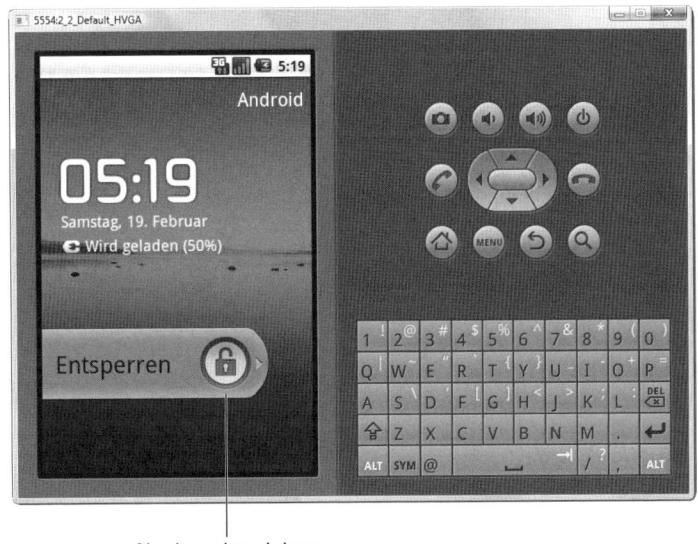

Abbildung 3.21: Entsperren des Startbildschirms

 Ist Ihnen an Abbildung 3.21 etwas aufgefallen? Ja, Datum und Uhrzeit werden im in Deutschland üblichen Format angezeigt. Sie können den Emulator wie echte Android-Geräte konfigurieren und zum Beispiel über SETTINGS|LANGUAGE & KEYBOARD|SELECT LANGUAGE die verwendete Sprache umstellen. Die Einstellungen bleiben erhalten.

Wenn der Emulator entsperrt wurde, wird der Startbildschirm angezeigt (siehe Abbildung 3.22).

Unmittelbar danach starten die ADT die Anwendung HALLO ANDROID. Es sollte ein schwarzer Bildschirm und darin die Worte `HelloWorld, MainActivity`! angezeigt werden (siehe Abbildung 3.23). Glückwunsch! Sie haben gerade Ihre erste Android-App gestartet.

 Wenn Sie den Bildschirm nach dem Hochfahren des Emulators nicht entsperren, können die ADT Ihre Anwendung nicht starten. Wenn Sie den Startbildschirm entsperrt haben und Ihre App nicht innerhalb von zehn Sekunden gestartet wird, starten Sie sie einfach erneut von Eclipse aus über RUN|RUN. Die Anwendung wird dann erneut zum Gerät übertragen und ausgeführt. Über den Status der Installation informiert Sie die Konsolenansicht in Eclipse (siehe Abbildung 3.24).

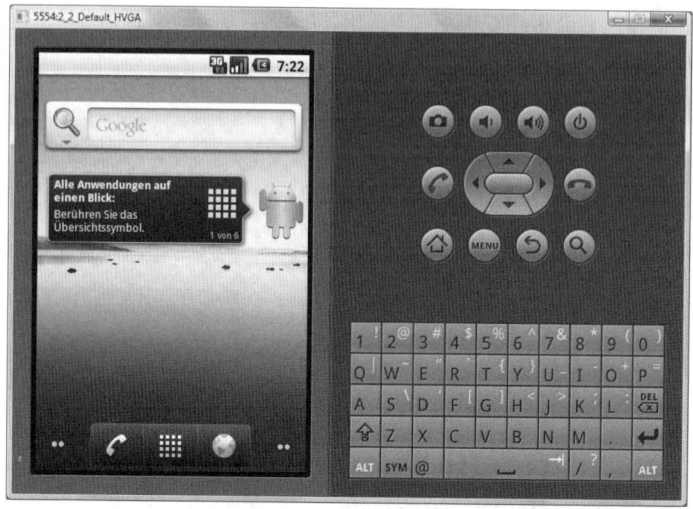

Abbildung 3.22: Der Startbildschirm des Emulators

Abbildung 3.23: Die App HALLO ANDROID im Emulator

3 ➤ Ihr erstes Android-Projekt

Die Konsole

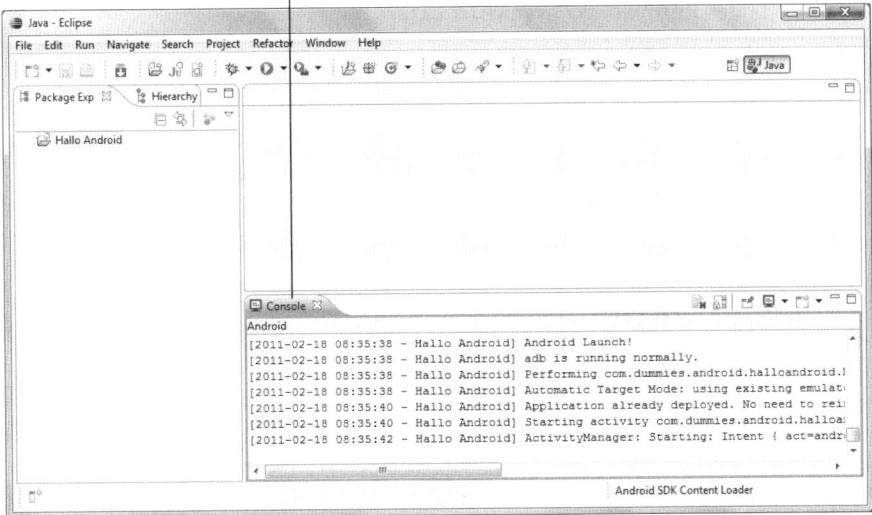

Abbildung 3.24: Die Konsole informiert Sie in Eclipse darüber, was hinter den Kulissen geschieht, während Ihre App zum Gerät übertragen wird.

Status der Bereitstellung prüfen

In der Konsolenansicht können Sie Information sehen, die den Status der Bereitstellung Ihrer App betreffen. Es folgt ein entsprechendes Beispiel:

```
[2011-02-05 13:13:46 - Hallo Android] ----------------
[2011-02-05 13:13:46 - Hallo Android] Android Launch!
[2011-02-05 13:13:46 - Hallo Android] adb is running normally.
[2011-02-05 13:13:46 - Hallo Android] Performing com.dummies.android.halloandroid.
    MainActivity activity launch
[2011-02-05 13:13:46 - Hallo Android] Automatic Target Mode: using existing emulator
    'emulator-5554' running compatible AVD '2_2_Default_HVGA'
[2011-02-05 13:13:48 - Hallo Android] Application already deployed. No need to reinstall.
[2011-02-05 13:13:48 - Hallo Android] Starting activity com.dummies.android.halloandroid.
    MainActivity on device
[2011-02-05 13:13:49 - Hallo Android] ActivityManager: Starting: Intent {
    act=android.intent.action.MAIN cat=[android.intent.category.LAUNCHER]
    cmp=com.dummies.android.halloandroid/.MainActivity }
[2011-02-05 13:13:49 - Hallo Android] ActivityManager: Warning: Activity not started,
    its current task has been brought to the front
```

 Die Konsolenansicht liefert wertvolle Informationen über den Status der Bereitstellung der Anwendung. Hier wird Ihnen mitgeteilt, dass eine Aktivität gestartet

wird, welches Gerät die ADT nutzen und es werden Warnungen wie in der letzten Zeile des Beispiels angezeigt:

[2011-02-05 13:13:49 - HelloAndroid] ActivityManager: Warning: Activity not started, its current task has been brought to the front

Hier informieren die ADT Sie darüber, dass die Aktivität MainActivity in diesem Fall nicht gestartet wurde, weil sie bereits lief. Deshalb wurde dieser Task in den Vordergrund (auf den Android-Bildschirm) geholt, um ihn sichtbar zu machen.

Die Projektstruktur

Noch einmal Glückwunsch! Sie haben Ihre erste App erzeugt. Und dazu mussten Sie nicht einmal Quelltexte schreiben. Schön, dass die ADT Sie mit den für das schnelle Erstellen einer ersten Anwendung benötigten Tools versorgt. Beim Erstellen Ihrer nächsten Erfolgsanwendung wird Ihnen das aber nicht helfen. Am Anfang dieses Kapitels haben Sie eine einfache Android-App mit dem Assistenten NEW ANDROID PROJECT erstellt. Von nun an werden Sie die Dateistrukturen nutzen, die der Android-Assistent für Sie erstellt hat.

Die folgenden Abschnitte sollten Sie nicht überspringen (vertrauen Sie mir, sie sind wichtig!), da Sie während Ihrer gesamten Android-Entwicklungslaufbahn durch diese Ordner navigieren werden. Für die Android-Entwicklung ist es wesentlich, dass Sie wissen, welchem Zweck diese Ordner dienen und weshalb sie sich dort befinden.

Durch die Ordner der App navigieren

In Eclipse können Sie den Ordner des Projekts HALLO ANDROID erweitern. Dann sollte die Darstellung auf dem Bildschirm Abbildung 3.25 entsprechen.

Nachdem der Ordner des Projekts HALLO ANDROID erweitert wurde, finden Sie dort diese Unterordner:

✔ src

✔ gen

✔ Android-Version (zum Beispiel Android 2.2)

✔ assets

✔ res

Neben diesen Ordnern kann es in einem Android-Projekt noch weitere geben. Die aufgeführten Ordner werden vom Assistenten NEW ANDROID PROJECT standardmäßig erstellt. Weitere Ordner können zum Beispiel bin, libs und Referenced Libraries sein.

Anfangs wird der Ordner bin nicht angezeigt, weil er in den neueren Versionen der ADT verborgen wird (das kann sich bei zukünftigen ADT-Versionen wieder ändern). Die Ordner libs und Referenced Libraries werden nicht angezeigt, bis Sie Bibliotheken von Drittanbietern

3 ▶ Ihr erstes Android-Projekt

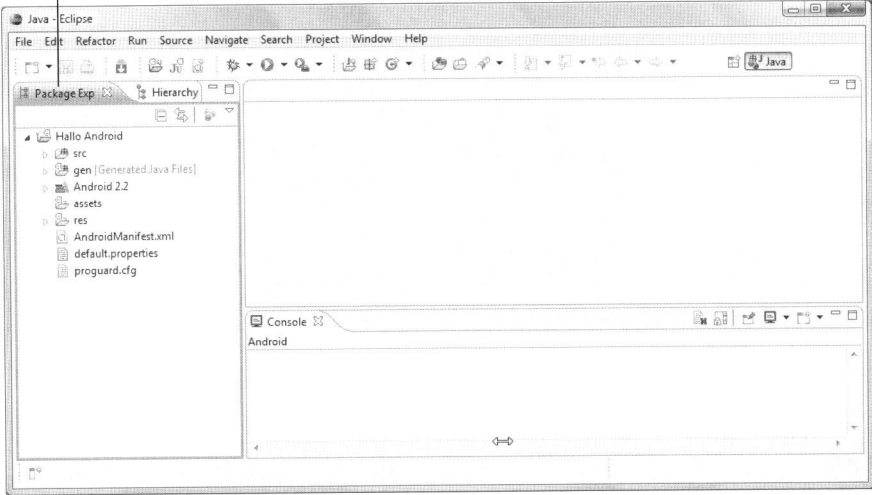

Abbildung 3.25: Das Projekt HALLO ANDROID mit erweiterter Ordnerstruktur im Package Explorer

in Ihr Projekt einbinden und darauf verweisen. Diesen Prozess beschreibe ich weiter hinten in diesem Kapitel noch ausführlich.

Bei den weiteren Dateien im Projekt handelt es sich um `AndroidManifest.xml`, `default.properties` und bei neueren ADT-Versionen noch die Konfigurationsdatei `proguard.cfg`. Die Datei `AndroidManifest.xml` hilft Ihnen bei der Identifizierung der Komponenten, die die Anwendung zusammenbauen und ausführen, während Sie mithilfe der Datei `default.properties` die Vorgabeeigenschaften des Android-Projekts ermitteln können (zum Beispiel die Android-Version).

All diese Ordner und Dateien werden in den folgenden Abschnitten ausführlicher besprochen.

Der Ordner src (Source)

Im Ordner `src` befinden sich die Quelltexte Ihres Android-Projekts und damit der Dateiwinzling `MainActivity.java`, den Sie mit dem Assistenten NEW ANDROID PROJECT vorhin in diesem Kapitel erstellt haben. Um sich den Inhalt des Ordners `src` ansehen zu können, müssen Sie ihn erweitern. Führen Sie dazu diese Schritte aus:

1. **Markieren Sie den Ordner `src` und klicken Sie links daneben das kleine Dreieck an, um ihn zu erweitern.**

   Es wird das Standardpaket `com.dummies.android.halloandroid` des Projekts angezeigt.

2. **Markieren Sie das Standardpaket und erweitern Sie es.**

   Nach diesem Schritt wird die Datei MAINACTIVITY.JAVA im Zweig des Pakets `com.dummies.android.halloandroid` angezeigt (siehe Abbildung 3.26).

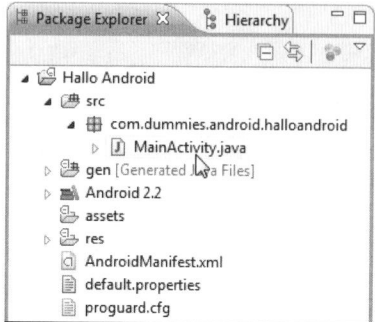

Abbildung 3.26: Im erweiterten Ordner src *wird der Zweig der Datei* MainActivity.java *im Java-Paket* com.dummies.android.halloandroid *angezeigt.*

Sie sind in Ihren Android-Apps nicht auf ein einziges Paket beschränkt. Tatsächlich empfiehlt es sich, in Ihren Java-Klassen die verschiedenen Komponenten mit Kernfunktionen in (mehrere) Pakete auszulagern. Ein Beispiel wäre eine Klasse, die für die Kommunikation mit einem Web-API über XML (eXtensible Markup Language) zuständig ist. Zudem kann es in Ihrer App Customer-Objekte geben, bei denen es sich um Domänenmodelle von Kunden handelt, die über die Web-API-Klassen abgerufen werden. Hier werden Sie möglicherweise zwei weitere Java-Pakete verwenden, die die zusätzlichen Java-Klassen enthalten:

✔ com.dummies.android.halloandroid.models

✔ com.dummies.android.halloandroid.http

Diese Pakete würden dann ihre jeweiligen Java-Komponenten enthalten. com.dummies.android.halloandroid.models würde die Java-Klassen für das Domänenmodell und com.dummies.android.halloandroid.http die für HTTP zuständigen Java-Klassen (Web-APIs) enthalten. Ein so eingerichtetes Android-Projekt würde im Package Explorer wie in Abbildung 3.27 aussehen.

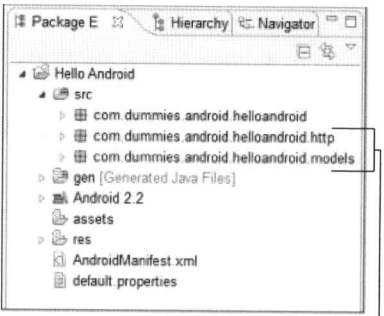

Neue Pakete mit Modellen
und HTTP-Komponenten (Web-API)

Abbildung 3.27: Ein Beispiel mit mehreren vorhandenen Paketen im Ordner src, *die jeweils eigene Java-Klassen enthalten*

Ordner der Android-Zielbibliothek

Einen Moment, ich habe den Ordner gen übersprungen! Damit werde ich mich ausführlicher befassen, wenn ich zum Ordner res komme. Erst einmal werde ich mich aber auf den Ordner mit der Android-Zielbibliothek konzentrieren. Dabei handelt es sich nicht um einen Ordner im eigentlichen Sinne, sondern eher um ein Element, das Ihnen von den ADT in Eclipse präsentiert wird.

Zu seinen Elementen zählt die Datei android.jar, mit deren Unterstützung Ihre Anwendung zusammengebaut wird. Die Version dieser Datei wurde über die im Assistenten NEW ANDROID PROJECT festgelegte Zielplattform (build target) bestimmt. Wenn Sie das Element ANDROID 2.2 im Projekt erweitern, wird die Datei android.jar und der zugehörige Installationspfad angezeigt (siehe Abbildung 3.28).

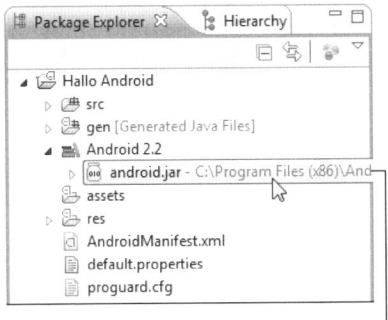

Die Datei android.jar für Version 2.2

Abbildung 3.28: Die Version ANDROID 2.2 mit der Datei android.jar *und deren Position*

Der Ordner assets

Der Ordner assets ist standardmäßig leer. Er wird zum Speichern sogenannter »raw asset files« genutzt. Diese Dateien können Assets oder Rohdaten beinhalten, die zum Funktionieren Ihrer Anwendung benötigt werden. Ein gutes Beispiel wäre eine Datei mit Daten in einem proprietären Format, die vom Gerät benötigt wird. Android umfasst den *Asset Manager*, der alle aktuell im Ordner assets vorhandenen Assets auflistet. Beim Lesen eines Assets kann Ihre App die in der Datei enthaltenen Daten lesen. Wenn Sie eine App mit eigenem Wörterbuch zum Nachschlagen (vielleicht zur automatischen Vervollständigung) erstellen wollen, werden Sie das Wörterbuch vielleicht in das Projekt einbinden wollen, indem Sie dessen Datei (üblicherweise eine XML-Datei oder eine Binärdatei wie zum Beispiel eine SQLite-Datenbank) im Ordner assets ablegen.

Android verwendet bei Assets eine recht laxe Ressourcenverwaltung. Es gibt keine Einschränkungen hinsichtlich der im Ordner assets abgelegten Daten. Beachten Sie aber, dass die Arbeit mit Assets ein wenig mühsamer als die mit Ressourcen werden kann, weil Sie dann mit Byteströmen arbeiten und diese erst in die gewünschten Objekte (Audio, Video, Text und so weiter) umwandeln müssen.

Assets werden im Gegensatz zu den Ressourcen im Ordner res keine Ressourcen-IDs zugewiesen. Wenn Sie auf die Inhalte zugreifen wollen, müssen Sie manuell mit Bits, Bytes und Datenströmen hantieren.

Der Ordner res

Der Ordner res enthält die verschiedenen von Ihrer Anwendung benötigten Ressourcen. Die von Ihren Anwendungen verwendeten Ressourcen sollten Sie immer extern speichern. Zu den klassischen Beispielen für derartige Ressourcen zählen Zeichenketten und Bilder. So sollten Sie es beispielsweise vermeiden, Strings in Ihre Quelltexte zu integrieren. Stattdessen erstellen Sie eine String-Ressource und verweisen in Ihrem Quelltext darauf. Wie das geht, zeige ich Ihnen später in diesem Buch noch. Derartige Ressourcen sollten Sie in dem am besten dafür geeigneten Unterverzeichnis des Ordners res zusammenstellen und ablegen.

Sie sollten auch für bestimmte Gerätekonfigurationen alternative Ressourcen bereitstellen und sie in passend benannten Ressourcenordnern zusammenfassen. Während der Laufzeit ermittelt Android, auf welcher Konfiguration die Anwendung läuft, und wählt die entsprechende Ressource (oder den Ressourcenordner) aus, um sie zu laden. Vielleicht werden Sie beispielsweise unterschiedliche Benutzeroberflächen für verschiedene Bildschirmabmessungen oder je nach Spracheinstellung andere Strings verwenden wollen.

Wenn Sie Ihre Ressourcen extern ablegen, können Sie darauf im Code über Ressourcen-IDs zugreifen, die von den ADT in der Klasse R erzeugt werden. (Mehr dazu erfahren Sie im Abschnitt »Der mysteriöse Ordner gen« weiter hinten in diesem Kapitel.)

Sie sollten alle Ressourcen in bestimmten Unterverzeichnissen des zu Ihrem Projekt gehörenden res-Ordners ablegen. Bei den in Tabelle 3.1 aufgeführten Ordnern handelt es sich um die gängigsten der dort vorhandenen Ressourcenordner.

»Auflösungen« werden für Bildschirme und Digitalkameras meist in Pixeln (zum Beispiel 1.920x1.080 Bildschirmpunkte), für Drucker und Scanner in dpi (zum Beispiel 1.200x1.200 dpi) angegeben. Die letzte der beiden Varianten wird auch »Dichte« (Punktdichte oder Pixeldichte) genannt und gibt an, wie viele Punkte je Quadratzoll ein Gerät darstellen kann. Da die horizontale und vertikale Punktdichte verschieden sein können, werden oft zwei Werte angegeben. Wird nur ein Wert angegeben, sind horizontale und vertikale Punktdichte normalerweise gleich. Typische Werte für die Bildschirme von Desktoprechnern sind 1.920x1.080 Pixel bei 90 bis 100 dpi. Bei Bildschirmen von Netbooks, Mobiltelefonen oder Tablets sind die einzelnen Bildpunkte kleiner (zum Beispiel 118 dpi bei einem 10,1-Zoll-Bildschirm mit 1.024x600 Bildpunkten). Zudem spricht man bei Bildschirmen häufig auch nicht von dpi, sondern von ppi (Pixel Per Inch).

Verzeichnis	Ressourcentyp
anim/	XML-Dateien, die Animationen definieren
color/	XML-Dateien, die Farblisten definieren
drawable/	Bitmap-Dateien (.png, .9.png, .jpg, .gif) oder XML-Dateien, die zu den folgenden grafischen Oberflächenelementen (Drawables) kompiliert werden können
drawable-hdpi/	Grafische Oberflächenelemente für hochauflösende Bildschirme. Die Abkürzung HDPI steht dabei für »High Dots Per Inch«. Der Inhalt ist derselbe wie beim Ressourcenordner drawable/, nur dass alle hier gespeicherten Bitmap- oder XML-Dateien zu hochauflösenden Drawables kompiliert wurden.
drawable-ldpi/	Grafische Oberflächenelemente für Bildschirme mit niedriger Dichte (LDPI – Low Dots Per Inch). Der Inhalt ist derselbe wie beim Ressourcenordner drawable/, nur dass alle hier gespeicherten Bitmap- oder XML-Dateien zu Drawables mit niedriger Dichte kompiliert wurden.
drawable-mdpi/	Grafische Oberflächenelemente für Bildschirme mit mittlerer Dichte (MDPI – Medium Dots Per Inch). Der Inhalt ist derselbe wie beim Ressourcenordner drawable/, nur dass alle hier gespeicherten Bitmap- oder XML-Dateien zu Drawables mit mittlerer Dichte kompiliert wurden.
layout/	XML-Dateien, die das Layout einer Benutzeroberfläche definieren
menu/	XML-Dateien, die Anwendungsmenüs darstellen
raw/	Beliebige in ihrem Rohformat gespeicherte Dateien. Dateien in diesem Verzeichnis werden vom System nicht komprimiert.
values/	XML-Dateien, in denen einfache Werte für Zeichenketten, Ganzzahlen und Farben gespeichert werden. Während XML-Ressourcendateien in den anderen Unterverzeichnissen des Ordners res auf der Grundlage der XML-Dateinamen einzelne Ressourcen definieren, enthalten die Dateien im Unterverzeichnis values/ mehrere Ressourcen für verschiedene Einsatzzwecke.

Tabelle 3.1: Unterstützte Unterverzeichnisse des Ordners res

Benennung von Ressourcen im Verzeichnis values

Für die Ressourcen, die Sie im Verzeichnis values erstellen können, gibt es einige Dateinamenkonventionen:

- ✔ arrays.xml für Array-Ressourcen (gemeinsame Speicherung von ähnlichen Elementen wie Strings oder Ganzzahlen)
- ✔ colors.xml für Ressourcen, die Farbwerte definieren und auf die über die Klasse R.colors zugegriffen werden kann
- ✔ dimens.xml für Ressourcen, die Abmessungen definieren (20px entspricht beispielsweise 20 Bildpunkten) und auf die über die Klasse R.dimens zugegriffen werden kann
- ✔ strings.xml für Stringwerte, auf die über die Klasse R.strings zugegriffen werden kann

- `styles.xml` für Ressourcen, die Formatvorlagen entsprechen, auf die über die Klasse `R.styles` zugegriffen werden kann. Diese »Styles« ähneln dabei den »kaskadierenden Formatvorlagen« (CSS – Cascading Style Sheet) in HTML. Sie können viele Formate definieren, die Eigenschaften voneinander erben können.

Speichern Sie niemals Ressourcendateien direkt im Ordner `res`. Sollten Sie es doch einmal tun, wird Sie der Compiler dafür mit einer Fehlermeldung bestrafen.

Die in Tabelle 3.1 aufgeführten und in den verschiedenen Unterverzeichnissen abgelegten Ressourcen definieren das standardmäßige Aussehen Ihrer Android-App. Für die unterschiedlichen Android-Geräte werden aber möglicherweise andere Ressourcen benötigt. Wenn der Bildschirm eines Geräts beispielsweise größer als üblich ist, müssen Sie dementsprechende alternative Layoutressourcen bereitstellen.

Die `resource/`-Mechanismen von Android sind äußerst leistungsfähig. Ich könnte darüber zwar problemlos ein eigenes Kapitel schreiben, werde mich in diesem Buch aber nur auf die Grundlagen beschränken, die Sie für den Einstieg benötigen. Die `resource/`-Mechanismen können Sie bei der Anpassung an verschiedene Sprachen und Länder, Bildschirmabmessungen und Auflösungen und/oder sogar Ressourcen für verschiedene Gerätemodi unterstützen. Wenn Sie sich eingehend mit dem Bereich der Ressourcen befassen wollen, erfahren Sie mehr darüber im Abschnitt »Providing Resources« des Entwicklerhandbuchs (Dev Guide) in der Android-Dokumentation, den Sie unter `http://d.android.com/guide/topics/resources/providing-resources.html` finden.

Die Ordner bin, libs und für referenzierte Bibliotheken

Auch wenn sie nicht in Ihrer App HALLO ANDROID angezeigt werden, sollten Sie noch ein paar weitere Ordner kennen. Bei einem davon handelt es sich um den Ordner `libs/`. Er enthält private Bibliotheken (libraries) und wird standardmäßig nicht erstellt. Wenn Sie ihn benötigen, müssen Sie ihn manuell erstellen. Klicken Sie dazu das Projekt im PACKAGE EXPLORER mit der rechten Maustaste an und wählen Sie im Kontextmenü NEW|FOLDER. Markieren Sie dann im Dialogfeld NEW FOLDER das Projekt HALLO ANDROID, tragen Sie im Feld FOLDER NAME den Text `libs` ein und klicken Sie dann FINISH an.

Bei privaten Bibliotheken handelt es sich üblicherweise um Bibliotheken von Drittanbietern, die Ihnen bestimmte Funktionen zur Verfügung stellen. Ein Beispiel wäre JTwitter, eine Java-Bibliothek für das Twitter-API. Wenn Sie JTwitter in Ihre Android-App einbinden wollen, könnten Sie die Bibliothek `jtwitter.jar` beispielsweise im Ordner `libs` ablegen.

Wenn Sie eine Bibliothek im Ordner `libs` abgelegt haben, müssen Sie sie noch zu Ihrem Java-Build-Pfad hinzufügen. (Damit sie angezeigt wird, müssen Sie möglicherweise F5 drücken, um die Ansicht zu aktualisieren.) Dabei handelt es sich um den Pfad zur Klasse, der beim Zusammenbauen eines Java-Projekts verwendet wird. Wenn Ihr Projekt von Bibliotheken von Drittanbietern abhängig ist, muss Eclipse wissen, wo es diese Bibliothek finden kann. Und genau das teilen Sie Eclipse durch Setzen des Build-Pfads mit. Wenn Sie jtwitter.jar in den Ordner libs kopiert haben, können Sie ihn leicht zu Ihrem Build-Pfad hinzufügen. Klicken Sie dazu die Datei jtwitter.jar mit der rechten Maustaste an und wählen Sie im Kontextmenü BUILD PATH|ADD TO BUILD PATH.

Beim Hinzufügen von JTwitter zum Build-Pfad ist Ihnen vielleicht aufgefallen, dass dabei der Ordner Referenced Libraries erstellt wurde (siehe Abbildung 3.29). Dieser Ordner soll Sie darüber informieren, auf welche Bibliotheken in Ihrem Eclipse verwiesen wird.

 Mehr über JTwitter erfahren Sie unter www.winterwell.com/software/jtwitter.php.

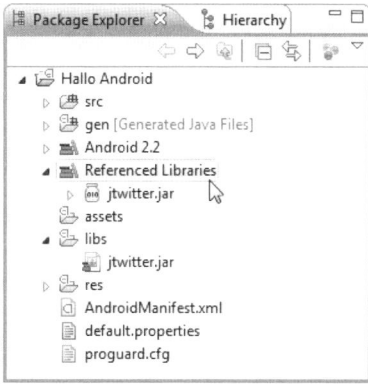

Abbildung 3.29: Der Ordner Referenced Libraries *mit* jtwitter.jar

Ich werde den Ordner libs in diesem Buch nicht verwenden. Entwickler – so auch ich – greifen aber in Android-Apps häufig auf Bibliotheken von Dritten zurück. Ich wollte diese Informationen in das Buch für den Fall aufnehmen, dass Sie in Ihren eigenen Android-Projekten auf Bibliotheken verweisen müssen.

Der mysteriöse Ordner gen

Und schließlich sollen Sie auch noch erfahren, was es mit dem geheimnisvollen Ordner gen auf sich hat. Wenn Sie eine Android-App erstellen, existiert dieser Ordner erst einmal nicht. Die ADT erstellen ihn und seinen Inhalt aber beim erstmaligen Kompilieren des Projekts.

Der Ordner gen enthält die von den ADT erzeugten Java-Dateien. Die ADT erstellen eine Datei namens R.java (mehr dazu gleich). Ich habe den Ordner res vor dem Ordner gen behandelt, weil letzterer Elemente enthält, die aus dem Inhalt des Ersteren erzeugt wird. Wenn Sie nicht wissen, worum es sich beim Ordner res handelt und welchem Zweck er dient, fehlen Ihnen alle Hinweise auf die Funktion des Ordners gen. Da Sie nun aber wissen, was es mit dem Ordner res auf sich hat, kann ich mich auch dem Ordner gen zuwenden.

Wenn Sie in Android Java-Code schreiben, werden Sie irgendwann auf die Elemente im Ordner res verweisen müssen. Das machen Sie über die Klasse R. Bei der Datei R.java handelt es sich um einen Index für alle im Ordner res definierten Ressourcen. Sie verwenden diese Klasse als Kürzel, um auf Ressourcen zu verweisen, die Sie in Ihr Projekt eingebunden haben. Das ist insbesondere im Zusammenhang mit der Codevervollständigung von Eclipse nützlich, weil Sie damit die richtigen Ressourcen schnell ausfindig machen können.

Wenn Sie im Projekt HALLO ANDROID den Ordner gen und dann den darin enthaltenen Paketnamen erweitern, wird die Datei angezeigt. Doppelklicken Sie nun auf die Datei R.java, um sie zu öffnen. Sie sehen eine Java-Klasse, die verschachtelte Java-Klassen enthält. Diese tragen dieselben Namen wie einige der im Abschnitt »Der Ordner res« angesprochenen Unterverzeichnisse. Unterhalb der Unterklassen werden Mitglieder aufgeführt, die dieselben Namen wie die Ressourcen in den jeweiligen Unterverzeichnissen des Ordners res tragen (einmal abgesehen von ihren Dateinamenserweiterungen). Die Datei R.java des Projekts HALLO ANDROID sollte etwa so aussehen:

```
/* AUTO-GENERATED FILE. DO NOT MODIFY.
 *
 * This class was automatically generated by the
 * aapt tool from the resource data it found. It
 * should not be modified by hand.
 */

package com.dummies.android.halloandroid;

public final class R {
    public static final class attr {
    }
    public static final class drawable {
        public static final int icon=0x7f020000;
    }
    public static final class layout {
        public static final int main=0x7f030000;
    }
    public static final class string {
        public static final int app_name=0x7f040001;
        public static final int hello=0x7f040000;
    }
}
```

Und was hat es mit all dem 0x-Zeug auf sich? Ich freue mich, Ihnen mitteilen zu dürfen, dass Sie sich darüber keine Gedanken machen müssen. Die ADT erzeugen diesen Code für Sie, damit Sie sich nicht darum kümmern müssen, was hinter den Kulissen vorgeht. Wenn Sie Ressourcen hinzufügen und das Projekt erneut kompiliert wird, erzeugen die ADT die Datei R.java neu. Die Datei enthält dann Mitglieder, die auf die kürzlich hinzugefügten Ressourcen verweisen.

 Sie sollten die Datei R.java nie manuell bearbeiten. Ansonsten wird Ihre App möglicherweise nicht mehr kompiliert. Wenn Sie die Datei einmal versehentlich ändern sollten und sich die Änderungen nicht mehr rückgängig machen lassen, können Sie aber den Ordner gen löschen und Ihr Projekt neu erzeugen lassen. Dann erzeugen die ADT die Datei R.java neu.

Die Manifest-Datei Ihrer App

Sie führen all Ihre Besitztümer, Aufgaben etc. in Listen auf, oder etwa nicht? Nun, das ist genau das, was eine Manifest-Datei bei der Arbeit mit Android macht. Es zeichnet alles auf, was Ihre Anwendung braucht, anfordert und benötigt, um laufen zu können.

Die Manifest-Datei wird im Hauptverzeichnis Ihres Projekts gespeichert und trägt den Namen AndroidManifest.xml. Bei allen Anwendungen muss eine Android-Manifest-Datei in ihrem Hauptverzeichnis liegen.

Die Manifest-Datei einer Anwendung liefert dem Android-System alle wesentlichen Informationen, die es haben muss, bevor es den Code Ihrer App ausführen kann. Die Manifest-Datei Ihrer Anwendung enthält folgende Angaben:

✔ Den Namen des Java-Pakets für die Anwendung, bei dem es sich um die eindeutige Kennung Ihrer App im Android-System und auf dem Android-Marktplatz handelt

✔ Die Komponenten der Anwendung, wie zum Beispiel die Aktivitäten und Hintergrunddienste

✔ Die Deklaration der Berechtigungen, die erforderlich sind, damit Ihre App ausgeführt werden kann

✔ Die Mindestversion des Android-APIs, die für Ihre App benötigt wird

Die Manifest-Datei enthält auch die Version Ihrer Anwendung. Sie *müssen* Ihre App mit Versionsangaben versehen. Hier müssen Sie in etwa wie bei den Versionsangaben des Android-Betriebssystems vorgehen. Es ist wichtig, dass Sie bereits frühzeitig im Entwicklungsprozess festlegen, wie Sie bei den Angaben für die aktuelle und die zukünftigen Versionen Ihrer App vorgehen wollen. Dabei müssen alle Anwendungen einen Versionscode und einen Versionsnamen haben. Auf diese Werte gehe ich in den folgenden Abschnitten näher ein.

Versionscode

Beim *Versionscode* handelt es sich um einen Integer-Wert, der die Version des Anwendungscodes in Relation zu anderen Versionen Ihrer App angibt. Dieser Wert soll andere Anwendungen bei der Feststellung der Kompatibilität mit Ihrer App unterstützen. Zudem benutzt der Android-Marktplatz den Versionscode als Grundlage für die interne Erkennung Ihrer App und den Umgang mit Updates.

Sie können für den Versionscode zwar einen beliebigen Integer-Wert verwenden, sollten aber dafür sorgen, dass dieser bei allen späteren Versionen höher als bei den bisherigen ist. Das Android-System erzwingt die Einhaltung dieser Regel nicht, Sie sollten sich aber am besten daran halten.

Typischerweise setzt man den Versionscode anfangs auf 1. Dann erhöht man monoton den Wert mit jeder neu veröffentlichten größeren oder kleineren Änderung. Das bedeutet, dass der Versionscode keine große Ähnlichkeit mit der für den Anwender sichtbaren Versionsangabe haben muss, bei der es sich um den Versionsnamen handelt (siehe nächsten Abschnitt). Der interne Versionscode wird den Anwendern von Apps typischerweise nicht angezeigt.

Wenn Sie den Code Ihrer App aktualisieren und sie veröffentlichen, ohne ihren Versionscode zu erhöhen, werden verschiedene Versionen Ihrer App unter demselben Versionscode veröffentlicht. Stellen Sie sich vor, dass Sie Ihre App mit Versionscode 1 erstmals veröffentlichen. Ein Anwender installiert Ihre Anwendung über den Android-Marktplatz, bemerkt einen Fehler darin und informiert Sie darüber. Sie beheben den Fehler im Code, kompilieren und veröffentlichen die neue Codebasis, jedoch ohne den Versionscode in der Manifest-Datei von Android zu aktualisieren. Jetzt weiß der Android-Marktplatz nicht, dass sich etwas geändert hat, weil nur der Versionscode in der Manifest-Datei der Anwendung geprüft wird. Wenn der Versionscode auf einen höheren Wert als 1, also vielleicht 2, geändert wurde, erkennt der Marktplatz hingegen, dass es sich um ein Update handelt und informiert die Anwender, die noch Ihre App mit dem Versionscode 1 installiert haben, über die verfügbare Aktualisierung. Wenn Sie den Versionscode nicht aktualisieren, würden die Anwender Ihrer App hingegen nie auf das Update hingewiesen werden und weiterhin die fehlerhafte Version benutzen. Und das dürfte niemandem gefallen!

Versionsname

Bei dem *Versionsnamen* handelt es sich um einen String-Wert, der die Version einer App angibt, so wie sie für die Anwender sichtbar sein soll. Bei diesem Wert handelt es sich um einen String, der der üblichen Nomenklatur bei Programmversionen folgt:

<Hauptversion>.<Unterversion>.<Stand>

Ein Beispiel für diese Versionsangabe wäre 2.1.4 oder, ohne den <Stand> (hier 4), 2.1.

Das Android-System nutzt diesen Wert nicht. Er dient nur dem Zweck, dass Apps ihn ihren Benutzern anzeigen können.

Beim Versionsname kann es sich auch um beliebige andere absolute oder relative Versionskennungen handeln. Die Anwendung Foursquare verwendet beispielsweise ein Schema von Versionsnamen, das dem Datum entspricht. Ein Beispiel für eine derartige Versionsangabe, die klar als Datum erkennbar ist, wäre 2011-02-28. Welche Versionsnamen Sie verwenden wollen, bleibt Ihnen überlassen. Sie sollten aber vorausschauend planen und dafür sorgen, dass das für Ihre Versionsangaben verwendete Verfahren für Sie und Ihre Anwender sinnvoll bleibt.

Berechtigungen (Permissions)

Angenommen, Ihre App kann auf das Internet zugreifen, um bestimmte Daten zu übernehmen. Standardmäßig beschränkt Android den Internetzugriff. Damit Ihre App auf das Internet zugreifen kann, müssen Sie um die entsprechende Berechtigung bitten.

In der Manifest-Datei der Anwendung müssen Sie festlegen, welche Berechtigungen benötigt werden, damit sie läuft. In Tabelle 3.2 werden einige der besonders häufig angeforderten Berechtigungen aufgeführt.

Berechtigung	Beschreibung
Internet	Die Anwendung benötigt Zugang zum Internet.
Write External Storage	Die Anwendung muss Daten auf die Speicherkarte (SD Card – Secure Digital Card) schreiben können.
Camera	Die Anwendung muss auf eine Kamera zugreifen können.
Access Fine Location	Die Anwendung muss die GPS-Position (Global Positioning System) feststellen können.
Read Phone State	Die Anwendung muss den Status des Telefons ermitteln und feststellen können, ob es zum Beispiel klingelt.

Tabelle 3.2: Häufig für Apps angeforderte Berechtigungen

Die Datei default.properties

Die Datei `default.properties` wird in Verbindung mit ADT und Eclipse verwendet. Sie enthält Projekteinstellungen, wie zum Beispiel die Zielplattform (build target). Diese Datei ist ein wesentlicher Bestandteil des Projekts und sollte daher nicht abhandenkommen!

Die Datei `default.properties` sollte nie manuell editiert werden. Um ihren Inhalt zu bearbeiten, verwenden Sie den Editor in Eclipse. Ihn erreichen Sie, wenn Sie den Projektnamen im PACKAGE EXPLORER mit der rechten Maustaste anklicken und im Kontextmenü PROPERTIES wählen. Daraufhin wird der Editor für die Projekteigenschaften angezeigt (siehe Abbildung 3.30).

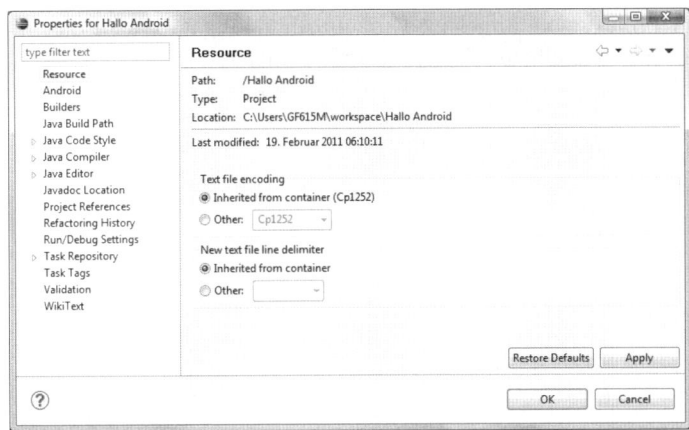

Abbildung 3.30: Der Properties-Editor in Eclipse

Mit diesem Editor können Sie die verschiedenen Projekteigenschaften ändern, indem Sie eine der Kategorien links im Dialogfeld auswählen und im rechten Bereich deren Einstellungen bearbeiten. So können Sie zum Beispiel links ANDROID auswählen und dann im rechten Bereich den Pfad zum Android-SDK ändern.

Eclipse-Macken

Wenn Sie Android-Apps mit Eclipse erstellen, können Sie es zuweilen mit recht seltsamen und irreführenden Fehlermeldungen zu tun bekommen. Hier und da werden Sie in den folgenden Kapiteln Hinweise auf derartige Macken und entsprechende Maßnahmen finden. Auf einige soll aber hier bereits hingewiesen werden.

Fehlende import-Anweisungen

Wenn Sie Android-Apps mit Eclipse erstellen, werden Sie immer wieder die für verwendete Komponenten benötigen Module importieren müssen. Das können Sie zwar einerseits jeweils bei den Befehlen erledigen, für die Fehler angezeigt werden, Sie können aber auch das betreffende Projekt öffnen, im PACKAGE EXPLORER markieren und im Kontextmenü SOURCE|ORGANIZE IMPORTS wählen. Das hat zudem den Vorteil, dass Sie sich nicht mit den möglicherweise irreführenden Fehlerbeschreibungen auseinandersetzen müssen, die an den jeweiligen Stellen im Quelltext angezeigt werden.

Projekte bereinigen

Unter bestimmten Umständen kann es vorkommen, dass die Fehlermeldung »Error: Your project contains errors, please fix them ...« angezeigt wird, obwohl (mit den Quelltexten) eigentlich alles in Ordnung ist. In derartigen Fällen können Sie in Eclipse im Menü PROJECT die Option CLEAN wählen. Über das Dialogfeld CLEAN (siehe Abbildung 3.31) können Sie dafür sorgen, dass Ihr Projekt neu aufgebaut wird. In Abbildung 3.31 wird dies für das später in diesem Buch noch zu erstellende Projekt Terminplaner erledigt.

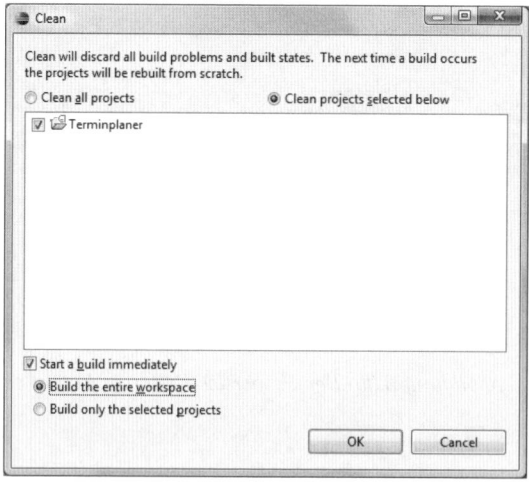

Abbildung 3.31: Ein Projekt bereinigen

Design der Benutzeroberfläche

In diesem Kapitel
- Die Anwendung »Lautlosmodus-Umschalter« einrichten
- Das Layout der Benutzeroberfläche gestalten
- Die Benutzeroberfläche entwickeln
- Ein Bild und eine Schaltfläche als Widget hinzufügen
- Ein Startsymbol erstellen
- Vorschau Ihrer Arbeit

Glückwunsch! Sie wissen nun, was Android ist und wie Sie Ihre erste Anwendung erstellen können. Damit kommen wir zu den Teilen, die wirklich Spaß machen. Sie werden eine echte Anwendung erstellen, die Sie benutzen und auf dem Android-Marktplatz veröffentlichen können.

Mit der Anwendung, die Sie erstellen werden, kann der Benutzer den Modus des Alarms seines Telefons einfach durch Antippen einer Schaltfläche umschalten. Das klingt zwar einfach, dient aber der Behebung eines praktischen Problems.

Stellen Sie sich vor, dass Sie sich bei der Arbeit befinden und ein Meeting ansteht. Sie können die Lautstärke Ihres Telefons vollständig, bis zur Lautlosigkeit hinunterregeln und an dem Treffen teilnehmen. Sie wollen doch bestimmt nicht »dieser Typ« sein, dessen Telefon während eines Meetings klingelt, oder? Das Problem dabei ist, dass es Ihnen gefällt, wenn Ihr Telefon laut, aber nicht allzu laut klingelt. Sie verwenden nie die lauteste, sondern immer nur die zweitlauteste Einstellung. Wenn Sie das Meeting verlassen, denken Sie zwar daran, die Lautstärke des Klingeltons wieder heraufzusetzen, müssen dazu aber immer bis zur maximalen Lautstärke hochregeln und dann wieder eine Stufe zurückschalten, um die gewünschte Einstellung zu erhalten. Das ist zwar keine Aktion, die Ihnen Ihr Leben radikal erschwert, es nervt Sie aber, dass Sie das jedes Mal machen müssen, wenn Sie Ruhe vor dem Klingelton Ihres Telefons haben wollen.

Es wäre also toll, wenn Sie eine App hätten, mit der Sie den Klingelton mit einem Fingertipp abschalten und beim Verlassen des Meetings mit einem erneuten Fingertipp wieder mit der zuletzt gewählten Einstellung aktivieren könnten. Nie wieder müssten Sie die Lautstärke Ihres Klingeltons neu einstellen. Und genau eine solche Anwendung werden Sie nachfolgend erstellen.

Die Anwendung »Lautlosmodus-Umschalter« erstellen

In der anstehenden Aufgabe werden Sie die Anwendung »Lautlosmodus-Umschalter« erstellen. Und da Sie bereits Experte im Einrichten neuer Android-Apps sind, werde ich diese Aufgabe hier nicht mehr Schritt für Schritt darstellen. Wenn Sie Ihr Wissen kurz auffrischen müssen, lesen Sie noch einmal Kapitel 3.

Bevor Sie die neue Anwendung erstellen, müssen Sie alle Dateien schließen, die in Eclipse bereits geöffnet sind. Dazu können Sie alle Dateien einzeln schließen, oder Sie klicken im rechten Fensterbereich einen der Reiter mit der rechten Maustaste an und wählen im Kontextmenü CLOSE ALL.

Nachdem Sie alle Dateien geschlossen haben, müssen Sie noch das aktuelle Projekt (HALLO ANDROID) schließen, an dem Sie im letzten Kapitel gearbeitet haben. Klicken Sie dazu im PACKAGE EXPLORER das Projekt HALLO ANDROID mit der rechten Maustaste an und wählen Sie im Kontextmenü CLOSE PROJECT. Damit teilen Sie Eclipse mit, dass Sie momentan nicht mehr daran arbeiten wollen. Dadurch werden Ressourcen freigegeben, über die Eclipse den Zustand des Projekts verfolgt, weshalb Ihre neue App ein wenig schneller arbeiten kann.

Jetzt sind Sie so weit, dass Sie Ihre neue Anwendung »Lautlosmodus-Umschalter« erstellen können.

Wählen Sie dazu FILE|NEW|PROJECT. Wählen Sie ANDROID PROJECT in der Liste aus und klicken Sie dann die Schaltfläche NEXT an. Verwenden Sie als Projekteinstellungen die Angaben in Tabelle 4.1.

Einstellung	Wert
APPLICATION NAME	Lautlosmodus-Umschalter
PROJECT NAME	Lautlosmodus-Umschalter
CONTENTS	Behalten Sie die Voreinstellung bei (CREATE NEW PROJECT IN WORKSPACE)
BUILD TARGET	Android 2.2
PACKAGE NAME	com.dummies.android.lautlosmodus
CREATE ACTIVITY	MainActivity
MIN SDK VERSION	8

Tabelle 4.1: Projekteinstellungen für den »Lautlosmodus-Umschalter«

Klicken Sie die Schaltfläche FINISH an. Nun sollte die App LAUTLOSMODUS-UMSCHALTER im PACKAGE EXPLORER angezeigt werden (siehe Abbildung 4.1).

Wenn eine Fehlermeldung wie »The project cannot be built until build path errors are resolved« angezeigt wird, können Sie das Problem dadurch beheben, dass Sie das Projekt mit der rechten Maustaste anklicken und im Kontextmenü ANDROID TOOLS|FIX PROJECT PROPERTIES wählen. Dadurch wird Ihr Projekt im IDE-Arbeitsbereich neu eingeordnet.

Beachten Sie, dass Sie als Zielplattform ANDROID 2.2 gewählt und bei MIN SDK VERSION den Wert 8 eingetragen haben. Damit haben Sie Android mitgeteilt, dass der Code auf beliebigen Geräten mit mindestens dem Versionscode 8 (Android 2.2) läuft. Wenn Sie den Wert auf den Versionscode 4 ändern würden, könnte Ihre App auf allen Geräten ausgeführt werden, auf denen mindestens Version 4 läuft. Wie wissen Sie, ab welcher Version diese App ablauffähig ist? In diesem Fall habe ich es bereits vor dem Schreiben des Buches überprüft! Wenn Sie eine neue App erstellen, sollten Sie möglichst prüfen, ob sie auch unter älteren Versionen läuft (oder die verwendete Version eintragen).

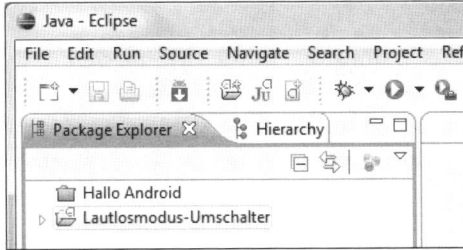

Abbildung 4.1: Die App LAUTLOSMODUS-UMSCHALTER in Eclipse

Layout der Anwendung

Nachdem Sie die App LAUTLOSMODUS-UMSCHALTER in Eclipse erstellt haben, ist es an der Zeit, ihre Bedienschnittstelle zu entwerfen. Benutzer interagieren über die Bedienschnittstelle mit Ihrer App. Bei diesem Teil Ihrer Anwendung ist es besonders wichtig, dass Sie ihn in jeder Hinsicht möglichst flott gestalten.

Ihre App soll eine einzige Schaltfläche zentriert in der Mitte des Bildschirms haben, um darüber den Lautlosmodus umschalten zu können. Direkt oberhalb der Schaltfläche soll sich ein Bild befinden, das den Modus optisch anzeigt und den Benutzer darüber informiert, ob sich das Telefon im Lautlosmodus oder im normalen Betriebsmodus befindet. Da ein Bild mehr als tausend Worte sagt, werfen Sie einmal einen Blick auf die Abbildungen 4.2 und 4.3, um sich anzuschauen, wie Ihre App aussehen wird.

Abbildung 4.2: Die App LAUTLOSMODUS-UMSCHALTER im normalen Betriebsmodus

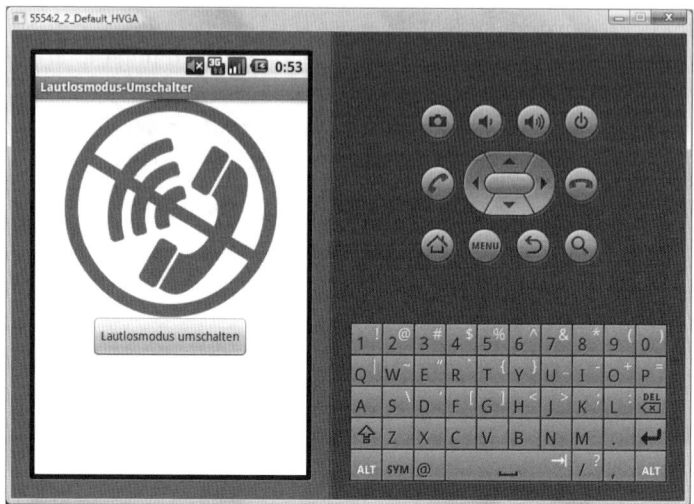

Abbildung 4.3: Die App LAUTLOSMODUS-UMSCHALTER *im Lautlosmodus*

Die XML-Layoutdatei nutzen

Alle Layoutdateien für Ihre App werden im Ordner res/layouts Ihres Android-Projekts in Eclipse gespeichert. Als Sie vorhin die App LAUTLOSMODUS-UMSCHALTER erstellt haben, wurde von den ADT (Android Development Tools) eine Datei namens main.xml im Ordner res/layouts erstellt. Dabei handelt es sich um die vorgegebene Layoutdatei, die von den ADT beim Erstellen einer neuen Anwendung für Sie erstellt wird.

Doppelklicken Sie auf diese Datei, um sie zu öffnen. Dann sollte im Fenster des Eclipse-Editors ein wenig XML-Code angezeigt werden (siehe Abbildung 4.4).

 Am unteren Fensterrand können Sie über die Reiter zwischen GRAPHICAL LAYOUT (oder LAYOUT), also einer grafischen Layoutdarstellung, und der XML-Darstellung umschalten. Sollte bei Ihnen das grafische Layout angezeigt werden, klicken Sie den Reiter MAIN.XML an, um zur Codeanzeige umzuschalten. Auf die grafische Variante gehe ich weiter hinten in diesem Kapitel noch näher ein.

In Abbildung 4.4 sehen Sie ein einfaches Layout, bei dem ein Textwert mitten auf dem Bildschirm angezeigt wird. Nur um sicherzugehen, dass bei Ihnen dieselbe Seite angezeigt wird, sollte der Code so aussehen:

```
<?xml version="1.0" encoding="utf-8"?>
<LinearLayout xmlns:android="http://schemas.android.com/apk/res/android"
    android:orientation="vertical"
    android:layout_width="fill_parent"
    android:layout_height="fill_parent"
    >
```

```
<TextView
    android:layout_width="fill_parent"
    android:layout_height="wrap_content"
    android:text="@string/hello"
    />
</LinearLayout>
```

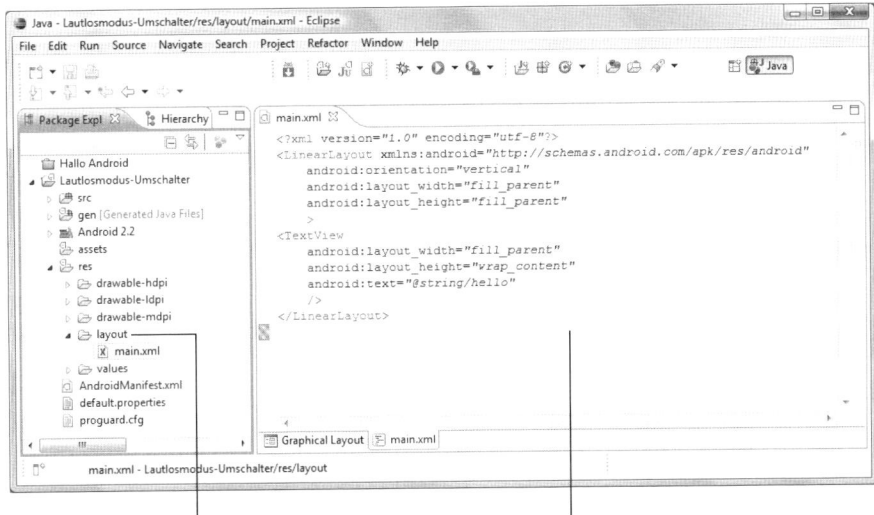

Hier werden Layouts gespeichert   Die Layoutdatei main.xml

Abbildung 4.4: Die in Eclipse geöffnete Layoutdatei `main.xml`

Diese XML-Datei definiert genau, wie Ihr Steuerelement (View) aussehen wird. In den folgenden Abschnitten stelle ich Ihnen die Elemente in dieser Datei einzeln vor.

XML-Standarddeklaration

Das erste Element enthält die XML-Standarddeklaration, die Texteditoren wie Eclipse und die Datei nutzende Programme wie Android darüber informieren, um was für eine Art von Datei es sich handelt:

```
<?xml version="1.0" encoding="utf-8"?>
```

Layouttyp

Das nächste Element definiert den Layouttyp. In diesem Fall arbeiten Sie mit einem Layout, das `LinearLayout` heißt. Mehr dazu erfahren Sie weiter hinten in diesem Kapitel, vorläufig sollen Sie nur wissen, dass es sich bei `LinearLayout` um einen Container für andere Elemente handelt, die Views (oder Steuerelemente) genannt werden und auf dem Bildschirm angezeigt werden. Beachten Sie, dass im folgenden Codesegment der abschließende Auszeichner `</LinearLayout>` fehlt, weil es sich beim Element `LinearLayout` eben um einen Container für wiederum andere Elemente handelt. Der Endauszeichner wird erst dann in das XML-Dokument eingefügt, wenn alle Steuerelemente zum Container hinzugefügt wurden.

```
<LinearLayout xmlns:android="http://schemas.android.com/apk/res/android"
    android:orientation="vertical"
    android:layout_width="fill_parent"
    android:layout_height="fill_parent"
    >
```

Wie Sie wahrscheinlich wissen, werden Beginn- und Endauszeichner in HTML und XML meist einfach »Tags« genannt.

Views

Bei den erwähnten »anderen Elementen« handelt es sich also um Views oder Steuerelemente. Bei den Views handelt es sich in Android allgemein um einfache Bausteine für die Bestandteile von Bedienschnittstellen. Im folgenden Code ist das Element TextView enthalten, das für die Anzeige von Text auf dem Bildschirm sorgt:

```
<TextView
    android:layout_width="fill_parent"
    android:layout_height="wrap_content"
    android:text="@string/hello"
    />
```

Eine View nimmt einen rechteckigen Bereich auf dem Bildschirm ein und ist für die Anzeige und die Ereignisbehandlung verantwortlich. Alle Elemente, die auf dem Bildschirm eines Geräts angezeigt werden können, sind Views. Die Klasse View ist die Superklasse, von der alle Elemente in Android abstammen.

Ganz am Ende finden Sie das schließende Tag des Containers LinearLayout:

`</LinearLayout>`

Im folgenden Abschnitt entwirre ich den Dschungel der verschiedenen Layouttypen ein wenig.

Die Layoutwerkzeuge des Android-SDKs nutzen

Beim Erstellen von Bedienschnittstellen müssen Sie manchmal Komponenten relativ zueinander oder in Tabellen anordnen oder unter bestimmten Umständen absolute Positionsangaben verwenden. Glücklicherweise haben die genialen Android-Entwickler bei Google an all dies gedacht und Sie mit den für die Erstellung derartiger Layouts benötigten Werkzeugen versorgt. Tabelle 4.2 fasst die im Android-SDK (Software Development Kit) enthaltenen gängigen Layoutvarianten kurz vor.

Es gibt weitere Arten von Layoutwerkzeugen, wie zum Beispiel TabHost zum Erstellen von Registerkarten und SlidingDrawer zum Verbergen und Anzeigen von Views mit einem Fingerwisch. Da diese Werkzeuge aber nur in Spezialfällen verwendet werden, gehe ich hier nicht näher darauf ein. Die in Tabelle 4.2 aufgeführten Elemente werden in Layouts am häufigsten verwendet.

Layout	Beschreibung
LinearLayout	Bei diesem Layout werden die Kinder in einer einzelnen Zeilen angeordnet.
RelativeLayout	Bei diesem Layout lassen sich die Positionen der Kinder relativ zueinander oder zu ihren Eltern beschreiben.
FrameLayout	Dieses Layout spart einen Bereich auf dem Bildschirm zur Anzeige eines einzelnen Elements aus. Sie können zu einem FrameLayout-Element zwar mehrere Kinder zuordnen, aber alle Kinder werden links oben auf den Bildschirm gesetzt. Die Kinder werden im Stapel gezeichnet, wobei das zuletzt hinzugefügte Kind oben auf dem Stapel liegt. Dieses Layout wird meist als Möglichkeit genutzt, um an absoluten Positionen zu zeichnen.
TableLayout	Bei diesem Layout werden die Kinder in Zeilen und Spalten angeordnet.

Tabelle 4.2: Layouts im Android-SDK

Den visuellen Designer nutzen

Und damit kommen wir zur guten Nachricht, denn Eclipse enthält einen visuellen Designer. Damit sind aber auch ein paar schlechte Nachrichten verbunden, denn der Designer ist in seinen Möglichkeiten beschränkt (wie alle visuellen Designwerkzeuge).

Den visuellen Designer öffnen

Um den visuellen Designer mit der Datei main.xml im Eclipse-Editor zu öffnen, aktivieren Sie die Registerkarte (GRAPHICAL) LAYOUT (siehe Abbildung 4.5).

Je nach verwendeter Eclipse-Version heißt die Registerkarte entweder LAYOUT oder GRAPHICAL LAYOUT.

Nun sollte der visuelle Designer angezeigt werden (siehe Abbildung 4.6).

Hier können Sie nun Elemente aus den Werkzeugkästen LAYOUTS oder VIEWS in die von Ihnen gestaltete Benutzeroberfläche ziehen.

Die Eigenschaften einer View untersuchen

Mir gefällt wirklich, dass ich mit dem Designer die Eigenschaften einer bestimmten View einfach dadurch betrachten kann, dass ich sie anklicke. Sehr wahrscheinlich wird der Eigenschaftenbereich bei Ihnen nicht angezeigt. Um das zu ändern, gehen Sie so vor:

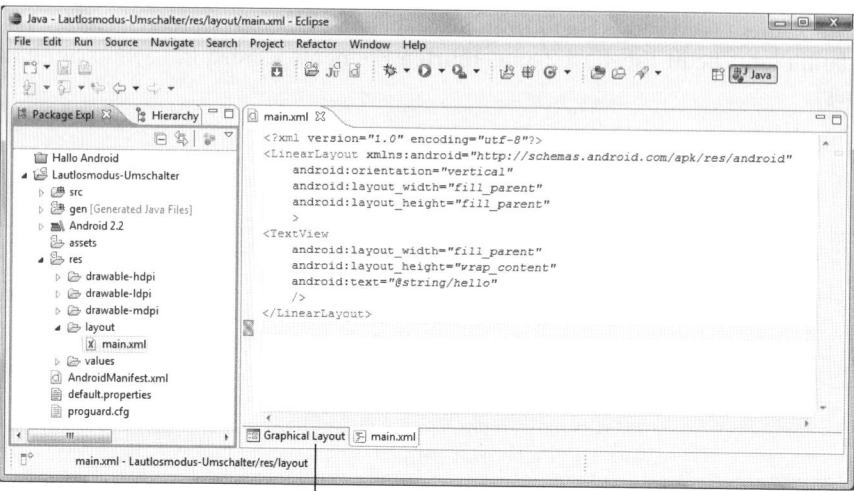

Abbildung 4.5: Über den Reiter (GRAPHICAL) LAYOUT zeigen Sie den visuellen Designer an.

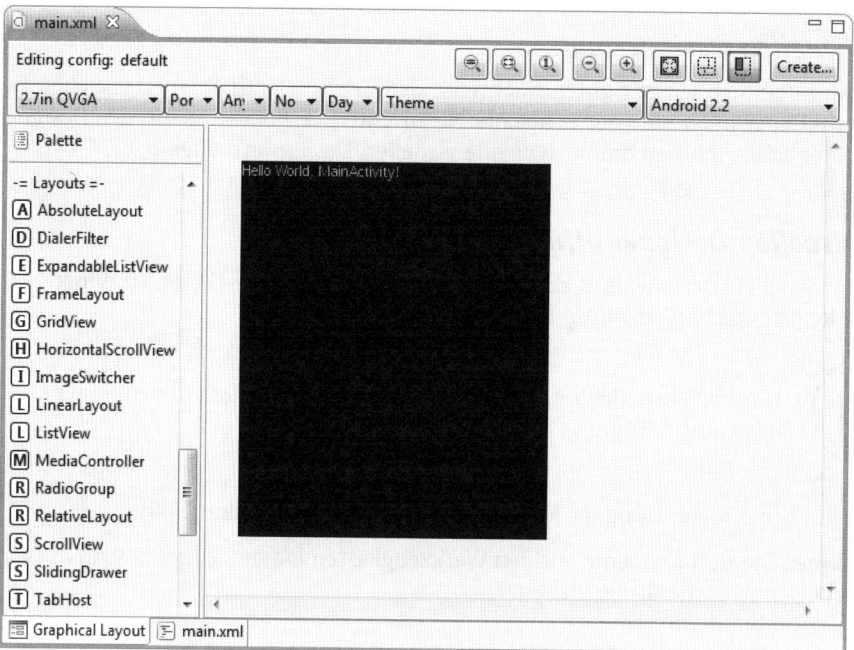

Abbildung 4.6: Der visuelle Designer

4 ➤ Design der Benutzeroberfläche

1. **Wählen Sie** WINDOW|SHOW VIEW|OTHER.
2. **Erweitern Sie** GENERAL **und wählen Sie** PROPERTIES.

   Damit wird die Registerkarte PROPERTIES in Eclipse angezeigt (siehe Abbildung 4.7). Um die Registerkarte PROPERTIES zu nutzen, markieren Sie einfach eine View im visuellen Designer. Die View wird hervorgehoben und ihre Eigenschaften werden auf der Registerkarte PROPERTIES angezeigt. Blättern Sie ein wenig in der Liste der Eigenschaften, um sich anzusehen, welche Eigenschaften der View Sie hier ändern können.

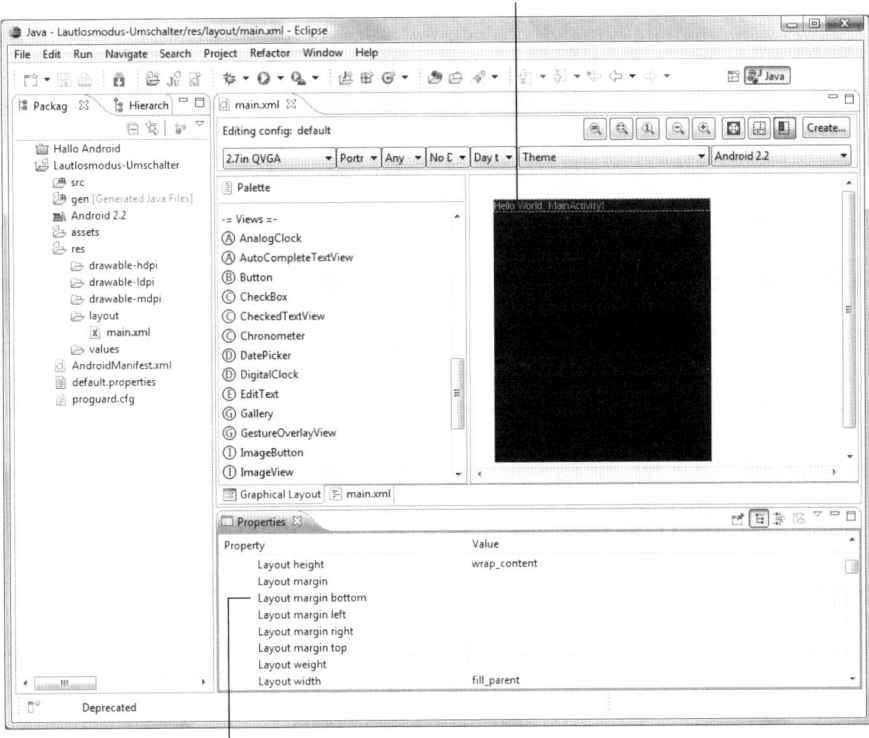

Abbildung 4.7: Ein im visuellen Designer ausgewähltes Element, dessen Eigenschaften auf der Registerkarte PROPERTIES *angezeigt werden*

 Sie können die verschiedenen Bereiche in Eclipse Ihrem Geschmack entsprechend anordnen. Dazu klicken Sie die jeweiligen Fensterleisten an und ziehen sie an die gewünschte Stelle im Eclipse-Hauptfenster oder, wenn Sie lieber mit mehreren Programmfenstern arbeiten wollen, auch irgendwo auf Ihren Bildschirm.

 Wenn Sie sich nicht sicher sind, welche Eigenschaften eine View besitzt, öffnen Sie den visuellen Designer, aktivieren die Registerkarte PROPERTIES und sehen sie sich dort an. So können Sie schnell feststellen, was eine View zu bieten hat. Wenn die

Registerkarte PROPERTIES nicht angezeigt wird, können Sie sie über WINDOW|SHOW VIEW|OTHER|GENERAL|PROPERTIES aktivieren.

 In Abhängigkeit vom Layout seiner Eltern können sich die verfügbaren Eigenschaften einer View ändern. Wenn eine TextView beispielsweise ein Kind von LinearLayout ist, besitzt es einen anderen Satz von Eigenschaften (für das Layout), als wenn es ein Kind von RelativeLayout ist.

Der visuelle Designer eignet sich gut für einfache Szenarien mit statischen Inhalten. Was ist aber, wenn Elemente in Abhängigkeit von Nutzereingaben dynamisch auf dem Bildschirm dargestellt werden müssen? Dann muss der Designer passen und kann Ihnen nicht weiterhelfen. Er eignet sich am besten für Situationen mit statischen Inhalten. Dabei erstellen Sie ein Layout ein einziges Mal, ohne dass es anschließend dynamisch aktualisiert werden muss. Der Text eines TextView–Elements oder angezeigte Bilder können sich dabei zwar möglicherweise noch ändern, aber die eigentliche Anordnung der Views innerhalb des Layouts ändert sich nicht.

Die Bedienschnittstelle entwickeln

Gut, nun wird es aber wirklich Zeit, die Bedienschnittstelle zu entwickeln.

Kehren Sie erst einmal zur XML-Ansicht Ihres Layouts zurück. Klicken Sie dazu den Reiter MAIN.XML an, der sich direkt neben dem Reiter (GRAPHICAL) LAYOUT befindet, über den Sie den visuellen Designer aktiviert haben. In der XML-Ansicht löschen Sie das Element TEXTVIEW aus Ihrem Layout. Der Code für Ihr Layout sollte dann so aussehen:

```
<?xml version="1.0" encoding="utf-8"?>
<LinearLayout xmlns:android="http://schemas.android.com/apk/res/android"
    android:orientation="vertical"
    android:layout_width="fill_parent"
    android:layout_height="fill_parent"
    >

</LinearLayout>
```

XML-Layoutattribute betrachten

Bevor es weitergeht, lassen Sie mich erst einmal den XML-Code des Android-Layouts erläutern, das Sie gerade bearbeiten. Sehen Sie sich dazu Tabelle 4.3 an.

Jetzt haben Sie durch Setzen von Breite und Höhe auf fill_parent Ihr Layout so definiert, dass es den gesamten Bildschirm füllt.

Layoutelement	Beschreibung
`xmlns:android="..."`	Definiert den XML-Namensraum, den Sie beim Referenzieren von Android-SDK-Bestandteilen benutzen werden.
`orientation="vertical"`	Teilt Android mit, dass die View vertikal angeordnet wird (wie das Porträtformat beim Drucken).
`android:layout_width= "fill_parent"`	Die View soll den gesamten verfügbaren horizontalen Platz im Elternfenster einnehmen. Kurz gesagt, soll es die vollständige Breite des Elternelements in Anspruch nehmen.
`android:layout_height= "fill_parent"`	Die View soll den gesamten verfügbaren vertikalen Platz im Elternfenster einnehmen. Kurz gesagt, soll es die vollständige Höhe des Elternelements in Anspruch nehmen.

Tabelle 4.3: XML-Layoutattribute

Mit Views arbeiten

Wie bereits gesagt, sind Views in Android die Grundbausteine für die Komponenten der Bedienschnittstelle. Immer wenn Sie im Android-System eine Komponente in eine Bedienschnittstelle einbauen, wie zum Beispiel Layout oder TextView, verwenden Sie eine View. Wenn Sie in Java mit Views arbeiten, müssen Sie sie in einen geeigneten Typ umwandeln, um mit ihnen arbeiten zu können.

Werte für layout_width und layout_height setzen

Bevor eine View auf dem Bildschirm dargestellt werden kann, müssen zunächst einmal einige Einstellungen der View geändert werden, damit Android weiß, wie sie dort aussehen soll. Die erforderlichen Attribute sind layout_width und layout_height. Diese werden im Android-SDK LayoutParams genannt.

Über das Attribut layout_width legen Sie die Breite und über layout_height die Höhe einer View fest.

Werte für fill_parent und wrap_content setzen

Die Attribute layout_width und layout_height können zur Angabe der jeweiligen Abmessungen beliebige Pixelwerte oder dichteunabhängige Pixelwerte annehmen. Die beiden gängigsten Werte für diese Attribute sind aber die Konstanten fill_parent und wrap_content.

Der Wert fill_parent teilt dem Android-System mit, dass basierend auf dem Layout der Eltern möglichst viel Platz auf dem Bildschirm beansprucht werden soll. Beim Wert wrap_content wird nur der zur Darstellung der View erforderliche Platz auf dem Bildschirm benutzt. Wenn der Inhalt der View größer wird, wie es bei einer TextView der Fall sein kann, wird die View selbst ebenfalls vergrößert. Dieses Verhalten entspricht der Eigenschaft Autosize bei der Erstellung von Windows-Formularen.

Wenn Sie ein statisches Layout verwenden, müssen diese zwei Attribute im XML-Layout gesetzt werden. Wenn Sie Views dynamisch über Code erzeugen, müssen die Parameter über Java-Code gesetzt werden. In beiden Fällen kommen Sie aber nicht ohne sie aus. Die dynamische

Erstellung von Views wird in diesem Buch nicht behandelt. Wenn Sie mehr darüber erfahren wollen, sehen Sie sich dazu die mit dem Android-SDK gelieferten API-Beispiele an.

Wenn Sie vergessen, Werte für `layout_width` oder `layout_height` vorzugeben, wird Ihre Android-App bei der Berechnung der View abstürzen. Glücklicherweise werden Sie das aber recht schnell beim Testen Ihrer Anwendung herausfinden.

Mit Android 2.2 wurde `fill_parent` in `match_parent` umbenannt. Zur Gewährleistung der Abwärtskompatibilität wird `fill_parent` aber weiterhin unterstützt, weshalb ich es hier auch verwende. Wenn Sie aber für Android 2.2 und spätere Versionen entwickeln, sollten Sie eigentlich besser `match_parent` verwenden.

Bilder zu Ihrer App hinzufügen

Nun müssen Sie dafür sorgen, dass auf dem Bildschirm etwas angezeigt wird! Die Betrachtung von Text mag ja Spaß machen, die wirklich interessanten Komponenten kommen aber erst mit Eingabeelementen und Bildern hinzu. In den folgenden Abschnitten zeige ich Ihnen, wie Sie Bilder in Ihre Anwendung integrieren können.

Ein Bild auf dem Bildschirm anzeigen

Zunächst müssen Sie das Bild mit dem Telefon zum Bildschirm hinzufügen. Dieses wurde weiter vorn in diesem Kapitel in Abbildung 4.4 gezeigt. Dafür benötigen Sie erst einmal das entsprechende Bild selbst. Sie können es zusammen mit den Quelltexten zum Buch, die online bereitgestellt werden, herunterladen oder ein eigenes Bild verwenden.

Bilder zu eigenen Projekten hinzuzufügen, ist ganz einfach. Je nach verwendeter Eclipse-Version scheint es dabei allerdings Unterschiede zu geben. Sie können Bilddateien

✔ mit dem Windows-Explorer oder anderen Dateimanagern in die entsprechenden Ordner Ihres Android-Projekts kopieren und anschließend F5 drücken, um das Projekt zu aktualisieren.

✔ Sie können Bilddateien auch in das Eclipse-Fenster hinüberziehen und dort ablegen

✔ oder über den betreffenden Kontextmenübefehl Ihres Dateimanagers kopieren und im Eclipse-Fenster mit PASTE einfügen (funktioniert versionsabhängig möglicherweise nicht).

Bei der Variante mit Kopieren und Einfügen gehen Sie so vor:

1. **Navigieren Sie im Windows-Explorer zu dem Ordner, der das einzufügende Bild enthält.**

2. **Klicken Sie die Bilddatei (`phone_on.png`) mit der rechten Maustaste an und wählen Sie im Kontextmenü KOPIEREN (siehe Abbildung 4.8).**

   Beachten Sie, dass es hier zwei Bilder für die beiden Zustände der App gibt, eins für den normalen Betriebsmodus (wie in Abbildung 4.2) und eins für den Lautlosmodus (wie in Abbildung 4.3).

4 ▶ Design der Benutzeroberfläche

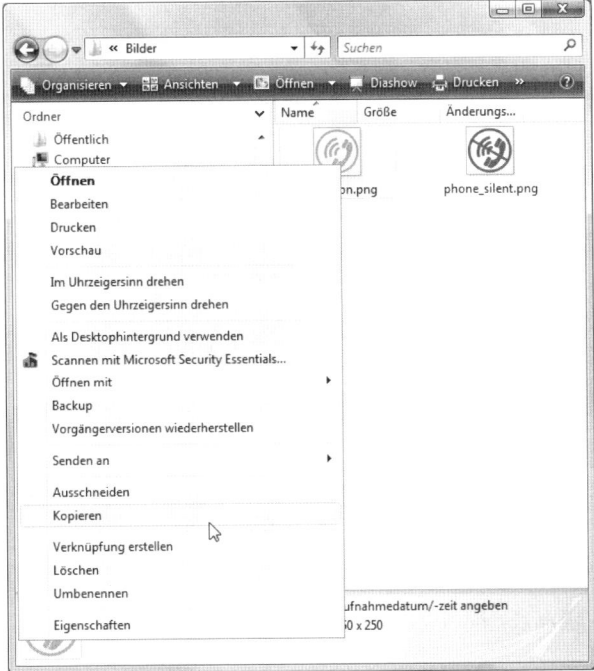

Abbildung 4.8: Bilddatei über den Windows-Explorer kopieren

3. **Klicken Sie in Eclipse den Ordner mit der rechten Maustaste an, in den das Bild eingefügt werden soll** (`res/drawable-mdpi`), **und wählen Sie im Kontextmenü** PASTE **(siehe Abbildung 4.9).**

Die Bilddatei wird jetzt in den entsprechenden Ordner Ihres Projekts kopiert.

Weshalb die Ordner für verschiedene Dichten wichtig sind

Android unterstützt unterschiedliche Bildschirmauflösungen und Dichten. Vorhin haben Sie ein Bild im Ordner `mdpi` abgelegt, der für Geräte mit mittlerer Bildschirmdichte vorgesehen ist. Und was ist mit Geräten mit niedriger und hoher Dichte? Wenn Android angeforderte Ressourcen nicht in der eigentlich benötigten Dichte finden kann, greift es auf andere vorhandene Ressourcen zurück. Was das bedeutet? Wenn eine App auf einem Bildschirm mit hoher Dichte läuft, wird ein Bild geringerer Auflösung verwendet und gestreckt, was meist schlechter aussieht, weil dann einzelne Pixel gut erkennbar sind. Werden Bilder höherer Auflösung auf Geräten mit niedriger Bildschirmdichte verwendet, werden die Bilder so verkleinert, dass sie für die tatsächlichen Bildschirmabmessungen passen. Um dies zu vermeiden, erstellen Sie mehrere Versionen Ihrer Bilder für die verschiedenen Auflösungen. Weitere Informationen finden Sie bei »Supporting Multiple Screens« in der Android-Dokumentation unter `http://developer.android.com/guide/practices/screens_support.html`.

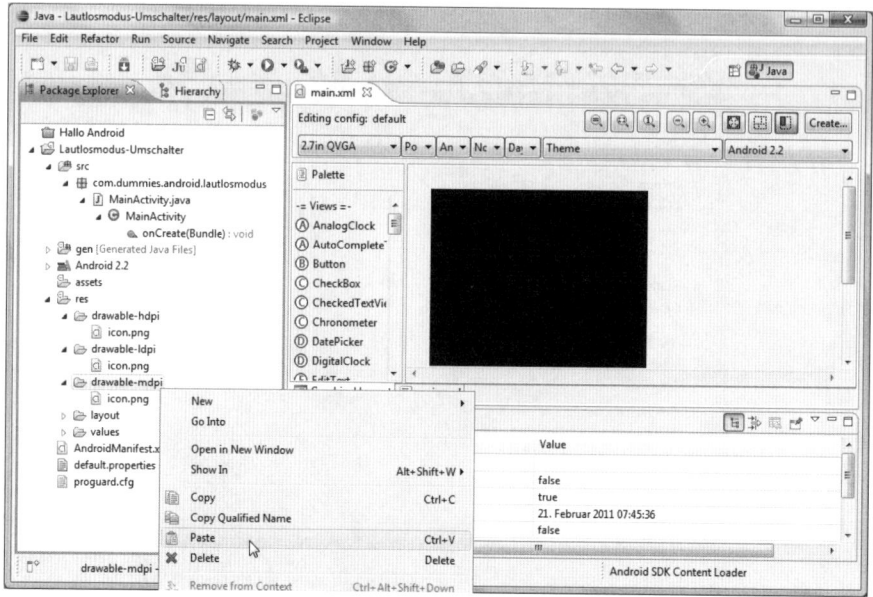

Abbildung 4.9: Bilddatei in Eclipse in einen Ordner einfügen

4. **Wiederholen Sie die Schritte 1 bis 3 mit der Bilddatei für den Lautlosmodus** (phone_silent.png).

Die Namen der beiden Bilddateien lauten im übrigen Kapitel phone_on.png (für den normalen Betriebsmodus) und phone_silent.png (für den Lautlosmodus). Wenn Ihre Bilddateien andere Namen tragen, können Sie sie über die Option DELETE im Kontextmenü aus Ihrem Projekt entfernen, entsprechend umbenennen und erneut einfügen. Ihr Eclipse-Projekt sollte nun wie in Abbildung 4.10 aussehen.

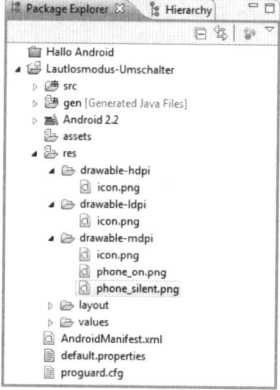

Abbildung 4.10: Das Projekt LAUTLOSMODUS-UMSCHALTER mit den Telefonbildern

4 ▶ Design der Benutzeroberfläche

Wenn Sie die Bilder in Eclipse einfügen, erkennen die ADT, dass sich die Dateistruktur des Projekts geändert hat. Dann erstellen die ADT das Projekt neu, da im Menü PROJECT die Option BUILD AUTOMATICALLY aktiviert ist. Dadurch wird der Ordner `gen` neu erzeugt, in dem sich die Datei `R.java` befindet. Diese enthält nun Verweise auf die beiden eben hinzugefügten Bilddateien. Diese Referenzen auf die Ressourcen können Sie benutzen, um Bilder zu Ihrem Layout hinzuzufügen oder im Code oder der XML-Definition verwenden. Sie werden die Bilder im folgenden Abschnitt im XML-Layout definieren.

Die Bilder zum Layout hinzufügen

Nun ist es an der Zeit, das Bild zum Layout hinzuzufügen. Dazu müssen Sie das Folgende in die Datei `main.xml` eingeben und dabei den aktuellen Inhalt der Datei überschreiben:

```xml
<?xml version="1.0" encoding="utf-8"?>
<LinearLayout xmlns:android="http://schemas.android.com/apk/res/android"
    android:orientation="vertical"
    android:layout_width="fill_parent"
    android:layout_height="fill_parent"
    >
    <ImageView
            android:id="@+id/phone_icon"
            android:layout_width="wrap_content"
            android:layout_height="wrap_content"
            android:layout_gravity="center_horizontal"
            android:src="@drawable/phone_on" />

</LinearLayout>
```

Mit diesem Schritt haben Sie das Element `ImageView` in die View `LinearLayout` eingefügt. Mit dem Element `ImageView` können Sie ein Bild auf dem Gerätebildschirm anzeigen lassen.

Die Bildeigenschaften setzen

Die `ImageView` enthält einige zusätzliche Parameter, die Sie noch nicht kennen. Dabei handelt es sich um:

✔ **Die Eigenschaft** `"android:id="@+id/phone_icon"`: Über das Attribut `id` wird eine eindeutige Kennung für die View im Android-System festgelegt. Ich habe zwar in einer Lehrveranstaltung versucht, eine bessere Erklärung zu geben, sie wird jedoch bei Bedarf in der eigentlichen Android-Dokumentation zu diesem Thema unter http://developer.android.com/guide/topics/ui/declaring-layout.html gut erläutert. `phone_icon` ist dabei jedenfalls der Name, den Sie selbst frei vergeben können und der die View eindeutig kennzeichnen soll.

✔ **Die Eigenschaft** `layout_gravity`: Sie legt fest, wie die View platziert werden soll und gibt Werte für die x- und y-Achse und die Eltern an. Im Beispiel wurde der Wert über die Konstante `center_horizontal` festgelegt. Dieser Wert sorgt dafür, dass das Android-

System das Objekt horizontal mittig innerhalb seines Containers anzeigt, ohne dessen Größe zu ändern. Sie können viele andere Konstanten verwenden, wie zum Beispiel center_vertical (vertikal zentriert), top (oben), bottom (unten), left (links) oder right (rechts). In der Android-Dokumentation zu LinearLayout.LayoutParams finden Sie eine vollständige Liste.

- **Die Eigenschaft** android:src="@drawable/phone_on"**:** Bei dieser Eigenschaft handelt es sich um einen direkten Nachkommen der Klasse ImageView. Sie verwenden sie, um den Namen der Bilddatei anzugeben, die auf dem Bildschirm angezeigt werden soll.

Beachten Sie den Wert "@drawable/phone_on" der Eigenschaft src. Hier sehen Sie den Nutzen der Datei R.java. Dabei wird im XML-Code auf eine auf dem Bildschirm darstellbare Ressource verwiesen. Dazu geben Sie das At-Symbol (@) und den Namen der zu verwendenden Ressource an.

Darstellbare Ressourcen festlegen

Für den Bezeichner der darstellbaren Ressource habe ich nicht @drawable-mdpi, sondern einfach nur @drawable verwendet. Das liegt daran, dass es zu den Aufgaben von Android zählt, mehrere Bildschirmabmessungen zu unterstützen (und Ihnen das Leben zu erleichtern)! Das Layoutsystem von Android weiß, was es über darstellbare Ressourcen (Drawables) wissen muss und basta. Beim Design weiß es nichts von niedrigen, mittleren oder hohen Auflösungen. Zur Laufzeit ermittelt Android aber, ob und wann es darstellbare Ressourcen mit niedriger/mittlerer/hoher Auflösung verwenden kann.

Wenn die App beispielsweise auf einem hochauflösenden Gerät läuft und die angeforderte darstellbare Ressource im Ordner drawable-hdpi vorhanden ist, verwendet Android diese Ressource. Ansonsten greift es auf die geeignetste Ressource zurück, die es finden kann. Bei der Unterstützung verschiedener Bildschirmgrößen und Auflösungen handelt es sich um ein umfassendes (und in mancherlei Hinsicht komplexes) Thema. Wenn Sie sich damit eingehend befassen möchten, lesen Sie am besten den Artikel *Managing Multiple Screen Sizes* in der Android-Dokumentation.

Der Teil phone_on gibt den Namen der zu verwendenden darstellbaren Ressource an. Der Name der Bilddatei lautet zwar eigentlich phone_on.png, um sich aber an die Java-Richtlinien für Mitgliedernamen zu halten, wird die Dateinamenserweiterung weggelassen. Wenn Sie die Datei R.java im Ordner gen öffnen, finden Sie dort nur eine Mitgliedsvariable mit dem Namen phone_on und nicht phone_on.png.

Die ADT zeigen Ihnen die verfügbaren Optionen über die Codevervollständigung auch an. Setzen Sie im Eclipse-Editor den Cursor in der Eigenschaft src der ImageView direkt hinter @drawable/. Drücken Sie dann [Strg]+[Leertaste]. Daraufhin sollte das Dialogfeld der Codevervollständigung angezeigt werden (siehe Abbildung 4.11). Sehen Sie die anderen Ressourcennamen? Dabei handelt es sich um andere Optionen, die Sie für src beim Festlegen der darstellbaren Ressource wählen können.

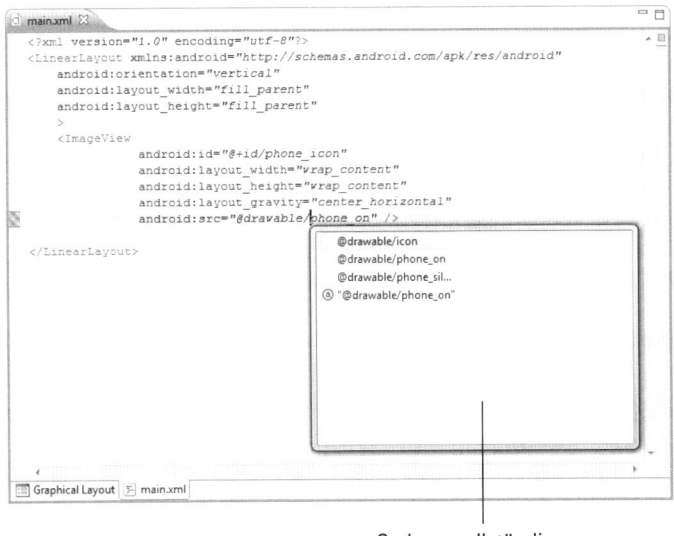

Codevervollständigung

Abbildung 4.11: Codevervollständigung mit Ressourcen

Ein Startsymbol für die App erstellen

Wenn Ihre App installiert wird, besitzt sie ein Symbol, das Benutzern ihre Erkennung im Anwendungsstarter erleichtern soll. Beim Erstellen der Anwendung LAUTLOSMODUS-UMSCHALTER haben die ADT für Sie automatisch ein vordefiniertes Startsymbol eingebunden, das in Abbildung 4.12 dargestellt ist.

Abbildung 4.12: Das vorgegebene Startsymbol von Android 2.2

Das ist aber doch irgendwie langweilig, oder? Genau! Sie sollten dieses Symbol durch ein eigenes ersetzen. Ich habe zu diesem Zweck mit einem Bildbearbeitungsprogramm ein rundes Telefonsymbol erstellt, das in Abbildung 4.13 dargestellt ist. Sie können Ihr eigenes Symbol erstellen (mehr dazu im folgenden Abschnitt) oder das in den heruntergeladenen Quelltexten enthaltene verwenden.

Abbildung 4.13: Das neue Telefonsymbol für die App

Ein eigenes Startsymbol entwerfen

Das Android-Projekt macht auch das Erstellen eigener Startsymbole recht einfach. Die Android-Dokumentation enthält einen eigenen Artikel namens *Icon Design Guidelines, Android 2.0*, der sich mit allen Aspekten des Entwurfs eigener Symbole befasst. Er enthält eine Anleitung für die Erstellung von Symbolen für die Android-Plattform, Empfehlungen, Hinweise auf mögliche Fallstricke, Richtlinien für Farben, Abmessungen und Positionierung und sogar Symbolvorlagen, die Sie benutzen können. Diese Designrichtlinien finden Sie unter http://d.android.com/guide/practices/ui_guidelines/icon_design.html.

Mit Vorlagen arbeiten

Da Sie das Android-SDK bereits heruntergeladen und installiert haben, liegen die Symbolvorlagen und Materialien bereits auf Ihrer Festplatte und warten nur darauf, von Ihnen benutzt zu werden! Wechseln Sie zum Installationsverzeichnis Ihres Android-SDKs (siehe Kapitel 2) und dann zum Ordner `docs/shareables`. Dort finden Sie verschiedene `.zip`-Dateien, die Vorlagen (templates) und Beispiele enthalten. Öffnen Sie die Vorlagen mit dem Bildbearbeitungsprogramm Ihrer Wahl und halten Sie sich an die Designrichtlinien in der Dokumentation, um Ihren nächsten umwerfenden Symbolsatz zu erstellen.

Symbolgrößen an Bildschirmauflösungen anpassen

Wie weiß man beim Entwurf, wie groß die Symbole sein müssen, wenn für verschiedene Bildschirmauflösungen unterschiedlich große Symbole benötigt werden? Für jede Auflösung sind spezifische Symbolabmessungen erforderlich, damit sie auf dem Bildschirm keine Pixeltreppchen sichtbar sind und sie auch gestreckt oder gestaucht gut aussehen.

In Tabelle 4.4 werden die Abmessungen der fertigen Symbole für die drei allgemeinen Bildschirmauflösungen zusammengefasst.

Bildschirmauflösung	Größe des Symbols
Niedrige (LDPI)	36x36 Pixel
Mittlere (MDPI)	48x48 Pixel
Hohe (HDPI)	72x72 Pixel

Tabelle 4.4: Größe der fertigen Symbole

Ein eigenes Startsymbol hinzufügen

Um ein eigenes Startsymbol zum Projekt hinzuzufügen, führen Sie diese Schritte aus:

1. **Benennen Sie Ihre Bilddatei in `icon.png` um.**
2. **Ziehen oder kopieren Sie das Symbol in den Ordner `mdpi`.**

    Eclipse fragt Sie, ob die vorhandene Datei `icon.png` überschrieben werden soll (siehe Abbildung 4.14). Klicken Sie YES an.

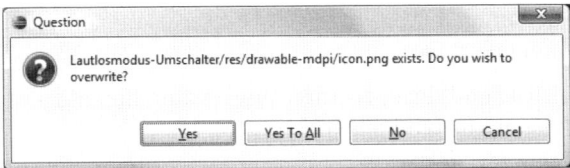

Abbildung 4.14: Eclipse fragt, ob die Datei `icon.png` *überschrieben werden soll.*

Wenn Sie mit Bildern arbeiten, müssen Sie über verschiedene Bildschirmauflösungen nachdenken. Das ist bei Symbolen nicht anders. Sie müssen drei verschiedene Versionen Ihres Symbols (niedrige, mittlere und hohe Auflösung) erstellen, damit es auf den verschiedenen Geräten korrekt angezeigt wird. Die Erstellung eigener Startsymbole wird in den *Android Design Guidelines* unter `http://d.android.com/guide/practices/ui_guidelines/icon_design.html` ausführlicher dargestellt.

Damit sind Sie aber noch nicht fertig! Was ist mit den Ordnern `ldpi` und `hdpi`? Sie benötigen noch Versionen Ihres Symbols für niedrige und hohe Auflösungen. Kopieren Sie dazu die entsprechenden Bilddateien in die Ordner `ldpi` und `hdpi`.

Wenn Sie die Symbole für niedrige und hohe Auflösungen *nicht* in die jeweiligen Ordner kopieren, wird Benutzern von entsprechenden Geräten das Standardsymbol angezeigt, das in Abbildung 4.12 dargestellt ist. Nur den Benutzern mit Geräten mittlerer Auflösung wird dann das neue Symbol präsentiert, das Sie in das Projekt kopiert haben.

Wieso denn das? Sie haben doch die Datei in den Ordner `mdpi` kopiert, was soll das also? Die Ordner `hdpi` und `ldpi` enthalten jeweils eigene Versionen des Symbols. Wenn Sie die Ordner `drawable-hdpi` und `drawable-ldpi` in Ihrem Eclipse-Projekt öffnen, können Sie sehen, dass es dort für die verschiedenen Auflösungen jeweils eigene Dateien namens `icon.png` gibt. Achten Sie darauf, dass Sie die Symbole für die jeweiligen Auflösungen in die richtigen Ordner kopieren.

Ein Widget für die Schaltfläche hinzufügen

Ein Widget ist ein `View`-Objekt, das dem Benutzer in der Schnittstelle als Bedienelement dient. Android-Geräte sind umfassend mit verschiedenen Widgets ausgestattet, zu denen Schaltflächen, Kontrollkästchen und Texteingabefelder zählen, mit denen Sie schnell Ihre Bedienschnittstelle erstellen können. Einige Widgets sind auch komplexer, wie zum Beispiel die Steuerelemente für Datumsauswahl, Uhr und Zoom.

Widgets lösen bei Bedienschnittstellen auch Ereignisse aus, die darüber informieren, wenn ein Benutzer ein bestimmtes Widget benutzt und beispielsweise eine Schaltfläche angetippt hat.

Manchmal ist die Android-Dokumentation ein wenig schwer verständlich. Daher ist es wichtig anzumerken, dass Widgets und App-Widgets regelmäßig durcheinandergebracht werden. Dabei handelt es sich aber um zwei völlig verschiedene Themen. Aktuell beziehe ich mich auf Widgets in dem Sinne, der unter http://d.android.com/guide/practices/ui_guidelines/widget_design.html definiert wird.

Sie müssen ein Schaltflächen-Widget zu Ihrer Anwendung hinzufügen, damit Sie den Lautlosmodus des Telefons umschalten können.

Um Ihr Layout um eine Schaltfläche zu ergänzen, fügen Sie den folgenden Code nach der eben eingefügten `ImageView` hinzu:

```xml
<Button
        android:id="@+id/toggleButton"
        android:layout_width="wrap_content"
        android:layout_height="wrap_content"
        android:layout_gravity="center_horizontal"
        android:text="Lautlosmodus umschalten"
/>
```

Damit haben Sie eine Schaltfläche mit der ID-Ressource `toggleButton` zu Ihrer View hinzugefügt. Über diesen Namen können Sie sich in Ihrem Java-Code auf die Schaltfläche beziehen. (Damit werde ich mich im nächsten Kapitel befassen.)

Höhe und Breite werden auf `wrap_content` gesetzt. Damit teilen Sie dem Android-Layoutsystem mit, dass das Widget auf dem Bildschirm angezeigt werden und nur den von ihm benötigten Platz beanspruchen soll. Die Eigenschaft `gravity` hat denselben Wert wie die `ImageView` darüber, horizontal zentriert (`center_horizontal`).

Bei der letzten hinzugefügten Eigenschaft dieser View handelt es sich um `text` und damit um die Beschriftung der Schaltfläche. Der auf der Schaltfläche anzuzeigende Text soll `Lautlosmodus umschalten` lauten.

Der vollständige Code sollte nun so aussehen:

```xml
<?xml version="1.0" encoding="utf-8"?>
<LinearLayout xmlns:android="http://schemas.android.com/apk/res/android"
    android:orientation="vertical"
    android:layout_width="fill_parent"
    android:layout_height="fill_parent"
    >
    <ImageView
            android:id="@+id/phone_icon"
            android:layout_width="wrap_content"
            android:layout_height="wrap_content"
            android:layout_gravity="center_horizontal"
            android:src="@drawable/phone_on" />
    <Button
            android:id="@+id/toggleButton"
            android:layout_width="wrap_content"
            android:layout_height="wrap_content"
```

```
                android:layout_gravity="center_horizontal"
                android:text="Lautlosmodus umschalten"
                />
```

`</LinearLayout>`

Vorschau der App im visuellen Designer

Nun wird es Zeit, sich anzusehen, wie das Layout im visuellen Designer aussieht. Klicken Sie die Registerkarte (GRAPHICAL) LAYOUT an, um den visuellen Designer anzeigen zu lassen (siehe Abbildung 4.15).

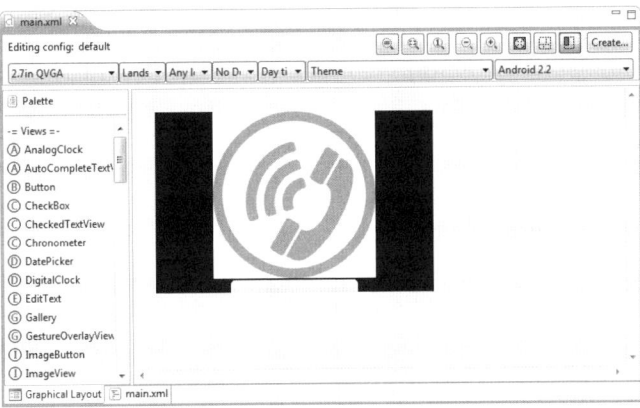

Abbildung 4.15: Das Layout im visuellen Designer

Die Ausrichtung ändern

Hoppla! Das sieht nicht gut aus. Wenn es auf Ihrem Bildschirm wie in Abbildung 4.15 aussieht, wird nur ein Teil der Schaltfläche angezeigt. Glücklicherweise sorgt dann bereits das Umschalten der Ausrichtung von LANDSCAPE auf PORTRAIT im visuellen Designer für Abhilfe. Klicken Sie dazu links über der grafischen Darstellung Ihres Layouts die Dropdownliste an und wählen Sie PORTRAIT.

Für jedes Gerät gibt es im Dropdown-Listenfeld einen eigenen Satz möglicher Konfigurationen. Zudem können Sie auch eigene Konfigurationen erstellen, wenn Sie DEVICES|CUSTOM|CUSTOM|NEW wählen.

Im Rahmen dieses Buches verwende ich von nun an das ADP1-Gerät.

 Das ADP1-Gerät heißt bei den für die Abbildungen der übersetzten Auflage verwendeten Versionen 3.2 IN HVGA SLIDER (ADP1). Die verschiedenen Versionen unterstützen unterschiedliche Geräte, die zudem unterschiedliche Namen tragen können.

125

Der visuelle Designer der ADT

Für den visuellen Designer gibt es viele verschiedene Konfigurationen, die sich zudem bei den verschiedenen Versionen noch unterscheiden können. Bei der von mir verwendeten Version verwendet der Designer standardmäßig das *Android Development Phone 1* (ADP1). Das war das erste von Google angebotene Entwicklungstelefon. Als Entwickler konnten Sie ein ADP1-Gerät kaufen, um Ihre Apps darauf zu testen. Es wurden und werden weitere Versionen des Entwicklungstelefons veröffentlicht. Über das Dropdown-Listenfeld DEVICES können Sie sich im visuellen Designer darüber informieren, mit welchen Geräten Sie arbeiten können. Rechts daneben werden die verschiedenen, vom Gerät unterstützten Konfigurationen angezeigt. Das ADP1 kennt drei Laufzeitzustände:

- ✔ LANDSCAPE, CLOSED: Das Telefon wird quer gehalten und die Tastatur ist verborgen.
- ✔ PORTRAIT: Das Telefon wird hochkant gehalten.
- ✔ LANDSCAPE, OPEN: Das Telefon wird quer gehalten und die Tastatur wurde herausgezogen.

Die Hintergrundfarbe ändern

Hmmm! Der Hintergrund ist schwarz und Ihr Bild ist weiß. Das ist doch falsch. Sie sollten im Layout für einen weißen Hintergrund sorgen, damit das Bild mit diesem verschmilzt. Gehen Sie dazu so vor:

1. **Aktivieren Sie die Registerkarte MAIN.XML.**

2. **Fügen Sie die Eigenschaft background zum Container LinearLayout hinzu:**

    ```
    android:background="#ffffff"
    ```

3. **Prüfen Sie, dass die Definition von LinearLayout so aussieht:**

    ```
    <LinearLayout xmlns:android=http://schemas.android.com/apk/res/android
    android:orientation="vertical"
    android:layout_width="fill_parent"
    android:layout_height="fill_parent"
    android:background="#ffffff">
    ```

4. **Speichern Sie die Datei.**

5. **Aktivieren Sie die Registerkarte (GRAPHICAL) LAYOUT, um den visuellen Designer zu öffnen.**

    Auf Ihrem Bildschirm sollte es nun wie in Abbildung 4.16 aussehen.

    Sie haben die Eigenschaft background auf den Hexadezimalwert #ffffff gesetzt. Das entspricht einem deckenden Weiß. Sie können hier einen beliebigen Farbwert eintragen, zum Beispiel #ff0000 für Rot. Mit einer entsprechenden Ressource können Sie auch Bilder als Hintergrund verwenden. Hier brauchen Sie aber kein Bild, eine Farbe reicht völlig aus!

Glückwunsch! Sie haben gerade das Layout der App LAUTLOSMODUS-UMSCHALTER erstellt.

Abbildung 4.16: Das abschließende Layout der App LAUTLOSMODUS-UMSCHALTER

Code für Ihre App

In diesem Kapitel

- So funktionieren Aktivitäten in Android
- Ihre eigene Aktivität kodieren
- Die Klassen des Android-Frameworks nutzen
- Eine App installieren und neu installieren
- Debug-Tools nutzen
- Ihre Apps in der realen Welt testen

Ich bin mir sicher, dass Sie es kaum mehr erwarten können, selbst Code für Ihre App zu schreiben. Mir ginge es jedenfalls so! In diesem Kapitel geht es auf jeden Fall ausschließlich um das Schreiben von Code. Aber bevor Sie ein paar Bits und Bytes verbiegen können, müssen Sie erst einmal verstehen, was Aktivitäten sind.

Aktivitäten verstehen

Eine *Aktivität* (activity) ist eine einzelne, zielgerichtete Aktion eines Anwenders. Eine Aktivität kann beispielsweise eine Liste mit Menüoptionen anzeigen, aus der ein Benutzer auswählen kann, oder Fotos zusammen mit ihren Beschriftungen anzeigen. Eine App kann eine einzige oder – wie die meisten Anwendungen im Android-System – mehrere Aktivitäten enthalten. Auch wenn Aktivitäten zusammenarbeiten und eine zusammenhängende Anwendung bilden können, sind sie eigentlich doch voneinander unabhängig. Bei einer Aktivität handelt es sich in Android um einen wichtigen Teil im Lebenszyklus einer App und die Art, wie Aktivitäten gestartet und zusammengestellt werden, zählt zu den Grundlagen des Android-Anwendungsmodells. Bei jeder Aktivität handelt es sich um eine Implementierung der Basisklasse Activity.

Nahezu alle Aktivitäten interagieren mit dem Benutzer. Daher kümmert sich die Klasse Activity für Sie um das Erstellen des Fensters, in dem Ihre Bedienschnittstelle (UI – User Interface) angezeigt wird. Aktivitäten werden meist im Vollbildmodus präsentiert, manchmal schweben sie aber auch in einem Fenster oder werden in andere Aktivitäten eingebettet. Dann spricht man von *Aktivitätsgruppen*.

Mit Aktivitäten, Stapeln und Zuständen arbeiten

Nahezu alle Aktivitäten implementieren diese zwei Methoden:

- ✔ onCreate: Hier initialisieren Sie Ihre Aktivität. Und hier legen Sie für die Aktivität unter Verwendung von Layoutressourcen-IDs insbesondere fest, welches Layout verwendet werden soll. Diese Methode lässt sich als Eintrittspunkt in Ihre Aktivität betrachten.

✔ onPause: Hier ergreifen Sie Maßnahmen, wenn sich der Benutzer von Ihrer Aktivität abwendet. Insbesondere sollten hier alle vom Benutzer vorgenommenen Änderungen weitergegeben werden (zumindest, sofern sie gespeichert werden müssen).

Die Aktivitäten im System werden in einem *Aktivitätsstapel* verwaltet. Wenn eine neue Aktivität erzeugt wird, wird sie oben auf dem Stapel abgelegt und wird zur ausgeführten Aktivität. Die zuvor ausgeführte Aktivität bleibt darunter im Stapel liegen und wird nicht wieder in den Vordergrund geholt, bis die neue Aktivität beendet wird.

Ich kann nicht genug betonen, wie wichtig es ist, zu verstehen, wie und warum Aktivitäten hinter den Kulissen arbeiten. Sie können dadurch nicht nur die Android-Plattform besser verstehen, sondern auch genau ermitteln, warum Ihre App sich bei Fehlern zur Laufzeit höchst merkwürdig verhält.

Eine Aktivität kann im Wesentlichen einen der vier in Tabelle 5.1 aufgeführten Zustände annehmen.

Zustand der Aktivität	Beschreibung
Active/Running	Die Aktivität befindet sich im Vordergrund auf dem Bildschirm (oben auf dem Stapel).
Pause	Die Aktivität ist zwar nicht mehr aktiv, aber noch sichtbar (eine neue Aktivität läuft transparent oder nicht auf dem gesamten Bildschirm aktiv im Vordergrund). Eine pausierende Aktivität ist noch völlig intakt, kann alle Zustands- und Mitgliedsdaten erhalten und bleibt mit der Fensterverwaltung von Android verbunden. Beachten Sie aber, dass die Aktivität bei extremem Speichermangel vom Android-System zerstört werden kann.
Stop	Wenn eine Aktivität von einer anderen völlig verdeckt wird, wird sie angehalten. Alle Zustands- und Mitgliederdaten bleiben zwar erhalten, der Benutzer kann sie aber nicht mehr sehen. Daher wird das Fenster versteckt und wird, wenn anderweitig Speicher benötigt wird, vom Android-System häufig zerstört.
Create/Resume	Die Aktivität pausiert oder wurde vom System gestoppt. Das System kann den Speicher wieder für sich verwenden, indem es den Prozess auffordert, sich zu beenden, oder ihn zerstört. Wenn das System dem Benutzer diese Aktivität anzeigt, muss sie durch einen Neustart und die Wiederherstellung des vorherigen Zustands fortgesetzt werden.

Tabelle 5.1: Die vier wesentlichen Zustände von Aktivitäten

Den Lebenszyklus einer Aktivität verfolgen

Bilder sagen mehr als tausend Worte und Flussdiagramme sind meiner Meinung nach noch sehr viel geschwätziger. Das Diagramm in Abbildung 5.1 zeigt die wichtigen Abläufe bei Aktivitäten. Dies wird als *Lebenszyklus einer Aktivität* bezeichnet.

Die Rechtecke stellen Callback-Methoden dar, die Sie implementieren können, um in der Aktivität auf Ereignisse zu reagieren. Die grau hinterlegten abgerundeten Felder repräsentieren wesentliche Zustände, in denen sich die Aktivität befinden kann.

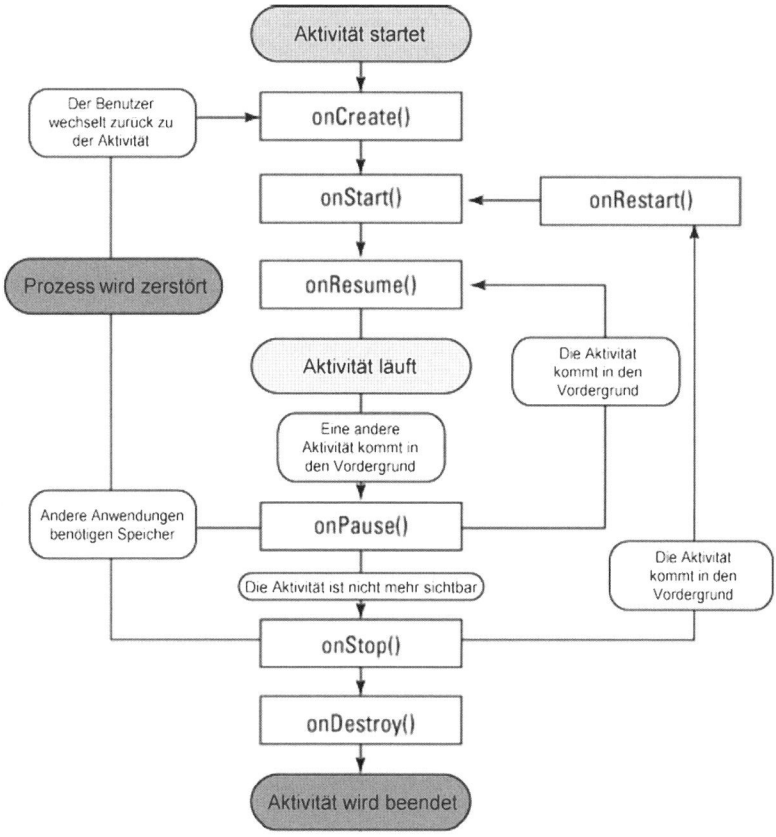

Abbildung 5.1: Lebenszyklus einer Aktivität

Wichtige Schleifen überwachen

Sie könnten daran interessiert sein, diese drei Schleifen in Ihrer Aktivität zu überwachen:

✔ Die *gesamte Lebenszeit* spielt sich zwischen dem anfänglichen Aufruf von onCreate() und dem abschließenden Aufruf von onDestroy() ab. Die globale Einrichtung der Aktivität erfolgt in onCreate() und in onDestroy() werden alle noch verbleibenden Ressourcen freigegeben. Wenn Sie beispielsweise einen Thread erzeugen, um im Hintergrund eine Datei aus dem Internet herunterzuladen, kann sie in der Methode onCreate() initialisiert werden. Der Thread könnte in der Methode onDestroy() gestoppt werden.

✔ Die *sichtbare Lebenszeit* der Aktivität befindet sich zwischen den Methoden onStart() und onStop(). Während dieser Zeit kann der Benutzer die Aktivität auf dem Bildschirm sehen (auch wenn sie möglicherweise nicht im Vordergrund mit dem Benutzer interagiert, zum Beispiel wenn der Benutzer mit einem Dialogfeld arbeitet). Zwischen diesen beiden Methoden können Sie die Ressourcen warten, die benötigt werden, um Ihre Aktivität auf dem Bildschirm anzuzeigen und laufen zu lassen. Sie können zum Beispiel eine Ereignisbehandlungsroutine zur Überwachung des Zustands des Telefons schreiben. Der Status des

Telefons kann sich ändern und die Ereignisbehandlungsroutine informiert die Aktivität darüber, dass das Telefon in den Flugmodus wechselt und entsprechend reagiert. Dazu würden Sie eine Ereignisbehandlungsroutine in onStart() erstellen und alle benutzten Ressourcen in onStop() freigeben. Jeweils wenn die Aktivität für den Benutzer sichtbar oder unsichtbar wird, können die Methoden onStart() und onStop() aufgerufen werden.

✔ Die *Vordergrund-Lebenszeit* der Aktivität beginnt mit dem Aufruf von onResume() und endet mit dem Aufruf von onPause(). Während dieser Zeit befindet sich die Aktivität vor allen anderen und interagiert mit dem Benutzer. Es ist normal, dass eine Aktivität mehrfach die Phase zwischen onResume() und onPause() durchläuft. Dies geschieht beispielsweise, wenn das Gerät in den Ruhezustand wechselt oder eine neue Aktivität ein bestimmtes Ereignis behandelt. Daher muss der Code in diesen Methoden recht knapp gehalten werden.

Eine Betrachtung der Methoden von Aktivitäten

Der gesamte Lebenszyklus lässt sich auf die folgenden Methoden reduzieren. Alle Methoden können überschrieben werden und eigener Code kann in alle eingefügt werden. Alle Aktivitäten implementieren onCreate() für die Initialisierung und möglicherweise auch onPause() für Aufräumarbeiten. Wenn Sie diese Methoden implementieren, sollten Sie immer die Superklasse (Basisklasse) aufrufen:

```
public class Activity extends ApplicationContext {
    protected void onCreate(Bundle savedInstanceState);
    protected void onStart();
    protected void onRestart();
    protected void onResume();
    protected void onPause();
    protected void onStop();
    protected void onDestroy();
}
```

Abläufe von Aktivitäten verfolgen

Allgemein finden diese Abläufe im Lebenszyklus einer Aktivität statt:

✔ onCreate(): Wird aufgerufen, wenn die Aktivität anfangs erzeugt wird. Hier würden Sie die meisten der klassenweiten Variablen Ihrer Aktivität initialisieren. Anschließend wird immer onStart() aufgerufen. Zerstörbar: Nein. Nächste: onStart().

✔ onRestart(): Wird aufgerufen, nachdem Ihre Aktivität gestoppt wurde und bevor sie erneut gestartet wird. Anschließend wird immer onStart() aufgerufen. Zerstörbar: Nein. Nächste: onStart().

✔ onStart(): Wird aufgerufen, wenn Ihre Aktivität für den Benutzer sichtbar wird. Wenn die Aktivität in den Vordergrund geholt wird, wird anschließend onResume() aufgerufen. Wenn sie vor dem Benutzer verborgen wird, wird anschließend onStop() aufgerufen. Zerstörbar: Nein. Nächste: onResume() oder onStop().

- onResume(): Wird aufgerufen, wenn die Aktivität für Interaktionen mit dem Benutzer verfügbar gemacht wird. Die Aktivität befindet sich dann oben auf dem Aktivitätsstapel. Zerstörbar: Nein. Nächste: onPause().

- onPause(): Wird aufgerufen, wenn das System eine vorherige Aktivität fortsetzen will oder wenn der Benutzer zu einem anderen Teil des Systems, wie zum Beispiel dem Startbildschirm, wechselt. Diese Phase wird typischerweise genutzt, um veränderte Daten dauerhaft zu speichern. Wenn die Aktivität wieder in den Vordergrund geholt wird, wird onResume() aufgerufen. Wenn die Aktivität für den Benutzer unsichtbar wird, wird onStop() aufgerufen. Zerstörbar: Ja. Nächste: onResume() oder onStop().

- onStop(): Wird aufgerufen, wenn die Aktivität für den Benutzer nicht mehr sichtbar ist, weil eine andere Aktivität erneut gestartet wurde und sie überlagert. Das kann geschehen, weil eine andere Aktivität gestartet wurde oder weil eine vorherige Aktivität fortgesetzt wird und sich nun im Vordergrund (oben auf dem Aktivitätsstapel) befindet. Wenn die Aktivität erneut mit dem Benutzer interagieren soll, wird nachfolgend onRestart() aufgerufen. Wenn die Aktivität zerstört werden soll, wird anschließend onDestroy() aufgerufen. Zerstörbar: Ja. Nächste: onRestart() oder onDestroy().

- onDestroy(): Das ist der letzte Aufruf, den Ihre Aktivität noch erhält, bevor sie zerstört wird. Diese Methode wird aufgerufen, wenn die Aktivität beendet wird (entweder manuell oder weil sie vom System wegen Speichermangel zerstört wird). Über die Methode isFinishing() können Sie feststellen, ob die Aktivität wirklich beendet oder vom System zerstört wird. Die Methode isFinishing() wird häufig innerhalb von onPause() benutzt, um dies zu ermitteln. Zerstörbar: Ja. Nächste: Nichts.

Sicherlich ist Ihnen die Anmerkung »Zerstörbar« am Ende der Beschreibung der jeweiligen Methoden aufgefallen. Das sollten Sie deshalb wissen, weil die mit »Zerstörbar« gekennzeichneten Methoden jederzeit und ohne Vorwarnung zerstört werden können. Daher sollten Sie die Methode onPause() dazu verwenden, um letzte Aufräumarbeiten durchzuführen und veränderte Daten dauerhaft zu speichern.

Konfigurationsänderungen erkennen

Jetzt fehlt noch ein letzter Aspekt im Lebenszyklus, bevor Sie mit dem Schreiben von Code beginnen können. Sie müssen noch auf *Konfigurationsänderungen* achten. Dabei handelt es sich laut Definition zum Beispiel um eine geänderte Bildschirmausrichtung (der Benutzer dreht den Bildschirm und die Darstellung wechselt dabei vom Portrait- in den Landscape-Modus oder umgekehrt), geänderte Spracheinstellungen und den Anschluss von Eingabegeräten. Wird die Konfiguration geändert, sorgt das dafür, dass Ihre Aktivität zerstört wird und den üblichen, aus onPause(), onStop() und onDestroy() bestehenden Lebenszyklus durchläuft. Nach dem Aufruf der Methode onDestroy() erzeugt das System eine neue Instanz der Aktivität. Das geschieht, weil Ressourcen, Layoutdateien und so weiter in Abhängigkeit von der aktuellen Systemkonfiguration möglicherweise geändert werden müssen. Zum Beispiel kann eine Anwendung für den Benutzer in der Portrait-Darstellung (hochkant) völlig anders als in der Landscape-Darstellung (quer) aussehen.

Beim Lebenszyklus von Aktivitäten handelt es sich um ein umfassendes und komplexes Thema. Ich habe hier die Grundlagen erläutert, damit Sie die in diesem Buch erstellten Anwendungen verstehen können. Ich kann Ihnen nur dringend empfehlen, sich nach dem Lesen dieses Buches ein wenig Zeit zu nehmen, um die Android-Dokumentation zu den Lebenszyklen von Aktivitäten und Prozessen zu lesen. Sie finden sie unter http://d.android.com/reference/android/app/Activity.html#ActivityLifecycle beziehungsweise http://d.android.com/reference/android/app/ Activity.html#ProcessLifecycle.

Ihre erste Aktivität erstellen

Nun ist es an der Zeit, Ihre erste Aktivität zu erstellen! Nun, eigentlich haben Sie bereits beim Erzeugen eines Projekts mit dem Assistenten NEW ANDROID PROJECT Ihre erste Aktivität erstellt. Daher werden Sie in diesem Projekt keine neue Aktivität erstellen, sondern die Datei `MainActivity.java` in Ihrem Projekt bearbeiten. Öffnen Sie nun diese Datei.

Mit onCreate beginnen

Wie Sie vorhin gelesen haben, handelt es sich bei der Methode `onCreate()` um den Eintrittspunkt in Ihre Anwendung. Der Code in Ihrer Datei `MainActivity.java` enthält bereits eine Implementierung dieser Methode. Und dort beginnen Sie mit dem Schreiben von ein wenig Code. Momentan sollte der Code bei Ihnen noch so aussehen:

```
public class MainActivity extends Activity {
    /** Wird beim ersten Erzeugen der Activity aufgerufen */
    @Override
    public void onCreate(Bundle savedInstanceState) {
        super.onCreate(savedInstanceState);
        setContentView(R.layout.main);
    }
}
```

Gleich werden Sie Initialisierungscode direkt unterhalb der Methode `setContentView()` einfügen.

Achten Sie auf diese Zeile:

`super.onCreate(savedInstanceState);`

Diese Zeile wird benötigt, damit die Anwendung ausgeführt werden kann. In ihr wird die Basisklasse `Activity` aufgerufen, um für die Einrichtung der Klasse `MainActivity` zu sorgen. Wenn diese Zeile in Ihrem Quelltext fehlt, tritt während der Laufzeit ein Ausnahmefehler auf. Achten Sie darauf, dass Sie diese Methode immer in Ihre Methode `onCreate()` einbeziehen.

Umgang mit Bundle

Beachten Sie im letzten Codefragment Folgendes:

```
Bundle savedInstanceState
```

`Bundle` ist ein Schlüsselwert, der String-Werte und verschiedene `Parcelable`-Typen aufeinander abbildet. Mit einem Bundle haben Entwickler die Möglichkeit, Daten zwischen Bildschirmen (verschiedenen Aktivitäten) auszutauschen, die *Bundle* genannt werden. Sie können verschiedene Typen in ein Bündel packen und sie in die Zielaktivität übernehmen. In Teil III werde ich darauf noch näher eingehen.

Android zum Anzeigen der Benutzeroberfläche bewegen

Erst einmal weiß eine Aktivität überhaupt nicht, was seine Benutzeroberfläche sein soll. Es könnte sich um ein einfaches Formular handeln, über das der Benutzer zu speichernde Daten eintragen kann, es könnte sich um eine visuelle, kameragestützte Anwendung für eine virtuelle Umgebung (wie etwa Layar im Android-Marktplatz) oder eine sich laufend ändernde Benutzeroberfläche wie in einem zwei- oder dreidimensionalen Spiel handeln. Als Entwickler müssen Sie der Aktivität mitteilen, welches Layout sie laden soll.

Damit die Benutzeroberfläche auf dem Bildschirm angezeigt wird, müssen Sie für die `Content View` der Aktivität einen Wert setzen. Das geschieht mit dieser Codezeile:

```
setContentView(R.layout.main);
```

Bei `R.layout.main` handelt es sich um die Datei `main.xml`, die sich im Verzeichnis `res/layouts` befindet. Sie enthält das im letzten Kapitel definierte Layout.

Umgang mit Benutzereingaben

Die Anwendung LAUTLOSMODUS-UMSCHALTER erfordert keine großartige, sondern eigentlich sogar nur sehr wenig Interaktion mit dem Benutzer. Mehr als eine einzige Schaltfläche wird dem Benutzer von Ihrer App nicht angeboten. Der Benutzer tippt die Schaltfläche an, um den Lautlosmodus des Telefons zu aktivieren, und kann sie dann erneut antippen, um ihn wieder abzuschalten.

Um auf das Ereignis des Antippens der Schaltfläche zu reagieren, müssen Sie einen *EventListener* (eine Ereignisüberwachungsfunktion, aber das sagt kaum jemand) registrieren. Dieser reagiert auf Ereignisse im Android-System. Im Android-System gibt es verschiedene Arten von Ereignissen, aber die beiden am häufigsten verwendeten Ereignisse sind Berührungsereignisse (Touch-Events oder auch Klicks) und Tastaturereignisse.

Tastaturereignisse

Tastaturereignisse treten ein, wenn bestimmte Tasten der Tastatur gedrückt werden. Warum sollten Sie sich dafür interessieren? Sie könnten beispielsweise Tastenkombinationen (Hotkeys) in Ihrer Anwendung anbieten. Wenn der Benutzer [Alt]+[B] drückt, soll Ihre View vielleicht in den Bearbeitungsmodus wechseln. Wenn Ihre App auf Tastaturereignisse reagiert, lässt sich das machen. Ich werde in diesem Buch zwar nicht weiter auf Tastaturereignisse eingehen, aber wenn Sie sie in zukünftigen Anwendungen benötigen, müssen Sie die Methode onKeyDown() wie im folgenden Beispiel überschreiben:

```
@Override
public boolean onKeyDown(int keyCode, KeyEvent event) {
        // TODO Auto-generated method stub
        return super.onKeyDown(keyCode, event);
}
```

Berührungsereignisse

Berührungsereignisse treten ein, wenn der Benutzer ein Widget auf dem Bildschirm antippt. Die Android-Plattform erkennt jedes Tipp-Ereignis als Klick-Ereignis. Von nun an werden die Begriffe *tippen*, *klicken* und *berühren* gleichbedeutend verwendet. Zu den Beispielen für Widgets, die auf Berührungsereignisse reagieren können, zählen:

- ✔ Button
- ✔ ImageButton
- ✔ EditText
- ✔ Spinner
- ✔ ListItemRow
- ✔ MenuItem

 Alle Views im Android-System können auf Antippen reagieren. Bei einigen der Widgets wird deren Eigenschaft clickable aber standardmäßig auf den Wert false gesetzt. Sie können das in Ihrer Layoutdatei oder im Code überschreiben und dafür sorgen, dass auch diese Views auf Klicks reagieren, indem Sie deren Attribut clickable auf true setzen oder dazu die Methode setClickable() im Quelltext verwenden.

Ihre erste Ereignisbehandlungsroutine

Damit Ihre Anwendung auf das Klick-Ereignis reagieren kann, über das der Benutzer den Lautlosmodus umschalten können soll, muss die Schaltfläche auf dieses Ereignis reagieren.

Code eingeben

Geben Sie den in Listing 5.1 dargestellten Code in Ihren Editor ein. Er zeigt, wie Sie für toggleButton einen Click-Handler implementieren können. Dabei handelt es sich um den vollständigen Quelltext der Methode onCreate() mit dem neuen Code. Es steht Ihnen frei, nur den Code für die Schaltfläche einzugeben oder den gesamten Code von onCreate() zu überschreiben.

```
@Override
public void onCreate(Bundle savedInstanceState) {
    super.onCreate(savedInstanceState);
    setContentView(R.layout.main);

    Button toggleButton = (Button)findViewById(R.id.toggleButton);
    toggleButton.setOnClickListener(new View.OnClickListener() {

        public void onClick(View v) {

        }

    });

}
```

Listing 5.1: Die Datei der Klasse MainActivity *mit der Methode* OnClickListener *für die Schaltfläche* .toggleButton

Der Code verwendet die Methode findViewById(), die für alle Aktivitäten in Android zur Verfügung steht. Sie erlaubt das Auffinden beliebiger Views im Layout der Aktivität und deren weitere Nutzung. Diese Methode gibt immer eine View-Klasse zurück, die Sie in den geeigneten Typ umwandeln müssen, bevor Sie damit weiterarbeiten können. Im folgenden Code (bei dem es sich um einen Auszug aus dem letzten Listing handelt) wird die zurückgegebene View durch findViewById() in den Typ Button (einer Unterklasse von View) umgewandelt.

Button toggleButton = (Button)findViewById(R.id.toggleButton);

Unmittelbar nach dieser Codezeile beginnen Sie mit der Einrichtung der Ereignisbehandlungsroutine.

Der Code der Ereignisbehandlungsroutine wird nach der Abfrage von Button aus dem Layout eingebettet. Für die Einrichtung der Ereignisbehandlungsroutine müssen Sie nur einen neuen View.OnClickListener erzeugen. Dieser Klick-Listener enthält die Methode Click(), die nach dem Antippen der Schaltfläche aufgerufen wird. Dort werde ich den Code einfügen, der ausgeführt wird, wenn die Schaltfläche für den Lautlosmodus angetippt wird.

Wenn der Datentyp in Ihrer Layoutdatei nicht zum Zieltyp der Umwandlung passt (wenn Sie eine ImageView in der Layoutdatei beispielsweise in einen ImageButton umwandeln wollen), erhalten Sie einen Laufzeitfehler. Achten Sie darauf, dass Sie Ihre View in einen passenden Zieldatentyp umwandeln.

Bei der Eingabe des Codes in Ihren Editor sind Ihnen vielleicht einige rote Wellenlinien aufgefallen, wie sie in Abbildung 5.2 zu sehen sind. Auf diese Weise teilt Ihnen Eclipse mit, dass es nicht weiß, um was es sich bei diesem Button-Dingsbums handelt. Wenn Sie den Cursor ein wenig über der Wellenlinie ruhen lassen, wird ein kleines Kontextfenster angezeigt, das Ihnen einige Optionen zur Auswahl anbietet (siehe Abbildung 5.2).

Abbildung 5.2: Eclipse informiert Sie darüber, dass es keine passende Klasse für den mit der Wellenlinie hervorgehobenen Bezeichner finden kann. Wenn Sie den Cursor eine Weile über der Linie ruhen lassen, wird ein Kontextmenü mit Optionen angezeigt.

Wählen Sie die erste Option (IMPORT 'BUTTON'). Dadurch wird diese import-Anweisung am Anfang der Datei eingefügt:

```
import android.widget.Button;
```

Damit diese Anweisung sichtbar wird, müssen Sie möglicherweise erst einmal das kleine Pluszeichen neben der bereits vorhandenen import-Anweisung anklicken und das darunter befindliche Codesegment expandieren.

Diese import-Anweisung teilt Eclipse mit, wo sich Button in den Android-Paketen befindet. Möglicherweise müssen Sie auch noch das Paket android.view importieren. Speichern Sie dann Ihre Änderungen, damit die Ressourcen aktualisiert werden.

Wenn Sie mit der Entwicklung weiterer Anwendungen beginnen, werden Sie viele andere Widgets als Bestandteile Ihrer Anwendung einbinden müssen. Ihnen wird dann auffallen, dass Sie schon einiges importieren müssen, um Ihre Anwendung kompilieren zu können. Das ist zwar kein großes Problem, aber Sie können mit einem Schnellverfahren auch alle Elemente eines bestimmten Pakets in einem Rutsch einbinden. Dazu können Sie, wie im folgenden Beispiel, ein Sternchen an das Ende des Paketnamens setzen:

```
import android.widget.*;
```

Damit teilen Sie Eclipse mit, dass es alle Widgets aus dem Paket android.widget einbinden soll.

Code in eine Methode auslagern

Der Code wird bereits ein wenig unübersichtlich und schwer lesbar. An dieser Stelle lagern Sie am besten den Code Ihrer neuen Schaltfläche in eine Methode aus, die Sie dann aus onCreate() heraus aufrufen können. Dazu erstellen Sie eine private void-Methode namens setButtonClickListener(), die den eingegebenen Code für die Schaltfläche enthält. Den Aufruf der neuen Methode fügen Sie in die Methode onCreate() ein. Listing 5.2 zeigt den neuen Code.

```
public class MainActivity extends Activity {
    /** Wird beim ersten Erzeugen der Activity aufgerufen */
    @Override
    public void onCreate(Bundle savedInstanceState) {
        super.onCreate(savedInstanceState);
        setContentView(R.layout.main);

        setButtonClickListener();                                              → 16
    }

    private void setButtonClickListener() {                                    → 19
        Button toggleButton = (Button)findViewById(R.id.toggleButton);
        toggleButton.setOnClickListener(new View.OnClickListener() {
            public void onClick(View v) {
                // TODO Automatisch generierte Rumpfmethode
            }
        });
    }
}
```

Listing 5.2: Der in eine Methode ausgelagerte Button*-Listener*

- → **16:** In dieser Zeile rufe ich die Methode setButtonClickListener auf, um die Überwachungsfunktion für die Schaltfläche einzurichten.

- → **19:** Die neue Methode wird aufgerufen.

Nun ist es an der Zeit, um auf das Klick-Ereignis zu reagieren und ein wenig Code in die Methode onClick() Ihrer Schaltfläche einzufügen.

Mit den Klassen des Android-Frameworks arbeiten

Nun kommen wir zu den guten und praktischen Dingen an der Android-Entwicklung, die Klassen des Android-Frameworks! Ja, Aktivitäten, Views und Widgets sind zwar integrale Bestandteile des Systems, gehören aber bei allen modernen Betriebssystemen (auf die eine oder andere Weise) zum Basiswerkzeug. Gleich geht der Spaß erst richtig los.

Sie werden nun den Status der Klingel ermitteln, um festzustellen, ob sich das Telefon im normalen Modus (mehr oder weniger laut klingelnd) oder im Lautlosmodus befindet. Dann können Sie damit beginnen, den Klingelmodus umzuschalten.

Dienste nutzen

Zur Nutzung der Klingel müssen Sie auf den `AudioManager` von Android zugreifen, der für die Verwaltung des Zustands der Klingel zuständig ist. Da Sie den `AudioManager` in dieser Aktivität intensiv nutzen, wird er am besten in `onCreate()` initialisiert. Denken Sie daran, dass alle wichtigen Initialisierungen in `onCreate()` vorgenommen werden müssen!

Zunächst müssen Sie eine private `AudioManager`-Variable auf Klassenebene namens `mAudioManager` erstellen. Geben Sie diese Zeile direkt nach der Zeile mit der Klassendeklaration oben in Ihre Klassendatei ein (siehe Listing 5.3).

```
package com.dummies.android.silentmodetoggle;

import android.app.Activity;
import android.media.AudioManager;                                        → 4
import android.os.Bundle;
import android.view.View;
import android.widget.Button;

public class MainActivity extends Activity {

    private AudioManager mAudioManager;                                   → 11

    @Override
    public void onCreate(Bundle savedInstanceState) {
        super.onCreate(savedInstanceState);
        setContentView(R.layout.main);

        setButtonClickListener();

        mAudioManager = (AudioManager)getSystemService(AUDIO_SERVICE);    → 20
    }

    private void setButtonClickListener() {
        Button toggleButton = (Button)findViewById(R.id.toggleButton);
        toggleButton.setOnClickListener(new View.OnClickListener() {
            public void onClick(View v) {
                // TODO Auto-generated Methode stub
            }
        });
    }
}
```

Listing 5.3: Hinzufügen der Variablen `AudioManager` *auf Klassenebene*

5 ➤ Code für Ihre App

Es folgt eine kurze Beschreibung der gekennzeichneten Zeilen:

- ✔ →**4:** Mit der `import`-Anweisung wird das zur Nutzung von `AudioManager` erforderliche Paket eingebunden.
- ✔ →**11:** Die `private` deklarierte Variable auf Klassenebene `AudioManager`. Sie wird klassenweit deklariert, um auch in anderen Teilen der Aktivität auf sie zugreifen zu können.
- ✔ →**20:** Initialisierung der Variablen `mAudioManager` durch Übernahme des Dienstes von der Basisklasse `Activity` über den Methodenaufruf `getSystemService()`.

Langsam! Wie war das mit diesem `getSystemService()`-Zeug? Durch Beerben der Basisklasse `Activity` können Sie alle Vorteile von Aktivitäten nutzen. Hier erhalten Sie Zugriff auf den Methodenaufruf `getSystemService()`. Diese Methode gibt die Java-Basisklasse `Object` zurück. Daher müssen Sie sie in den von Ihnen benötigten Diensttyp umwandeln.

Dieser Aufruf gibt alle verfügbaren Systemdienste zurück, mit denen Sie möglicherweise arbeiten müssen. Alle zurückgegebenen Dienste finden Sie in der Android-Dokumentation bei der Klasse `Context` unter http://d.android.com/reference/android/content/Context.html. Zu den beliebten Systemdiensten zählen:

- ✔ Audiodienste
- ✔ Standortdienste
- ✔ Alarmdienste

Den Lautlosmodus mit AudioManager umschalten

Da es nun eine klassenweite Instanz von `AudioManager` gibt, können Sie den Status der Klingel prüfen und diesen umschalten. Das wird in Listing 5.4 erledigt, in dem der geänderte Code wieder fett dargestellt wird.

```
package com.dummies.android.silentmodetoggle;

import android.app.Activity;
import android.graphics.drawable.Drawable;
import android.media.AudioManager;
import android.os.Bundle;
import android.view.View;
import android.widget.Button;
import android.widget.ImageView;

public class MainActivity extends Activity {

    private AudioManager mAudioManager;
    private boolean mPhoneIsSilent;                              →14

    @Override
    public void onCreate(Bundle savedInstanceState) {
```

```
        super.onCreate(savedInstanceState);
        setContentView(R.layout.main);

        mAudioManager = (AudioManager)getSystemService(AUDIO_SERVICE);

        checkIfPhoneIsSilent();                                              → 23

        setButtonClickListener();                                            → 25
    }

    private void setButtonClickListener() {
        Button toggleButton = (Button)findViewById(R.id.toggleButton);
        toggleButton.setOnClickListener(new View.OnClickListener() {
            public void onClick(View v) {

                if (mPhoneIsSilent) {                                        → 32
                    // Umschalten in normalen Modus
                    mAudioManager
                            .setRingerMode(AudioManager.RINGER_MODE_NORMAL);
                    mPhoneIsSilent = false;
                } else {
                    // Umschalten in Lautlosmodus
                    mAudioManager
                        .setRingerMode(AudioManager.RINGER_MODE_SILENT);
                        mPhoneIsSilent = true;
                }

                // UI wieder umschalten
                toggleUi();                                                  → 44
            }
        });
    }

    /**
     * Testen, ob Telefon im Lautlosmodus
     */
        private void checkIfPhoneIsSilent() {                                → 53
            int ringerMode = mAudioManager.getRingerMode();
            if (ringerMode == AudioManager.RINGER_MODE_SILENT) {
                mPhoneIsSilent = true;
            } else {
                mPhoneIsSilent = false;
            }
        }

            /**
```

```
 * UI-Bilder Lautlosmodus/normaler Modus tauschen
 */
private void toggleUi() {                                          → 66

    ImageView imageView = (ImageView) findViewById(R.id.phone_icon);
    Drawable newPhoneImage;

    if (mPhoneIsSilent) {

        newPhoneImage =
            getResources().getDrawable(R.drawable.phone_silent);

    } else {
        newPhoneImage =
            getResources().getDrawable(R.drawable.phone_on);
    }

    imageView.setImageDrawable(newPhoneImage);
}

@Override                                                          → 84
protected void onResume() {
    super.onResume();
    checkIfPhoneIsSilent();
    toggleUi();
}
```

Listing 5.4: Den Code für den Umschalter zur App hinzufügen

Da passieren eine Menge neuer Dinge! Zunächst einmal finden Sie oben zwei neue `import`-Anweisungen, die für zwei ansonsten unbekannte Bezeichner (`ImageView` und `Drawable`) in den Code integriert werden müssen. Die übrigen Änderungen in den gekennzeichneten Zeilen werden nachfolgend kurz beschrieben:

- ✔ → **14:** Richtet eine neue `boolean`-Variable auf Klassenebene namens `mPhoneIsSilent` ein, in der der Status der Klingel gespeichert wird.

- ✔ → **23:** Ruft die Methode `checkIfPhoneIsSilent()` zur Initialisierung von `mPhoneIsSilent` auf. Der Vorgabewert einer `boolean`-Variablen ist `false` und könnte falsch sein, wenn sich das Telefon aktuell im Lautlosmodus befindet. Die Variable muss also initialisiert werden, um festzustellen, was passiert, wenn der Klingelmodus umgeschaltet wird.

- ✔ → **25:** Der Code für die Ereignisbehandlung der Schaltfläche wurde an das Ende der `onCreate()`-Methode verschoben, weil er von der Einrichtung der Variablen `mPhoneIsSilent` abhängig ist. Auch wenn sehr wahrscheinlich nichts passieren wird, achten Sie am besten auf die Codestruktur. Sauberer Code lässt sich später besser verwalten.

- ✔ → **32:** Der Code zwischen den Zeilen 32 und 44 wird ausgeführt, wenn der Benutzer die Schaltfläche zum Umschalten antippt. Er prüft über die Variable auf Klassenebene mPhoneIsSilent, ob die Klingel aktuell aktiviert ist. Befindet sich das Telefon im Lautlosmodus, springt der Code in den ersten if-Block und ändert den Klingelmodus in RINGER_MODE_NORMAL, der die Klingel wieder einschaltet. Die Variable mPhoneIsSilent wird für den nächsten Codedurchlauf in false geändert. Wenn sich das Telefon nicht im Lautlosmodus befindet, springt der Code in den else-Block. Hier wird der Klingelmodus von seinem aktuellen Status in RINGER_MODE_SILENT umgeschaltet, der die Klingel abschaltet. Im else-block wird zudem die Variable mPhoneIsSilent für den nächsten Codedurchlauf auf true gesetzt.

- →44: Die Methode toggleUi() ändert die Benutzeroberfläche, um optisch auf den geänderten Modus des Telefons hinzuweisen. Diese Methode muss immer aufgerufen werden, wenn der Klingelmodus geändert wird.

- →53: Die Methode checkIfPhoneIsSilent() initialisiert die Variable auf Klassenebene mPhoneIsSilent in der Methode onCreate(). Ohne diese Maßnahme würde Ihre App nicht wissen, in welchem Status sich die AudioManager-Klingel befunden hat. Wenn sich das Telefon im Lautlosmodus befindet, wird mPhoneIsSilent auf true gesetzt, andernfalls auf false.

- →66: Die Methode toggleUi() ändert die im Layout im letzten Kapitel erstellte Image View in Abhängigkeit vom Status der Klingel. Im Lautlosmodus zeigt die Bedienschnittstelle ein Bild, das darauf hinweist, dass die Klingel abgeschaltet ist (siehe Abbildung 4.3). Wenn sich das Telefon im Normalmodus befindet, wird das Bild aus Abbildung 4.2 angezeigt. Diese beiden Bilder wurden in Kapitel 4 in den Ressourcenordnern abgelegt. Image View befindet sich im Layout, und nach der Ermittlung des Modus wird View aktualisiert, indem das richtige Bild durch getResources().getDrawable() übernommen und mit dem Aufruf von setImageDrawable() in ImageView eingefügt wird. Diese Methode aktualisiert das in ImageView auf dem Bildschirm angezeigte Bild.

- →84: Erinnern Sie sich noch daran, dass ich gesagt habe, Sie müssten über den Lebenszyklus von Aktivitäten Bescheid wissen? Bei dieser Gelegenheit lässt sich diese Behauptung praktisch untermauern! Die Methode onResume() wird überschrieben, damit Ihre App korrekt ermitteln kann, in welchem Status sich das Gerät gerade befindet. Ja, die Variable mPhoneIsSilent wird zwar dazu benutzt, um den Status der Klingel zu speichern, aber das gilt nur für die Klasse. Der Benutzer Ihrer Anwendung muss auch wissen, in welchem Status sich das Telefon befindet! Daher ruft onResume() die Methode ToggleUi() auf, um die Bedienschnittstelle umzuschalten. Da onResume() nach onCreate() ausgeführt wird, kann toggleUI() die Variable mPhoneIsSilent benutzen, um die Bedienschnittstelle in den richtigen Zustand zu bringen. Der Aufruf toggleUi() befindet sich aus einem einfachen strategischen Grund in der Methode onResume(): Es wird nämlich angenommen, dass der Benutzer die App LAUTLOSMODUS-UMSCHALTER startet und anschließend zum Startbildschirm zurückkehrt und das Telefon über dessen Bedienelemente abschaltet. Wenn der Benutzer wieder zur Aktivität zurückkehrt, wird sie fortgesetzt und in den Vordergrund geholt. Dann wird onResume() aufgerufen, um den Status der Klingel zu prüfen und die Bedienschnittstelle entsprechend zu aktualisieren. Wenn der Benutzer den Modus geändert hat, reagiert die App dann so, wie es der Benutzer erwarten würde!

5 ➤ Code für Ihre App

Ihre Anwendung installieren

Sie haben es geschafft! Sie haben Ihre erste Anwendung geschrieben. In den nächsten paar Schritten werden Sie sie auf dem Emulator installieren und in Aktion sehen können!

Zurück zum Emulator

Die Anwendung läuft auf einem Emulator (das weiß ich, weil ich es bereits ausprobiert habe). Damit kennen Sie bereits den nächsten Schritt. Sie haben bereits eine Run-Konfiguration für die App HALLO ANDROID eingerichtet. Sie werden dieselbe Startkonfiguration wie zuvor verwenden. Da die ADT sich diese Startkonfiguration gemerkt haben, wird sie als Vorgabe verwendet. Daher ist es nun an der Zeit, Ihre App auf dem Emulator zu installieren! Führen Sie dazu diese Schritte aus:

1. **Wählen Sie in Eclipse RUN|RUN oder drücken Sie `Strg`+`F11`, um die Anwendung zu starten.**

    Ihnen wird das Fenster RUN AS präsentiert (siehe Abbildung 5.3). Wählen Sie ANDROID APPLICATION und klicken Sie die Schaltfläche OK an. Damit wird der Emulator gestartet.

    Abbildung 5.3: Das Dialogfeld RUN AS

2. **Warten Sie, bis der Emulator gestartet wurde, und entsperren Sie ihn dann.**

    Wenn Sie nicht mehr genau wissen, wie Sie den Emulator entsperren können, lesen Sie noch einmal Kapitel 3. Nach dem Entsperren des Emulators sollte Ihre App starten. Wenn sie nicht startet, führen Sie sie noch einmal über RUN|RUN oder durch Drücken von `Strg`+`F11` aus. Anschließend sollte Ihr Programm im Emulator laufen (siehe Abbildung 5.4).

3. **Klicken Sie die Schaltfläche LAUTLOSMODUS UMSCHALTEN an, um sich davon zu überzeugen, dass dann als Bild das durchgestrichene rote Telefon angezeigt wird (siehe Abbildung 5.5).**

    Beachten Sie auch, dass in der Benachrichtigungsleiste ein neues Symbol angezeigt wird, das auf den aktivierten Lautlosmodus hinweist.

Abbildung 5.4: Ihre Anwendung läuft im Emulator

Benachrichtigungssymbol bei aktiviertem Lautlosmodus

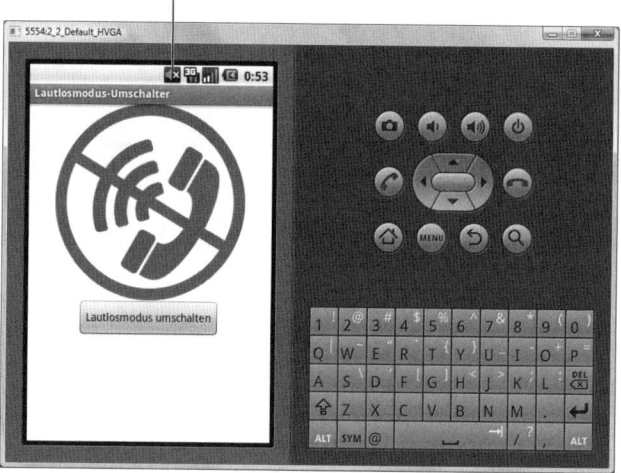

Abbildung 5.5: Die App im Lautlosmodus mit Benachrichtigungssymbol

4. **Kehren Sie durch Anklicken der HOME-Schaltfläche im Emulator zum Startbildschirm zurück.**

   Wechseln Sie zur Anwendungsseite (über die mittlere Schaltfläche unten auf dem Startbildschirm). Dort finden Sie in der Liste der Anwendungen das Symbol Ihres Programms.

Ihre App auf einem realen Android-Gerät installieren

Die Installation der Anwendung auf einem Gerät unterscheidet sich nicht von der Installation auf dem Emulator. Sie müssen aber ein paar Anpassungen vornehmen, damit es funktioniert.

5 ► Code für Ihre App

 Wie in Kapitel 2 erwähnt, eignet sich der USB-Treiber von Google nur für bestimmte Geräte. Für Geräte anderer Hersteller benötigen Sie entsprechend angepasste USB-Treiber von deren Websites.

Wenn Sie den benötigten Treiber bereits in Kapitel 2 installiert haben, ist der Rest recht einfach:

1. **Aktivieren Sie die Installation von Anwendungen unbekannter Herkunft, also von Apps, die nicht vom Android-Marktplatz stammen.**
2. **Greifen Sie vom Startbildschirm Ihres Geräts aus auf die EINSTELLUNGEN zu. Wählen Sie dazu MENÜ|EINSTELLUNGEN|ANWENDUNGEN.**
3. **Aktivieren Sie das Kontrollkästchen UNBEKANNTE HERKUNFT (siehe Abbildung 5.6).**

Sehr wahrscheinlich werden Sie Ihr Gerät auch zur Fehlersuche benutzen wollen.

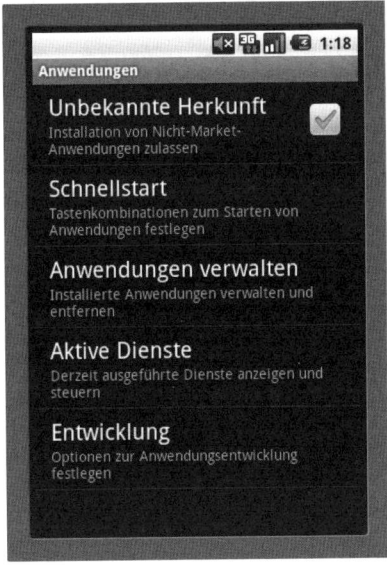

Abbildung 5.6: Einstellung, um die Installation von Anwendungen zuzulassen, die nicht vom Android-Marktplatz stammen

4. **Wählen Sie im Bildschirm ANWENDUNGEN (in dem Sie auch die letzte Änderung vorgenommen haben) die Option ENTWICKLUNG und aktivieren Sie USB-DEBUGGING (siehe Abbildung 5.7).**

Damit können Sie Ihr Gerät zur Fehlerbehebung in Ihren Apps nutzen (mehr dazu gleich).

5. **Verbinden Sie Ihr Gerät über ein USB-Kabel mit dem Computer.**

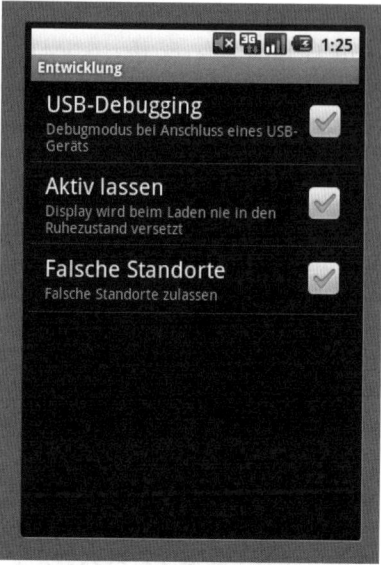

Abbildung 5.7: Gerät für das USB-Debugging einrichten

6. **Wenn das Gerät von Ihrem Rechner erkannt wird, starten Sie die App entweder über RUN|RUN oder durch Drücken von [Strg]+[F11].**

   Jetzt erkennen die ADT eine weitere Option für eine Startkonfiguration und fragen Sie daher über das Dialogfeld ANDROID DEVICE CHOOSER, auf welchem Gerät die Anwendung gestartet werden soll. In Abbildung 5.8 wurde ein Archos-Tablet angeschlossen, das zwecks besserer Identifizierbarkeit mit einem anderen Symbol als der Emulator gekennzeichnet wird. Beachten Sie dabei, dass der Emulator nur dann in der Liste der verfügbaren Optionen angezeigt wird, wenn er auch läuft.

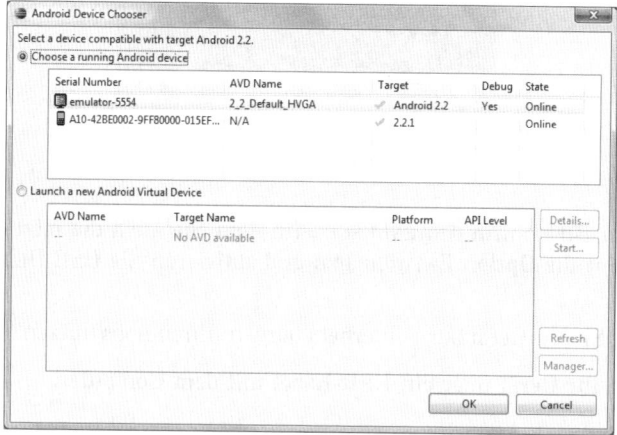

Abbildung 5.8: Das Dialogfeld ANDROID DEVICE CHOOSER

5 ▶ Code für Ihre App

7. **Wählen Sie Ihr Gerät in der Liste aus und klicken Sie die Schaltfläche OK an.**

   Damit wird die Anwendung zu Ihrem Gerät übertragen und wird wie im Emulator gestartet. Nach wenigen Sekunden sollte Ihre App auf dem Bildschirm angezeigt werden.

   Sie haben Ihre Anwendung auf Ihr Android-Gerät übertragen.

Erneute Installation Ihrer Anwendung

Wie Sie gesehen haben, können Sie Ihre Anwendung recht einfach auf einem realen Gerät installieren. Wenn auf dem Gerät erst einmal Apps fremder Herkunft installiert werden dürfen, sind die dazu erforderlichen Schritte tatsächlich praktisch mit der bei der Benutzung des Emulators identisch. Größere Probleme könnte es allerdings bereiten, passende USB-Treiber für Ihr USB-Gerät aufzutreiben.

Dasselbe gilt auch bei der erneuten Installation Ihrer Anwendung. Sie müssen dazu keine besonderen Maßnahmen ergreifen. Wann sollten Sie Ihre Anwendung erneut installieren? Ganz einfach – nach Änderungen an Ihrer App müssen Sie sie jeweils erneut testen.

Den Status des Emulators verstehen

Wenn der Emulator erst einmal läuft, arbeitet er eigenständig. Er ist in keiner Weise von Eclipse abhängig. Tatsächlich können Sie daher auch Eclipse schließen und den Emulator weiterhin nutzen.

Der Emulator und Eclipse verständigen sich miteinander über die ADB (Android Debugging Bridge). Dabei handelt es sich um ein Werkzeug, das zusammen mit den ADT (Android Development Tools) installiert wurde.

Ihre App erneut installieren

Die erneute Installation Ihrer Anwendung ist recht einfach. Dazu müssen Sie nur dieselben Schritte wie bei der erstmaligen Installation ausführen. Sie wählen also RUN|RUN oder drücken ⌐Strg¬+⌐F11¬.

Das war doch wirklich leicht.

Oje! Auf Fehler reagieren

Sie haben perfekten Code geschrieben, oder? Hätte ich zumindest gedacht! Nun, ich will Ihnen ein Geheimnis verraten: Ich schreibe nicht immer perfekten Code. Wenn es einmal nicht wie geplant läuft, muss ich herausfinden, was vor sich geht. Um Entwickler in der schrecklichen Situation scheinbar zufälliger Anwendungsabstürze zu unterstützen, stellen die ADT einige wertvolle Werkzeuge zur Verfügung, mit denen Sie Ihre Anwendung debuggen können.

Den DDMS (Dalvik Debug Monitor Server) benutzen

Der DDMS (Dalvik Debug Monitor Server) ist ein Debugging-Werkzeug, das beispielsweise die folgenden Funktionen bereitstellt:

✔ Portweiterleitung

✔ Erstellung von Bildschirmfotos

✔ Thread- und Heap-Informationen für das Gerät

✔ LogCat (liefert Auszüge mit Einträgen in den Systemprotokollen)

✔ Informationen über Prozesse und Funkverbindungen

✔ Simulieren von Anrufen und Kurzmitteilungen (SMS)

✔ Simulieren von Positionsdaten (GPS)

DDMS unterstützt die Zusammenarbeit mit dem Emulator und tatsächlich angeschlossenen Geräten. DDMS befindet sich im Ordner `tools` des Android-SDKs. In Kapitel 1 haben Sie den Ordner `tools` bei Ihrem Rechner zum Systempfad hinzugefügt. Daher sollten Sie über die Befehlszeile auf DDMS zugreifen können.

Warum Sie DDMS kennenlernen sollten

Die Fehlersuche macht selten Spaß. Glücklicherweise enthält der DDMS die zur »Entwanzung« erforderlichen Werkzeuge. Bei einer der am häufigsten benutzten Funktionen handelt es sich um die LogCat-Anzeige, über die Sie die von Ihrem System ausgegebenen Meldungen im Systemprotokoll betrachten können (siehe Abbildung 5.9). In diesen Systemprotokollen finden sich Meldungen von einfachen Informationen zum Zustand der Anwendungen und des Geräts bis hin zu Warnungen und Fehlerinformation. Wenn das Gerät meldet, dass eine Anwendung nicht mehr reagiert (Application Not Responding) oder wegen eines Fehlers zwangsweise geschlossen wird (Force Close), ist nicht klar, was passiert ist. Hier kann es Ihnen möglicherweise helfen, wenn Sie DDMS starten und die Einträge in LogCat untersuchen, denn sie liefern sogar die Zeilennummer, in der der Ausnahmefehler aufgetreten ist. DDMS behebt zwar den Fehler nicht für Sie, kann Ihnen aber enorm hilfreich zur Seite stehen, der Wurzel des Übels auf den Grund zu kommen.

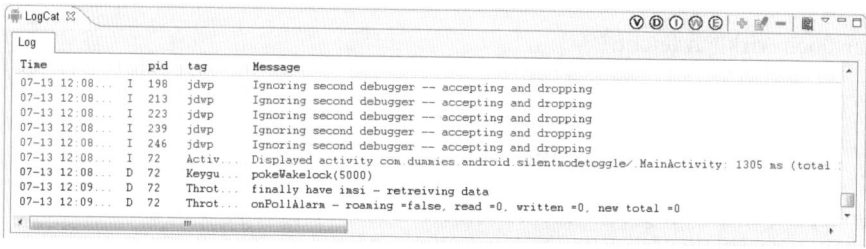

Abbildung 5.9: Ein Protokollauszug in LogCat

DDMS ist auch sehr nützlich, wenn Ihnen zu Testzwecken kein reales Gerät zur Verfügung steht. Ein gutes Beispiel dafür ist die Entwicklung einer Anwendung, die GPS-Daten (Global

Positioning System) und mit Google MapView Landkarten auf dem Bildschirm anzeigt. Ihre Anwendung beruht darauf, dass sich ein Benutzer innerhalb der Karte bewegt. Wenn Sie kein Gerät mit GPS-Unterstützung oder überhaupt kein Android-Gerät besitzen, wird dies bestimmt keine leichte Aufgabe! Aber glücklicherweise kann DDMS hier helfen. DDMS enthält Werkzeuge zur Positionskontrolle. Als Entwickler können Sie manuell GPS-Koordinaten bereitstellen oder Dateien im Format GPX (GPS eXchange) oder KML (Keyhole Markup Language) nutzen, die Punkten auf einer Karte entsprechend und zudem noch entsprechende Zeitangaben enthalten können. (Beispielsweise in der Art, hier 5 Sekunden verharren, dorthin gehen und von da aus weiter zum nächsten Punkt.)

Ich kann hier nur oberflächlich auf DDMS und seine Funktionen eingehen. Ich zeige Ihnen, wie Sie Meldungen an DDMS übergeben und wie Sie sie mit Eclipse betrachten können.

Protokolleinträge für DDMS erzeugen

Um Protokolleinträge für DDMS erzeugen zu können, müssen Sie nur eine einzige Zeile Code schreiben. Öffnen Sie dazu die Datei MainActivity.java und fügen Sie am Ende der Methode einen Log-Eintrag hinzu (siehe Listing 5.5).

```
@Override
public void onCreate(Bundle savedInstanceState) {
    super.onCreate(savedInstanceState);
    setContentView(R.layout.main);

    mAudioManager = (AudioManager)getSystemService(AUDIO_SERVICE);

    checkIfPhoneIsSilent();

    setButtonClickListener();

    Log.d("SilentModeApp", "Dies ist ein Test");                    → 12
}
```

Listing 5.5: Die Methode onCreate()

Der Code in der mit → **12** markierten Zeile demonstriert, wie Sie für einen Eintrag im Systemprotokoll sorgen können. SilentModeApp ist der Bezeichner (TAG), den Sie für diesen Protokolleintrag wählen. Beim zweiten Parameter des Log-Aufrufs handelt es sich dann um die auszugebende Meldung. Über den Bezeichner können Sie Einträge bei deren Betrachtung in DDMS filtern.

Eine gute Konvention, an die Sie sich halten können, ist die Deklaration einer Konstanten namens TAG im Code, die Sie dann verwenden können, ohne jeweils einen neuen Bezeichner eingeben zu müssen. Ein Beispiel wäre:

```
private static final String TAG = "SilentModeApp";
```

Beachten Sie in Listing 5.5 das d in Log.d. Das d weist darauf hin, dass es sich um einen Debugging-Eintrag handelt. Die anderen Optionen sind:

- e: Fehler (error)
- I: Information
- wtf: Fürchterlicher Fehler (What a terrible failure). Ja, diese Option gibt es wirklich!
- v: ausführlich (verbose)

Die verschiedenen Protokollierungsvarianten gibt es, damit Sie entscheiden können, wie unterschiedliche Einträge protokolliert werden sollen.

Sie müssen das Paket android.util.Log importieren, damit die Protokollierung funktioniert.

DDMS-Meldungen betrachten

Wahrscheinlich fragen Sie sich, wie Sie die DDMS-Meldungen betrachten können. Dazu können Sie entweder DDMS manuell starten oder die DDMS-Perspektive in Eclipse öffnen:

- **Manuelle Vorgehensweise:** Navigieren Sie dorthin, wo Sie das Android-SDK installiert haben. Im Ordner tools doppelklicken Sie auf die Datei ddms.bat. Damit wird die DDMS-Anwendung außerhalb der Eclipse-IDE gestartet (siehe Abbildung 5.10).

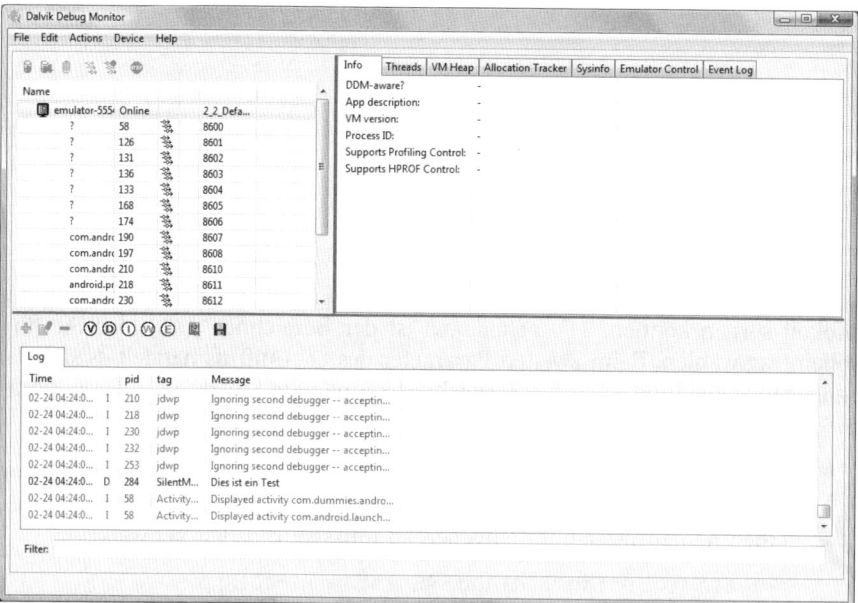

Abbildung 5.10: Eine getrennt von Eclipse ausgeführte DDMS-Instanz

✔ **In Eclipse:** Mit den ADT wurde eine DDMS-Perspektive installiert. Um diese zu öffnen, klicken Sie die Schaltfläche OPEN PERSPECTIVE an und wählen DDMS (siehe Abbildung 5.11). Wenn DDMS in dieser Ansicht nicht angezeigt wird, wählen Sie die Option OTHER und dann DDMS. Damit wird eine DDMS-Perspektive zur Auswahlliste hinzugefügt, über die Sie schnell zwischen den Perspektiven umschalten können. Es sollte automatisch zur DDMS-Perspektive umgeschaltet worden sein. Hier können Sie LOGCAT (normalerweise unten im Fenster) einsehen. Ich selbst verschiebe den LOGCAT-Bereich lieber in den Hauptbereich des Eclipse-Fensters (siehe Abbildung 5.12). Dazu ziehen Sie die LOGCAT-Registerkarte an ihrer Bezeichnung einfach an die gewünschte Zielposition.

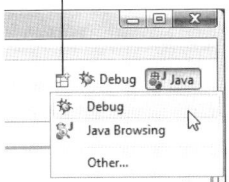

Abbildung 5.11: Die Schaltfläche OPEN PERSPECTIVE

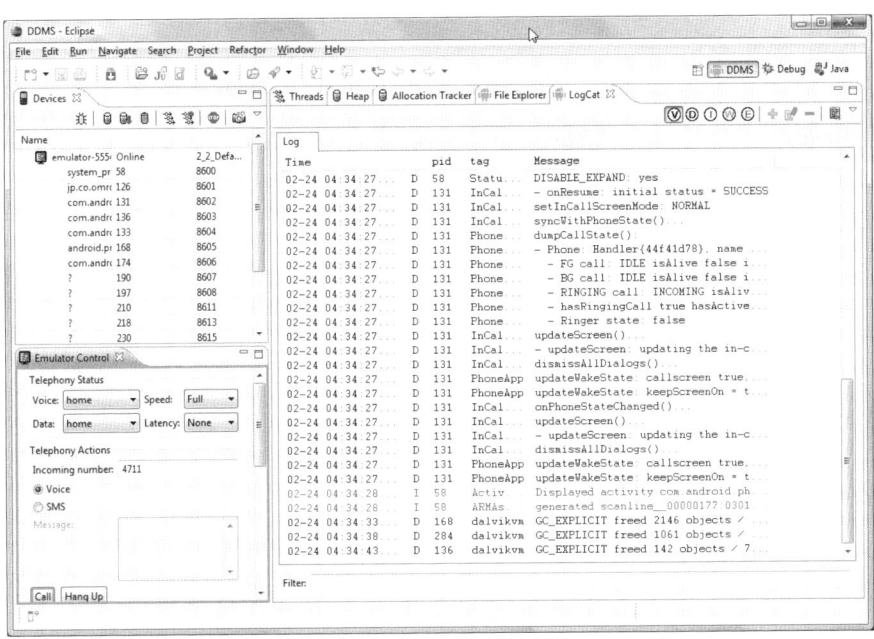

Abbildung 5.12: Das Fenster LOGCAT im Hauptfenster von Eclipse

Starten Sie nun Ihre Anwendung über RUN|DEBUG oder drücken Sie F11. Wenn Ihre App im Emulator läuft, öffnen Sie die DDMS-Perspektive und betrachten die Protokolleinträge. Diese sollten denen in Abbildung 5.13 ähneln. Die anderen Meldungen des Systemprotokolls können bei Ihrem Rechner zwar anders aussehen, aber der selbst definierte Protokolleintrag sollte wie bei mir aussehen.

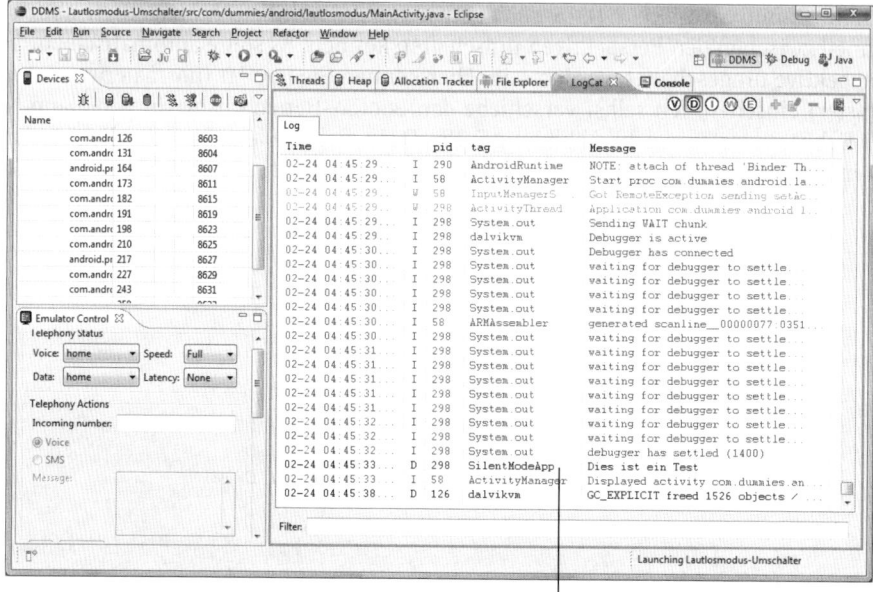

Ihr Protokolleintrag

Abbildung 5.13: LogCat-Meldungen in Eclipse über die DDMS-Perspektive betrachten

Zur Java-Perspektive können Sie durch Anklicken der Schaltfläche JAVA PERSPECTIVE zurückkehren (siehe Abbildung 5.14).

Wechsel zur Java-Perspektive

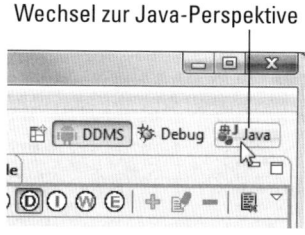

Abbildung 5.14: Die Java-Perspektive öffnen

Den Eclipse-Debugger nutzen

Auch wenn DDMS vielleicht einer Ihrer besten Verbündeten ist, bleibt der Eclipse-Debugger doch Ihre mächtigste Waffe gegen die Heerscharen von Bugs (Fehler). Mit dem von Eclipse zur Verfügung gestellten Debugger können Sie unter anderem verschiedene Haltepunkte (Breakpoints) setzen, Variablen im Watch-Fenster beobachten und LogCat anzeigen.

5 ► Code für Ihre App

Sie können den Debugger zur Suche nach Laufzeitfehlern oder logischen Fehlern nutzen. Syntaxfehler werden bereits von Eclipse abgefangen. Dann lässt sich die Anwendung nicht kompilieren und Eclipse informiert Sie über Symbole und Wellenlinien darüber, wo Probleme im Code bestehen.

Laufzeitfehler prüfen

Laufzeitfehler sind wie die bösen Hexen des Ostens. Sie tauchen aus dem Nichts auf und hinterlassen nichts als Ruinen. In Android können Laufzeitfehler bei der Ausführung Ihrer Apps auftreten. Beispielsweise könnte Ihre Anwendung längere Zeit problemlos funktionieren, um dann beim Ausführen einer bestimmten Aktion (zum Beispiel beim Anklicken eines Menüs oder einer Schaltfläche) plötzlich abzustürzen. Dafür gibt es nahezu unendlich viele Ursachen. Vielleicht haben Sie vergessen, AudioManager in der Methode onCreate() zu initialisieren und dann später in der App versucht, auf die Variable zuzugreifen. Das würde einen Laufzeitfehler verursachen.

In derartigen Situationen kann der Debugger helfen, weil Sie mit ihm einen Haltepunkt an den Anfang von onCreate() setzen können, um die Werte der Variablen über die Debug-Perspektive untersuchen zu können. Dann würden Sie erkennen, dass Sie vergessen haben, AlarmManager zu initialisieren. Listing 5.6 soll das geschilderte Szenario verdeutlichen. Darin wurde die AlarmManager-Initialisierung auskommentiert, was während der Laufzeit zu einem Ausnahmefehler führt.

```
private AudioManager mAudioManager;                              → 1
private boolean mPhoneIsSilent;

@Override
public void onCreate(Bundle savedInstanceState) {
    super.onCreate(savedInstanceState);
    setContentView(R.layout.main);

    //mAudioManager =                                            → 9
    // (AudioManager)getSystemService(AUDIO_SERVICE);

    checkIfPhoneIsSilent();

        setButtonClickListener();

        Log.d("SilentModeApp", "Dies ist ein Test");
}
/**
 * Testen, ob Telefon im Lautlosmodus
 */
private void checkIfPhoneIsSilent() {
        int ringerMode = mAudioManager.getRingerMode();          → 22
```

```
        if (ringerMode == AudioManager.RINGER_MODE_SILENT) {
            mPhoneIsSilent = true;
        } else {
            mPhoneIsSilent = false;
        }
    }
}
```

Listing 5.6: Auskommentieren der `AlarmManager`*-Initialisierung*

- ✔ →**1:** Die Variable auf Klassenebene `AudioManager` wird eingeführt.
- ✔ →**9:** Beim Testen habe ich diesen Code versehentlich in einen Kommentar umgewandelt. Damit bleibt die Variable `mAudioManager` uninitialisiert.
- ✔ →**22:** Nach dem Aufruf von `checkIfPhoneIsSilent()` durch `onCreate()` kommt es zu einem Ausnahmefehler, weil `mAudioManager` den Wert `null` hat und ich ein Mitglied dieses (nicht existierenden!) Objekts aufzurufen versuche.

Wenn ich den Debugger auf die Methode `onCreate()` ansetze, kann ich der Fehlerursache auf den Grund gehen.

Haltepunkte setzen

Es gibt mehrere Möglichkeiten, Haltepunkte zu setzen:

- ✔ Markieren Sie die Zeile, in der ein Haltepunkt gesetzt werden soll, durch Anklicken mit der Maus. Wählen Sie Run|Toggle Breakpoint (siehe Abbildung 5.15).
- ✔ Markieren Sie die Zeile, in der Sie einen Haltepunkt setzen wollen, durch Anklicken mit der Maus. Drücken Sie dann [Strg]+[⇧]+[B]. Diese Tastenkombination wird auch im Menü angegeben (siehe Abbildung 5.15).
- ✔ Doppelklicken Sie in der linken Randspalte im Eclipse-Editor dort, wo der Haltepunkt gesetzt werden soll.
- ✔ Klicken Sie die linke Randspalte im Eclipse-Editor dort mit der rechten Maustaste an, wo der Haltepunkt gesetzt werden soll, und wählen Sie im Kontextmenü Toggle Breakpoint.

Bei den verschiedenen Verfahren wird ein kleines rundes Symbol in der linken Spalte im Eclipse-Editor angezeigt (siehe Abbildung 5.16).

Nun sollen Sie sich an einem praktischen Beispiel mit dem Debugger ein wenig vertraut machen. Kommentieren Sie dazu die in Listing 5.7 mit →**3** gekennzeichnete Zeile der Methode `onCreate()` aus.

```
setContentView(R.layout.main);

//mAudioManager = (AudioManager)getSystemService(AUDIO_SERVICE);    →3

checkIfPhoneIsSilent();                                              →5
```

Listing 5.7: Um einen Fehler zu erzeugen, wurde hier eine Zeile auskommentiert.

5 ► Code für Ihre App

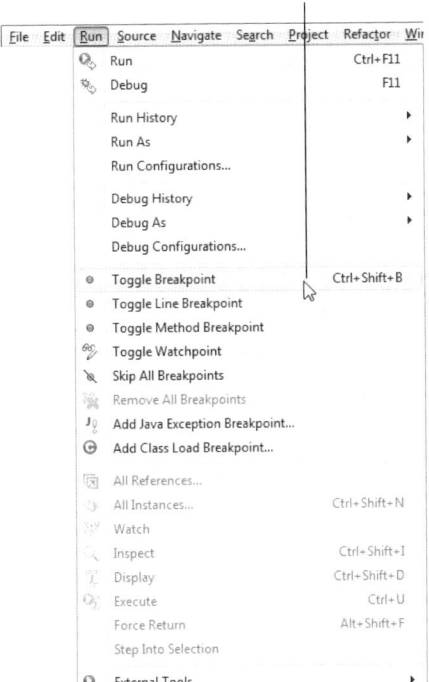

Abbildung 5.15: Einen Haltepunkt über das Menü oder eine Tastenkombination setzen

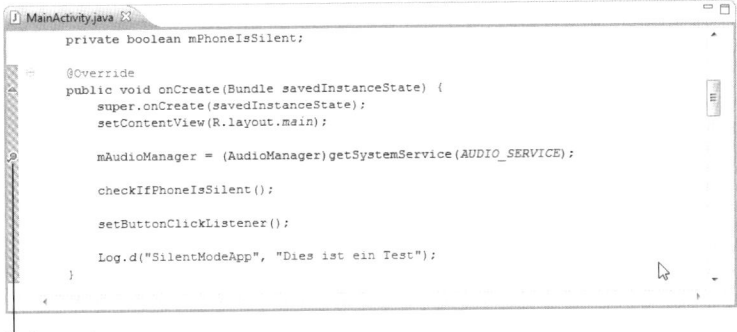

Haltepunkt setzen

Abbildung 5.16: Ein gesetzter Haltepunkt wird in der linken Spalte im Eclipse-Editor angezeigt.

✔ →3: Die `AudioManager`-Zeile wurde auskommentiert.

✔ →5: Die Methode wird aufgerufen und führt zum Fehler in der App.

Setzen Sie nun mit einem der dargestellten Verfahren einen Haltepunkt in der mit →5 gekennzeichneten Zeile.

Den Debugger und die Debug-Perspektive starten

Bevor Sie mit der Fehlersuche beginnen können, müssen Sie noch eine Sache überprüfen beziehungsweise erledigen. Sie müssen dafür sorgen, dass die Android-App im Fehlersuchmodus ausgeführt wird. Öffnen Sie dazu über den PACKAGE EXPLORER die Datei AndroidManifest.xml, aktivieren Sie unten im Fenster die Registerkarte APPLICATION (siehe Abbildung 5.17) und setzen Sie die Eigenschaft DEBUGGABLE auf true (siehe Abbildung 5.17). Speichern Sie nun die Datei.

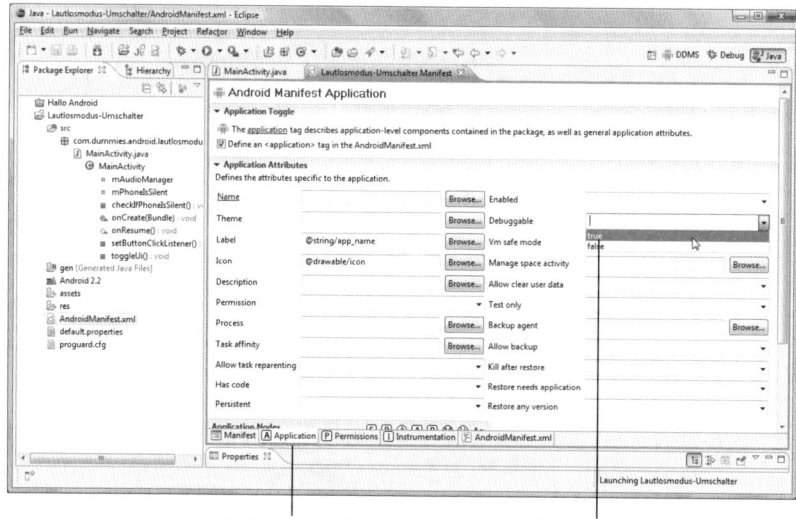

Abbildung 5.17: Die Anwendung auf die Fehlersuche vorbereiten

 Wenn Sie die Eigenschaft DEBUGGABLE nicht auf true setzen, werden Sie nie nach Fehlern in Ihrer App suchen können. Ihre Anwendung wird nicht einmal versuchen, eine Verbindung zum Debugger herzustellen. Wenn bei mir Probleme beim Debugging auftreten, sehe ich immer erst einmal hier nach, weil ich häufiger vergesse, die Eigenschaft entsprechend zu setzen.

Jetzt haben Sie Fehler in den Code eingebaut, warten nur noch darauf, dass sie sich zeigen und können mit der Fehlersuche beginnen. Ich wette aber, dass Sie das nie zugeben würden!

Um den Debugger zu starten, wählen Sie RUN|DEBUG oder drücken F11. Damit teilen Sie den ADT und Eclipse mit, dass die Anwendung auf dem Emulator (oder Gerät) installiert und dann eine Verbindung zum Debugger hergestellt werden soll.

Wenn sich Ihr Emulator nicht im Vordergrund befindet, holen Sie ihn nun nach vorn. Die Anwendung wird installiert und Sie sehen nun einen Bildschirm, der wie in Abbildung 5.18 aussehen sollte. Darin werden Sie darüber informiert, dass die ADT und der Emulator hinter den Kulissen eine Verbindung herzustellen versuchen.

Der Emulator braucht vielleicht eine Weile, bis die Verbindung zum Debugger hergestellt werden kann. Anschließend führt er den Code Ihrer Anwendung aus und stoppt beim Erreichen

5 ► Code für Ihre App

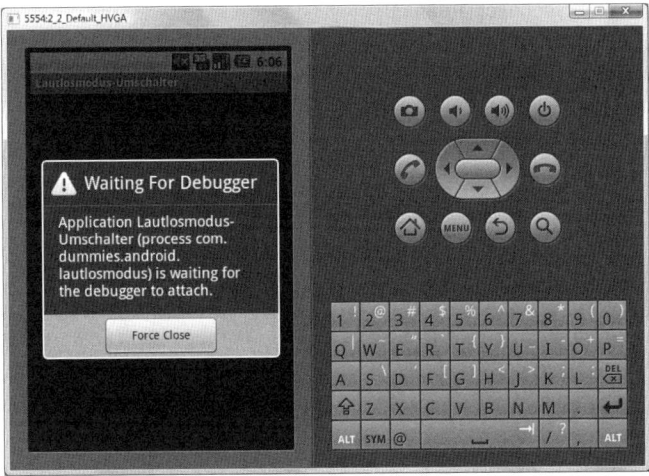

Abbildung 5.18: Der Emulator wartet auf die Verbindung zum Debugger.

des ersten Haltepunkts. Dann wird ein Dialogfeld angezeigt, in dem Sie gefragt werden, ob die Debug-Perspektive geöffnet werden soll (siehe Abbildung 5.19). Klicken Sie YES an.

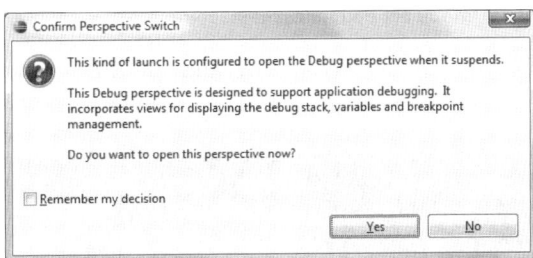

Abbildung 5.19: Die Debug-Perspektive aktivieren

Das Programm sollte sich nun am Haltepunkt befinden (siehe Abbildung 5.20). Sie können den Mauszeiger über Variablen verweilen lassen, um sich deren Werte anzeigen zu lassen.

Führen Sie den Mauszeiger über die Variable `mAudioManager`. Sie sollten sehen, dass ihr Wert aktuell `null` ist (siehe Abbildung 5.20), weil Sie den Initialisierungscode auskommentiert haben.

Abbildung 5.20 zeigt auch, über welche Schaltflächen Sie den Code schrittweise ausführen und fortsetzen können. Wenn Sie drei Mal die Schaltfläche RESUME (Fortsetzen) anklicken oder F8 drücken, können Sie sehen, wie sich die Debug-Perspektive ändert und schließlich »source not found« meldet. Wenn Sie dann zum Emulator wechseln, werden Sie feststellen, dass Ihre App abgestürzt ist (siehe Abbildung 5.21). Im Android-Marktplatz ist dieser Bildschirm als »Force Close«, »FC« oder »Schließen erzwingen« bekannt. Das Schließen einer App wird dann erzwungen, wenn zur Laufzeit ein Ausnahmefehler aufgetreten ist, der nicht im Code behandelt wird.

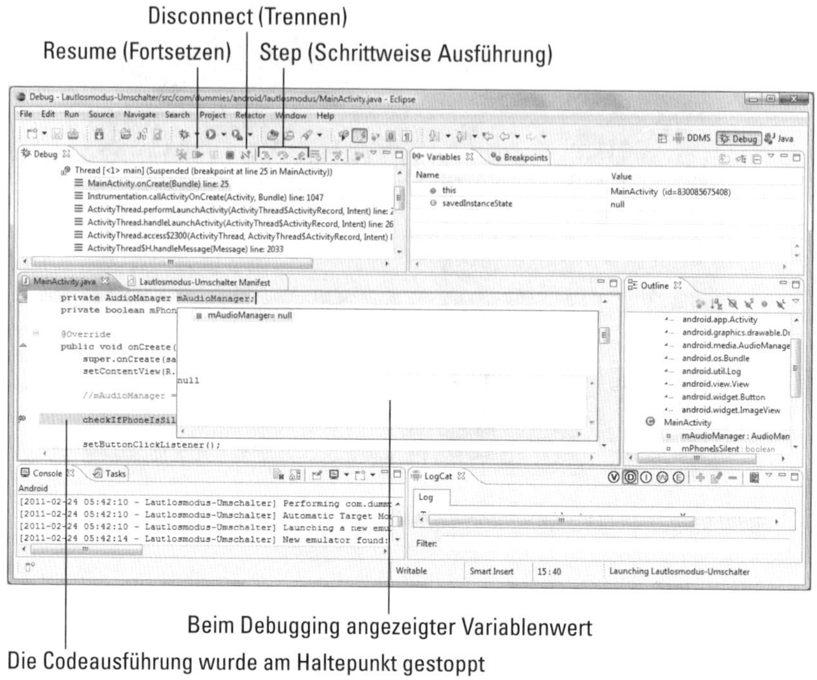

Disconnect (Trennen)
Resume (Fortsetzen) Step (Schrittweise Ausführung)

Beim Debugging angezeigter Variablenwert
Die Codeausführung wurde am Haltepunkt gestoppt

Abbildung 5.20: Die Debug-Perspektive mit Erläuterungen

Abbildung 5.21: Ein »Schließen erzwingen«-Dialogfeld, das aufgrund eines Ausnahmefehlers zur Laufzeit angezeigt wird.

Um die Verbindung zum Debugger zu trennen, klicken Sie die Schaltfläche DISCONNECT (Trennen) an (siehe Abbildung 5.20). Kehren Sie zur Java-Perspektive zurück und entfernen Sie die in der Datei MainActivity.java in der mit → **3** markierten Zeile (siehe Listing 5.7) gesetzten Kommentarzeichen wieder, um dafür zu sorgen, dass Ihre App wieder fehlerfrei kompiliert werden kann.

Logische Fehler aufspüren

Computer machen genau das, was Sie Ihnen sagen, und wenn es um die eigentliche Logik des Programms geht, ist auch das kleine *Smartphone* nicht smart genug, um zu wissen, was richtig und was falsch ist. Listing 5.8 zeigt ein Beispiel für einen Fehler in der sprachlichen Logik.

```
/**
 * Schaltet die UI-Bilder von Lautlosmodus
 * auf Normalmodus um (und umgekehrt).
 */
private void toggleUi() {

    ImageView imageView =
        (ImageView) findViewById(R.id.phone_icon);
        Drawable newPhoneImage;

    if (mPhoneIsSilent) {                                           → 11
            newPhoneImage =
                getResources().getDrawable(R.drawable.phone_silent);

    } else {
            newPhoneImage =
                getResources().getDrawable(R.drawable.phone_on);
    }

    imageView.setImageDrawable(newPhoneImage);
}

@Override
protected void onResume() {
    super.onResume();
    //checkIfPhoneIsSilent();                                       → 26
    toggleUi();
};
```

Listing 5.8: Dieser Code prüft nicht, ob sich das Telefon im Lautlosmodus befindet

- ✔ **→ 11:** Diese Zeile prüft, ob sich das Telefon aktuell im Lautlosmodus befindet.
- ✔ **→ 26:** Damit die Methode toggleUi() dem Benutzer die richtige Bedienschnittstelle anzeigen kann, muss die App wissen, in welchem Zustand sich die Klingel aktuell befindet.

In dieser Zeile habe ich versehentlich die Methode `checkIfPhoneIsSilent()` auskommentiert, die die Variable auf Klassenebene `mPhoneIsSilentVariable` aktualisiert. Da dies in der Methode `onResume()` geschieht, könnte der Benutzer die App verlassen, den Status der Klingel über die Einstellungen des Telefons ändern und wieder zur App zurückkehren. Diese befände sich dann einfach wegen eines logischen Fehlers im falschen Zustand! Bei Verwendung eines Debuggers könnten Sie einen Haltepunkt in der ersten Zeile der Methode `toggleUi()` setzen, um die verschiedenen Variablen zu untersuchen, die den logischen Aufruf unterstützen. Dann würden Sie feststellen, dass die Variable `mPhoneIsSilent` nicht gesetzt wird.

Über Anwendungsgrenzen hinaus denken

Manchmal verrichtet das Gerät extern Arbeiten, die sich auf Ihre App auswirken könnten, wie zum Beispiel das Herunterladen großer Dateien im Hintergrund, während Musik über eine Online-Radioanwendung wiedergegeben wird. Können diese starken Netzwerkaktivitäten den Ablauf der Anwendung irgendwie beeinträchtigen? Nun, das hängt davon ab. Wird Ihre App abstürzen, wenn sie auf eine Internetverbindung angewiesen ist und diese aus irgendwelchen Gründen nicht herstellbar ist? Was wird geschehen? Um die Antworten auf diese Fragen zu kennen, muss man, wie ich es nenne, *über die Grenzen der eigenen Anwendung hinaus denken*.

Nicht alle Anwendungen sind gleich gut. Und glauben Sie mir, ich habe einige gute und einige *wirklich schlechte* gesehen. Bevor Sie Ihre erste Android-Anwendung erstellen oder veröffentlichen, müssen Sie dafür sorgen, dass Sie die Vor- und Nachteile Ihrer App und alle Aspekte, die sie beeinträchtigen könnten, wirklich kennen. Sie müssen dafür sorgen, dass sie nicht abstürzt, wenn Benutzer die üblichen Tippereignisse erzeugen und auf dem Bildschirm navigieren.

Die Erstellung von Anwendungen für eingebettete Geräte unterscheidet sich einfach deshalb erheblich von der für einen PC oder Mac, weil die Ressourcen (Speicher, Prozessor und so weiter) stark beschränkt sind. Wenn es sich bei dem Android-Gerät um ein Telefon handelt, besteht dessen Hauptaufgabe darin, seine Telefonfunktionen zu erfüllen und zum Beispiel eingehende Anrufe zu erkennen, diese zu signalisieren und Textmeldungen zu versenden und zu empfangen.

Wenn ein Telefongespräch geführt wird, handelt es sich dabei für das Android-System um einen kritischen Prozess, während das Herunterladen von Dateien im Hintergrund weniger wichtig ist. Wenn dem Telefon die Ressourcen auszugehen beginnen, wird Android alle weniger wichtigen Prozesse zerstören, um die kritischen bedienen zu können. Dateien können erneut heruntergeladen werden, während abgebrochene Verbindungen einfach weg sind und der Anruf erneut getätigt werden muss. Natürlich können Sie noch einmal anrufen, aber das wird den Benutzer des Android-Geräts nur frustrieren, wenn er es in erster Linie als Telefon gekauft hat. Während Ihre App Dateien im Hintergrund herunterlädt, könnte sie zerstört werden, und dieses Szenario müssen Sie testen. Ähnliches könnte geschehen, wenn Funkverbindungen schlechter werden oder abreißen. Die Verbindung geht verloren und die Datei wird nicht heruntergeladen. Sie müssen alle möglichen Lösungen prüfen und für geeignete

Schutzmaßnahmen sorgen. Ansonsten wird Ihre laufende App anfällig für Ausnahmefehler, was zu schlechten Rezensionen auf dem Android-Marktplatz führen kann.

Mit Ihrer Anwendung interagieren

Um sich davon zu überzeugen, dass Ihre App funktioniert, müssen Sie sie einfach nur starten und mit ihren Funktionen spielen. Starten Sie andere Apps, wie zum Beispiel den Browser, während Ihre Anwendung läuft. Surfen Sie eine Weile im Internet und kehren Sie dann wieder zu Ihrer App zurück. Klicken Sie einige der Schaltflächen in Ihrer App an und sehen Sie, was passiert. Probieren Sie verschiedene Dinge aus, um zu sehen, ob es zu Resultaten kommt, an die Sie vielleicht nicht gedacht haben. Was geschieht, wenn ein Benutzer Ihre App verwendet, während er angerufen wird? Speichern Sie den Zustand wie erforderlich in `onPause()` und stellen ihn in `onResume()` wieder her? Android nimmt Ihnen zwar die schwierige Taskverwaltung ab, aber bei Ihrer App sind ausschließlich Sie selbst für die Statusverwaltung verantwortlich.

Funktioniert es? Ihre App testen

Starten Sie auf Ihrem Emulator die Anwendung LAUTLOSMODUS-UMSCHALTER. Damit ist bereits der erste Testschritt erledigt, denn Sie haben sich damit davon überzeugt, dass Ihre App startet!

Wenn die App läuft, prüfen Sie durch einen Blick in die Benachrichtigungsleiste, ob sich das Telefon im Lautlosmodus befindet und dort das entsprechende Telefonsymbol angezeigt wird (siehe Abbildung 5.22).

Abbildung 5.22: Hinweis auf den Lautlosmodus in der Benachrichtigungsleiste

Klicken Sie die Schaltfläche LAUTLOSMODUS UMSCHALTEN an, um in den Klingelmodus zu wechseln. Wird das von Ihrer App angezeigte Bild geändert und wechselt zum grünen Telefon (oder zum roten)? Probieren Sie verschiedene Dinge aus, um sich davon zu überzeugen, dass Ihre App wie erwartet funktioniert. Wenn Sie einen Fehler finden, benutzen Sie die in diesem Kapitel vorgestellten Debugging-Tools, um die Ursache zu ermitteln.

Welche automatischen Testmöglichkeiten gibt es?

Angesichts der im letzten Jahrzehnt aufgekommenen agilen Methoden ist es nur eine Frage der Zeit, bis Sie sich fragen, welche automatischen Testmöglichkeiten Sie mit Android haben. Mit dem SDK werden auch Android-Testwerkzeuge installiert, mit denen Sie nicht nur Java-Klassen, sondern auch auf Android basierende Klassen und Interaktionen mit der Benutzerschnittstelle testen können. Mehr über die entsprechenden Testmöglichkeiten erfahren Sie in der Android-Dokumentation unter http://d.android.com/guide/topics/testing/testing_android.html.

Über das Testen von Modulen mit Android allein ließe sich problemlos ein komplettes Buch schreiben. Daher werde ich hier nur kurz die verfügbaren Werkzeuge erwähnen. Wenn Sie Zeit haben, können Sie sich mit diesen ja eingehender befassen:

- ✔ **jUnit:** Mit dem SDK wird die jUnit-Integration in die ADT installiert. jUnit ist ein sehr beliebtes Framework zum Testen von Units, das in Java verwendet wird. Mit jUnit können Sie einzelne Units (Klassen oder Methoden) oder die Interaktion mit Anwendungen testen. Mehr über jUnit erfahren Sie unter www.junit.org. Um Ihnen die Nutzung zu erleichtern, enthält Eclipse integrierte Werkzeuge, mit denen Sie Tests mit jUnit aus der Eclipse-Umgebung heraus durchführen können.

- ✔ **Monkey:** Bei Monkey handelt es sich um ein Prüfsystem für Benutzeroberflächen/Anwendungen. Das Programm wird auf Ihrem Emulator oder Gerät ausgeführt und erzeugt pseudozufällige Folgen von Benutzerereignissen. Dazu zählen Fingertipps, Gesten, Berührungen, Klicks und auch eine Reihe von Systemereignissen. Monkey bietet eine gute Möglichkeit, um Belastungstests für Ihre App durchzuführen. Monkey wird zusammen mit dem Android-SDK installiert.

Android-Ressourcen verstehen

In diesem Kapitel
- Warum Ressourcen bei Android so wichtig sind
- Ressourcen übernehmen
- Mit Bildressourcen arbeiten

Ich habe Ressourcen in diesem Buch bereits recht ausführlich beschrieben, weshalb Sie sich vielleicht fragen werden, warum sie hier erneut behandelt werden. Die Informationen über Ressourcen und deren Nutzung in den Kapiteln 3 und 4 waren notwendig, um die Grundlagen des Ressourcenordners verstehen und eine einfache Anwendung erstellen zu können. Es gibt aber viele andere triftige Gründe für die Nutzung von Ressourcen in Ihrer Anwendung, zu denen auch die Globalisierung zählt, um die es in diesem Kapitel geht.

Ressourcen verstehen

Bei Ressourcen handelt es sich nicht um irgendeinen schwammigen Android-Begriff. Sie sind vielmehr überaus wichtige Elemente der Android-Plattform.

Bei Ressourcen kann es sich unter anderem um diese Anwendungselemente handeln:

- Layouts
- Strings
- Bilder
- Abmessungen
- Formatvorlagen
- Schemen
- Werte
- Menüs
- Farben

Layouts, Strings und Bilder habe ich Ihnen bereits vorgestellt, weil es sich dabei um die meistverwendeten Ressourcenarten bei der alltäglichen Entwicklung von Android-Apps handelt. Die Rolle der anderen Ressourcen ist Ihnen möglicherweise nicht ganz klar, weshalb ich sie hier kurz erläutere.

Abmessungen

In einer Android-Ressource ist eine Abmessung (*Dimension*) eine Zahl, der eine Maßeinheit folgt, wie zum Beispiel 10px, 2in oder 5sp. Bei der Angabe beliebiger Eigenschaften in Android, die numerische Größenangaben erfordern, würden Sie Abmessungen verwenden. Vielleicht soll ein bestimmter Abstand in einem Layout zehn Pixel (10px) groß sein. Die folgenden Maßeinheiten werden von Android unterstützt:

- ✔ **dp (density-independent pixels):** Hierbei handelt es sich um eine abstrakte Einheit, die auf der physischen Dichte beziehungsweise dem Abstand der Pixel des Bildschirms voneinander basiert. Die Einheiten werden relativ zu einem 160-dpi-Bildschirm (dpi – dots per inch) angegeben. 1 dp entspricht daher einem Pixel auf einem 160-dpi-Bildschirm. Das Verhältnis von dp zu Pixeln ändert sich zwar mit der Bildschirmdichte, aber nicht notwendigerweise proportional. Diese Maßeinheit benutze ich bevorzugt beim Erstellen meiner Layouts. Das Thema »dp« ist recht umfangreich, weshalb Sie sich näher damit befassen sollten, wenn Sie mehrere verschiedene Bildschirmdichten unterstützen wollen. Mehr über dieses Thema erfahren Sie im Abschnitt *Supporting Multiple Screen Sizes* unter `http://developer.android.com/guide/practices/screens_support.html`.

- ✔ **sp (scale-independent pixels):** Diese Maßeinheit ähnelt »dp«, wird aber entsprechend den Benutzervoreinstellungen für die Schriftgröße skaliert. sp-Abmessungen sollten Sie für die Angabe von Schriftgrößen in Ihren Apps verwenden.

- ✔ **pt (Punkt):** Ein Punkt (point) misst 1/72 Zoll und basiert auf den physischen Bildschirmabmessungen.

- ✔ **px (Pixel):** Diese Maßeinheit entspricht physischen Bildschirmpunkten. Sie sollten sie nicht verwenden, weil Ihre App dann möglicherweise zwar auf einem Gerät mit mittlerer Dichte gut aussieht, aber auf einem mit hoher Dichte nur noch verzerrt angezeigt wird und verloren wirken könnte (und umgekehrt). Das liegt daran, dass auf den verschiedenen Geräten unterschiedlich viele Pixel pro Zoll (oder Zentimeter) angezeigt werden.

- ✔ **mm (Millimeter):** Basiert auf den physischen Bildschirmabmessungen und ähnelt damit dem Punkt.

- ✔ **in (Inches/Zoll):** Basiert wie pt und mm auf den physischen Bildschirmabmessungen.

Styles (Formatvorlagen)

Mit Formaten und Formatvorlagen (Styles und Style Sheets) können Sie Ihre Apps (einheitlich) gestalten! Die Styles in Android ähneln stark den im Bereich der Webentwicklung verwendeten CSS-Vorlagen (CSS – Cascading Style Sheets). Ein Format (Style) ist eine Zusammenstellung von Eigenschaften, die auf beliebige Views (innerhalb der Layoutdatei), Aktivitäten oder ganze Apps (über die Manifest-Datei) angewendet werden können. Formate unterstützen die Vererbung, weshalb Sie erst ein recht grundlegendes Format definieren können, das Sie dann für die jeweiligen Einsatzzwecke Ihrer App ändern können. Zu den Formateigenschaften zählen beispielsweise Schriftgröße, Schriftfarbe und Bildschirmhintergrund.

Themes (Schemas)

Als Thema oder auch Schema wird ein Format bezeichnet, das auf eine komplette Aktivität oder App und nicht nur auf einzelne Steuerelemente angewendet wird. Wenn ein Format als Thema benutzt wird, erben alle Views in der Aktivität und/oder Anwendung die Formateinstellungen. Sie können so beispielsweise für alle `TextView`-Elemente eine bestimmte Schriftart vorgeben, die dann für alle Views in der entsprechenden Aktivität oder Anwendung benutzt wird.

Werte

Wertressourcen können höchst unterschiedliche Arten von Ressourcen für Ihre App enthalten. Dazu zählen beispielsweise:

- ✔ `Bool`: Ein in XML definierter boolescher Wert wird unter einem beliebigen Dateinamen in der Datei `res/values/<dateiname>.xml` gespeichert. Dabei steht `<dateiname>` für den Namen der Datei. Ein Beispiel wäre `bools.xml`.

- ✔ `Integer`: Ein in XML definierter ganzzahliger Wert wird unter einem beliebigen Dateinamen in der Datei `res/values/<dateiname>.xml` gespeichert. Ein Beispiel wäre `integers.xml`.

- ✔ **Integer-Array:** Die Werte eines in XML definierten Integer-Arrays werden unter einem beliebigen Dateinamen in der Datei `res/values/<dateiname>.xml` gespeichert, wobei auch hier wieder `<dateiname>` den frei wählbaren Dateinamen repräsentiert. Sie können diese Ganzzahlen in Ihrem Code beispielsweise dazu verwenden, Schleifen oder Abmessungen anzugeben.

- ✔ **Typisiertes Array:** Ein typisiertes Array wird zum Erstellen einer Reihe von Ressourcen (zum Beispiel `drawables`) verwendet. Sie können Arrays mit gemischten Datentypen erstellen. Daher müssen Arrays nicht homogen sein. Sie müssen die verwendeten Datentypen aber kennen, um sie passend umwandeln zu können. Wie bei den anderen Werten benutzen Sie auch hier zum Speichern wieder einen beliebigen Dateinamen nach dem Muster `res/values/<dateiname>.xml`. Ein Beispiel wäre `types.xml`.

Menüs

Menüs lassen sich entweder über den Quelltext oder über XML definieren. Bevorzugt sollten Sie Menüs über XML erstellen und entsprechend im Ordner `menus/` ablegen. Für jedes Menü wird eine `.xml`-Datei verwendet.

Farben

Bei der Farbdatei handelt es sich um die Datei `values/colors.xml`. Über diese Datei können Sie Namen für Farben verwenden, wie zum Beispiel `login_screen_font_color`. Dabei könnte es sich um die Farbe für die auf einer Anmeldeseite verwendete Schriftart handeln. Farben werden über ihre jeweiligen Hexadezimalwerte definiert.

Mit Ressourcen arbeiten

In diesem Buch haben Sie bereits mehrfach mit Ressourcen gearbeitet. Mittlerweile wissen Sie wahrscheinlich bereits, dass Sie die Klasse R verwenden müssen, um aus Ihrer Anwendung heraus auf Ressourcen zuzugreifen. Wenn Sie Ihr Wissen über Ressourcen und die erzeugte Datei R noch einmal auffrischen wollen oder müssen, sehen Sie sich noch einmal den Abschnitt über Ressourcen in Kapitel 3 an.

Strings in Ressourcen verschieben

In der Entwicklungsphase nehme ich gerne den kurzen Weg, um meine Projekte möglichst schnell kompilieren und starten zu können. Zuweilen vergesse ich dabei, Strings in Ressourcen abzulegen, und muss das nachträglich erledigen. Bei der Anwendung LAUTLOSMODUS-UMSCHALTER bin ich allerdings absichtlich so vorgegangen. Nachfolgend zeige ich Ihnen daher Schritt für Schritt, wie Sie Zeichenketten mit den integrierten Werkzeugen in Ressourcen überführen können.

Das lange Verfahren

Was ich hier darstelle, lässt sich mit einem »langen Verfahren« bewerkstelligen:

1. Erstellen Sie eine neue String-Ressource.
2. Kopieren Sie ihren Namen.
3. Ersetzen Sie den String-Wert in Ihrem Layout durch den Ressourcenbezeichner.

Das bedeutet zwar keinen riesigen Aufwand, dauert beim durchschnittlichen Entwickler aber wohl etwa 30 bis 45 Sekunden.

Das kurze Verfahren

Ich zeige Ihnen, wie Sie diese Aufgabe in weniger als 15 Sekunden bewältigen können. Wenn Sie das 30-mal am Tag machen (an einem Achtstundentag möglich), können Sie allein beim Kopieren und Einfügen 15 Minuten Zeit sparen. Das macht fünf Stunden monatlich! Führen Sie diese Schritte aus:

1. **Wenn Eclipse nicht läuft, starten Sie es nun und öffnen Sie die Datei** main.xml **im Ordner** layouts.

2. **Finden Sie das folgende Codesegment in der Datei:**

```
<Button
        android:id="@+id/toggleButton"
        android:layout_width="wrap_content"
        android:layout_height="wrap_content"
        android:layout_gravity="center_horizontal"
        android:text="Lautlosmodus umschalten"
/>
```

6 ➤ Android-Ressourcen verstehen

3. **Markieren Sie die Zeile** "Lautlosmodus umschalten".
4. **Drücken Sie** ⇧+Alt+A.

   Daraufhin wird ein kleines Menü mit drei Optionen angezeigt.

    Ich hatte im folgenden Schritt bei der eingesetzten Eclipse-Version ein wenig Probleme mit der Benutzung des kleinen Menüs. Zunächst einmal musste die Zeichenkette komplett markiert sein und dann ging es nur mit Anklicken der Option und Betätigung von ↵ weiter zum Menü. (Das sollte aber ein versionsspezifisches Problem sein.)

5. **Wählen Sie die Option EXTRACT ANDROID STRING.**

   Nun wird das Dialogfeld EXTRACT ANDROID STRING angezeigt (Abbildung 6.1). Hier können Sie verschiedene Optionen für die Ressource einstellen.

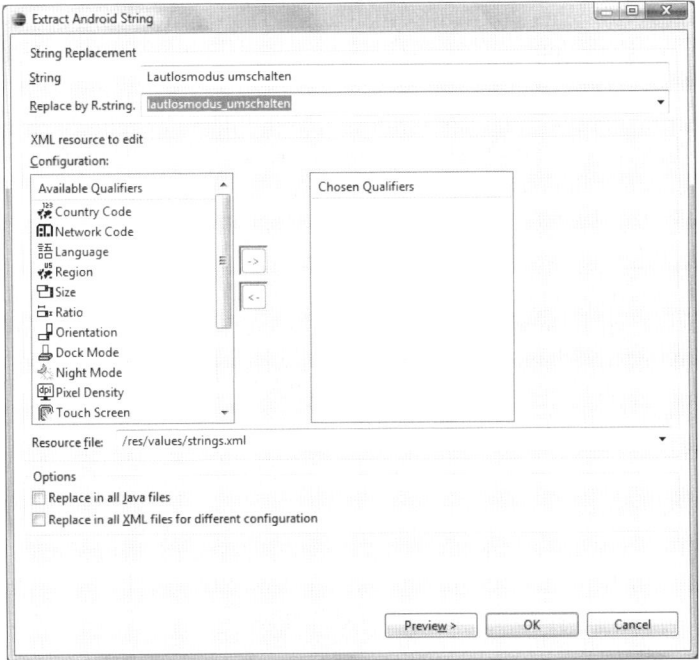

Abbildung 6.1: Das Dialogfeld EXTRACT ANDROID STRING

Da hier keine der angebotenen Funktionen genutzt werden müssen, behalten Sie die Vorgaben bei und klicken Sie die Schaltfläche OK an.

Nun können Sie sehen, dass die Layoutdatei geändert wurde. Der Text "Lautlosmodus umschalten" wurde durch "@string/lautlosmodus_umschalten" ersetzt. Wenn Sie die Datei strings.xml im Ordner res/values öffnen, finden Sie dort eine neue String-Ressource mit diesem Namen und dem Wert "Lautlosmodus umschalten".

Das ist doch wirklich toll! Wie Sie sehen, können Sie auf diesem Weg eine Menge Zeit sparen, wenn Sie dies 20- bis 30-mal am Tag machen müssen.

Der Kampf mit den Bildern

Zu einem der größten Probleme im Umgang mit Ressourcen können Bilder werden. Bilder können bei mittlerer Dichte durchaus gut und bei hoher Dichte grässlich aussehen. Hier kommen die Ordner für die verschiedenen Dichten ins Spiel. Die Ordner für »Drawables« für verschiedene Dichten sind in Kapitel 3 erläutert.

Treppeneffekte und Kompression

Probleme treten besonders häufig in Form von Treppeneffekten und bei der Kompression (beim Ändern der Bildabmessungen) auf. Um derartigen Problemen entgegenzuwirken, entwerfen Sie Ihre Grafiken in hoher Auflösung (zum Beispiel 300 dpi) und im großen Format. Erstellen Sie Ihr Startsymbol beispielsweise mit 256x256 Pixeln. Zwar benötigen Sie für Ihren `hdpi`-Ordner nur ein 72x72 Pixel großes Bild (momentan die größten verwendeten Bilder), aber das bedeutet angesichts der heute erhältlichen Tablets und Multimedia-Boxen auf Android-Basis nicht viel, die (auch) über HDMI- oder Mini-HDMI-Schnittstellen an großflächige Fernseher angeschlossen werden (können).

Wenn Sie Ihre Symbole allerdings aus wirklich großen Bildern erstellen wollen, muss der für die Bildbearbeitung eingesetzte Rechner schon entsprechend leistungsfähig sein. (Die vergleichsweise lahmen Netbooks sollten Sie für derartige Zwecke eher nicht benutzen.) Sie sollten mir hier aber glauben, dass sich Ausgangsbilder mit hoher Auflösung viel leichter in die benötigten Formate herunterrechnen lassen.

Unter dem Herunterrechnen hochauflösender Bilder leidet die Qualität nicht (einmal abgesehen davon, dass natürlich Details verloren gehen), während Bilder beim Hochrechnen schnell matschig und verzerrt wirken. Wenn Sie eine große Datei als Ausgangsbasis verwenden, ist es recht unwahrscheinlich, dass Sie Ihre Bilder jemals hochrechnen müssen. Die Grafiken in Ihren Apps werden dann immer knackig aussehen.

Mit Ebenen arbeiten

Wenn Sie Ihre Grafiken mit einem Bildbearbeitungsprogramm erstellen, das Zeichnungsebenen unterstützt, empfehle ich Ihnen dringend, die verschiedenen Elemente Ihrer Grafik auf verschiedenen Ebenen (Layern) zu erstellen. Dafür sprechen viele Gründe, wobei ich hier nur die wesentlichen nennen will:

- ✔ **Änderungen:** Zuweilen werden Sie etwas an Ihren Grafiken ändern müssen, wie zum Beispiel den Hintergrund, die Schriftart oder auch das Logo. Wenn sich diese Elemente auf verschiedenen Ebenen befinden, lässt sich das leicht ohne Auswirkungen auf die übrige Grafik bewerkstelligen.

- ✔ **Lokalisierung:** Erinnern Sie sich noch an das Beispiel weiter vorn in diesem Kapitel, in dem von Strings in verschiedenen Sprachen die Rede war? Das gilt auch für Grafiken. Als Entwickler werden Sie es häufiger mit Grafiken zu tun haben, die stilisierten Text enthalten. Wenn Ihre Anwendung ins Japanische übersetzt wird und Ihre Grafiken stilisierten deutschen oder englischen Text enthalten, werden Sie japanische Versionen dieser Grafiken erstellen und sie in einem dieser Region entsprechenden Ordner ablegen wollen, wie zum Beispiel res/drawable-ja. Die Android-Plattform erkennt, welche Sprach- und Standorteinstellungen verwendet werden (hier Japan). Wenn entsprechende Ressourcenordner (res/drawable-ja, res/values-ja und so weiter) vorhanden sind, nutzt Android sie in der Anwendung.

Nicht nur das Bildbearbeitungsprogramm, sondern auch das verwendete Dateiformat muss Ebenen unterstützen. Daher müssen Sie Ihre Ausgangsbilder dann auch in einem entsprechenden Format (beispielsweise dem eigenen Dateiformat des Grafikprogramms) speichern und aufbewahren.

Globalisierung von Apps mit Ressourcen

Die Android-Plattform konnte laut ZDNet in den USA im ersten Quartal 2010 die Marktanteile des Apple iPhone übertreffen, vor ihm nur noch das Blackberry von Research In Motion. Mittlerweile werden weltweit neue Smartphones, Tablets, Multimedia- und Web-TV-Boxen zum Anschluss an Fernseher auf Android-Basis entwickelt und angeboten. Und das bedeutet einfach, dass immer mehr potenzielle Nutzer Ihrer Apps hinzukommen.

Was bedeutet das für Sie als Entwickler? Bei Android handelt es sich um einen riesigen Markt, mit schier unendlichen Gelegenheiten, die nur darauf warten, genutzt zu werden. Die potenziellen Chancen sind höchst verlockend, um sie aber wirklich nutzen zu können, müssen Sie verstehen, was Ressourcen sind und wie sie zur Benutzerfreundlichkeit Ihrer Apps beitragen können. Ein Benutzer in Deutschland kann beispielsweise Ihre App nutzen, wenn sie (mit oder ohne Verwendung von Ressourcen) für ein deutsches Publikum geschrieben wurde. Wenn Sie jedoch all Ihre String-Werte fest als Konstanten im Quelltext Ihrer Steuerelemente und Aktivitäten angegeben haben und dann eine chinesische Version herausgeben wollen, müssten Sie Ihre App so umschreiben, dass sie Ressourcen nutzt. Wenn Ressourcen verwendet werden, können Sie Ihre Strings und Bildelemente von einem mit der fremden Sprache Vertrauten lokalisieren lassen.

In Ressourcen können Sie für Menschen lesbare Zeichenketten, Bilder und Layouts auslagern und in Ihren Apps darauf verweisen. Es können verschiedene Ressourcenordner für unterschiedliche Bildschirmgrößen, Sprachen (Strings und Drawables) und Layoutoptionen (Hoch- und Querformat) erstellt werden. Letztere sind von Bedeutung, wenn Benutzer ihren Bildschirm um 90 Grad drehen.

Wenn Ihre Apps auf der ganzen Welt auf möglichst vielen Android-Geräten nutzbar sein sollen, werden Sie immer mit Ressourcen arbeiten wollen. Beispielsweise empfehle ich generell die Auslagerung von Strings in die Datei strings.xml, weil sich bestimmt irgendwie, irgendwo, irgendwann jemand aus einem anderen Land für Ihre App interessieren und sie sich in einer anderen Sprache wünschen wird. Um Ihre Anwendung in eine andere Sprache zu überführen, müssen Sie dann nur die Datei strings.xml von jemandem übersetzen lassen, der mit der Zielsprache vertraut ist, und verschiedene values-Ordner für die Werte der entsprechenden Region erstellen. Die echte Schwerarbeit wird Ihnen von Android abgenommen. Wenn sich ein Benutzer beispielsweise in China befindet und den chinesischen Zeichensatz verwendet, sucht Android nach einem values-Ordner namens values-cn, in dem die chinesischen Werte und damit auch die chinesische Version der Datei strings.xml gespeichert werden. Wenn Android keinen derartigen Ordner findet, verwendet die Plattform standardmäßig den Ordner values, der die deutsche (oder vielleicht auch englische) Version der Datei strings.xml enthält. (Mehr über Strings erfahren Sie im Abschnitt »Strings in Ressourcen verschieben« weiter vorn in diesem Kapitel.)

Wenn es so weit ist, können Ihre Strings sehr leicht übersetzt und in einem neu erstellten Ordner in der Datei strings.xml gespeichert werden. Dieses Konzept lässt sich ohne Weiteres auf weitere Sprachen und Geräte bis hin zum Fernseher ausdehnen. Ihr Zielpublikum besteht dann nicht mehr nur aus Benutzern von Mobilgeräten. Sie haben es vielmehr mit Android-Nutzern zu tun und damit, angesichts der bereits verfügbaren und noch kommenden Optionen, mit Milliarden potenzieller Nutzer. Wenn Sie Ressourcen richtig nutzen, können Sie Ihr Angebot sehr viel einfacher auf fremde Märkte ausdehnen.

Anwendungen für verschiedene Regionen zu entwickeln, ist ein umfangreiches Thema. Ausführlichere Informationen zur Lokalisierung finden Sie in der SDK-Dokumentation unter http://developer.android.com/guide/topics/resources/localization.html.

Auch wenn die Entwicklung von Anwendungen, die für den Einsatz in verschiedenen Regionen vorbereitet sind, verlockend sein mag, sollten Sie auch wissen, dass Sie für den Android-Marktplatz angeben können, für welche Region Ihre App gedacht ist. Sie müssen Ihre App nicht für alle Regionen veröffentlichen. Wenn Sie beispielsweise eine App für die Fahrpläne der Busse in Berlin entwickelt haben, dürfte eine chinesische Version kaum sinnvoll sein, sofern Sie nicht gerade chinesische Touristen und deutsche Einwohner bedienen wollen. Auf den Android-Marktplatz gehe ich in Kapitel 8 ausführlich ein.

Umwandlung Ihrer App in ein Widget für den Startbildschirm

In diesem Kapitel
- Wie App-Widgets in Android funktionieren
- `PendingIntent` verstehen
- Einen `AppWidgetProvider` erstellen
- Ihr Widget auf dem Startbildschirm platzieren

In allen Bereichen der Anwendungsentwicklung geht es in erster Linie um Benutzerfreundlichkeit. Letztlich werden Benutzer Ihre App nicht verwenden, wenn sie nicht benutzerfreundlich ist. So einfach ist das.

Sie haben die App LAUTLOSMODUS-UMSCHALTER erstellt und sie funktioniert tadellos und lässt sich einfach bedienen. Leider würde sie aber nach Veröffentlichung auf dem Android-Marktplatz nicht besonders beliebt sein. Warum? Kurz gesagt, muss der Benutzer die App starten und dann eine Schaltfläche anklicken, um das Telefon in den Lautlosmodus umzuschalten. Wenn er für die App keine Verknüpfung auf dem Startbildschirm erstellt hat, versteckt sie sich im Anwendungsstarter unter vielleicht dreißig weiteren Apps. Dann sind einige weitere Schritte erforderlich und der Benutzer muss das Telefon entsperren, zum Anwendungsstarter wechseln, die App dort ausfindig machen, sie starten und schließlich die Schaltfläche LAUTLOSMODUS UMSCHALTEN antippen. Dann kann der Benutzer aber auch gleich die an den meisten Telefonen vorhandenen Tasten zur Lautstärkeregelung benutzen, um es in den Lautlosmodus zu versetzen. Wenn Sie die Lautstärke herunterregeln, wird das Telefon schließlich in diesen Modus umgeschaltet. Daher ist die Benutzerfreundlichkeit der App nicht gerade berauschend. Aber wie lässt sich diese App benutzerfreundlicher und für Endanwender attraktiver gestalten? Ganz einfach: Wandeln Sie sie in ein Widget für den Startbildschirm um.

In diesem Kapitel zeige ich Ihnen, wie Sie ein Startbildschirm-Widget für Ihre Anwendung erstellen können. Bei App-Widgets handelt es sich normalerweise um kleine Symbole oder sehr kleine Steuerelemente, die sich auf dem Startbildschirm befinden. Über dieses Widget können Benutzer Ihre App verwenden, indem sie einfach ein Symbol (das Startbildschirm-Widget) antippen. Dann werden die Kernfunktionen aufgerufen und der Lautlosmodus wird aktiviert oder deaktiviert. In diesem Kapitel stelle ich Ihnen diese Klassen vor:

- ✔ `Intent`
- ✔ `BroadcastReceiver`
- ✔ `AppWidgetProvider`

✔ IntentService

✔ AppWidgetProviderInfo

All diese Klassen spielen eine wichtige Rolle in Android und im App-Widget-Framework.

In Android mit App-Widgets arbeiten

In Android sind Widgets für den Startbildschirm Minianwendungen, die in andere Anwendungen wie den Startbildschirm eingebettet werden können. Sie werden auch *App-Widgets* genannt und können Benutzereingaben wie Klick-Ereignisse entgegennehmen und sich selbst regelmäßig aktualisieren. App-Widgets lassen sich zum Startbildschirm hinzufügen, wenn Sie diesen an einer freien Stelle länger drücken (mehrere Sekunden) und WIDGETS wählen (siehe Abbildung 7.1).

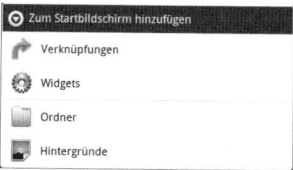

Abbildung 7.1: Dieses Dialogfeld wird angezeigt, wenn Sie länger auf den Startbildschirm drücken.

Um die App LAUTLOSMODUS-UMSCHALTER benutzerfreundlicher zu machen, zeige ich Ihnen, wie Sie ein Startbildschirm-Widget erstellen können, damit Benutzer sie zu ihrem Startbildschirm hinzufügen können. Wenn das Widget hinzugefügt wurde, können Benutzer es antippen. Daraufhin wird der Klingelmodus umgeschaltet, ohne dass die Anwendung dazu geöffnet werden muss. Das Widget ändert auch sein Layout, um den Benutzer darüber zu informieren, in welchem Status sich das Telefon befindet (siehe Abbildung 7.2).

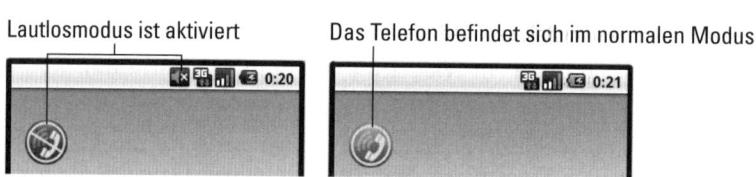

Abbildung 7.2: Die beiden Zustände des zu erstellenden App-Widgets

Mit RemoteView arbeiten

Beim Umgang mit Android sollten Sie nicht vergessen, dass es auf dem Linux-Kernel 2.6 basiert. Linux hat einige eigene Vorstellungen von Sicherheit, die auch für die Android-Plattform gelten. Beispielsweise konzentriert sich das Android-Sicherheitsmodell auf den Linux-Benutzer, Dateien und sichere Prozesse.

Jeder Anwendung wird in Android (üblicherweise) eine eindeutige Benutzerkennung zugeordnet. Alle Prozesse werden für einen bestimmten Benutzer ausgeführt. Dadurch wird verhindert, dass eine Anwendung die Dateien einer anderen ändern kann, was dazu führen könnte, dass böswillige Entwickler Code in andere Apps einpflanzen.

Da es sich beim Startbildschirm eigentlich um eine Anwendung handelt, die vom Android-System (also nicht von Ihnen) gestartet wurde und gerade auf einem Android-Gerät läuft, wäre es nicht zulässig, dass Sie als Entwickler den ausgeführten Code für den Startbildschirm ändern, denn schließlich könnten böswillige Entwickler einige wirklich üble Dinge bewerkstelligen und beispielsweise Ihren Startbildschirm schließen. Und wie sollten Sie dann Ihr Gerät benutzen? Das ist ein wichtiger Aspekt.

Die Android-Entwickler wollten aber trotzdem Möglichkeiten zum Zugriff auf den Startbildschirm und zur Änderung bestimmter Bereiche durch Anwendungen bieten. Um dieses Problem zu bewältigen, haben sie sich daher zur Implementierung der `RemoteView`-Architektur entschlossen. Bei dieser Architektur kann Code innerhalb Ihrer Anwendung völlig isoliert von der Startbildschirm-Anwendung ausgeführt werden, es ist aber noch erlaubt, darin Steuerelemente zu aktualisieren. Im Endergebnis kann innerhalb der Startbildschirm-Anwendung kein beliebiger Code ausgeführt werden. Der Code Ihres App-Widgets wird vollständig innerhalb Ihrer Anwendung ausgeführt.

Dieses App-Widget-Zeug mag sich zunächst etwas verwirrend anhören. Stellen Sie sich aber einmal folgende Situation vor: Der Benutzer tippt das App-Widget auf dem Startbildschirm an (hier ein auf dem Startbildschirm hinzugefügtes Symbol). Diese Aktion löst eine Anforderung zur Änderung des Klingelmodus aus, die sich an *Ihre* Anwendung richtet. Android leitet diese Anforderung an Ihre Anwendung weiter, die sie dann verarbeitet. Während der Verarbeitung dieser Anforderung fordert Ihre Anwendung die Android-Plattform zur Änderung des Klingelmodus und zur Aktualisierung des App-Widgets auf dem Startbildschirm auf, bei der ein neues Bild anzeigen soll, dass sich der Klingelmodus geändert hat. Nichts von diesem Code wird in der Startbildschirm-Anwendung, sondern entfernt (remote) in Ihrer App ausgeführt, wobei Android dafür sorgt, dass die Systemnachrichten an die richtige Anwendung weitergeleitet werden.

Bei diesen »ferngesteuerten Steuerelementen« sorgen innovative Techniken für ein klein wenig Zauberei. Mit der Klasse `RemoteView` können Ihre Anwendungen auf der Android-Plattform in einem getrennten Prozess den Startbildschirm durch über Programme ferngesteuerte »Benutzeroberflächen« erweitern. Beim App-Widget-Code handelt es sich eigentlich nicht um eine Aktivität wie in den bisherigen Kapiteln, sondern um eine Implementierung von `AppWidgetProvider`. Wie im letzten Beispiel erwähnt, sorgt Android dafür, dass Systemnachrichten an die entsprechenden Anwendungen weitergeleitet werden. Wenn Android eine Nachricht vom Startbildschirm an Ihre Anwendung weiterreicht, muss diese in Ihrer Implementierung der Klasse `AppWidgetProvider` verarbeitet werden.

AppWidgetProvider nutzen

Die Klasse `AppWidgetProvider` stellt für Ihre Programme die Hebel bereit, die für die Schnittstelle zum App-Widget auf dem Startbildschirm benötigt werden. Wenn Benutzer das App-

Widget verwenden, werden über Broadcast-Ereignisse Nachrichten vom App-Widget auf dem Startbildschirm an Ihre Anwendung übermittelt. Durch diese Ereignisse können Sie reagieren, wenn das App-Widget aktualisiert, aktiviert, deaktiviert oder gelöscht wird. Sie können auch das Aussehen des App-Widgets auf dem Startbildschirm ändern, indem Sie eine andere View bereitstellen. Da sich dieses Steuerelement auf dem Startbildschirm und nicht innerhalb der gerade ausgeführten Anwendung befindet, müssen Sie zur Aktualisierung des Layouts auf dem Startbildschirm RemoteView verwenden. Für die logischen Abläufe der Geschehnisse sorgt eine Implementierung von AppWidgetProvider.

Sie können sich das App-Widget-Framework als einen Dolmetscher in einer Unterhaltung zwischen zwei Personen vorstellen. Sie wollen mit jemandem reden, der Italienisch spricht, beherrschen selbst diese Sprache aber nicht. Wie können Sie sich mit ihm verständigen? Sie müssen sich einen Dolmetscher suchen. Der Dolmetscher verarbeitet Ihre Eingaben, übersetzt sie in Italienisch und leitet sie an den italienischen Muttersprachler weiter. So arbeitet auch das App-Widget-Framework. Es arbeitet für Sie als Dolmetscher.

Die Analogie gestaltet sich wie folgt: Wenn der italienische Muttersprachler (hier der Startbildschirm) Sie über gewisse Ereignisse informieren muss (etwa das Anklicken einer Schaltfläche), übersetzt der Dolmetscher (das App-Widget-Framework und das Android-System) dies in eine für Sie verständliche Nachricht (eine bestimmte Schaltfläche wurde angetippt). Dann können Sie reagieren und die erforderlichen Maßnahmen veranlassen (etwa die Hintergrundfarbe des App-Widgets in Lindgrün ändern). Der Dolmetscher (das App-Widget-Framework) informiert daraufhin den italienischen Muttersprachler über die zu ergreifenden Maßnahmen (den Startbildschirm über das Android-System). Letztlich sorgt die Startbildschirm-Anwendung dafür, dass Grün als Hintergrundfarbe für das Steuerelement verwendet wird.

Viel mehr als das Aussehen der Steuerelemente zu ändern, können Sie bei App-Widgets nicht machen. App-Widgets können nur Fingerzeig-Ereignisse als Eingaben entgegennehmen. Andere einfache Eingabe-Widgets (wie Texteingabefelder, Dropdown-Listen) lassen sich bei der Arbeit mit App-Widgets nicht nutzen.

Wenn Sie die Hintergrundfarbe von Symbolen über XML-Dateien ändern wollen, müssen Sie die Bilder auch so erzeugen, dass in ihnen eine transparente Farbe definiert wurde. Ansonsten wird immer die Farbe angezeigt, die auch im Bild für den Hintergrund verwendet wurde. Beachten Sie dabei, dass Sie zwar beim PNG-Dateiformat eine transparente Hintergrundfarbe definieren können, bei vielen anderen Bilddateiformaten aber nicht. (Aber wahrscheinlich werden Sie ohnehin bei PNG bleiben.)

Mit PendingIntent arbeiten

Wenn Benutzer mit Ihrer Anwendung interagieren müssen, erfolgt die Kommunikation wie zuvor beschrieben mithilfe von Nachrichten über das Android-System. Daher erfährt Ihre App nicht sofort, wenn ein Benutzer das App-Widget antippt. Das bedeutet jedoch nicht, dass Sie nicht über die bei Ihrem App-Widget eintretenden Klick-Ereignisse informiert werden können. Die Kommunikation muss lediglich ein wenig anders abgewickelt werden.

7 ▸ Umwandlung Ihrer App in ein Widget

Durch den Einsatz der Klasse `PendingIntent` im Android-Framework können Klick-Ereignisse bei App-Widgets Anweisungen über durchzuführende Aktionen enthalten. Bei diesen »noch unerledigten« Intents handelt es sich um eine Implementierung der Klasse `Intent` in Android, die im folgenden Abschnitt ausführlicher erläutert wird.

Das Intent-System von Android verstehen

Bevor Sie fortfahren, sollten Sie wissen, was `Intent`-Objekte sind und warum sie benutzt werden. Am besten stellen Sie sich bei Intents vor, dass Sie eine Lampe über einen Lichtschalter einschalten wollen. Die Aktion Ihres Intents besteht im Einschalten des Lichts und dazu bringen Sie den Schalter in die Ein-Position. In Android würden Sie dazu eine Instanz der `Intent`-Klasse mit einer Aktion erzeugen, über die das Licht eingeschaltet werden soll:

```
Intent turnLightOn = new Intent("LICHT_EINSCHALTEN");
```

Dieser Intent würde (wie in Kapitel 1 beschrieben) an das Android-Nachrichtensystem weitergeleitet und die entsprechende Aktivität (oder mehrere verschiedene `Activity`-Objekte) würden den Intent verarbeiten (wenn mehrere Aktivitäten antworten, lässt Android den Benutzer auswählen, welche die Arbeit erledigen soll). Im wahren Leben wird jedoch durch Umlegen des Schalters in die Ein-Position eine elektrische Verbindung hergestellt, die dazu führt, dass die Lampe leuchtet. In Android müssen Sie Code für eine Aktivität schreiben, der die gewünschten Aktionen veranlasst. Diese Aktivität (nennen wir sie `TurnLightOnActivity`) reagiert auf den Intent `turnLightOn`. Wenn Sie mit einem App-Widget arbeiten, muss der Intent von einem `BroadcastReceiver` verarbeitet werden. In `AppWidgetProvider` gibt es eine Instanz von `BroadcastReceiver` mit ein paar zusätzlichen Extras, die das Einbinden des App-Widget-Frameworks weitgehend für Sie erledigt. Das Objekt `BroadcastReceiver` ist für den Empfang übertragener Nachrichten verantwortlich.

`AppWidgetProvider` fungiert im Wesentlichen als Dolmetscher. Daher verarbeitet `AppWidgetProvider` den Intent vom Startbildschirm und sorgt für das in Ihrem eigenen Code in `AppWidgetProvider` festgelegte Resultat. `AppWidgetProvider` weiß mit Intents jedoch nicht umzugehen. Wenn Sie Eingaben von Ihrem App-Widget empfangen wollen, müssen Sie dazu `PendingIntent` verwenden.

`PendingIntent` enthält ein Kind-Objekt `Intent`. Auf hoher Ebene verhalten sich zur Verarbeitung anstehende (pending) Intents einfach wie normale Intents. Um verstehen zu können, was ein `PendingIntent` ist, müssen Sie die Basisklasse `Intent` wirklich begriffen haben. Wie in Kapitel 1 erläutert, handelt es sich bei einem Intent um eine Nachricht, die höchst unterschiedliche Daten transportieren kann, die eine auszuführende Operation beschreibt. Intents können an eine bestimmte Aktivität oder an eine allgemeine Empfängerkategorie gerichtet sein, die für diese `BroadcastReceiver` (zu denen, wie Sie wissen, `AppWidgetProvider` zählt) eine Art Rundruf darstellen. Das aus `Intent`, `Activity` und `BroadcastReceiver` bestehende System ähnelt der Nachrichtenbus-Architektur, bei der eine Nachricht über einen Bus transportiert wird und ein (oder mehrere) Endpunkte am Bus nur genau dann darauf reagieren, wenn sie wissen, wie sie zu antworten haben. Wenn ein Endpunkt nicht weiß, wie er auf eine Nachricht reagieren soll oder die Nachricht nicht an ihn gerichtet ist, wird sie ignoriert.

Ein Intent lässt sich auf verschiedene Weise ins Nachrichtenbus-System übertragen:

- ✔ Um eine weitere Aktivität zu starten, würden Sie den Aufruf startActivity() verwenden. startActivity() akzeptiert ein Intent-Objekt als Parameter.

- ✔ Für Nachrichten an interessierte BroadcastReceiver-Komponenten würden Sie den Aufruf sendBroadcast() verwenden, der ebenfalls einen Intent als Parameter übernimmt.

- ✔ Um mit einem Hintergrunddienst (darauf gehe ich weiter hinten in diesem Kapitel noch ein) zu kommunizieren, würden Sie die Aufrufe startService() oder bindService() nutzen, die beide Intents als Parameter übernehmen.

Eine Aktivität können Sie sich als Verbindung zwischen verschiedenen Komponenten der Anwendung vorstellen, weil sie Mechanismen der späten Bindung zur Verfügung stellt, die die Kommunikation in Anwendungen und zwischen ihnen ermöglicht.

Intent-Daten verstehen

Die primären Daten eines Intents sind:

- ✔ **Aktion:** Die durchzuführende allgemeine Aktion. Zu den gebräuchlicheren Aktionen zählen ACTION_VIEW, ACTION_EDIT und ACTION_MAIN. Sie können wahlweise auch selbst Aktionen definieren.

- ✔ **Daten:** Die zu verarbeitenden Daten, wie zum Beispiel ein Datensatz aus einer Datenbank oder die Kennung einer zu öffnenden Ressource (etwa die URL einer Website).

Tabelle 7.1 führt einige Aktionen und Datenparameter für Intent-Objekte und deren einfache Datenstrukturen auf.

Aktion	Daten	Ergebnis
ACTION_VIEW	tel:123	Zeigt das Wählfeld mit der angegebenen Nummer (123) an
ACTION_DIAL	content://contacts/people/1	Zeigt das Wählfeld mit der Nummer des Kontakts mit der Kennung 1 an
ACTION_EDIT	content://contacts/people/1	Ermöglicht die Bearbeitung der Daten der Person mit der Kennung 1
ACTION_VIEW	http://www.beispiel.org	Zeigt die angegebene Webseite an
ACTION_VIEW	content://contacts/people	Zeigt eine Liste mit den Personen für alle gespeicherten Kontakte an

Tabelle 7.1: Beispiele für Intent-Daten

Intents können noch eine ganze Reihe anderer Daten übertragen, beispielsweise die folgenden:

- ✔ category: Übergibt zusätzliche Informationen zur auszuführenden Aktion. Wenn beispielsweise CATEGORY_LAUNCHER angegeben wird, bedeutet dies, dass die Anwendung im Anwendungsstarter auf oberster Stufe angezeigt werden soll. Eine weitere Option ist CATEGORY_ALTERNATIVE, über die Benutzern bei bestimmten Daten alternative Aktionen angeboten werden können.

✔ `type`: Legt einen bestimmten Typ (MIME-Typ) für Intent-Daten fest. Beispielsweise können Sie `audio/mpeg` als Typ angeben. Das Android-System weiß dann, dass Sie mit einer MP3-Datei arbeiten. Normalerweise wird der Typ über die Daten selbst bestimmt. Mit der entsprechenden Angabe können Sie aber die Typermittlung übergehen und den Typ ausdrücklich im Intent vorgeben.

✔ `component`: Legt ausdrücklich den Komponentennamen der Klasse fest, die vom Intent verarbeitet werden soll. Normalerweise wird durch Untersuchung anderer Informationen (`action`, `data`/`type` und `category`) im Intent ermittelt, welche Komponenten es gibt und welche vom Intent verarbeitet werden können. Wenn dieses Attribut gesetzt ist, werden die Prüfungen umgangen und die angegebene Komponente wird wie festgelegt verwendet. Wahrscheinlich handelt es sich hierbei um den häufigsten Anwendungsfall in Ihren Apps. Sie können eine andere Aktivität als Komponente angeben und so dafür sorgen, dass Android diese Klasse nutzt.

✔ `extras`: Ein Paket zusätzlicher Daten unter Verwendung von Schlüsseln, das für die empfangende Komponente bereitgestellt werden kann. Wenn Sie beispielsweise eine E-Mail-Adresse übertragen müssen, können Sie das `extras`-Paket zur Übergabe des Textes, des Betreffs und anderer E-Mail-Bestandteile verwenden.

Intents auswerten

Es gibt zwei Möglichkeiten zur Auswertung von Intents durch das Android-System:

✔ **Explizit:** Für den Intent wurde explizit eine Komponente oder die genaue Klasse angegeben, von der die Daten im Intent verarbeitet werden. (Hierbei handelt es sich wahrscheinlich wieder um die häufigste Vorgehensweise im Umgang mit Intents.) Weil es andere Möglichkeiten zum Starten anderer Aktivitäten innerhalb einer Anwendung gibt, enthalten derartige Intents häufig keine anderen Daten. Weiter hinten in diesem Kapitel zeige ich Ihnen in unserer App, wie Sie explizite Intents nutzen können.

✔ **Implizit:** Für den Intent wurde keine Komponente oder Klasse festgelegt. Der Intent muss für das Android-System über die vorhandenen Daten ausreichend Informationen zur durchzuführenden Aktion bereitstellen, damit es feststellen kann, welche verfügbaren Komponenten den Intent verarbeiten können. Dabei wird manchmal von *Adressen* und *Nutzdaten* gesprochen.

Ein Beispiel wäre die Einrichtung eines E-Mail-Intents mit entsprechenden Feldern (An, CC, Betreff und Text) und einem E-Mail-MIME-Typ. Android interpretiert die Daten dann als E-Mail und lässt den Benutzer des Geräts wählen, mit welcher Anwendung der Intent verarbeitet werden soll. Zu den Alternativen zählen hier Gmail, Exchange und/oder ein POP-E-Mail-Konto, die auf dem Gerät aktiviert sind. Dann kann der Benutzer festlegen, welche App für die E-Mail verwendet werden soll. Die Funktion, mit der Android möglicherweise zu den jeweiligen Intents passende Apps identifiziert, wird *Intent-Resolution* genannt.

PendingIntent nutzen

Im Kern handelt es sich bei `PendingIntent` zwar um einen Intent, allerdings mit einem funktionalen Paradigmenwechsel. Ein `PendingIntent` wird von Ihrer Anwendung erzeugt und einer völlig anderen Anwendung übergeben. Die andere Anwendung darf dann die angegebene Operation so ausführen, als wenn sie Ihre eigene Anwendung wäre. Gewissermaßen wird die andere Anwendung also im Auftrag Ihrer App tätig. Wenn die andere Anwendung mit der ihr übertragenen Arbeit beginnt, führt sie `PendingIntent` aus und beauftragt das Android-Nachrichtensystem damit, Ihre Anwendung darüber zu informieren, damit sie die notwendige Arbeit verrichten kann.

Für unsere Zwecke werde ich `PendingIntent.getBroadcast()` aufrufen, um eine `PendingIntent`-Instanz abzurufen. Der Aufruf gibt einen `PendingIntent` zurück, der für systemweite Rundrufe genutzt werden kann. Er hat vier Parameter:

- ✔ `Context`: Der Kontext, in dem dieser `PendingIntent` den Broadcast ausführen soll.
- ✔ `RequestCode`: Der private Anforderungscode für den Sender. Da dieser Parameter aktuell nicht genutzt wird, wird hier der Wert 0 übergeben.
- ✔ `Intent`: Der zu übertragende Intent.
- ✔ `Flags`: Eine Reihe von Werten zur Steuerung des Intents nach seinem Start. Da dieser Parameter aktuell nicht genutzt wird, wird hier der Wert 0 übergeben.

Moment, das ist doch ein wenig merkwürdig. Der Code verwendet einen `Intent` und einen `PendingIntent`. Warum? Das `Intent`-Objekt wird in einen `PendingIntent` eingebettet, weil dieser für die Kommunikation zwischen Prozessen verwendet wird. Wird der `PendingIntent` abgesandt, wird die tatsächlich zu verrichtende Arbeit in das `Intent`-Kindobjekt eingebettet.

Hoppla, das sind eine Menge Informationen! Da Sie nun die Grundlagen des Android-Intent-Systems kennen, wird es Zeit, die zentralen Bestandteile der Anwendung im App-Widget zu implementieren.

CPU-Lasten

Wegen der vom Android-System beim Transfer von `RemoteViews` über Prozessgrenzen hinweg zu verrichtenden Arbeit kosten diese eine Menge CPU-Zyklen, Speicher und Batterielebenszeit. Daher ist es bei der Arbeit mit `RemoteViews` sehr wichtig, dass die Arbeit möglichst schnell verrichtet wird. Wenn Ihre Anwendung für die Antwort zu lange braucht, vermutet das Android-System, dass sie abgestürzt ist und nicht mehr reagiert und es kommt zu einem ANR-Fehler (Application Not Responding). Ein Beispiel wäre die Netzwerkkommunikation und das Herunterladen von Statusaktualisierungen von einem Dienst wie Twitter. Wenn der Download zu lange dauert, meldet Android einen ANR-Fehler und informiert den Benutzer darüber, dass das App-Widget nicht reagiert. Dann kann dieser das Schließen der Anwendung erzwingen.

Eine Möglichkeit zur Vermeidung von ANR-Fehlern besteht in der Implementierung eines Dienstes innerhalb von `AppWidgetProvider`. In den folgenden Abschnitten programmieren Sie einen `IntentService`, mit dem Sie ANR-Fehler vermeiden und dafür sorgen können, dass das Widget sehr schnell bleibt.

Das Widget für den Startbildschirm erstellen

Bei der Interaktion mit einem App-Widget passiert eine Menge. Das Android-Nachrichtensystem ist für den Prozess der Übertragung von Nachrichten zwischen dem App-Widget auf dem Startbildschirm und Ihrer Anwendung, die Klasse `PendingIntent` und den `AppWidgetProvider` zuständig. In diesem Abschnitt zeige ich Ihnen, wie Sie die einzelnen Komponenten für das Ausführen Ihres ersten App-Widgets für den Startbildschirm erstellen können.

AppWidgetProvider implementieren

`AppWidgetProvider` lässt sich recht einfach implementieren. Starten Sie Eclipse und öffnen Sie die Anwendung LAUTLOSMODUS-UMSCHALTER. Gehen Sie dann so vor:

1. **Um zum Paket `com.dummies.android.lautlosmodus` eine neue Klasse hinzuzufügen, klicken Sie dieses im Ordner `src/` mit der rechten Maustaste an und wählen im Kontextmenü NEW|CLASS.**

    Daraufhin wird das Dialogfeld NEW JAVA CLASS angezeigt (Abbildung 7.3).

2. **Im Feld NAME tragen Sie `AppWidget` ein.**

3. **In das Feld SUPERCLASS geben Sie als Namen `android.appWidget.AppWidgetProvider` ein.**

4. **Klicken Sie abschließend FINISH an.**

    Damit wird eine neue Klasse zum markierten Paket hinzugefügt. Der Code mit dem angegebenen Namen in der Datei `AppWidget.java` sollte nun angezeigt werden.

`AppWidgetProvider` übernimmt alle Reaktionen auf Ereignisse von `RemoteView`. Aber wie funktioniert das? Aus der Android-Dokumentation können Sie erfahren, dass es sich bei `AppWidgetProvider` um eine direkte Unterklasse von `BroadcastReceiver` handelt. Auf oberer Ebene handelt es sich bei `BroadcastReceiver` um eine Komponente, die Broadcast-Nachrichten vom Android-System empfangen kann. Wenn ein Benutzer ein Steuerelement der `RemoteView` (zum Beispiel eine Schaltfläche) auf dem Startbildschirm antippt, sendet das Android-System eine Nachricht, die den Empfänger darüber informiert, dass das Steuerelement angeklickt wurde. Die Nachricht wird zu einem bestimmten Ziel im Android-System übertragen. Danach kann `AppWidgetProvider` diese Nachricht verarbeiten.

Beachten Sie, dass diese Nachrichten systemweit übertragen werden. Wenn die Nutzdaten der Nachricht und die Zielangaben unbestimmt genug sind, könnten möglicherweise verschiedene `BroadcastReceiver`-Objekte die Nachricht verarbeiten. Der in diesem Abschnitt erstellte `AppWidgetProvider` wird aber nur an ein bestimmtes Ziel adressiert sein. Wenn Sie einen Raum mit Unternehmern betreten und laut fragen würden, ob sie für Sie arbeiten wollen, würden vielleicht alle antworten. Das ist aber bei einer derart unbestimmten Frage (vage Adresse und Nutzdaten) ja auch kein Wunder. Wenn Sie in derselben Gruppe aber nach einem Elektriker namens Bob Smith fragen würden, sollte Ihnen nur dieser antworten (natürlich auch nur, sofern er überhaupt anwesend ist). Hier wurde die Nachricht gezielt adressiert und enthielt zudem noch ein paar spezifische Nutzdaten.

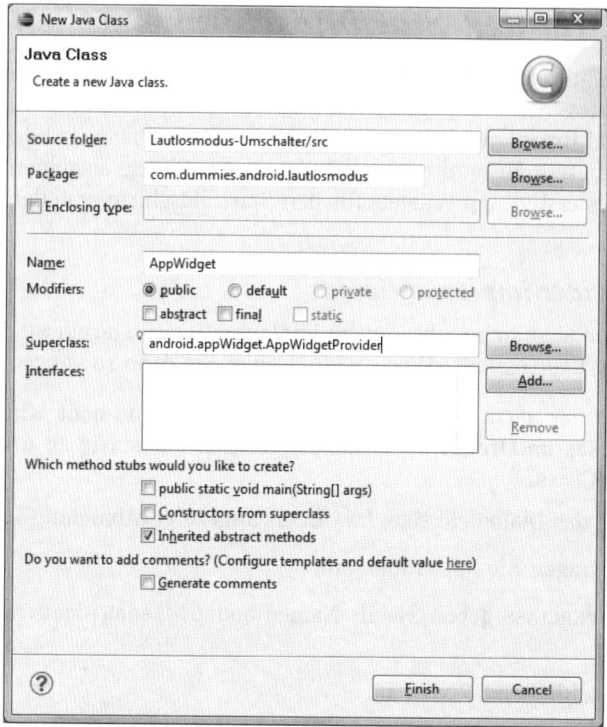

Abbildung 7.3: Das Dialogfeld NEW JAVA CLASS

Kommunikation mit dem App-Widget

Momentan enthält Ihre Klasse AppWidgetProvider noch keinen Code und ist nur eine leere Hülle. Damit sie etwas machen kann, müssen Sie ein wenig Code hinzufügen, der auf den zu Ihrem AppWidgetProvider übertragenen Intent (die Nachricht) reagiert. Geben Sie in der gerade erstellten Quelltextdatei den in Listing 7.1 dargestellten Code in den Editor ein. (*Hinweis:* Ich habe meine Klasse AppWidget.java genannt. Wenn Sie einen anderen Namen verwendet haben, müssen Sie die entsprechende Zeile ändern.)

```
public class AppWidget extends AppWidgetProvider {                    → 1
    @Override
    public void onReceive(Context ctxt, Intent intent) {              → 4
        if (intent.getAction()==null) {                               → 5
            // Etwas tun
        } else {                                                      → 8
            super.onReceive(ctxt, intent);                            → 10
        }
    }
    @Override
```

7 ➤ Umwandlung Ihrer App in ein Widget

```
          public void onUpdate(Context context, AppWidgetManager
            appWidgetManager, int[] appWidgetIds) {                     → 15
            // Etwas tun
          }
}
```

Listing 7.1: Der anfängliche Code des App-Widgets

Es folgt eine kurze Erläuterung der einzelnen Zeilen:

- ✔ → **1:** Da die Klasse von `AppWidgetProvider` abstammt, informiert diese Codezeile Android darüber, dass es sich bei ihr um einen `AppWidgetProvider` handelt.

- ✔ → **4:** Diese Zeile überschreibt die Methode `onReceive()`, um erkennen zu können, wenn ein neuer Intent von `RemoteView` empfangen wird. Dieser könnte von einem Benutzer ausgelöst worden sein, der ein Steuerelement angetippt und damit eine Schaltfläche angeklickt hat. Das `Intent`-Objekt ist in `PendingIntent` enthalten, das die Anforderung ausgelöst hat.

- ✔ → **5:** Wie weiter vorn beschrieben, können `Intent`-Objekte verschiedene Datenelemente enthalten. Eines davon ist die Aktion. In dieser Zeile prüfe ich, ob der Intent eine Aktion enthält. Wenn das nicht der Fall ist, weiß ich, dass ich den Intent ausgelöst habe. Das mag zwar ein wenig verdreht klingen, aber ich erläutere in den anschließenden Abschnitten noch, warum ich das gemacht habe.

- ✔ → **8:** Im `Intent`-Objekt wurde eine Aktion gefunden. Daher müssen nachfolgend andere logische Ereignisse stattfinden.

- ✔ → **10:** Da ich hier nichts weiter mit diesem für mich unerwarteten Intent (er enthält eine Aktion, während ich einen Intent ohne Aktion erwarte) machen muss, überlasse ich die Arbeit der Superklasse. Das geschieht, wenn das App-Widget sich selbst nach der in den Widget-Metadaten (diese werden im Abschnitt »Arbeiten mit den Metadaten des App-Widgets« weiter hinten in diesem Kapitel erläutert) festgelegten Zeitspanne aktualisiert. Dann wird eine der vielen vordefinierten Methoden zur Aktivierung, Deaktivierung, zum Starten, Stoppen oder Aktualisieren des App-Widgets aufgerufen, wie es in Zeile 15 geschieht.

- ✔ → **15:** Die Methode `onUpdate()` wird vom Android-Framework in regelmäßigen Intervallen aufgerufen, deren Dauer Sie in den Widget-Metadaten festlegen können. Wenn das vorgegebene Zeitintervall abgelaufen ist, kann das Android-Framework die View ohne Zutun des Benutzers vorausschauend aktualisieren. Ein gutes Beispiel wäre hier ein Nachrichten-Widget, das sich selbst alle 30 Minuten aktualisiert, um die jeweils letzten Schlagzeilen anzuzeigen. In dieser Methode werde ich letztlich prüfen, ob unser Widget richtig eingerichtet wurde.

Das Layout des App-Widgets erstellen

Damit Android weiß, wie es das App-Widget auf dem Startbildschirm anzeigen soll, benötigt es ein spezielles Layout, das über die Widget-Layoutdatei definiert wird. Eingangs des Kapitels wurden in Abbildung 7.2 zwei Bildschirmfotos vom fertigen App-Widget im Emulator gezeigt. Das Aussehen der Symbole auf dem Startbildschirm wurde über die Widget-Layoutdatei festgelegt. Wenn ich die Hintergrundfarbe in der Layoutdatei auf Lindgrün setzen würde, wäre der Hintergrund des Widgets auf dem Startbildschirm nicht mehr transparent, sondern lindgrün.

Abbildung 7.4: Das Ergebnis der Änderung der Widget-Hintergrundfarbe in Lindgrün

Mit der Anzeige des lindgrünen Hintergrunds wollte ich auch das Konzept des Widget-Bildschirmbereichs verdeutlichen. Das lindgrüne Viereck in Abbildung 7.4 entspricht dem für das App-Widget verfügbaren Bildschirmbereich. Ihr App-Widget kann eine oder mehrere Zellen auf dem Startbildschirm einnehmen. Das App-Widget in der Abbildung nutzt eine Bildschirmzelle.

Um Ihr Widget-Layout zu erstellen, erzeugen Sie eine neue XML-Layoutdatei im Ordner res/layout. Nennen Sie sie widget.xml.

Listing 7.2 zeigt den Inhalt von widget.xml.

```
<?xml version="1.0" encoding="utf-8"?>
<RelativeLayout xmlns:android="http://schemas.android.com/apk/res/android"
    android:layout_width="fill_parent"
    android:layout_height="fill_parent">
    <ImageView android:id="@+id/phoneState"
        android:layout_height="wrap_content"
        android:layout_width="wrap_content"
        android:layout_centerInParent="true"
        android:src="@drawable/icon"
        android:clickable="true" />                                    → 9
</RelativeLayout>
```

Listing 7.2: Der Inhalt von widget.xml

7 ➤ Umwandlung Ihrer App in ein Widget

Ein derartiges Layout haben Sie bisher noch nicht gesehen. Es handelt sich um ein relatives Layout mit einer Kind-View. Damit diese `ImageView` auf Klicks reagiert, wurde in Listing 7.2 die Eigenschaft `clickable` in Zeile 9 auf `true` gesetzt.

Beachten Sie die `src`-Eigenschaft der `ImageView`. Sie wurde auf das Symbol der Anwendung gesetzt. Das wird Ihnen sicherlich ein wenig merkwürdig erscheinen. Ich habe das deshalb gemacht, weil ich beim Erstellen des Layouts die Bilder für den lautlosen und den normalen Modus noch nicht erstellt hatte. Ich benötigte beim Erstellen des Layouts aber eine Vorschau, um zu wissen, wie die View aussehen würde. Daher habe ich `@drawable/icon` als Wert für `ImageView` verwendet, um bereits vorab einen gewissen Eindruck vom Aussehen zu erhalten. Hier stört mich die Verwendung des Anwendungssymbols nicht, da der Wert für das Symbol beim Start des App-Widgets durch `ToggleService` auf den für das Symbol für den lautlosen oder den normalen Modus umgeschaltet wird. Weiter hinten in diesem Kapitel wird dies noch gezeigt.

Die Symbole sorgen dafür, dass Benutzer den aktuellen Status der Anwendung erkennen können. Das Symbol `phone_state_normal` wird angezeigt, wenn sich das Telefon im normalen Klingelmodus befindet. Das Symbol `phone_state_silent` wird angezeigt, wenn sich das Telefon im Lautlosmodus befindet. Diese beiden Symbole habe ich mit einem Bildbearbeitungsprogramm erstellt.

Die Dateinamen für die beiden Symbole lauteten in den bisherigen Kapiteln `phone_on.png` und `phone_silent.png`. In diesem Kapitel werden etwas andere Symbole verwendet, die Sie zusätzlich in das Projekt einbinden müssen, damit die Beispiele wie dargestellt laufen.

Arbeit in AppWidgetProvider verrichten

Wenn Ihr `AppWidgetProvider` durch `PendingIntent` gestartet wurde, müssen im Auftrag der aufrufenden Anwendung (in diesem Fall die Startbildschirm-Anwendung) gewisse Arbeiten erledigt werden. In den folgenden Abschnitten zeige ich Ihnen, wie diese zeitkritischen Arbeiten erledigt werden können.

Bevor ich in den Code einsteige, sollten Sie am besten verstehen, wie `AppWidgetProvider` seine Arbeit verrichtet. Aufgrund der Natur der Remote-Prozesse und weil sie recht ressourcenlastig sein können, wird die Arbeit am besten von einem Hintergrunddienst verrichtet. Entsprechend werde ich die Änderung des Klingelmodus von einem Hintergrunddienst vornehmen lassen.

IntentService verstehen

Wahrscheinlich fragen Sie sich, warum ich einen Hintergrunddienst für eine derart triviale Aufgabe wie die Änderung des Klingelmodus verwende. Diese Frage beantworte ich in diesem Abschnitt.

Jeder Code, der zu lange ausgeführt wird, ohne dem Android-System zu antworten, kann zu ANR-Fehlern (Application Not Responding) führen. App-Widgets sind besonders anfällig für ANR-Fehler, weil sie Code in Remote-Prozessen ausführen. Dabei arbeiten sie prozessübergreifend und benötigen Zeit für die Einrichtung, Ausführung und Zerstörung der Prozesse. Das Ganze kostet viel Rechenzeit, Speicher und Batterieleistung. Das Android-System beobachtet App-Widgets, um zu gewährleisten, dass sie nicht zu lange ausgeführt werden. Wenn sie längere Zeit für die Ausführung benötigen, hängt die aufrufende Anwendung (der Startbildschirm) und das Gerät lässt sich (vorübergehend) nicht mehr benutzen. Daher versucht die Android-Plattform dafür zu sorgen, dass das Gerät nie länger als allenfalls ein paar Sekunden nicht reagiert.

Da App-Widgets sehr viel Rechenzeit und Speicher beanspruchen, lässt sich sehr schwer beurteilen, ob ein App-Widget einen ANR-Fehler verursachen wird. Sofern das Gerät nicht gerade andere aufwendige Aufgaben ausführt, dürfte unser App-Widget wohl tadellos funktionieren. Wenn es sich jedoch mitten in einer oder mehreren CPU-lastigen Operationen befindet, könnte das App-Widget zu lange brauchen, um zu antworten und es kommt zu einem ANR-Fehler. Bei diesem unbekannten Prozessorzustand handelt es sich für Ihr App-Widget um eine gefährliche Situation. Um diese Gefahr zu vermeiden, wird die eigentliche Arbeit des App-Widgets am besten in einen IntentService verschoben, der beliebig lange für die Erledigung seiner Aufgaben benötigen kann. Davon bleibt die Startbildschirm-Anwendung wiederum unbeeinflusst.

Anders als die meisten lange laufenden Hintergrunddienste nutzt ein IntentService eine Art Prozessorwarteschlange, bei der die Intents reihum unter Verwendung eines Arbeits-Threads verarbeitet werden, und wird beendet, wenn er mit seiner Arbeit fertig ist. Vereinfacht ausgedrückt, erledigt der IntentService die ihm übertragene Arbeit als Hintergrunddienst und wird beendet, wenn es nichts mehr zu tun gibt.

AppWidgetProvider und IntentService implementieren

Fügen Sie im Quelltexteditor in Ihre Klasse AppWidgetProvider den Code aus Listing 7.3 ein.

```
public class AppWidget extends AppWidgetProvider {
            @Override
            public void onReceive(Context context, Intent intent) {
               if (intent.getAction()==null) {
                  context.startService(new Intent(context,
                            ToggleService.class));            → 6
               } else {
                  super.onReceive(context, intent);
               }
            }

            @Override
            public void onUpdate(Context context, AppWidgetManager
               appWidgetManager, int[] appWidgetIds) {
               context.startService(new Intent(context,
                            ToggleService.class));            → 16
            }
```

7 ➤ Umwandlung Ihrer App in ein Widget

```
        public static class ToggleService extends IntentService {              → 19

            public ToggleService() {
                super("AppWidget$ToggleService");                               → 22
            }

            @Override
            protected void onHandleIntent(Intent intent) {                     → 26
                ComponentName me=new ComponentName(this, AppWidget.class);     → 27
                AppWidgetManager mgr=AppWidgetManager.getInstance(this);       → 28
                mgr.updateAppWidget(me, buildUpdate(this));                    → 29
            }
            private RemoteViews buildUpdate(Context context) {                 → 30
                    RemoteViews updateViews=new
                    RemoteViews(context.getPackageName(),R.layout.widget);     → 32
                    AudioManager audioManager =
        (AudioManager)context.getSystemService(Activity.AUDIO_SERVICE);        → 34

                    if(audioManager.getRingerMode() ==
                        AudioManager.RINGER_MODE_SILENT) {

                        updateViews.setImageViewResource(R.id.phoneState,
                            R.drawable.phone_state_normal);                    → 40

                    audioManager.setRingerMode(AudioManager.RINGER_MODE_NORMAL);
                    } else {
                        updateViews.setImageViewResource(R.id.phoneState,
                            R.drawable.phone_state_silent);                    → 45

                    audioManager.setRingerMode(AudioManager.RINGER_MODE_SILENT);
                    }
                    Intent i=new Intent(this, AppWidget.class);                → 49

                    PendingIntent pi
                        = PendingIntent.getBroadcast(context, 0, i, 0);        → 52

                    updateViews.setOnClickPendingIntent(R.id.phoneState,pi);   → 54

                    return updateViews;                                        → 56
                }
            }
        }
```

Listing 7.3: Die vollständige AppWidget-*Implementierung*

Die folgende Liste erläutert kurz, was die jeweiligen Codeabschnitte machen:

- **→ 6:** In dieser Zeile wird eine neue Instanz von `ToggleService` gestartet. Das Objekt `context` bezieht sich hier auf das Android-Objekt `Context`, bei dem es sich um eine Schnittstelle zu globalen Informationen über die Anwendung handelt. `context` wird an die Methodenaufrufe `onReceive()` und `onUpdate()` übergeben. Ein neuer Intent wird erzeugt, um dem Android-System mitzuteilen, was geschehen soll. Diese Methode wird vom Benutzer gestartet, wenn er das App-Widget auf dem Startbildschirm antippt.

- **→ 16:** Diese Zeile führt dieselben Aktionen wie Zeile 6 aus.

- **→ 19:** Hierbei handelt es sich um eine `IntentService`-Implementierung. Dieser `IntentService` führt im Zusammenhang mit der Umschaltung des Klingelmodus dieselben logischen Aufgaben wie Ihre `MainActivity` aus, allerdings im Rahmen der App-Widget-Struktur. Dabei handelt es sich um eine Implementierung eines Hintergrunddienstes auf der Android-Plattform, wie sie gerade beschrieben wurde, und eine in das App-Widget eingebettete statische Klasse.

- **→ 22:** Diese Methode ruft die Superklasse `AppWidget$ToggleService` auf. Der Methodenaufruf erfolgt, um Debuggingzwecke für den Thread-Namen zu unterstützen. Wenn Sie diese Zeile weglassen, erhalten Sie einen Compilerfehler, der Sie darüber informiert, dass Sie den Konstruktor der Superklasse explizit aufrufen müssen. Wenn Sie Ihr App-Widget nicht `AppWidget` genannt haben, sollten Sie den Namen dem von Ihnen verwendeten Klassennamen entsprechend anpassen.

- **→ 26:** Die Methode `HandleIntent()` ist für die Bedienung des dem Dienst übergebenen Intents zuständig. Hier würde es sich dabei um den in den Zeilen 6 und 16 erzeugten Intent handeln. Weil ein expliziter Intent erzeugt wurde (es wurde ein auszuführender Klassenname angegeben), wurden keine zusätzlichen Daten bereitgestellt. Wenn Zeile 26 erreicht wird, müssen Sie daher den Intent nicht weiter nutzen. Sie hätten dem `Intent`-Objekt aber zusätzliche Informationen übergeben und sie dann dem Parameter dieser Methode entnehmen können. Hier dient das `Intent`-Objekt lediglich als Bote, der `ToggleService` dazu auffordert, mit der Verarbeitung zu beginnen.

- **→ 27:** Ein `ComponentName`-Objekt wird erzeugt. Es wird mit dem (nachfolgend erläuterten) `AppWidgetManager` benutzt, um die neuen Inhalte zur Verfügung zu stellen, die über die `RemoteView`-Instanz zum App-Widget übertragen wird.

- **→ 28:** Der statische Aufruf `AppWidgetManager.getInstance()` liefert eine Instanz von `AppWidgetManager`. Die Klasse `AppWidgetManager` ist für die Aktualisierung des Zustands des App-Widgets zuständig und liefert weitere Informationen über das installierte App-Widget. Es wird verwendet, um den App-Widget-Status zu aktualisieren.

- **→ 29:** In dieser Zeile wird das App-Widget durch einen Aufruf von `updateAppWidget()` aktualisiert. Dieser benötigt neben dem `ComponentName`-Objekt, das die Aktualisierung erledigt, das `RemoteView`-Objekt. Das `ComponentName`-Objekt wird in Zeile 27 erzeugt. Das zur Statusaktualisierung des App-Widgets auf dem Startbildschirm verwendete `RemoteView`-Objekt ist ein wenig komplizierter und wird als Nächstes erläutert.

7 ► Umwandlung Ihrer App in ein Widget

✔ → **30:** Die Definition der Methode `buildUpdate()`. Sie gibt ein neues `RemoteView`-Objekt zurück, das in Zeile 29 verwendet wird. Diese Methode enthält die Logik für die auszuführenden Aufgaben und die Aktionen, mit denen anschließend fortgefahren wird.

✔ → **32:** Hier wird ein `RemoteView`-Objekt mit dem aktuellen Paketnamen erzeugt und das Layout erstellt, das von dieser Methode zurückgegeben wird. Das Layout (`R.layout.widget`) finden Sie in Listing 7.3.

✔ → **34:** Hier wird eine `AudioManager`-Instanz übernommen und direkt anschließend der Status der Klingel geprüft. Befindet sich das Telefon aktuell im Lautlosmodus, bedeutet dies, dass der Benutzer die Klingel nun in den Normalmodus umschalten will. (Vergessen Sie nicht, dass der Benutzer das App-Widget angetippt hat, um den Zustand zu ändern.)

✔ → **40:** Das vorhandene `RemoteView`-Objekt muss aktualisiert werden. Das geschieht auf dieselbe Weise wie in `MainActivity` in den vorherigen Kapiteln. Das `RemoteView`-Objekt ändert das `ImageView`- Steuerelement `R.id.phoneState`, für das anschließend das Symbol `R.drawable.phone_state_normal` (rechts in Abbildung 7.2) verwendet wird.

✔ → **45:** Die `else`-Anweisung vor dieser Zeile wird durchlaufen, um das `ImageView`-Steuerelement so zu aktualisieren, dass es das Symbol `R.drawable.phone_state_silent` enthält. Das Telefon befand sich hier zuvor nicht im Lautlosmodus, in den der Benutzer jetzt wechseln will.

✔ → **49:** Hier wird ein `Intent`-Objekt erzeugt, das bei seiner Auslösung die Klasse `AppWidget` starten wird.

✔ → **52:** Leider können App-Widgets nicht mit einfachen Intents kommunizieren. Zu diesem Zweck muss ein `PendingIntent` genutzt werden, weil App-Widgets prozessübergreifend kommunizieren müssen. In dieser Zeile wird der `PendingIntent` erzeugt, der dem App-Widget über den in Zeile 49 erzeugten Kind-Intent seine nächste Aktion übermittelt.

✔ → **54:** Da Sie mit einer `RemoteView` arbeiten, müssen Sie die gesamte Ereignishierarchie in der View neu erstellen. Das liegt daran, dass das App-Widget-Framework die komplette `RemoteView` durch eine neue ersetzt, die von dieser Methode geliefert wird. Daher müssen Sie der `RemoteView` noch mitteilen, was geschehen soll, wenn sie auf dem Startbildschirm angetippt/angeklickt wird. Der in Zeile 52 erzeugte `PendingIntent` teilt dem App-Widget mit, was geschehen soll, wenn jemand die View antippt. Für die entsprechende Einrichtung ist `setOnClickPendingIntent()` zuständig. Diese Methode nimmt als Parameter die Kennung der angeklickten View (hier ein Symbol) und das Argument `pi` entgegen, bei dem es sich um den in Zeile 52 erzeugten `PendingIntent` handelt. Anders gesagt, richten Sie den Klick-Listener für die `ImageView` im App-Widget ein.

✔ → **56:** Rückgabe des neu erzeugten `RemoteView`-Objekts, damit der Aufruf von `updateAppWidget()` in Zeile 29 das App-Widget aktualisieren kann.

Arbeiten mit den Metadaten des App-Widgets

Da Sie nun den Code geschrieben haben, der sich um die Aktualisierung des App-Widgets kümmert, werden Sie sich vielleicht fragen, wie Sie es schaffen, dass das App-Widget nach längerem Drücken des Startbildschirms im Widgets-Menü angezeigt wird. Da Sie dazu nur eine einzige XML-Datei zu Ihrem Projekt hinzufügen müssen, lässt sich das recht einfach erreichen. Diese XML-Datei enthält einige grundlegende Metadaten für die App-Widget, die der Android-Plattform mitteilen, wie das Layout der App-Widget auf dem Startbildschirm aussehen soll. Gehen Sie dazu so vor:

1. Klicken Sie in Ihrem Projekt den Ordner res mit der rechten Maustaste an und wählen Sie im Kontextmenü NEW|FOLDER.

2. Tragen Sie xml in das Feld für den Ordnernamen (FOLDER NAME) ein und klicken Sie FINISH an.

3. Klicken Sie den neuen Ordner res/xml mit der rechten Maustaste an, wählen Sie im Kontextmenü NEW und dann OTHER. Im Dialogfeld NEW wählen Sie anschließend unter ANDROID die Option ANDROID XML FILE. Klicken Sie dann die Schaltfläche NEXT an.

4. Im Assistenten NEW ANDROID XML FILE tragen Sie im Feld FILE als Dateinamen widget_provider.xml ein.

5. Für den Dateityp wählen Sie die Option APPWIDGET PROVIDER aus und klicken FINISH an.

6. Nachdem die Datei erstellt wurde, aktivieren Sie den XML-Editor und geben die folgenden Zeilen in die Datei widget_provider.xml ein:

```xml
<?xml version="1.0" encoding="utf-8"?>
<appwidget-provider xmlns:android="http://schemas.android.com/apk/res/android"
        android:minWidth="79px"
        android:minHeight="79px"
        android:updatePeriodMillis="1800000"
        android:initialLayout="@layout/widget"
/>
```

Über die Eigenschaften minWidth und minHeight werden die Minimalabmessungen der View auf dem Startbildschirm festgelegt. Wenn Sie wollen, können Sie auch höhere Werte verwenden.

Über die Eigenschaft updatePeriodMillis lässt sich festlegen, wie häufig sich das App-Widget selbst aktualisieren soll. Im Fall der App LAUTLOSMODUS-UMSCHALTER muss das (wenn überhaupt) nur selten geschehen. Daher wird dieser Wert auf 180.000 Millisekunden (30 Minuten) gesetzt. Alle 30 Minuten versucht sich die App selbst dadurch zu aktualisieren, dass sie ein Intent sendet, das die Methode onUpdate() in AppWidgetProvider aufruft.

Die Eigenschaft initialLayout legt fest, wie das App-Widget aussieht, wenn es erstmals zum Startbildschirm hinzugefügt wird und seine eigentliche Arbeit noch nicht aufgenommen hat. Beachten Sie, dass es einige Sekunden (oder länger) dauern kann, bis das App-Widget initialisiert und das RemoteView-Objekt durch Aufruf der Methode onReceive() aktualisiert worden ist.

Zu längeren Verzögerungen kann es beispielsweise kommen, wenn ein App-Widget den Twitter-Status zu aktualisieren versucht. Bei einem langsamen Netzwerk würde initialLayout angezeigt werden, bis Aktualisierungen von Twitter empfangen werden. Wenn Sie vorab bereits wissen, dass das problematisch werden könnte, sollten Sie den Benutzer in initialLayout darüber informieren, dass Daten geladen werden. Dann weiß er beim Start des App-Widgets für den Startbildschirm, was im Hintergrund geschieht. Zu diesem Zweck könnten Sie eine `TextView` mit der Meldung »Daten werden geladen ...« anzeigen, während `AppWidgetProvider` seine Arbeit verrichtet.

Nun müssen Sie noch dafür sorgen, dass die `import`-Anweisungen am Anfang der Datei `AppWidget.java` vollständig sind. Sie sollten so aussehen:

```
import android.app.Activity;
import android.app.IntentService;
import android.app.PendingIntent;
import android.appwidget.AppWidgetManager;
import android.appwidget.AppWidgetProvider;
import android.content.ComponentName;
import android.content.Context;
import android.content.Intent;
import android.media.AudioManager;
import android.widget.RemoteViews;
```

Listing 7.4: Die `import`*-Anweisungen in der Datei* `AppWidget.java`

Nun können Sie die Anwendung LAUTLOSMODUS-UMSCHALTER durch längeres Drücken auf den Startbildschirm installieren und im dann angezeigten Menü die Kategorie WIDGETS auswählen. Unter den angezeigten Optionen sollte sich jetzt auch LAUTLOSMODUS-UMSCHALTER befinden. Die eben definierten Metadaten sorgen dafür. Standardmäßig wird dabei das Anwendungssymbol verwendet. Das App-Widget würde beim Versuch, es zum Startbildschirm hinzuzufügen, vorläufig noch einen Ausnahmefehler (exception) verursachen. Dieser Fehler tritt recht häufig auf. Ich habe vergessen, die neuen Elemente `IntentService` und `BroadcastReceiver` in die Datei `AndroidManifest.xml` aufzunehmen. Wenn diese Elemente dort fehlen, kommt es zu Ausnahmefehlern, weil im Anwendungskontext unbekannt ist, wo diese gesucht werden sollen.

Die neuen Komponenten mit dem Manifest registrieren

Immer wenn Sie eine Aktivität, einen Dienst oder einen `BroadcastReceiver` (und einige andere Elemente) zu Ihrer Anwendung hinzufügen, müssen Sie sie in der Manifest-Datei der Anwendung registrieren. Das Manifest der Anwendung enthält wesentliche Angaben zur Android-Plattform und insbesondere den Anwendungskomponenten. Die im Manifest der Anwendung nicht registrierten Objekte `Activity`, `Service` und `BroadcastReceiver` werden vom System nicht erkannt und können nicht ausgeführt werden. Wenn Sie das App-Widget jetzt zu Ihrem Startbildschirm hinzufügen, würde es daher abstürzen, weil es sich bei `AppWidgetProvider` um einen `BroadcastReceiver` handelt, in dessen Code ein Dienst benutzt wird, der ebenfalls nicht im Manifest registriert ist.

Um `AppWidgetProvider` und `IntentService` zur Manifest-Datei Ihrer Anwendung hinzuzufügen, öffnen Sie die Datei `AndroidManifest.xml` und geben dort den in Listing 7.5 dargestellten Code in die bereits existierende Datei ein. Die fett dargestellten Zeilen werden für die neuen Komponenten neu eingefügt.

```xml
<?xml version="1.0" encoding="utf-8"?>
<manifest xmlns:android="http://schemas.android.com/apk/res/android"
     package="com.dummies.android.lautlosmodus"
     android:versionCode="1"
     android:versionName="1.0">
  <application android:icon="@drawable/icon"
      android:label="@string/app_name"
      android:debuggable="true">
    <activity android:name=".MainActivity"
        android:label="@string/app_name">
      <intent-filter>
        <action android:name="android.intent.action.MAIN" />
        <category android:name="android.intent.category.LAUNCHER" />
      </intent-filter>
    </activity>
    <receiver android:name=".AppWidget"
        android:label="@string/app_name"
        android:icon="@drawable/icon">                                             → 18
      <intent-filter>
        <action
         android:name="android.appwidget.action.APPWIDGET_UPDATE" />               → 21
      </intent-filter>
      <meta-data
                           android:name="android.appwidget.provider"
                   android:resource="@xml/widget_provider" />                      → 25
    </receiver>
    <service android:name=".AppWidget$ToggleService" />
  </application>
  <uses-sdk android:minSdkVersion="4" />
</manifest>
```

Listing 7.5: Die aktualisierte Datei AndroidManifest.xml *mit neu registrierten Komponenten*

Nachfolgend sollen die verschiedenen Abschnitte kurz erläutert werden:

✔ **→ 18:** Bei dieser Zeile handelt es sich um das einleitende Element, das einen Broadcast Receiver als Teil dieser Anwendung registriert. Die Eigenschaft name gibt den Namen des Empfängers an, der hier .AppWidget lautet und damit der Datei AppWidget.java in der Anwendung entspricht. Über diese Angaben lassen sich Empfänger identifizieren.

✔ **→ 21:** Gibt an, auf welche Art von Intent (basierend auf der Aktion des Intents im Intent-Filter) das App-Widget automatisch reagiert, wenn der spezielle Intent übertragen wird. Mittels *Intent-Filter* kann das Android-System erkennen, über welche Arten von Ereignissen Ihre App benachrichtigt werden sollte. Hier ist die Aktion APPWIDGET_UPDATE des Broadcast-Intents für Ihre Anwendung von Bedeutung. Dieses Ereignis wird nach Ablauf der über die Eigenschaft updatePeriodMillis festgelegten Zeitspanne ausgelöst, die in der

Datei widget_provider.xml definiert wurde. Zu den weiteren Aktionen zählen enabled, deleted, disabled und weitere.

✔ →**25:** Gibt den Speicherort der aktuell in Ihre Anwendung integrierten Metadaten an. Android nutzt die Metadaten zur Ermittlung von Vorgaben und Layoutparametern für Ihr App-Widget.

Jetzt können Sie Ihre Anwendung installieren und testen. Wählen Sie dazu RUN|RUN oder drücken Sie Strg+F11. Ihre Anwendung sollte nun im Emulator angezeigt werden. Kehren Sie durch Anklicken der Home-Taste zum Startbildschirm zurück. Dort können Sie nun das gerade erstellte App-Widget hinzufügen.

Ihr App-Widget zum Startbildschirm hinzufügen

Die für die Benutzeroberfläche verantwortlichen Experten im Android-Team haben hervorragende Arbeit geleistet, als sie dafür gesorgt haben, dass App-Widgets auf einfache Weise zum Startbildschirm hinzugefügt werden können. Führen Sie dazu die folgenden Schritte aus:

1. **Klicken Sie eine freie Stelle des Startbildschirms im Emulator mit der linken Maustaste an und halten Sie die Maustaste gedrückt.**
2. **Wenn das Dialogfeld ZUM STARTBILDSCHIRM HINZUFÜGEN angezeigt wird, wählen Sie WIDGETS (siehe Abbildung 7.5).**

Abbildung 7.5: Das Dialogfeld ZUM STARTBILDSCHIRM HINZUFÜGEN

3. **Wird das Dialogfeld WIDGET AUSWÄHLEN angezeigt, wählen Sie LAUTLOSMODUS-UMSCHALTER (siehe Abbildung 7.6).**

Abbildung 7.6: Das Dialogfeld WIDGET AUSWÄHLEN

Damit haben Sie das Widget LAUTLOSMODUS-UMSCHALTER zu Ihrem Startbildschirm hinzugefügt (siehe Abbildung 7.7). Sie können das Symbol antippen, um den Klingelmodus zu ändern; das Symbol ändert sich daraufhin entsprechend (siehe Abbildung 7.2).

Abbildung 7.7: Das zum Startbildschirm hinzugefügte App-Widget

Verteilung Ihrer App über den Android-Marktplatz

In diesem Kapitel
- Eine APK-Datei erstellen
- Ein Konto für den Android-Marktplatz anlegen
- Einen Preis für Ihre App festlegen
- Ihre App mit einem Bildschirmfoto präsentieren
- Ihre Anwendung hochladen und veröffentlichen
- Downloads überwachen

Der Android-Marktplatz ist der offizielle Platz für die Verbreitung von Android-Anwendungen. Wenn Sie Ihre App auf dem Marktplatz veröffentlichen, kann sie heruntergeladen, installiert und weltweit von Millionen Anwendern genutzt werden. Die Benutzer können Apps dort auch bewerten und kommentieren, um auf Nutzungsaspekte und mögliche Problembereiche hinzuweisen.

Der Android-Marktplatz bietet auch eine Reihe wertvoller Statistiken, die Ihnen Aufschluss über den Erfolg Ihrer Anwendung geben können und die ich Ihnen im letzten Abschnitt dieses Kapitels vorstelle.

In diesem Kapitel erfahren Sie, wie Sie Ihre Anwendung auf dem Android-Marktplatz veröffentlichen können. Ich zeige Ihnen auch, wie Sie Ihrer App ein paar Bildschirmfotos, ein Werbebildschirmfoto und eine Kurzbeschreibung beifügen können. Um Ihre App auf den Android-Marktplatz hochladen zu können, müssen Sie sie aber erst einmal in ein verteilbares Format bringen.

Eine verteilbare Datei erstellen

Sie hatten eine tolle Idee und haben die kommende Erfolgsanwendung oder das nächste Topspiel für die Android-Plattform entwickelt und wollen sie nun für Endanwender verfügbar machen. Dazu müssen Sie Ihre App erst einmal so verpacken, dass sie auf das Gerät der Endanwender gelangen kann. Dazu müssen Sie eine *Android-Paketdatei* erstellen, die auch *APK-Datei* genannt wird.

In den folgenden Abschnitten zeige ich Ihnen Schritt für Schritt, wie Sie Ihre erste APK-Datei erstellen können.

Noch einmal zurück zur Manifest-Datei

Bevor Sie ins kalte Wasser springen und die verteilbare APK-Datei erstellen, sollten Sie dafür sorgen, dass Ihre App für möglichst viele Anwender verfügbar gemacht wird. Dazu machen Sie sich mit dem Element uses-sdk in der Datei AndroidManifest.xml vertraut. Diese enthält aktuell den in Kapitel 4 erstellten uses-sdk-Eintrag:

```
<uses-sdk android:minSdkVersion="4" />
```

Die Eigenschaft minSdkVersion legt fest, unter welchen Versionen der Android-Plattform diese Anwendung installiert werden kann. In diesem Beispiel wurde Version 4 ausgewählt. Bei der Entwicklung der App LAUTLOSMODUS-UMSCHALTER wurde die Version 8 als Ziel-SDK eingestellt. Moment mal, ich weiß, ich verwende Version 4 als Minimum für das SDK, teile Eclipse und Android aber mit, dass ich als Ziel die Version 8 des SDKs verwenden will. Wie soll denn dieses Durcheinander funktionieren?

Die Android-Plattform ist weitgehend abwärtskompatibel. Beinahe alle in Version 3 vorhandenen Funktionen gibt es auch in Version 4. Klar, mit jeder neuen Version gibt es kleinere Änderungen und manchmal auch neue umfangreiche Komponenten, aber ansonsten bleiben nahezu alle Funktionen der Plattform abwärtskompatibel. Daher besagt die Angabe, dass diese Anwendung mindestens SDK-Version 4 benötigt, dass sie unter allen Android-Betriebssystemen ab Version 4 ausgeführt werden kann.

Über die minSdkVersion-Angabe kann der Android-Marktplatz feststellen, welche Anwendungen den Benutzern der jeweiligen Geräte angeboten werden. Wenn Sie die Anwendung jetzt mit dem eingestellten Wert 4 für minSdkVersion veröffentlichen und den Android-Marktplatz mit einem Android-Gerät nutzen, auf dem Version 3 (Android 1.5) oder eine noch ältere Version läuft, könnten Sie Ihre App dort nicht finden. Warum? Der Android-Marktplatz filtert das Angebot für Sie. Sie als Entwickler haben dem Android-Marktplatz mitgeteilt, dass diese App nur auf Geräten ab API-Level 4 ausgeführt werden kann! Wenn Sie den Android-Marktplatz mit einem Gerät aufrufen, auf dem API-Level 4 oder eine der späteren Versionen läuft, wird Ihre App auf diesem Gerät angezeigt und kann installiert werden.

Wenn Sie im Element uses-sdk des Manifests der Anwendung keinen Wert für minSdkVersion angeben, verwendet der Android-Marktplatz als Vorgabe den Wert 0, der bedeutet, dass die Anwendung mit allen Android-Versionen kompatibel ist. Wenn Ihre App dann eine Komponente verwendet, die unter den älteren Versionen der Plattform nicht zur Verfügung steht (beispielsweise Bluetooth unter Android 2.0), und von einem Anwender unter einer älteren Android-Version installiert wird, kommt es zur Laufzeit zu einem Ausnahmefehler und der Meldung, dass die App nicht weiter ausgeführt werden kann.

Auswahl der Werkzeuge

Eine Android-APK-Datei können Sie auf verschiedene Weise erstellen:

- ✔ Über die ADT (Android Development Tools) in Eclipse
- ✔ Über einen automatischen Build-Vorgang und einen Integrationsserver (zum Beispiel Hudson Continuous Integration Server)

8 ▶ Verteilung Ihrer App über den Android-Marktplatz

✔ Über die Befehlszeile mit Ant

✔ Über das Maven-Build-System

Wir benutzen hier die ADT in Eclipse zum Erstellen der APK-Datei. Die ADT stellen eine Reihe von Werkzeugen zur Verfügung, mit denen Sie Ihre Android-Anwendung kompilieren, digital signieren und als Paket in eine APK-Datei packen können. Dabei findet die digitale Signierung statt. Der entsprechende Vorgang wird im nächsten Abschnitt vorgestellt.

Die anderen Optionen lassen sich zwar ebenfalls nutzen, werden aber üblicherweise erst im anspruchsvolleren Anwendungsfall genutzt. Mehr zur Einrichtung eines Ant-Build-Prozesses für derartige Build-Prozeduren finden Sie in der Android-Dokumentation unter http://d.android.com/guide/publishing/app-signing.html.

Digitale Signierung Ihrer Anwendung

Das Android-System verlangt, dass alle installierten Anwendungen mit einem Zertifikat digital signiert werden müssen, das einen öffentlichen und einen privaten Schlüssel enthält. Der private Schlüssel befindet sich im Besitz des Entwicklers. Das zur digitalen Signierung der Anwendung verwendete Zertifikat dient als Kennung für die Anwendung und den Entwickler und wird zum Aufbau von vertrauenswürdigen Beziehungen zwischen Anwendungen verwendet.

Über die Signierung von Android-Anwendungen müssen Sie einige Dinge wissen:

✔ Alle Android-Anwendungen *müssen signiert werden*. Das System verweigert die Installation unsignierter Anwendungen.

✔ Zur Signierung Ihrer Anwendung können Sie selbst signierte Zertifikate verwenden. Eine Zertifizierungsstelle wird nicht benötigt.

✔ Wenn Sie Ihre Anwendung über den Marktplatz verteilen wollen, müssen Sie sie mit einem privaten Schlüssel signieren. Sie können die Anwendung nicht mit dem Debug-Schlüssel veröffentlichen, mit dem die APK-Datei für die Fehlersuche in ihrer Anwendung signiert wird.

✔ Das Zertifikat hat ein Ablaufdatum, das nur bei der Installation geprüft wird. Wenn ein Zertifikat erst nach der Installation der betreffenden Anwendung abläuft, arbeitet sie normal weiter.

✔ Wenn Sie nicht die ADT-Tools zum Erzeugen des Zertifikats und zum Signieren Ihrer APK-Dateien benutzen wollen, können Sie auch Standardwerkzeuge wie Keytool oder Jarsigner zu diesem Zweck verwenden.

Sie können modulare Anwendungen erstellen, die miteinander kommunizieren können, wenn die Anwendungen mit demselben Zertifikat signiert werden. Dann können die Anwendungen in demselben Prozess ausgeführt werden und vom System auf Anforderung wie eine einzelne Anwendung behandelt werden. Bei dieser Vorgehensweise können Sie Anwendungen in Modulen erstellen und Anwender können die einzelnen Module je nach Bedarf aktualisieren. Ein Beispiel dafür wäre die Entwicklung eines Spiels mit anschließender Veröffentlichung von »Update-Packs« zu dessen Aktualisierung. Anwender können dann wählen, welche Updates sie beziehen wollen.

Der Zertifizierungsprozess wird in der Android-Dokumentation ausführlich beschrieben. Dort erfahren Sie, wie Sie Zertifikate mit den verschiedenen Werkzeugen und Verfahren generieren können. Mehr über die APK-Signierung erfahren Sie in der Android-Dokumentation unter http://d.android.com/guide/publishing/app-signing.html.

Erstellen eines Keystores

Bei einem *Keystore* handelt es sich in Android (und auch in Java) um einen Container, in dem Ihre persönlichen Zertifikate aufbewahrt werden. Eine Keystore-Datei können Sie in Android mit verschiedenen Werkzeugen erstellen:

- ✔ **ADT-Export-Assistent:** Dieses Werkzeug mit zusammen mit den ADT installiert und ermöglicht Ihnen über einen Assistenten den Export einer selbst signierten APK-Datei zur digitalen Signierung der Anwendung und die Erzeugung des Zertifikats und (bei Bedarf) auch des Keystores.

- ✔ **Keytool-Anwendung:** Mit der Keytool-Anwendung können Sie einen selbst signierten Keystore über die Befehlszeile erzeugen. Dieses Werkzeug mit seinen vielen Befehlszeilenoptionen finden Sie im Ordner `tools` des Android-SDKs.

Bei der nachfolgenden Erstellung der APK-Datei verwenden Sie den ADT-Export-Assistenten zum Erzeugen des Keystores.

Schutz Ihres Keystores

Die Keystore-Datei enthält Ihr privates Zertifikat, das Android zur Identifizierung Ihrer Anwendung auf dem Android-Marktplatz verwendet. Sie sollten eine Sicherung Ihres Keystores an einem sicheren Ort erstellen, da Sie im Falle des Verlusts Ihres Keystores die Anwendung nicht mehr mit demselben privaten Schlüssel signieren können. Da der Android-Marktplatz erkennt, dass die Anwendung nicht mit demselben Schlüssel signiert wurde, können Sie Ihre Anwendung dann nicht mehr aktualisieren. Für den Marktplatz handelt es sich in einem solchen Fall um eine neue Android-Anwendung und nicht um eine neue Version einer Anwendung. Dasselbe geschieht, wenn Sie den Paketnamen der App ändern. Android hält die neue App-Version dann nicht mehr für ein gültiges Update, weil Paketname und/oder Zertifikat nicht mehr übereinstimmen.

Die APK-Datei erstellen

Führen Sie die folgenden Schritte aus, um Ihre erste APK-Datei zu erstellen:

1. **Starten Sie Eclipse, wenn es nicht bereits läuft.**

2. **Klicken Sie die App LAUTLOSMODUS-UMSCHALTER mit der rechten Maustaste an, wählen Sie im Kontextmenü ANDROID TOOLS und dann EXPORT SIGNED APPLICATION PACKAGE.**

8 ➤ Verteilung Ihrer App über den Android-Marktplatz

Daraufhin wird das Dialogfeld EXPORT ANDROID APPLICATION angezeigt (siehe Abbildung 8.1), in dem der Name des aktuellen Projekts bereits als Vorgabe eingetragen wurde.

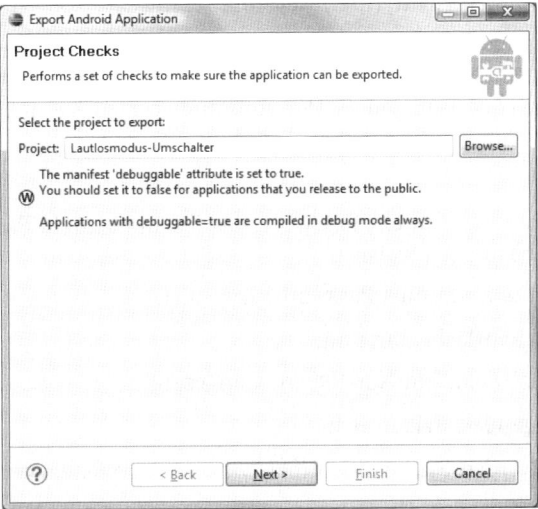

Abbildung 8.1: Das Dialogfeld EXPORT ANDROID APPLICATION

3. **Klicken Sie die Schaltfläche NEXT an.**

   Das Dialogfeld KEYSTORE SELECTION wird angezeigt (siehe Abbildung 8.2).

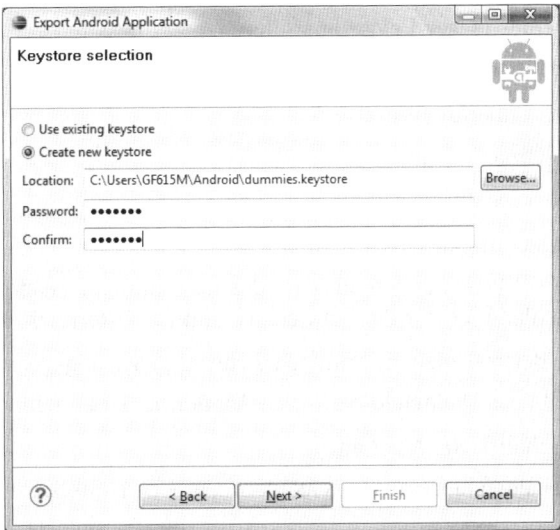

Abbildung 8.2: Das Dialogfeld KEYSTORE SELECTION

4. **Bisher haben Sie noch keinen Keystore erstellt, weshalb Sie hier die Option CREATE NEW KEYSTORE aktivieren.**

5. **Legen Sie den Speicherort für Ihren Keystore fest.**

   Ich benutze bevorzugt den Ordner Android (im Stammverzeichnis oder im persönlichen Ordner) und lege einen Namen für den Keystore fest. Beim Dateinamen sollten Sie die Erweiterung .keystore verwenden. Der vollständige Pfad könnte also beispielsweise so lauten:

   `c:androiddummies.keystore`

6. **Wählen und merken Sie sich ein Passwort, das Sie in das Feld PASSWORD eingeben und im Feld CONFIRM bestätigen müssen.**

   Ich habe das Wort *dummies* als Passwort verwendet.

7. **Klicken Sie die Schaltfläche NEXT an.**

   Daraufhin wird das Dialogfeld KEY CREATION angezeigt.

8. **Füllen Sie die folgenden Felder aus:**

   - **ALIAS:** Dieses werden Sie zur Identifizierung des Schlüssels verwenden.
   - **PASSWORD und CONFIRM:** Hier tragen Sie das Passwort ein, das für den Schlüssel verwendet wird, und bestätigen es.
   - **VALIDITY:** Hier geben Sie an, wie lange der Schlüssel gültig bleiben soll. Er muss nach dem 22. Oktober 2033 ablaufen. Um sicher zu gehen, trage ich normalerweise einen Wert von 30 Jahren in dieses Feld ein.

9. **Im unteren Bereich des Dialogfeldes müssen Sie Angaben zum Herausgeber vornehmen und mindestens eines dieser Felder ausfüllen:**

   - FIRST AND LAST NAME (Vor und Nachname)
   - ORGANIZATIONAL UNIT (Abteilung)
   - ORGANIZATION (Organisation)
   - CITY OR LOCALITY (Stadt oder Ort)
   - STATE OR PROVINCE (Staat oder Provinz)
   - COUNTRY CODE (XX) (als Ländercode wird die internationale Telefonvorwahl verwendet, die für Deutschland 49, für die Schweiz 41 und für Österreich 43 lautet)

   Ich habe hier im Beispiel meinen Namen als Herausgeber angegeben.

   Abschließend sollte das Dialogfeld bei Ihnen Abbildung 8.3 ähneln.

10. **Klicken Sie die Schaltfläche NEXT an.**

    Zuletzt wird das Dialogfeld DESTINATION AND KEY/CERTIFICATE CHECKS angezeigt (siehe Abbildung 8.4).

11. **Geben Sie einen Namen und den Speicherort für die Datei mit der Erweiterung .apk ein.**

    In Abbildung 8.4 wird die Datei im Unterordner Android des persönlichen Ordners unter dem Namen LautlosmodusUmschalter gespeichert.

8 ➤ Verteilung Ihrer App über den Android-Marktplatz

Abbildung 8.3: Das Dialogfeld KEY CREATION

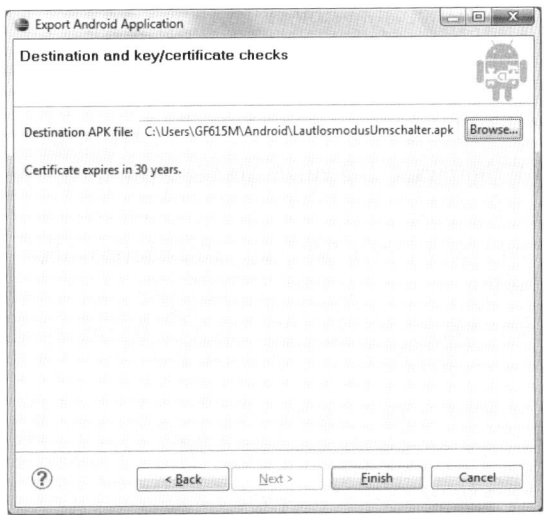

Abbildung 8.4: Einen Namen und einen Speicherort für Ihre erste APK-Datei angeben

12. **Klicken Sie die Schaltfläche FINISH an.**

    Damit werden an dem in Schritt 5 festgelegten Ort die .apk- und eine Keystore-Datei erstellt. Wenn Sie den entsprechenden Ordner öffnen, finden Sie dort die .keystore- und eine .apk-Datei (siehe Abbildung 8.5).

Damit haben Sie eine verteilbare APK-Datei und einen wiederverwendbaren Keystore für künftige Updates erstellt.

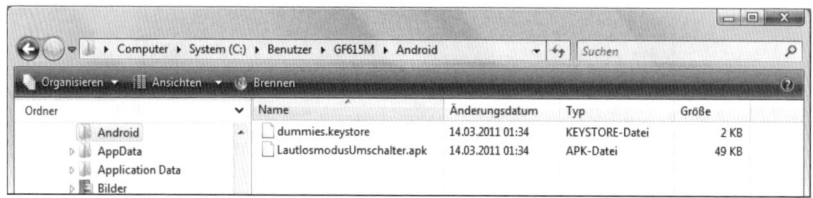

Abbildung 8.5: Die erstellte APK-Datei im angegebenen Ordner

Ein Konto für den Android-Marktplatz anlegen

Da Sie nun Ihre APK-Datei erstellt haben, können Sie die Anwendung auf dem Android-Marktplatz veröffentlichen. Dazu müssen Sie ein Konto für den Android-Marktplatz anlegen, wozu Sie ein Google-Konto benötigen. Für diesen Zweck eignen sich alle Google-Konten, zum Beispiel ein Gmail-Konto. Sollten Sie noch kein Google-Konto besitzen, können Sie unter www.google.com/accounts kostenlos ein solches anlegen. Beachten Sie, dass Sie eine Entwicklergebühr von 25 US-Dollar bezahlen müssen, wenn Sie die nachfolgend dargestellte Prozedur abschließen wollen. Wenn Sie diese Gebühr nicht bezahlen, können Sie Ihre Anwendungen nicht auf dem Marktplatz veröffentlichen.

Die Seiten für die Einrichtung des Kontos für den Android-Marktplatz stehen weitgehend nur auf Englisch zur Verfügung. Um ein Konto für den Android-Marktplatz zu erstellen, führen Sie diese Schritte aus:

1. **Starten Sie Ihren Webbrowser und rufen Sie die Seite** http://market.android.com/publish **auf.**

2. **Melden Sie sich auf der rechten Seite des Bildschirms über Ihr Google-Konto an (siehe Abbildung 8.6).**

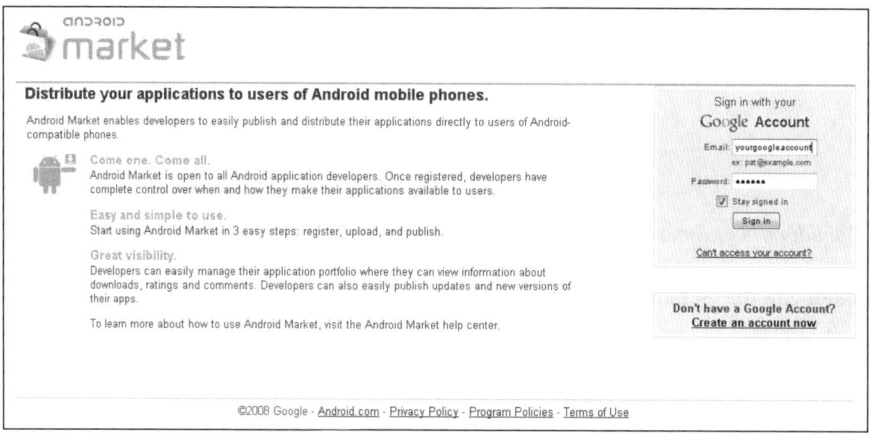

Abbildung 8.6: Die Webseite http://market.android.com/publish

3. **Füllen Sie die folgenden Felder aus:**

   - **DEVELOPER NAME:** Der hier angegebene Name wird für den Entwickler der veröffentlichten Anwendungen angezeigt. Dabei kann es sich um den Namen Ihres Unternehmens oder Ihren eigenen Namen handeln. Sie können diese Angabe nach dem Anlegen Ihres Kontos noch ändern.
   - **EMAIL ADDRESS:** An die hier angegebene Adresse können Benutzer E-Mails schicken. Normalerweise wird es sich dabei um Fragen oder Kommentare zu der Anwendung handeln, für die sie sich interessieren.
   - **WEBSITE URL:** Die URL Ihrer Website. Wenn Sie keine eigene Website unterhalten, können Sie ein kostenloses Blogger-Konto mit einem Blog verwenden, das Sie unter www.blogger.com bekommen. Das reicht als Website aus.
   - **PHONE NUMBER:** Hier geben Sie eine gültige Telefonnummer an, über die bei Problemen mit den veröffentlichten Inhalten zu Ihnen Kontakt aufgenommen werden kann. Sie müssen die Telefonnummer mit Pluszeichen und dem internationalen Ländercode angeben, also zum Beispiel +49-4711-555123.

   Wenn Sie Ihre Eingaben vorgenommen haben, sollte das Formular der Darstellung in Abbildung 8.7 ähneln.

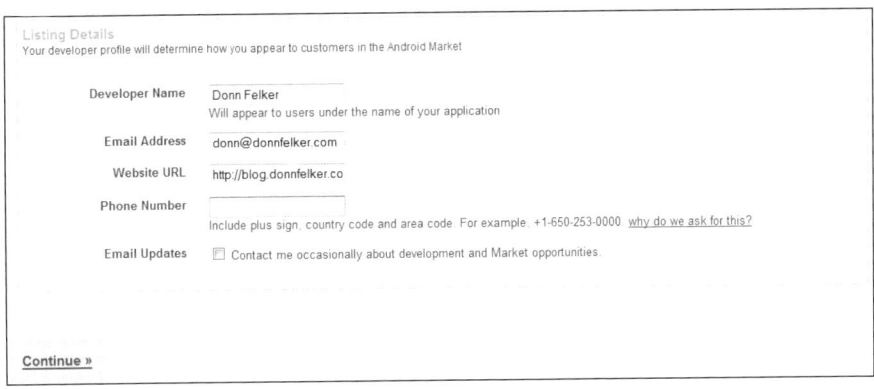

Abbildung 8.7: Detailangaben zum Entwickler

4. **Klicken Sie die Schaltfläche CONTINUE an.**

   Über die nächste Seite leiten Sie die Zahlung der Entwicklergebühr in Höhe von 25 US-Dollar ein (siehe Abbildung 8.8).

5. **Klicken Sie die Schaltfläche CONTINUE an, um die Entwicklergebühr über GOOGLE CHECKOUT zu bezahlen.**

6. **Tragen Sie auf der nachfolgend angezeigten Seite Ihre Kreditkarten- und Rechnungsdaten ein. Klicken Sie dann die Schaltfläche ICH STIMME ZU – WEITER (AGREE AND CONTINUE) an.**

   Was auf dieser Seite und in welcher Sprache angezeigt wird, hängt davon ab, welche Sprache Sie oben rechts angeben und welches Land Sie im Feld STANDORT (LOCATION) auswählen und orientiert sich an den Vorschriften der jeweiligen Länder.

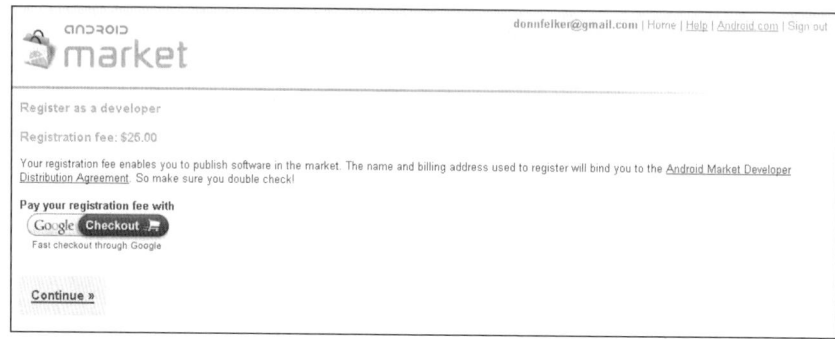

Abbildung 8.8: Registrierungsgebühr für Entwickler

Wenn Sie Ihre Kreditkartendaten bereits bei Google hinterlegt sind, wird diese Seite möglicherweise nicht angezeigt oder sie wird Ihnen zur Auswahl angeboten.

Abbildung 8.9 zeigt die Seite mit den Anmeldeinformationen des Autors.

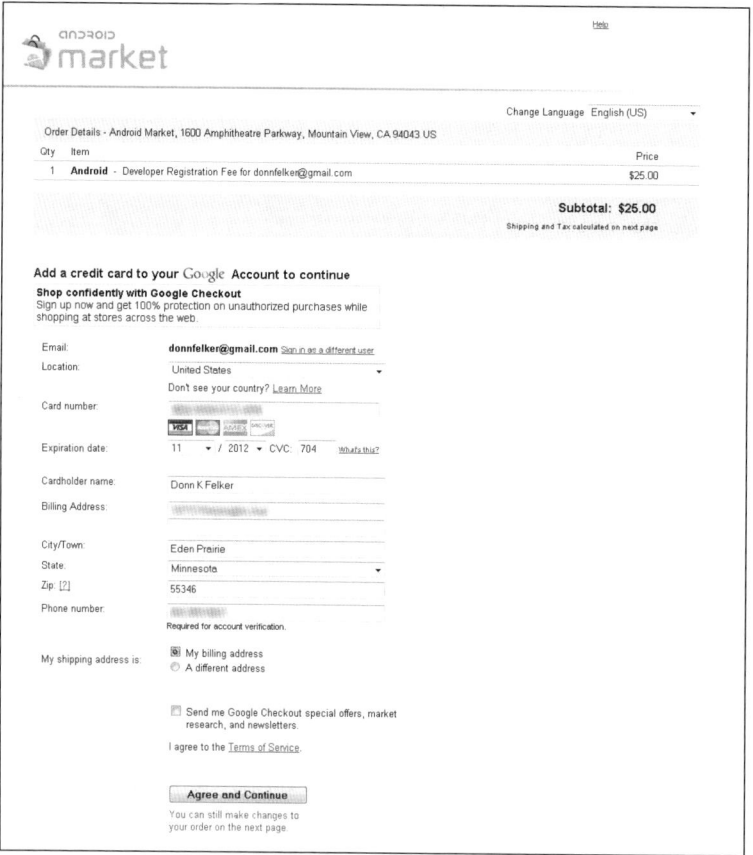

Abbildung 8.9: Persönliche Daten und Rechnungsdaten

7. Auf der dann angezeigten Bestätigungsseite (siehe Abbildung 8.10) tragen Sie Ihr Passwort ein und klicken dann die Schaltfläche ANMELDEN UND WEITER (SIGN IN AND CONTINUE) an.

Abbildung 8.10: Die Seite mit der Anmeldung zur Bestätigung der Registrierung als Entwickler

8. Abschließend wird eine Seite mit einer Auftragsbestätigung angezeigt (siehe Abbildung 8.11), auf der Sie Ihren Auftrag schließlich über die entsprechende Schaltfläche wirklich abschicken.

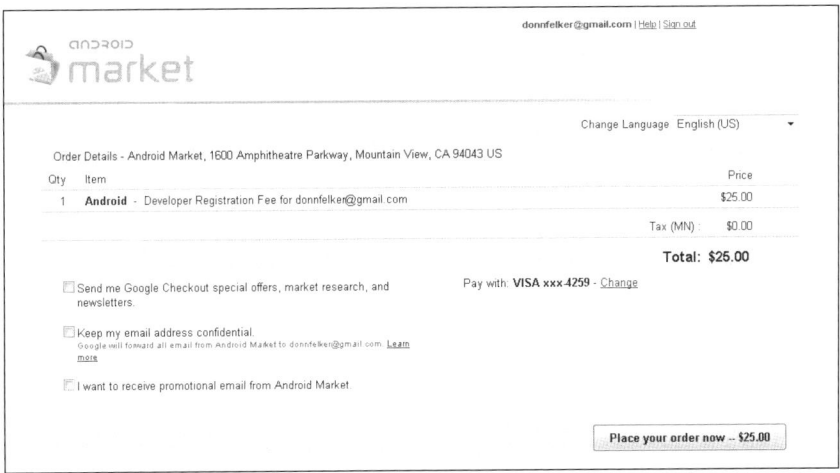

Abbildung 8.11: Die Auftragsbestätigung

In Abhängigkeit von der Geschwindigkeit Ihrer Internetverbindung und der Verarbeitung Ihres Auftrags geht es mehr oder weniger schnell, bis eine Bestätigungsmeldung angezeigt wird (siehe Abbildung 8.12). Nun können Sie als Android-Entwickler Ihre Apps über den Android-Marktplatz verteilen.

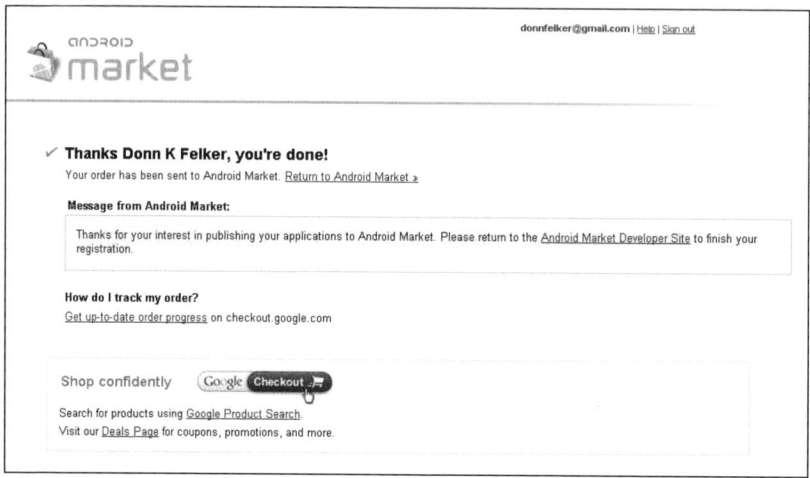

Abbildung 8.12: Bestätigung der Registrierung

9. **Klicken Sie den Link ANDROID MARKET DEVELOPER SITE an.**

   Die Seite ANDROID MARKET DEVELOPER DISTRIBUTION AGREEMENT wird angezeigt (Abbildung 8.13).

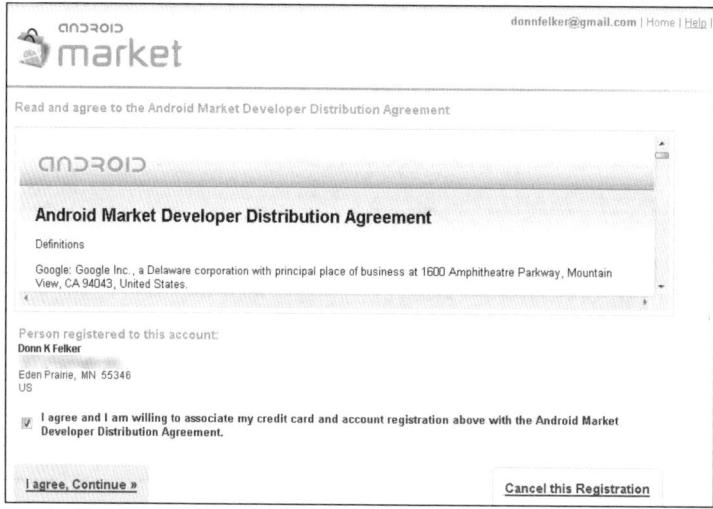

Abbildung 8.13: Die Bestimmungen der Vereinbarung

8 ► Verteilung Ihrer App über den Android-Marktplatz

10. **Wenn Sie eine kostenpflichtige Anwendung über den Android-Marktplatz verteilen wollen, folgen Sie den Anleitungen in der Leiste GOOGLE CHECKOUT MERCHANT ACCOUNTS.**

    Den Aspekt der kostenpflichtigen und kostenlosen Anwendungen behandle ich im folgenden Abschnitt dieses Kapitels.

11. **Lesen Sie die Bestimmungen durch und klicken Sie dann den Link I AGREE, CONTINUE an.**

    Damit gelangen Sie zu Ihrer Homepage als Android-Entwickler (siehe Abbildung 8.14).

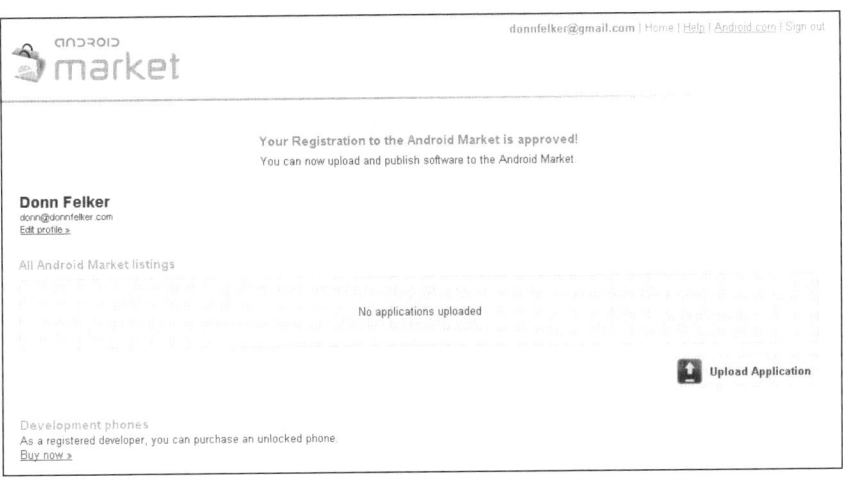

Abbildung 8.14: Die Homepage eines Android-Entwicklers

Google Checkout merchant accounts

Wenn Sie kostenpflichtige Anwendungen über den Android-Marktplatz verteilen wollen, müssen Sie ein Google-Händlerkonto (Google Checkout merchant account) einrichten. Wählen Sie dazu CHECKOUT MERCHANT ACCOUNT. Anschließend müssen Sie einige zusätzliche Angaben machen:

✔ Persönliche und Unternehmensdaten

✔ Steueridentifikationsdaten (Ihre persönlichen oder die Ihres Unternehmens)

✔ Erwartete monatliche Einkünfte (so etwa eine Milliarde, oder?)

Wenn Sie ein Händlerkonto eingerichtet haben, können Sie Ihre eigenen Anwendungen verkaufen.

Preisgestaltung für Ihre Anwendungen

Zunächst haben Sie Ihre APK-Datei erstellt und dann haben Sie sich als Android-Entwickler registriert. Nun können Sie Ihre App schließlich an die Anwender verteilen. Abschließend müssen Sie sich selbst aber noch die Frage beantworten, ob Sie Ihre App kostenlos oder kostenpflichtig verteilen wollen.

Diese Entscheidung sollten Sie vor der Veröffentlichung Ihrer App treffen, weil sie psychologische Folgen bei potenziellen Kunden/Benutzern hat und sich auf Ihr Einkommen auswirken wird. Bei kostenpflichtigen Anwendungen müssen Sie deren Preis festlegen. Diese Entscheidung kann ich Ihnen zwar nicht abnehmen, aber immerhin kann ich Ihnen raten, sich einmal nach ähnlichen Apps auf dem Marktplatz umzusehen, um sich bei der Festlegung Ihrer Preisstrategie an diesen orientieren zu können. Die meisten Apps befinden sich im Preisbereich zwischen 99 Cents und 9,99 Dollar oder Euro. Apps, für die mehr als 10 Dollar oder Euro verlangt werden, sind selten. Bei der konkurrenzfähigen Preisgestaltung geht es um knallharte wirtschaftliche Aspekte, mit denen Sie sich auseinandersetzen müssen, wenn Sie feststellen wollen, was Sie für Ihre Anwendung verlangen können.

Bei der endlosen Debatte um kostenpflichtige und kostenlose Apps behaupten beide Gegner, dass die jeweilige Alternative profitabel sein kann. Ich habe beide Varianten ausprobiert und mit beiden ein gewisses Einkommen erzielen können. Letztlich müssen Sie aber selbst herausfinden, welche Alternative sich für Ihre Anwendung in der jeweiligen Situation am besten eignet.

Argumente für das kostenpflichtige Modell

Wenn Sie sich für das kostenpflichtige Modell entscheiden, bekommen Sie innerhalb von 24 Stunden nach dem ersten Verkauf (abgesehen von Ferien und Feiertagen) Geld in Ihre Tasche. Das Geld wird dann am folgenden Werktag überwiesen. Ich habe aber die Erfahrung gemacht, dass kostenpflichtige Anwendungen nicht gerade häufig installiert werden. Sie müssen Ihre App selbst vermarkten. Aber wie sollen potenzielle Kunden wissen, ob sich der Kauf lohnt, wenn niemand Ihre App kennt? Dieses Problem besteht zwar in gewisser Weise auch bei kostenlosen Apps, aber diese können von Anwendern frei installiert werden. Danach können diese dann problemlos entscheiden, ob sie sie auf ihrem Gerät lassen wollen. Bei kostenpflichtigen Apps sieht das ein wenig anders aus.

Allen Benutzern des Android-Marktplatzes wird nach dem Kauf ein kostenloser Testzeitraum von 24 Stunden eingeräumt. Das heißt, dass sie die App kaufen und installieren können, während Google Checkout die Kreditkartendaten überprüft und archiviert. Der Kauf bleibt 24 Stunden in der Schwebe. Sie können das über Google Checkout beobachten. Während dieser 24 Stunden können potenzielle Käufer die voll funktionsfähige Anwendung ausprobieren und sie bei Nichtgefallen unter voller Rückbuchung des Kaufpreises wieder deinstallieren. Für die Endverbraucher ist dies höchst angenehm, da sie Apps ausprobieren können, ohne sie bezahlen zu müssen, wenn sie ihnen nicht gefallen. Wird die App nicht innerhalb von 24 Stunden deinstalliert, kommt es zum rechtswirksamen Kaufabschluss, der fragliche Betrag wird von der Kreditkarte abgebucht und Ihnen am folgenden Tag gutgeschrieben.

Argumente für das kostenlose Modell

Wenn Sie sich für den kostenlosen Weg entscheiden, können potenzielle Benutzer die Anwendung frei installieren. Erfahrungsgemäß behalten 50 bis 80 Prozent der Benutzer, die Ihre kostenlose App installieren, diese auf dem Gerät, während sie von den übrigen deinstalliert wird. Die große Frage lautet an dieser Stelle aber, wie sich Geld mit kostenlosen Apps verdienen lässt.

»Nichts im Leben ist umsonst«, lautet ein uraltes Sprichwort. Ähnlich verhält es sich auch mit kostenlosen Apps. Hier lautet das Stichwort ganz einfach »Werbung«. Verschiedene Werbetreibende bieten Drittbibliotheken an, die in Ihren Anwendungen Werbeanzeigen auf den Mobilgeräten einblenden. Die führenden Unternehmen in diesem Bereich sind momentan Google AdSense, AdMob (das kürzlich von Google übernommen wurde) und Quattro Wireless (mittlerweile von Apple übernommen). Bei diesen Unternehmen können Sie recht einfach ein kostenloses Konto einrichten. Sie bieten hervorragende SDKs an und erläutern Ihnen, wie Sie Werbeanzeigen in Ihre nativen Android-Anwendungen integrieren können. Da die meisten dieser Unternehmen ihre Zahlungen im 60-Tage-Rhythmus leisten, kann es ein paar Monate dauern, bis Sie Ihre erste Zahlung erhalten.

Bildschirmfotos Ihrer Anwendung

Bildschirmfotos sind ein äußerst wichtiger Bestandteil des Android-Marktplatzes. Potenzielle Benutzer können sich damit noch vor der Installation einer App einen ersten Eindruck von ihr verschaffen. Wenn Sie Benutzern eine Reihe von Bildschirmfotos von Ihrer Anwendung präsentieren, kann dies ausschlaggebend dafür sein, ob sie sie installieren oder nicht. Stellen Sie sich vor, dass Sie ein Spiel programmiert haben und Benutzer dazu motivieren wollen, es zu spielen. Wenn Sie Wochen (oder auch Monate) mit dem Erstellen detaillierter Grafiken verbracht haben, werden Sie potenziellen Benutzern/Käufern des Spiels bestimmt zeigen wollen, wie toll Ihre App aussieht.

Um Bildschirmfotos von Ihrer laufenden Anwendung machen zu können, benötigen Sie einen Emulator oder ein reales Android-Gerät. Um Bildschirmfotos von Ihrer Anwendung im Emulator zu machen, gehen Sie so vor:

1. **Starten Sie den Emulator und legen Sie das Widget auf dem Startbildschirm ab.**
2. **Öffnen Sie in Eclipse die DDMS-Perspektive.**
3. **Markieren Sie den Emulator auf der Registerkarte DEVICES (siehe Abbildung 8.15).**
4. **Klicken Sie die Schaltfläche SCREEN SHOT an, um Ihren Bildschirm aufzunehmen.**
5. **Speichern Sie Ihr Bildschirmfoto über die Schaltfläche SAVE oder kopieren Sie es über die Schaltfläche COPY in die Zwischenablage, um es in ein Bildbearbeitungsprogramm zu übernehmen (zum Beispiel über BEARBEITEN|ALS NEUES BILD EINFÜGEN in Paint Shop Pro).**

Sie können Änderungen im Emulator oder auf dem Gerät vornehmen und neue oder weitere Bildschirmfotos aufnehmen. Nach dem Aufnehmen des Bildschirmfotos können Sie es auf dem Android-Marktplatz veröffentlichen.

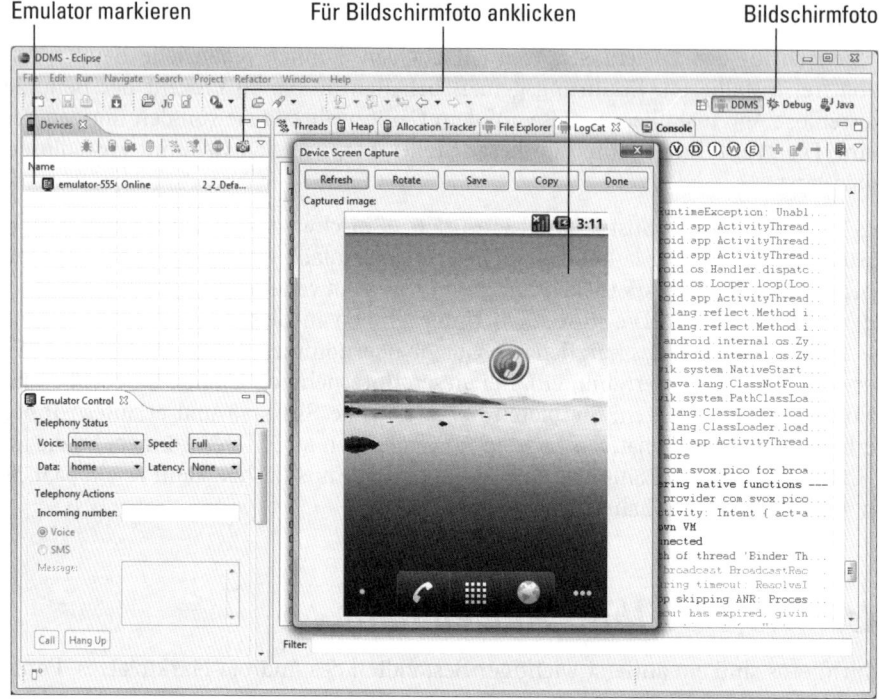

Abbildung 8.15: Die DDMS-Perspektive mit einem aufgenommenen Bildschirmfoto

 Bei einigen Geräten können Sie auch direkt Bildschirmfotos bei Betätigung bestimmter Tasten erstellen. Sehen Sie einmal unter EINSTELLUNGEN| ANWENDUNGEN|ENTWICKLUNG nach, ob Sie dort eine entsprechende Option finden. Diese könnte beispielsweise SCREENSHOT STATT SUSPEND heißen. Wenn Sie das Gerät als USB-Speicher an Ihren Rechner anschließen, können Sie die so erstellten Bildschirmfotos auf den Computer übernehmen und dort bei Bedarf nachbearbeiten.

Ihre Anwendung auf den Android-Marktplatz hochladen

Schließlich haben Sie den Höhepunkt der Android-Anwendungsentwicklung erreicht, nämlich den Punkt, an dem Sie Ihre Anwendung veröffentlichen können. Führen Sie dazu die folgenden einfachen Schritte aus:

1. **Klicken Sie auf der Homepage für Android-Entwickler (siehe Abbildung 8.14) die Schaltfläche UPLOAD APPLICATION an.**

   Die Seite UPLOAD AN APPLICATION wird angezeigt (siehe Abbildung 8.16).

2. **Wählen Sie unter APPLICATION .APK FILE die zuvor in diesem Kapitel erstellte .apk-Datei aus und klicken Sie dann UPLOAD an.**

8 ▸ Verteilung Ihrer App über den Android-Marktplatz

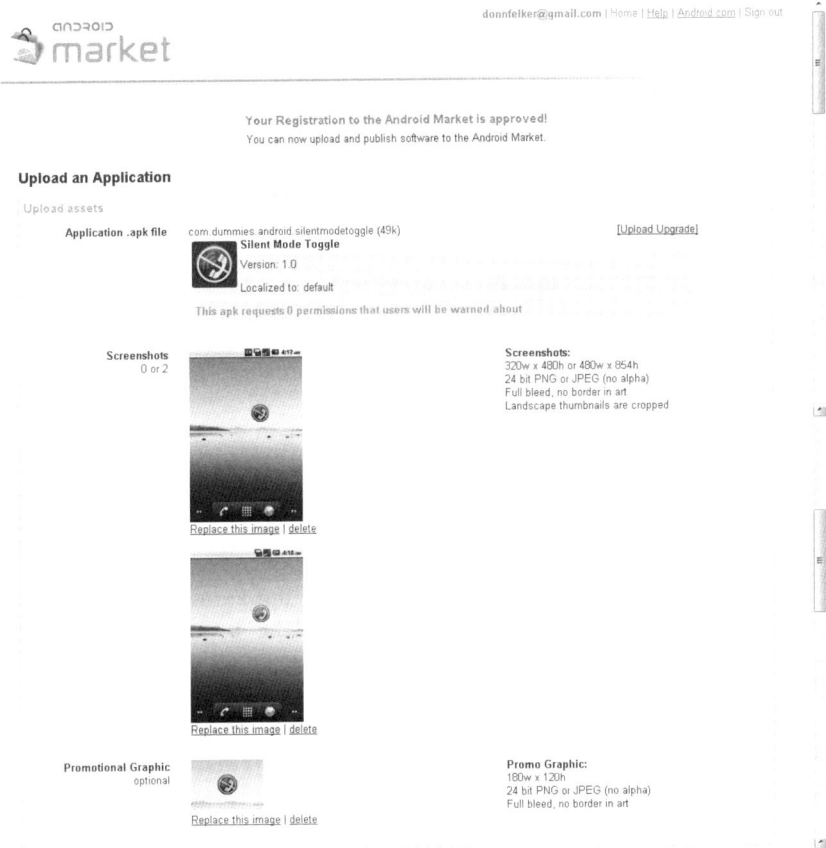

Abbildung 8.16: Die Seite UPLOAD AN APPLICATION

 Der Android-Marktplatz verwendet den Java-Paketnamen zu Identifikationszwecken. Es kann keine zwei Anwendungen mit demselben Paketnamen geben. Wenn Sie die Anwendung daher jetzt hochzuladen versuchen, werden Sie eine Fehlermeldung erhalten, die Ihnen mitteilt, dass der Paketname Ihrer APK-Datei mit dem bereits vorhandenen Paket eines anderen Entwicklers identisch ist, und Sie dazu aufgefordert, einen anderen Paketnamen zu verwenden. Ich kann Ihnen hier keinen einzigartigen Paketnamen vorgeben. Bei der Entwicklung eigener Anwendungen für den Android-Marktplatz sollten Sie aber vielleicht entweder Ihren oder den Namen Ihres Unternehmens als Teil des Paketnamens verwenden.

3. **Fügen Sie im Bereich SCREENSHOTS zwei Bildschirmfotos Ihrer App hinzu.**

Diese Bildschirmfotos müssen 320 Pixel breit und 480 Pixel hoch oder 480 Pixel breit und 854 Pixel hoch sein. Diese Bildschirmfotos zeigen potenziellen Benutzern Ihre Anwendung im laufenden Zustand, ohne dass sie sie dazu installieren müssen. Sie sollten Bildschirmfotos Ihrer App hochladen, weil Anwendungen mit Bildschirmfotos höhere Installationsraten als Anwendungen ohne Bildschirmfotos erreichen. Bildschirmfotos sind aber nicht zwingend erforderlich, um eine App veröffentlichen zu können.

4. **Fügen Sie (optional) ein Werbebild (Promotional Graphic) hinzu.**

   Dieses Werbebild muss 180 Pixel breit und 120 Pixel hoch sein und mit einem Bildbearbeitungsprogramm erstellt werden. Es wird für zufällige Werbevorstellungen während des Durchsuchens des Marktplatzes mit einem Android-Gerät verwendet. Das Werbebild ist nicht erforderlich, um eine App veröffentlichen zu können.

5. **Legen Sie einen Namen für Ihre Anwendung fest.**

   Ich habe für mein Programm den Namen `Silent Mode Toggle Widget` gewählt. Dieser Text wird für das Durchsuchen des Android-Marktplatzes indiziert.

6. **Geben Sie eine Beschreibung Ihrer Anwendung ein.**

   Hierbei handelt es sich um die Beschreibung, die der Benutzer zu sehen bekommt, wenn er sich für Ihre Anwendung interessiert und sie möglicherweise installieren will. Der gesamte Text der Beschreibung wird für die Suche auf dem Android-Marktplatz indiziert.

7. **Geben Sie den Werbetext für Ihre Anwendung ein.**

   Der Promo-Text wird verwendet, wenn Ihre Anwendung auf dem Markt besonders vorgestellt oder beworben wird. Die Kriterien dafür, welche Anwendungen vorgestellt oder herausgehoben werden, sind nicht wirklich klar, basieren aber wohl vorrangig auf deren Beliebtheit. Wird Ihre Anwendung ausgewählt und im Werbebereich des Marktplatzes vorgestellt (beispielsweise oben oder auch links auf dem Bildschirm bei den jeweiligen Kategorien), wird der hier angegebene Werbetext begleitend angezeigt.

8. **Legen Sie den Anwendungstyp fest.**

   Bei dieser App habe ich als Typ APPLICATIONS ausgewählt.

9. **Legen Sie die Kategorie für Ihre App fest.**

   Für unsere App LAUTLOSMODUS-UMSCHALTER habe ich PRODUCTIVITY ausgewählt.

10. **Wählen Sie, ob Ihre App einen Kopierschutz erhalten soll.**

    Hier wähle ich immer OFF und verzichte damit auf einen Kopierschutz (copy protection). Wenn Sie den Kopierschutz aktivieren, beansprucht die Datei auf dem Gerät üblicherweise doppelt so viel Platz. Wenn Ihre App zwei Megabyte groß ist, belegt sie bei aktiviertem Kopierschutz bei der Installation auf dem Gerät etwa vier Megabyte. Ich halte meine Dateien lieber möglichst klein, weil Benutzer bei Platzmangel auf ihren Geräten sehr wahrscheinlich erst einmal die größten Anwendungen deinstallieren werden.

Ältere Geräte (vor Android 2.2) konnten keine Anwendungen auf SD Card installieren. Daher war der intern verfügbare Speicherplatz beschränkt und die Benutzer haben erst einmal die größten Apps deinstalliert, wenn sie Platz schaffen wollten oder mussten. Wenn Ihre App sehr umfangreich ist, wird sie dann sehr viel eher entfernt werden. Wenn Sie die Dateigröße klein halten und den Kopierschutz deaktiviert lassen, bleibt dieser Aspekt weniger problematisch.

8 ▶ Verteilung Ihrer App über den Android-Marktplatz

11. **Wählen Sie eine Liste der Standorte aus, an denen Ihre Anwendung sichtbar sein soll.**

    Wenn Sie beispielsweise eine deutsche Anwendung erstellt haben, deaktivieren Sie alle Standorte und aktivieren Deutschland (Germany) und vielleicht noch die Schweiz (Switzerland) und Österreich (Austria) als Zielmärkte. Dann wird die Anwendung auf dem Marktplatz nur für Geräte angezeigt, deren Standort sich in diesen Ländern befindet. Wenn Sie alle Standorte aktiviert lassen, wird Ihre App weltweit angezeigt.

12. **Füllen Sie die Felder für die Website und die E-Mail-Adresse aus. (Und wenn Sie es nicht lassen können, auch das Feld für die Telefonnummer.)**

    Ich trage nie eine Telefonnummer ein, weil Benutzer einen ansonsten garantiert anrufen werden! Ja, sie werden Sie mitten in der Nacht anrufen, um Ihnen Fragen zu stellen und Sie mit Rückmeldungen überhäufen. Ich kommuniziere mit Kunden lieber via E-Mail. Wenn Sie eine App für ein anderes Unternehmen schreiben, sie aber unter Ihrem Entwicklerkonto veröffentlichen, können Sie die Angaben zur Website, E-Mail-Adresse und Telefonnummer ändern, damit sich die Benutzer nicht an Sie wenden. Benutzer Ihrer Apps benutzen die Angaben in diesen Feldern, um aus verschiedenen Gründen mit Ihnen Kontakt auszunehmen. Meist geht es dabei um erwünschte zusätzliche Funktionen und Fehlerberichte.

13. **Bestätigen Sie, dass Ihre Anwendung den Android-Inhaltsrichtlinien und gesetzlichen Vorschriften entspricht, indem Sie die entsprechenden Kontrollkästchen aktivieren.**

14. **Wählen Sie eine der folgenden Optionen:**

    - PUBLISH: Speichert und veröffentlicht die App direkt auf dem Marktplatz.
    - SAVE: Speichert die vorgenommenen Änderungen, ohne die App zu veröffentlichen.
    - DELETE: Löscht alle bisherigen Arbeiten. Wählen Sie diese Option nicht.

    Klicken Sie für diese Übung die Schaltfläche SAVE an. Damit wird Ihre Anwendung gespeichert und Sie kehren zu Ihrer Android-Entwickler-Homepage zurück, auf der Sie ein Symbol darauf hinweist, dass eine Anwendung für den Marktplatz gespeichert wurde (siehe Abbildung 8.17). Sie können diese Möglichkeit zum Sammeln Ihrer Apps vor deren Veröffentlichung nutzen.

15. **Wenn Sie die App veröffentlichen wollen, klicken Sie den Titel der App auf Ihrer Entwickler-Homepage an.**

    Die Seite UPLOAD AN APPLICATION wird angezeigt (siehe Abbildung 8.16).

16. **Blättern Sie auf der Seite nach unten und klicken Sie die Schaltfläche PUBLISH an.**

    Damit wird Ihre Anwendung auf dem Android-Marktplatz veröffentlicht.

Abbildung 8.18 zeigt die von mir gerade erstellte Anwendung im Android-Marktplatz auf meinem Nexus One. Um sie anzuzeigen, habe ich den MARKET gestartet, bin erst zu APPS und dann zu PRODUCTIVITY gewechselt und habe dort die Registerkarte JUST IN aktiviert, auf der die erst vor Kurzem hochgeladenen Apps angezeigt werden.

Abbildung 8.17: Eine gespeicherte App auf meiner Android-Entwickler-Homepage

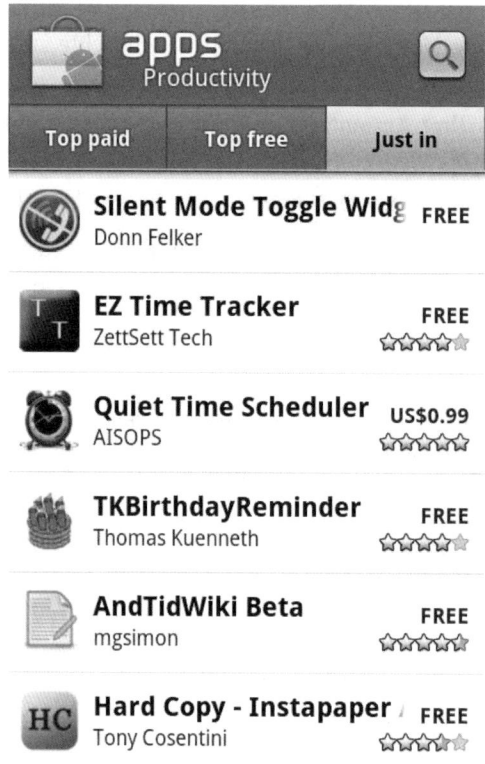

Abbildung 8.18: Die veröffentlichte Anwendung auf dem Android-Marktplatz

 Da es das App MARKET (oder MARKTPLATZ) mit deutscher Oberfläche gibt, könnten Sie aufgrund der englischen Registrierung und der später deutsch angezeigten Kategorien vielleicht Schwierigkeiten haben, Ihre App wiederzufinden. Benutzen Sie dann einfach die Suchfunktion und geben Sie den von Ihnen verwendeten Entwicklernamen oder den Namen Ihrer App ein, wenn Sie sich davon überzeugen wollen, dass Ihre App auch wirklich über den Marktplatz angeboten wird.

Wahrscheinlich ist Ihnen ein Vorteil dieser Vorgehensweise aufgefallen, der darin besteht, dass Apps hier nicht wie bei anderen Mobilplattformen erst genehmigt werden müssen. Sie können eine App entwickeln und sofort veröffentlichen – schon können potenzielle Benutzer sie installieren. Dadurch können Sie kurz nacheinander neue Versionen veröffentlichen und neue Funktionen unmittelbar nach Fertigstellung veröffentlichen, was wirklich toll ist.

Wenn Sie mit Ihrem Gerät nach der hier vorgestellten App auf dem Android-Marktplatz suchen, werden Sie sie dort nicht finden, weil ich sie nach Fertigstellung dieses Buches wieder vom Markt genommen habe. Letztlich sollte sie ja auch nur als Beispiel für den Prozess der Anwendungserstellung dienen. Ich habe also den Anwendungsnamen auf meiner Entwickler-Homepage angeklickt und sie über die Schaltfläche UNPUBLISH unten auf der Seite wieder vom Android-Marktplatz genommen.

Beobachtung der Installationszahlen

Sie haben Ihre erste Anwendung veröffentlicht. Dann wollen Sie doch bestimmt auch sehen, wie die Millionen bei Ihnen eintrudeln. Oder so ähnlich. Vielleicht sind Sie ja ein selbstständiger Entwickler, der den nächsten erfolgreichen Ego-Shooter veröffentlicht, oder ein Programmierer, der die Android-Anwendungen seines Unternehmens publiziert. Wie dem auch sei, Sie müssen über die Erfahrungen der Benutzer mit Ihren Apps auf den verschiedenen Geräten auf dem Laufenden bleiben. Ihnen stehen mehrere Möglichkeiten offen, um sich über den Erfolg Ihrer Anwendung zu informieren:

- ✔ **Fünf-Sterne-Bewertungssystem:** Je höher die durchschnittliche Bewertung, desto besser!
- ✔ **Kommentare:** Lesen Sie sie! Benutzer nehmen sich die Zeit, um sie zu verfassen, erweisen Sie Ihnen also die Höflichkeit, sie zu lesen. Sie werden überrascht sein, wie viele tolle Ideen Ihnen hier kostenlos angeboten werden. Oft konnte ich nach der Implementierung von besonders häufig nachgefragten Funktionen feststellen, dass Benutzer davon begeistert waren und ihre Kommentare und Bewertungen aktualisiert haben, was zu sehr viel positiven Bewertungen geführt hat.
- ✔ **Fehlerberichte:** Manchmal übermitteln Ihnen Benutzer Berichte, um Sie darüber zu informieren, dass bei Ihrer App aus unbekannten Gründen Ausnahmefehler aufgetreten sind. Sehen Sie sich diese Berichte und die Fehler an, beobachten Sie die Entwicklung des Stapels und versuchen Sie den Fehler zu beheben. Wenn eine Anwendung häufiger abstürzt, führt dies recht schnell zu einer Menge wirklich schlechter Bewertungen. Die Rückverfolgung des Stapels ist nur bei Geräten möglich, auf denen mindestens Android 2.2 läuft.
- ✔ **Installationen versus aktive Installationen:** Dabei handelt es sich zwar nicht um den besten Maßstab für die Benutzerzufriedenheit, aber doch um eine unwissenschaftliche Möglich-

keit, mit der sich feststellen lässt, ob Benutzer Ihre App nach der Installation auch weiterhin auf ihren Geräten lassen. Wenn Benutzer Ihre App installiert lassen, muss sie ihnen gefallen!

✔ **Direkte E-Mails:** Benutzer können über den Android-Marktplatz Ihre E-Mail-Adresse und/oder die Adresse Ihrer Website erfahren. Sie werden Ihnen E-Mails schicken, um Ihnen Fragen über Funktionen zu stellen und über ihre Erfahrungen zu berichten. Vielleicht schicken sie Ihnen auch Ideen zur Verbesserung Ihrer App oder bitten Sie, eine App mit Funktionen zu entwickeln, wie es sie auf dem Marktplatz noch nicht gibt. Menschen möchten gerne partizipieren. Wenn ich es schaffe, innerhalb von 24 Stunden zu antworten (ich versuche eigentlich, es in weniger als vier Stunden zu schaffen), sind Benutzer meist wirklich zufrieden mit meiner Reaktionszeit. Bei einer Million aktiver Benutzer lässt sich zwar kaum mehr verwirklichen, aber Benutzer sind oft wirklich glücklich, wenn sie wissen, dass sie Sie erreichen können, wenn irgendwelche Probleme mit der von ihnen so geschätzten App auftreten.

Den Kontakt zur Benutzerbasis aufrechtzuerhalten, ist an und für sich bereits eine riesige Aufgabe. Wenn Sie das aber schaffen, werden Sie vielleicht mit engagierten und zufriedenen Kunden belohnt, die Ihre Anwendung Freunden und Familienangehörigen weiterempfehlen.

Teil III

Eine umfassendere App erstellen

In diesem Teil ...

In Teil III zeige ich Ihnen – aufbauend auf den in Teil II erworbenen Kenntnissen –, wie Sie eine umfassendere App erstellen können. Dabei gehe ich nicht mehr wie in Teil II auf alle Details ausführlich ein, sondern konzentriere mich auf jene Einzelheiten, die Sie wissen müssen, um ein besserer Android-Anwendungsentwickler zu werden. Dabei spreche ich auch einige fortgeschrittene Themen an, um Ihnen den Übergang vom Einsteiger zum fortgeschrittenen Android-Entwickler zu erleichtern.

In diesem Teil zeige ich Ihnen, wie und warum Sie bestimmte Funktionen nutzen sollten, um die Erfahrungen der Benutzer mit Ihren Anwendungen ansprechender zu gestalten. Am Ende von Teil III wird Ihnen eine voll funktionsfähige anspruchsvolle Anwendung vorliegen, die auf eine lokale Datenbank zurückgreift und benutzerspezifische Einstellungen speichert.

Entwurf einer App zur Terminplanung

In diesem Kapitel
- Anforderungen der App zusammenstellen
- Mehrere Bildschirme entwerfen
- Eine Liste als Aktivität erstellen
- Mit Intents arbeiten

Das Erstellen von Android-Anwendungen macht zwar Spaß, wirklich interessant wird es aber erst, wenn wirklich umfassende Anwendungen programmiert werden. Erst damit dringt man zu den wirklichen Interna der Android-Plattform vor. In diesem Kapitel stelle ich Ihnen eine App zur Terminplanung vor, die in den nächsten paar Kapiteln vollständig erstellt werden soll.

Mit der Terminplaner-Anwendung können Benutzer eine Liste von Elementen erstellen, mit denen jeweils ein Erinnerungstermin einhergeht.

Überblick über die Basisanforderungen

Die Terminplaner-Anwendung muss einige Grundanforderungen erfüllen:

- ✔ Sie muss Benutzereingaben entgegennehmen können, denn ohne solche wäre eine derartige App ziemlich sinnlos!
- ✔ Die Termine müssen sich einfach verwalten lassen.
- ✔ Zu den einzelnen Terminen muss es ein Erinnerungsdatum mit einer Uhrzeit geben, zu der der Benutzer an sie erinnert wird.
- ✔ Der Benutzer muss zum angegebenen Zeitpunkt an den jeweiligen Termin erinnert werden.
- ✔ Benutzer müssen Termine löschen können.
- ✔ Benutzer müssen Termine nicht nur hinzufügen, sondern auch bearbeiten können.

Es kommt bei dieser Anwendung also zu recht umfangreichen Interaktionen zwischen dem Benutzer und dem Android-System. Während der Entwicklung dieser Anwendung stelle ich Ihnen die verschiedenen Facetten der Android-Entwicklung vor, die Ihnen später noch nützlich sein können. Ich wäre froh gewesen, wenn ich bei meinen ersten Schritten als Android-Entwickler einige dieser Dinge gewusst hätte, denn damit hätte ich eine Menge Zeit sparen können!

Erinnerungen terminieren

Damit die Terminplaner-Anwendung wirklich funktioniert, muss sie den Benutzer irgendwie an die Termine erinnern oder aufmerksam machen können. Als kluger Entwickler werden Ihnen gleich die Möglichkeiten zur Task- oder Aufgabenplanung einfallen. Unter dem Windows-Betriebssystem können Entwickler Aufgaben (Tasks) und damit Code, Programme oder Skripts mit dem Programm AUFGABENPLANUNG zu vorgegebenen Zeiten geplant ausführen lassen. Im Unix/Linux-Bereich verwenden Entwickler zu diesem Zweck cron (für *chronos* – griechisch für *Zeit*).

Da Android auf dem Linux-Kernel 2.6 basiert, könnte man daher annehmen, dass es auch hier eine crontab-Datei gibt, die bearbeitet werden kann. cron wird von der Konfigurationsdatei crontab gesteuert, in der angegeben wird, welche Befehle zum angegebenen Zeitpunkt ausgeführt werden sollen. Leider fehlt cron aber bei Android. Dafür gibt es aber die Klasse AlarmManager, mit der Sie dasselbe erreichen können. Mit ihr können Sie angeben, wann Ihre Anwendung gestartet werden soll. Weckereignisse können einmalig oder wiederholt ausgelöst werden. Die Terminplaner-Anwendung nutzt die Klasse AlarmManager, um Benutzer an ihre Termine zu erinnern.

Daten speichern

In dieser Anwendung werden Ihnen viele neue Funktionen und Werkzeuge vorgestellt, und Sie werden sich vielleicht die wichtige Frage stellen, wo die Aktivitäten, die Termindaten, die Wecker und so weiter abgelegt werden sollen. Diese Elemente werden an den folgenden Orten gespeichert:

- ✔ Aktivitäten und BroadcastReceiver werden in einem Java-Paket gespeichert.
- ✔ Termindaten werden in einer SQLite-Datenbank gespeichert.
- ✔ Weckerdaten werden aus der SQLite-Datenbank übernommen und dem AlarmManager über das Intent-System übergeben.

Den Benutzer (höflich) aufmerksam machen

Wenn ein Alarm ausgelöst wird, müssen Sie den Benutzer darauf aufmerksam machen. Die Android-Plattform stellt Mechanismen zur Verfügung, die Ihre Aktivität dann in den Vordergrund holen, aber das ist kein optimales Benachrichtigungsverfahren, weil es den Anwendungsfokus von den aktuellen Tätigkeiten des Benutzers abzieht. Stellen Sie sich vor, dass der Benutzer gerade eine Telefonnummer eingibt oder einen Anruf beantwortet, wenn der Alarm ausgelöst und eine andere Aktivität in den Vordergrund geholt wird. Das wäre nicht nur ablenkend, sondern auch störend. Schließlich wird ohne sein eigenes (unmittelbares) Zutun eine Aktivität gestartet. Es gibt aber auch verschiedene Möglichkeiten, mit denen Sie den Benutzer auf etwas aufmerksam machen können, ohne dabei seine aktuelle Aktivität in den Hintergrund zu befördern. Dazu zählen:

- ✔ **Toasts:** Bei einem *Toast* handelt es sich um ein kleines Steuerelement, das eine Kurzmitteilung für den Benutzer enthält. Die Mitteilung wird nicht dauerhaft, sondern allenfalls einige Sekunden lang angezeigt. Ein Toast erhält nie den Fokus. Um Benutzer auf etwas aufmerksam zu machen, würde ich Toasts nicht verwenden. Sie eignen sich aber gut als Hinweis, um Benutzer darüber zu informieren, dass eine Aktivität gespeichert wird, damit er weiß, was vor sich geht.

✔ **Die Klasse** NotificationManager**:** Diese Klasse wird dazu verwendet, Benutzer über stattfindende Ereignisse zu informieren. Die entsprechenden Meldungen können über die Status- und Benachrichtigungsleiste am oberen Bildschirmrand erfolgen. Die Benachrichtigungen können mehrere Steuerelemente umfassen und lassen sich über von Ihnen vorgegebene Symbole identifizieren. Um sich eingehender über die Benachrichtigung zu informieren, kann der Benutzer die Statusleiste aufziehen.

✔ **Dialogfelder:** Bei diesem nicht sonderlich beliebten Verfahren, wird der Benutzer durch Anzeige eines Fensters auf Ereignisse aufmerksam gemacht, das sofort den Fokus von der aktuell laufenden App des Benutzers abziehen und übernehmen kann. Auf diese Weise lässt sich zwar wirklich die Aufmerksamkeit des Benutzers gewinnen, es wird ihn aber möglicherweise irritieren, wenn der Fokus (bei vielen Alarmereignissen möglicherweise recht häufig) von seiner aktuellen App abgezogen und von einer anderen Anwendung übernommen wird.

Ich verwende die Klasse NotificationManager zur Verarbeitung der Alarmereignisse in der Terminplaner-Anwendung.

Die Bildschirme der Anwendung erstellen

Die Terminplaner-Anwendung soll aus zwei verschiedenen Bildschirmen bestehen, über die alle Basisfunktionen (Erstellen, Lesen, Ändern und Entfernen von Terminen) abgewickelt werden können. Bei der ersten View handelt es sich um eine Listenansicht aller aktuellen Termine in der Anwendung, die nach deren Namen sortiert werden soll. Über längeres Drücken auf einen Eintrag sollen einzelne Listenelemente auch entfernt werden können. Über die zweite View sollen Benutzer Termine lesen, hinzufügen und bearbeiten können. Dabei greifen die beiden Bildschirme bei der Speicherung der Daten auf eine Datenbank zurück, damit die Anwendung auch über längere Zeiträume hinweg genutzt werden kann.

Ein neues Projekt erstellen

Starten Sie zunächst Eclipse und erstellen Sie ein neues Android-Projekt. Wählen Sie unter BUILD TARGET die Version ANDROID 2.2 und tragen Sie unter MINSDKVERSION den Wert 4 ein. Geben Sie in den Feldern PROJECT NAME, APPLICATION NAME und CREATE ACTIVITY zulässige Werte ein. Ich habe für das Beispiel die in Tabelle 9.1 zusammengestellten Werte verwendet. Sie können die Quelltexte für das Beispiel auch aus dem Internet herunterladen und diese als Ausgangsbasis verwenden.

ReminderListActivity verweist auf die Ressourcen in der Layoutdatei reminder_list.xml. Diese enthält aktuell aber noch den Standardcode, der beim Erstellen des Projekts erzeugt wurde. Um mit einer ListActivity arbeiten zu können, müssen Sie dieses Layout entsprechend Listing 9.2 ändern.

Eigenschaft	Wert
Project Name	Terminplaner
Build Target	Android 2.2 (API Level 8)
Application Name	Terminplaner
Package Name	com.dummies.android.terminplaner
Create Activity	ReminderListActivity
Min SDK Version	4

Tabelle 9.1: Einstellungen für das neue Projekt

```
<?xml version="1.0" encoding="utf-8"?>
<LinearLayout xmlns:android="http://schemas.android.com/apk/res/android"
    android:layout_width="wrap_content"
    android:layout_height="wrap_content">
    <ListView android:id="@+id/android:list"                          → 5
        android:layout_width="fill_parent"
        android:layout_height="fill_parent"/>
        <TextView android:id="@+id/android:empty"                     → 8
        android:layout_width="wrap_content"
        android:layout_height="wrap_content"
        android:text="@string/no_reminders"/>                         → 11
</LinearLayout>
```

Listing 9.2: Der Inhalt der Datei `reminder_list.xml`

Dieser Code lässt sich wie folgt kurz erläutern:

✔ **→ 5:** Hier wird mit einer LISTVIEW ein Android-Steuerelement zur Anzeige einer Liste von Elementen erzeugt, in der Sie blättern können. Die ID der `ListView` *muss* `@id/android:list` oder `@+id/android:list` lauten.

✔ **→ 8:** Definiert den leeren Zustand der Liste. Wenn die Liste leer ist, wird diese View angezeigt. Dann wird die `ListView` automatisch verborgen, weil keine anzuzeigenden Daten existieren. Die ID dieser View muss `@id/android:empty` oder `@+id/android:empty` lauten.

✔ **→ 11:** In dieser Zeile wird eine String-Ressource namens `no_reminders` verwendet, um Benutzer darüber zu informieren, dass keine Termine im System gespeichert sind. Diese neue String-Ressource müssen Sie in der Datei `res/values/strings.xml` definieren. Weisen Sie `no_reminders` dort den Wert »Es liegen keine Termine vor« zu.

Termine erstellen und bearbeiten

Für die Terminplaner-Anwendung wird ein weiterer Bildschirm benötigt, über den Benutzer ihre Termine und die zugehörigen Daten bearbeiten können. Derselbe Bildschirm soll dabei für all diese Aktivitäten verwendet werden. Über ihn sollen Benutzer Termine erstellen, lesen und bearbeiten können.

9 ▶ Entwurf einer App zur Terminplanung

Erstellen Sie in Eclipse eine neue Aktivität für diese Aufgabenstellungen. Ich habe sie im Beispiel `ReminderEditActivity` genannt. Markieren Sie den Paketnamen im Ordner `src` und wählen Sie NEW|CLASS oder drücken Sie ⇧+Alt+N und wählen Sie CLASS. Im Dialogfeld NEW JAVA CLASS tragen Sie im Feld NAME den Wert `ReminderEditActivity` und im Feld SUPERCLASS den Wert `android.app.Activity` ein und klicken dann FINISH an.

Daraufhin wird die Datei `ReminderEditActivity.java` mit einer leeren Klasse erstellt und angezeigt. Erweitern Sie die Klasse um die im nachfolgenden Codesegment fett dargestellten Zeilen:

```
import android.app.Activity;
import android.os.Bundle;

public class ReminderEditActivity extends Activity {
    @Override
    protected void onCreate(Bundle savedInstanceState) {
        super.onCreate(savedInstanceState);
        setContentView(R.layout.reminder_edit);
    }
}
```

Listing 9.3: Die Datei `ReminderEditActivity.java`

In Zeile 5 des Codes lege ich als Layout für die Aktivität die Ressource `reminder_edit` fest, die im nächsten Abschnitt definiert wird. Dieses Layout enthält die verschiedenen Felder für die Termine, die vom Benutzer bearbeitet oder angelegt werden können.

Sie müssen der Android-Plattform auch mitteilen, dass es diese Aktivität gibt und sie zum Android-Manifest hinzufügen. Dazu fügen Sie die im nachfolgenden Codesegment fett dargestellten Zeilen zum `Application`-Element der Datei `AndroidManifest.xml` hinzu:

```
<application android:icon="@drawable/icon" android:label="@string/app_name">
    <activity android:name=".ReminderListActivity"
            android:label="@string/app_name">
        <intent-filter>
            <action android:name="android.intent.action.MAIN" />
            <category android:name="android.intent.category.LAUNCHER" />
        </intent-filter>
    </activity>
    <activity android:name=".ReminderEditActivity"
            android:label="@string/app_name" />
</application>
```

Listing 9.4: Der neue Code für die Datei `AndroidManifest.xml`

 Wenn Sie die Aktivität nicht zur Datei `AndroidManifest.xml` hinzufügen, tritt während der Laufzeit ein Ausnahmefehler auf, der Sie darüber informiert, dass Android die Klasse (die Activity) nicht finden kann.

Das Layout für das Hinzufügen/Bearbeiten von Terminen erstellen

Das Layout, über das Termine hinzugefügt und bearbeitet werden können, ist recht einfach und enthält nur die folgenden Felder:

- ✔ title: Der für einen Termin gewählte Titel, der in der Listenansicht angezeigt wird.
- ✔ body: Ein längerer Beschreibungstext zum Termin. Hier können Benutzer Einzelheiten zu den jeweiligen Terminen eintragen.
- ✔ reminder_date: Das Datum, an dem der Benutzer an den Termin erinnert werden soll.
- ✔ reminder_time: Die Uhrzeit, zu der der Benutzer am gespeicherten Datum an den Termin erinnert werden soll.

In der fertigen Anwendung sieht der Bildschirm wie in Abbildung 9.1 aus, wenn sie auf einem Gerät oder im Emulator läuft.

Abbildung 9.1: Der Bildschirm Terminplaner - Bearbeiten

Um dieses Layout zu erstellen, erzeugen Sie im Ordner res/layout eine Layoutdatei unter dem Namen reminder_edit.xml. Führen Sie dazu die folgenden Schritte aus:

1. **Klicken Sie den Ordner res/layout mit der rechten Maustaste an, wählen Sie im Kontextmenü New|Other|Android XML File und klicken Sie dann die Schaltfläche Next an.**
2. **Tragen Sie den Dateinamen reminder_edit.xml in das Feld File ein.**
3. **Behalten Sie bei der Frage nach der zu erstellenden Ressource die Vorgabe Layout bei.**
4. **Behalten Sie unter Folder die Vorgabe res/layout für den Ordner bei.**
5. **Wählen Sie im Listenfeld Set the root element for the XML file die Option ScrollView.**

9 ▶ Entwurf einer App zur Terminplanung

6. **Klicken Sie die Schaltfläche FINISH an.**

Um den in Abbildung 9.1 dargestellten Bildschirm zu erstellen, müssen Sie alle zugehörigen View-Definitionen erstellen. Geben Sie dazu in die Datei `reminder_edit.xml` den Code aus Listing 9.5 ein.

```
<?xml version="1.0" encoding="utf-8"?>
<ScrollView
        xmlns:android="http://schemas.android.com/apk/res/android"
        android:layout_width="fill_parent"
        android:layout_height="fill_parent">                                    → 5
<LinearLayout                                                                   → 6
    android:orientation="vertical"                                              → 7
    android:layout_width="fill_parent"
    android:layout_height="fill_parent">
    <TextView android:layout_width="wrap_content"
            android:layout_height="wrap_content"
            android:text="@string/title" />                                     → 12
    <EditText android:id="@+id/title"
            android:layout_width="fill_parent"
              android:layout_height="wrap_content" />                           → 15
    <TextView android:layout_width="wrap_content"
            android:layout_height="wrap_content"
            android:text="@string/body" />                                      → 18
    <EditText android:id="@+id/body"
            android:layout_width="fill_parent"
            android:layout_height="wrap_content"
            android:minLines="5"
            android:scrollbars="vertical"
            android:gravity="top" />                                            → 24
    <TextView android:layout_width="wrap_content"
            android:layout_height="wrap_content"
            android:text="@string/date" />                                      → 27
    <Button
            android:id="@+id/reminder_date"
            android:layout_height="wrap_content"
            android:layout_width="wrap_content"/>                               → 31
    <TextView android:layout_width="wrap_content"
            android:layout_height="wrap_content"
            android:text="@string/time" />                                      → 34
    <Button
            android:id="@+id/reminder_time"
            android:layout_height="wrap_content"
            android:layout_width="wrap_content" />                              → 38
```

```
        <Button android:id="@+id/confirm"
                android:text="@string/confirm"
                android:layout_width="wrap_content"
                android:layout_height="wrap_content" />                                    → 42
    </LinearLayout>
</ScrollView>
```

Listing 9.5: Die Datei `reminder_edit.xml`

Der Code in Listing 9.5 wird nachfolgend kurz erläutert:

- ✔ **→ 5:** Unsere View stammt von einer `ScrollView` ab, die einen Rollbalken erzeugt und bei der durch die angezeigte Liste geblättert werden kann, wenn deren Inhalte nicht mehr auf eine einzige Bildschirmseite passen. Der Bildschirm befindet sich in Abbildung 9.1 im Hochkantmodus. Wenn das Gerät aber um 90 Grad gedreht wird, kippt die Darstellung und mehr als die Hälfte der Anzeige wird abgeschnitten. Bei `ScrollView` kann auch diese Darstellung auf dem Bildschirm verschoben werden. Daher können Benutzer mit ihrem Finger auf dem Bildschirm nach oben streichen, um die angezeigten Inhalte nach oben zu verschieben und die übrigen Elemente der View zu betrachten.

- ✔ **→ 6:** Eine `ScrollView` kann nur ein Kind haben, bei dem es sich hier um das Hauptlayout `LinearLayout` handelt, das die übrigen Layoutelemente enthält.

- ✔ **→ 7:** Die Ausrichtung von `LinearLayout` wird auf `vertical` gesetzt, damit die Views innerhalb dieses Layouts übereinander angeordnet werden sollen.

- ✔ **→ 12:** Die Beschriftung des `title`-Feldes. Dafür wird eine String-Ressource verwendet, die Sie mit dem Namen "title" und dem Wert Titel zur Datei `strings.xml` hinzufügen müssen.

- ✔ **→ 15:** Über `EditText` kann der Benutzer dem Termin einen Titel geben.

- ✔ **→ 18:** Die Beschriftung des `body`-Feldes.

- ✔ **→ 24:** Das `EditText`-Element zur Eingabe von ausführlicheren Daten zum Termin. Bei dieser View wurden die Eigenschaften `minLines` auf den Wert 5 und `gravity` auf den Wert `top` gesetzt. Das sorgt dafür, dass die `EditText`-View mindestens fünf Zeilen hoch ist und dass der eingegebene Text am oberen Rand der View ausgerichtet wird (`gravity`).

- ✔ **→ 27:** Die Beschriftung des `reminder_date`-Feldes. Dafür wird eine String-Ressource verwendet, die Sie mit dem Namen "date" und dem Wert Erinnerungsdatum hinzufügen müssen.

- ✔ **→ 31:** Die Schaltfläche `reminder_date`. Wenn sie angeklickt wird, wird ein `DatePicker Dialog` angezeigt, über den der Benutzer ein Datum in einem integrierten Android-Steuerelement auswählen kann. Nach Auswahl des Datums im `DatePicker` wird es als Schaltflächentext übernommen.

- ✔ **→ 34:** Die Beschriftung des `reminder_time`-Feldes. Dafür wird eine String-Ressource verwendet, die Sie mit dem Namen "time" und dem Wert Alarmzeit in die Datei `strings.xml` einfügen müssen.

✔ → 38: Die Schaltfläche `time_reminder`. Wenn sie angeklickt wird, wird ein `TimePicker` angezeigt, über den der Benutzer eine Uhrzeit in einem integrierten Android-Steuerelement auswählen kann. Nach Auswahl der Uhrzeit im `DatePicker` wird sie als Schaltflächentext übernommen.

✔ → 42: Die Bestätigungsschaltfläche, über die die Werte des Formulars gespeichert werden, wenn der Benutzer sie anklickt. Für den Text der Schaltfläche wird eine String-Ressource namens `"confirm"` verwendet, die Sie mit dem Wert `Speichern` in die Datei `strings.xml` einfügen müssen.

Ihre erste ListActivity erstellen

Die Klasse `ListActivity` zeigt eine Liste von Elementen an, die einer Datenquelle wie einem Array oder Cursor entstammen und stellt Callback-Methoden bereit, wenn der Benutzer ein Element auswählt. Um eine Liste von Elementen anzeigen zu können, müssen Sie jedoch ein Layout erstellen, um darin das Aussehen der einzelnen Zeilen zu definieren.

Ein *Cursor* ermöglicht wahlfreie Lese- und Schreibzugriffe auf eine von einer Datenbankabfrage zurückgegebene Ergebnismenge.

Fügen Sie über NEW|OTHER|ANDROID XML FILE ein neues Layout zum Ordner `res/layout` hinzu. Wählen Sie im Dialogfeld NEW ANDROID XML FILE als Wurzelelement (unter SELECT THE ROOT ELEMENT FOR THE XML FILE) `TextView` und geben Sie der Layoutdatei einen passenden Namen, wie zum Beispiel `reminder_row.xml`. Geben Sie in diese Datei den Code aus Listing 9.6 ein.

```
<?xml version="1.0" encoding="utf-8"?>
<TextView
    xmlns:android="http://schemas.android.com/apk/res/android"
    android:id="@+id/text1"
    android:layout_width="fill_parent"
    android:layout_height="fill_parent"
    android:padding="10dip"/>
```

Listing 9.6: Die Datei `reminder_row.xml`

Dieser Code definiert einfach eine Zeile, in der Textwerte mit einem Abstand von zehn Pixeln (dip – density-independent pixels) angezeigt werden können. In Zeile 4 wird die ID der View definiert, auf die ich beim Füllen der Liste mit Daten verweisen werde.

 Die eben hinzugefügte View ist interner Bestandteil des Android-Systems. In der Android-Dokumentation finden Sie bei `Android.R.layout` unter `simple_list_item_1` praktisch dieselbe XML-Definition. Im *Android open source project* finden Sie den entsprechenden Quelltext unter der Kurzadresse http://bit.ly/9GzZzm.

Die `ListActivity` muss über eine Schnittstelle (`adapter`) mit Daten versorgt werden. Hier stehen verschiedene Alternativen zur Auswahl. Da ich aber bisher noch keine Datenbasis erstellt habe (das geschieht in Kapitel 12 über eine SQLite-Datenbank), sorge ich erst einmal für ein paar Testdaten, die in der Liste angezeigt werden können. Dann setze ich den Adapter der `ListActivity` über einen Aufruf von `setListAdapter()`. Erst einmal muss ich dazu aber für ein paar Testdaten sorgen, mit denen ich arbeiten kann.

Ein Rumpfgerüst mit falschen Daten

Fügen Sie in die Datei `ReminderListActivity.java` in die Methode `onCreate()` nach dem Aufruf von `setContentView()` den folgenden Code ein:

```
String[] items = new String[] { "Foo", "Bar", "Fizz", "Bin" };                              → 1

ArrayAdapter<String> adapter =
   new ArrayAdapter<String>(this, R.layout.reminder_row, R.id.text1, items);               → 4
setListAdapter(adapter);                                                                    → 5
```

Listing 9.7: Die Testdaten in der Datei `ReminderListActivity.java`

Der Code lässt sich wie folgt kurz erläutern:

✔ **→ 1:** Es wird ein Array mit String-Elementen erstellt, die später zu Testzwecken in der Liste angezeigt werden sollen.

✔ **→ 4:** Hier wird ein neuer `ArrayAdapter` mit String-Typen erstellt. Dieser verwaltet eine `ListView` einer unbestimmten Anzahl beliebiger Objekte, bei denen es sich hier um einen einfachen String-Array handelt. Der Code verwendet die Java-Schreibweise, bei der Entwickler angeben können, mit welchem Typ von Objekten der `ArrayAdapter` arbeiten soll. Der Konstruktor von `ArrayAdapter` verwendet diese Parameter:

- `this`: Der aktuelle Kontext (Da es sich bei dieser Aktivität um eine Implementierung der `Context`-Klasse handelt, kann ich die aktuelle Instanz als Kontext verwenden.)
- `R.layout.reminder_row`: Das Layout, das für die Zeilen der `ListView` verwendet werden soll
- `R.id.text1`: Die ID der `TextView` in `R.layout.reminder_row` in die die Werte aus dem Array übernommen werden sollen
- `items`: Der Array mit den Strings, die in `ListView` übernommen werden sollen

✔ **→ 5:** Der Aufruf von `setListAdapter()` teilt `ListActivity` mit, wie die `ListView` mit Daten gefüllt werden soll. Hier verwende ich zu diesem Zweck den in Zeile 4 erzeugten `ArrayAdapter`.

Sofern Sie alle bis hierher benötigten und im Text erwähnten String-Werte in der Datei `strings.xml` definiert und bei den Fehlermeldungen die erforderlichen `import`-Anweisungen eingefügt haben, sollten Sie die Anwendung nun starten können.

Eclipse zeigt möglicherweise irreführende Fehlermeldungen der Art »The method ... of type ... must override or implement a supertype method« an. Eigentlich geht es dabei aber um fehlende `import`-Anweisungen.

Zur Kontrolle die bis hierhin benötigte Fassung der Datei `strings.xml`:

```xml
<?xml version="1.0" encoding="utf-8"?>
<resources>
    <string name="app_name">Terminplaner</string>
    <string name="no_reminders">Es liegen keine Termine vor</string>
    <string name="title">Titel</string>
    <string name="body">Beschreibung</string>
    <string name="confirm">Speichern</string>
    <string name="date">Erinnerungsdatum</string>
    <string name="time">Alarmzeit</string>
</resources>
```

Listing 9.8: Die bisher benötigten String-Ressourcen in der Datei `strings.xml`

Starten Sie die Android-Anwendung über RUN|RUN oder durch Drücken von [Strg]+[F11]. Der angezeigte Bildschirm sollte Abbildung 9.2 entsprechen.

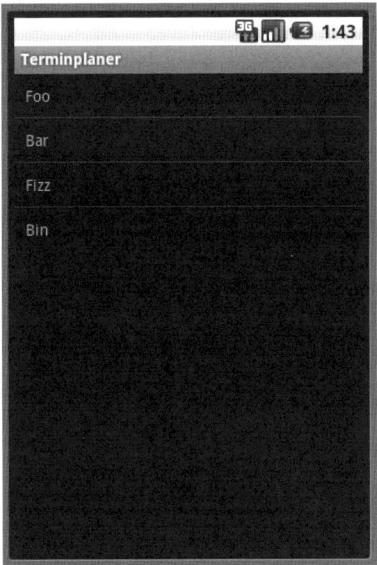

Abbildung 9.2: Der mit den Testdaten laufende Terminplaner

Der eben vorgestellte Code und das Beispiel zeigen, wie Sie eine statische Datenquelle für `ListActivity` verwenden können. In Kapitel 12 entferne ich diesen Code und übernehme Daten aus einer SQLite-Datenbank in `ListActivity`.

Verarbeitung von Klick-Ereignissen

Die Listenelemente können vom Benutzer angeklickt werden und liefern entsprechende Klick-Ereignisse, die verarbeitet werden können. Android-View-Objekte reagieren im Wesentlichen auf zwei Klick-Ereignisse:

- ✔ **Klick (Kurz-Druck):** Der Benutzer tippt ein Steuerelement an (zum Beispiel eine Schaltfläche).
- ✔ **Lang-Klick (Lang-Druck):** Der Benutzer drückt seinen Finger länger auf ein Steuerelement.

Alle Views und/oder Aktivitäten können diese Ereignisse über verschiedene Methoden auswerten. Im folgenden Abschnitt zeige ich Ihnen, wie Sie auf die verschiedenen Ereignisse in einer ListActivity reagieren können. Wie Klick-Ereignisse bei Schaltflächen verarbeitet werden können, erfahren Sie in Kapitel 11.

Kurze Klicks

Die ListActivity nimmt Ihnen in Android eine Menge Arbeit ab. Fügen Sie zur Verarbeitung kurzer Klicks zur Klasse ReminderListActivity hinter onCreate() die folgende Methode hinzu:

```
@Override
protected void onListItemClick(ListView l, View v, int position, long id) {
    super.onListItemClick(l, v, position, id);
}
```

Dieser Code überschreibt die von ListActivity zur Verfügung gestellte Standardimplementierung von onListItemClick(). Diese Methode wird beim Anklicken eines Listenelements aufgerufen. Dabei werden ihr die folgenden Parameter übergeben:

- ✔ l: Die ListView, bei der das Ereignis aufgetreten ist
- ✔ v: Das in der ListView angeklickte Element
- ✔ position: Die Position des angeklickten Elements in der Liste
- ✔ id: Die ID der Zeile des angeklickten Elements

Über diese Variablen können Sie ermitteln, welches Element angeklickt wurde und auf dieser Basis entsprechende Maßnahmen ergreifen. Wenn ein Element in der Liste angeklickt wird, werde ich einen Intent starten, der ReminderEditActivity aufruft, damit das Element bearbeitet werden kann. Damit befasst sich der Abschnitt »Neue Aktivitäten mit Intents starten« weiter hinten in diesem Kapitel.

Lange Klicks

Ein *langer Klick* oder ein *Lang-Druck* tritt auf, wenn der Benutzer längere Zeit auf ein Steuerelement drückt. Um das Ereignis des Lang-Drucks auf Listenelemente in einer ListActivity zu verarbeiten, fügen Sie in der Klasse `ReminderListActivity` die folgende Codezeile am Ende der Methode `onCreate()` hinzu:

`registerForContextMenu(getListView());`

Die äußere Methode `registerForContextMenu()` ist für die Registrierung eines Kontextmenüs zuständig, das für eine bestimmte View angezeigt wird. Mehrere Views können Kontextmenüs anzeigen. Damit lassen sich auch für alle Listenelement jeweils eigene Kontextmenüs erzeugen. Der Aufruf `registerForContextMenu()` übernimmt ein `View`-Objekt als Parameter, über das die `ListActivity` registriert wird, um Kontextmenüs erzeugen zu können. Die innere Methode `getListView()` gibt ein `ListView`-Objekt zurück, das bei der Registrierung benutzt wird. Der Aufruf `getListView()` ist ein Mitglied der Klasse `ListActivity`.

Nach dem Registrieren der `ListView` darf sie ein Kontextmenü erzeugen und Sie müssen dafür sorgen, dass sie jederzeit auf lange Klicks reagiert. Wenn ein solches Ereignis eintritt, erkennt `registerForContextMenu()` dies und ruft zum Erzeugen des Kontextmenüs die Methode `onCreateContextMenu()` auf. In dieser Methode können Sie Ihr Kontextmenü konfigurieren.

Fügen Sie am Ende der Klasse `ReminderListActivity` diese Methode hinzu:

```
@Override
public void onCreateContextMenu(ContextMenu menu, View v, ContextMenuInfo menuInfo) {
    super.onCreateContextMenu(menu, v, menuInfo);
}
```

`onCreateContextMenu()` wird mit den folgenden Parametern aufgerufen:

- `menu`: Das zu erstellende Kontextmenü
- `v`: Das Steuerelement, auf das länger gedrückt wird und für das das Kontextmenü erstellt wird
- `menuInfo`: Zusätzliche Informationen zum Element, für das das Kontextmenü angezeigt werden soll. Diese können je nach Art der im Parameter `v` angegebenen View variieren.

Innerhalb dieser Methode können Sie das dem Benutzer angezeigte Kontextmenü ändern. Wenn Benutzer beispielsweise länger auf ein Element in der Terminliste drücken, sollen sie es entfernen können. Daher muss die Option ENTFERNEN im Kontextmenü angeboten werden. Dafür wird in Kapitel 10 gesorgt werden.

Intents identifizieren

Bei den meisten Anwendungen handelt es sich nicht um einfache Einführungsbeispiele! Auch wenn einige Apps nur aus zwei Bildschirmen bestehen (wie auch die Terminplaner-Anwendung), passiert doch eine Menge im Hintergrund. Erwähnenswert sind dabei insbesondere variierende Bildschirme, die dem Benutzer angezeigt werden, wenn er verschiedene Funktionen der Anwendung nutzt. Bei allen Anwendungen mit größerem Funktionsumfang können Benutzer die verschiedenen Bildschirme unabhängig voneinander nutzen. Die entscheidende Frage lautet daher, wie die verschiedenen Bildschirme angezeigt werden können.

Die Interaktionen mit dem Benutzer werden über das Intent-System von Android verarbeitet. Das ist zwar in Kapitel 7 ausführlicher behandelt, dabei habe ich aber nicht dargestellt, wie unter Verwendung eines Intents von einem zu einem anderen Bildschirm gewechselt werden kann. Glücklicherweise handelt es sich dabei um einen einfachen Vorgang, was Sie bestimmt begrüßen werden!

Neue Aktivitäten mit Intents starten

Aktivitäten werden über das Intent-Framework von Android gestartet. Ein Intent ist eine Klasse, die einer Nachricht entspricht, die an das Intent-System von Android übergeben wird. Die ganze Arbeitsweise ähnelt einer Architektur mit einem Nachrichtenbus. Wenn eine Aktivität einen Intent verarbeiten kann, informiert sie die Android-Plattform darüber, was dazu führt, dass sie entweder direkt gestartet wird oder dass dem Benutzer eine Liste mit Anwendungen angeboten wird, aus der er eine auswählen kann. Die entsprechende Auswahlliste wird *Chooser* genannt und gleich eingehender besprochen. Einen Intent können Sie sich recht gut als abstrakte Beschreibung einer Operation vorstellen.

Bestimmte Aktivitäten lassen sich ganz einfach starten. Fügen Sie in ReminderListActivity den nachfolgend fett dargestellten Code zur Methode onListItemClick() hinzu:

```
@Override
protected void onListItemClick(ListView l, View v, int position, long id) {
    super.onListItemClick(l, v, position, id);
    Intent i = new Intent(this, ReminderEditActivity.class);         → 4
    i.putExtra("RowId", id);                                         → 5
    startActivity(i);                                                → 6
}
```

Nachfolgend werden die einzelnen Zeilen kurz erläutert:

- → **4:** Hier wird über den Konstruktor Intent ein neuer Intent erzeugt, der neben dem aktuellen Kontext, der sich in this (der aktuell laufenden Aktivität) befindet, eine Klasse (hier ReminderEditActivity) übernimmt, die das Intent-System starten soll.

- → **5:** Diese Zeile fügt einige zusätzliche Daten in das Intent-Objekt ein. Hier handelt es sich dabei um ein Schlüssel/Wert-Paar. Der Schlüssel ist RowId und beim Wert handelt es sich um die ID der angeklickten View. Der Wert wird in den Intent eingefügt, damit die Empfängeraktivität (ReminderEditActivity) die Daten übernehmen und weiter nutzen kann. Da ich momentan nur Testdaten verwende, wird noch nichts angezeigt. Nach Kapitel 12 werden Sie jedoch sehen können, wie Daten in ReminderEditActivity übernommen werden.

- → **6:** Diese Zeile startet die Aktivität von der aktuellen Aktivität aus. Dieser Aufruf übergibt die Intent-Nachricht an das Intent-System von Android und sorgt dafür, dass Android feststellen kann, wie dieser Bildschirm dem Benutzer angezeigt werden soll.

9 ▶ Entwurf einer App zur Terminplanung

Werte von vorherigen Aktivitäten übernehmen

Manchmal werden Aktivitäten einfach nur gestartet und das war's auch schon. Zwischen den verschiedenen Aktivitäten werden keine zusätzlichen Daten übergeben. Manchmal müssen aber Daten von ankommenden Intents übernommen werden, um festzustellen, was weiter geschehen soll. Im letzten Abschnitt »Neue Aktivitäten mit Intents starten« wurden einige zusätzliche Daten mit dem Intent weitergeleitet. Dabei handelte es sich um RowId. In Kapitel 12 werden Sie RowId in ReminderEditActivity benutzen, um Daten aus der SQLite-Datenbank zu übernehmen und sie dem Benutzer anzuzeigen.

Um die Daten von einem ankommenden Intent zu übernehmen, fügen Sie den folgenden Code am Ende der Methode onCreate() der Zielaktivität ReminderEditActivity ein:

```
if(getIntent() != null) {                                              → 1
    Bundle extras = getIntent().getExtras();                           → 2
    int rowId = extras != null ? extras.getInt("RowId") : -1;          → 3
    // rowId hier verarbeiten
}
```

Die verschiedenen Codezeilen lassen sich kurz wie folgt beschreiben:

- ✔ → **1:** Die Methode getIntent() wird von der Basisklasse Activity bereitgestellt. Sie leitet ankommende Intents an die Aktivität weiter. In dieser Zeile prüfe ich, dass der Intent nicht null ist, um sicher mit ihm arbeiten zu können.

- ✔ → **2:** Das Bundle wird über den Aufruf getExtras() vom Intent übernommen. Bei einem *Bundle* handelt es sich einfach um eine aus einem Schlüssel/Wert-Paar bestehende Datenstruktur.

- ✔ → **3:** In dieser Zeile verwende ich den ternären Operator zur Prüfung, ob das Bundle null ist. Wenn das nicht der Fall ist, übernehme ich die RowId vom Intent, die von der vorherigen Aktivität über die Methode getInt() übertragen wurde. Auch wenn ich damit hier noch nichts weiter mache, werde ich RowId in Kapitel 12 zur Abfrage des zu bearbeitenden Datensatzes aus der SQLite-Datenbank benutzen.

Wenn die SQLite-Datenbank nach Kapitel 12 eingebunden worden ist, werden die Datensätze aus der Datenbank übernommen. Die Werte der Termine werden dem Benutzer dann in einem Formular auf dem Bildschirm angezeigt, über die er sie bearbeiten kann.

Einen Chooser erstellen

Früher oder später werden Sie als Entwickler dem Benutzer eine Liste von Anwendungen präsentieren müssen, die einen bestimmten Intent verarbeiten können. Ein gängiges Beispiel wäre die Weitergabe von Daten an einen Freund über Netzwerkanwendungen wie etwa E-Mail, SMS, Twitter, Facebook oder Google Latitude.

Das Intent-System von Android wurde für den Umgang mit derartigen Situationen entwickelt. Auch wenn diese Funktion in der Terminplaner-Anwendung nicht benutzt wird, behandle ich sie hier, weil sie häufig sehr praktisch sein kann. Listing 9.9 enthält den Code zur Anzeige mehrerer verfügbarer Optionen für den Benutzer, den Sie in die Methode `onCreateContextMenu()` einfügen können.

```
Intent i = new Intent(Intent.ACTION_SEND);                              → 1
i.setType("text/plain");                                                → 2
i.putExtra(Intent.EXTRA_TEXT, "Hallo, wie geht's?");                    → 3
i.putExtra(Intent.EXTRA_SUBJECT, "Mein Thema ");                        → 4
Intent chooser = Intent.createChooser(i, "Wer soll das verarbeiten?");  → 5
startActivity(chooser);                                                 → 6
```

Listing 9.9: Einen Intent-Chooser erzeugen

Die verschiedenen Zeilen in Listing 9.9 lassen sich kurz wie folgt beschreiben:

- ✔ →1: Hier wird ein neuer Intent erzeugt, der das Intent-System darüber informiert, dass etwas übertragen werden soll. Stellen Sie sich das als eine Art Brief an eine andere Person vor, den Sie dieser Person zukommen lassen wollen.

- ✔ →2: Der Content-Typ der Mitteilung. Dieser kann auf einen bestimmten MIME-Typ gesetzt werden. Bei MIME-Typen müssen Sie im Unterschied zu RFC-MIME-Typen die genaue Schreibweise beachten und sie sollten immer in Kleinbuchstaben angegeben werden. Damit legen Sie den Typ des Intents fest. Nur Anwendungen, die diese Art von Intent verarbeiten können, werden im Auswahlmenü (dem Chooser) angezeigt.

- ✔ →3: Zusätzliche Daten in den Intent einfügen. `EXTRA_TEXT` wird beispielsweise als Mitteilungstext verwendet, wenn der Intent von einer E-Mail-Anwendung weiterverarbeitet wird. Wenn Twitter ausgewählt wird, handelt es sich dabei um den Text des Tweets. Alle Anwendungen, die auf den Intent reagieren, können die zusätzlichen Daten (im Beispiel `EXTRA_TEXT` und `EXTRA_SUBJECT`) auf die ihnen eigene Weise verarbeiten. Sie sollten nicht davon ausgehen, dass die Zielanwendung die zusätzlichen Daten wie erwartet behandelt. Welche für welche Zwecke verwendet werden, bestimmen letztlich die Entwickler der jeweiligen Zielanwendungen.

- ✔ →4: Ähnlich wie Zeile 3, nur dass hier `EXTRA_SUBJECT` zusätzlich übertragen wird. Wenn die Daten von einem E-Mail-Client übernommen werden, wird `EXTRA_SUBJECT` typischerweise für die Betreffzeile der E-Mail verwendet.

- ✔ →5: Der Chooser wird erzeugt. Das `Intent`-Objekt besitzt eine statische Hilfsmethode, die sich um das Erzeugen des Choosers kümmert. Der Chooser ist selbst wieder ein Intent. Sie müssen lediglich den Ziel-Intent (was geschehen soll) und einen Titel für den anzuzeigenden Chooser angeben.

- ✔ →6: Der Intent wird gestartet. Damit wird der Chooser angezeigt, in dem eine verfügbare Anwendung ausgewählt werden kann.

Das über Listing 9.9 erzeugte Auswahlmenü wird in Abbildung 9.3 dargestellt. Welche Apps darin zur Auswahl stehen, hängt davon ab, welche Anwendungen auf dem jeweiligen Emulator oder Gerät installiert (und gegebenenfalls konfiguriert!) sind.

9 ➤ Entwurf einer App zur Terminplanung

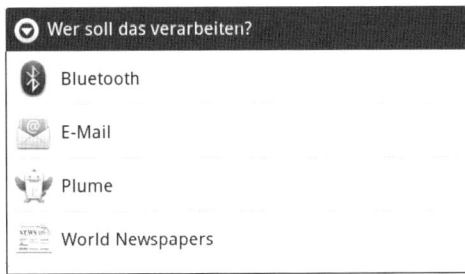

Abbildung 9.3: Ein neuer Chooser wurde erzeugt

Wenn das Intent-System keine Anwendung finden kann, die den Intent zu verarbeiten wissen, wird der Chooser mit einer Meldung angezeigt, die den Benutzer darüber informiert, dass es keine passende Anwendung gibt, die die angeforderte Aktion ausführen kann (siehe Abbildung 9.4).

Abbildung 9.4: Ein Chooser informiert den Benutzer darüber, dass Android keine passende Anwendung zur Verarbeitung des Intents finden kann.

Gibt es nur eine einzige Anwendung, die die angeforderte Aktion durchführen kann, wird diese sofort gestartet, ohne dass ein Auswahlmenü angezeigt wird. (Das könnte Ihnen im Emulator passieren.)

 Über Chooser können Sie Ihren Anwendungen Möglichkeiten der Zusammenarbeit mit anderen Apps erschließen. Wenn Sie allerdings einfach nur `startActivity()` aufrufen würden, ohne einen Chooser zu erzeugen, würde Ihre Anwendung wohl abstürzen. Um eine Aktivität ohne wie in Listing 9.9 mit einem Chooser

zu starten, könnten Sie dort in der letzten Zeile startActivity(i) anstelle von startActivity(chooser) verwenden. Die Anwendung würde abstürzen, weil Android Ihnen alle Freiheiten lässt und annimmt, dass Sie wissen, was Sie tun. Wenn Sie keinen Chooser einbeziehen, gehen Sie davon aus, dass es auf dem Zielgerät wirklich mindestens eine Anwendung gibt, die mit dem Intent umzugehen weiß. Sollte das nicht der Fall sein, kommt es zu dem besagten Ausnahmefehler (der in der DDMS-Perspektive angezeigt wird), der darüber informiert, dass es keine Klasse gibt, die etwas mit dem Intent anzufangen weiß. Für den Endanwender bedeutet dies, dass Ihre App abgestürzt ist.

Um Benutzer nicht unnötig zu vergraulen, sollten Sie immer für einen Intent-Chooser sorgen, wenn Sie Intents starten, die mit anderen Anwendungen zusammenarbeiten sollen. Damit vermeiden Sie mögliche Probleme und bleiben mit dem von Android bereits verwendeten Anwendungsmodell konsistent.

Menüs gestalten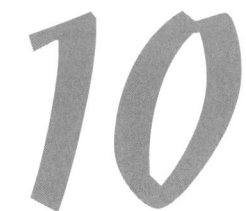

In diesem Kapitel
- Gute von schlechten Menüs unterscheiden
- Ein Menü mit Optionen erstellen
- Ein Kontextmenü erstellen

*J*etzt würde ich mir wünschen, ich säße bei meinem Lieblingsmexikaner und könnte mir diese leckeren Tortilla-Chips mit Salsa-Soße bestellen. Das ist aber leider nicht der Fall. Hier geht es schließlich nicht um Menüs, wie wir sie aus dem Restaurant kennen, sondern um Menüs in Android-Anwendungen!

Android stellt einfache Mechanismen bereit, mit denen Sie Ihren Apps Menüs hinzufügen können. Folgende Arten von Menüs werden unterstützt:

✔ **Auswahlmenü:** Mit Auswahlmenüs werden Sie am häufigsten arbeiten, weil es sich dabei um die primären Menüs von Aktivitäten handelt. Diese Menüs werden Benutzern angezeigt, wenn sie die Menü-Taste (oder die gerätespezifische Menü-Schaltfläche) drücken. Auswahlmenüs fallen in zwei Gruppen:

- *Symbolmenü:* Dabei handelt es sich um die am unteren Bildschirmrand angebotenen Menüoptionen. Das Gerät unterstützt maximal sechs Menüelemente und nur für diese können Symbole verwendet werden. Kontrollkästchen oder Optionsfelder werden darin nicht unterstützt.

- *Erweitertes Menü:* Werden mehr als sechs Menüelemente verwendet, wird ein erweitertes Menü erzeugt, in dem das sechste und die weiteren Menüelemente untergebracht werden, für die der Platz im Symbolmenü fehlt. Für dieses Menü wird dann automatisch das Menüsymbol MEHR (MORE) im Symbolmenü eingeblendet.

✔ **Kontextmenü:** Eine schwebende Liste mit Menüelementen, die angezeigt wird, wenn Benutzer längere Zeit auf ein Steuerelement drücken.

✔ **Untermenü:** Eine schwebende Liste mit Menüelementen, die dem Benutzer angezeigt wird, wenn er ein Element in einem Auswahl- oder Kontextmenü anklickt. Verschachtelte Untermenüs werden nicht unterstützt.

In diesem Kapitel erstellen Sie ein Auswahlmenü und ein Kontextmenü.

 Sollten Sie ein wenig die Orientierung verlieren, können Sie sich die vollständigen Quelltexte von der Website des Buches unter `www.wiley-vch.de/publish/dt/books/ISBN978-3-527-70732-4` herunterladen.

Wie sehen gut gestaltete Menüs aus?

Wenn Sie ein Android-Gerät besitzen und einige Anwendungen vom Android-Marktplatz heruntergeladen haben, werden Ihnen bestimmt schon einige schlechte Menüimplementierungen aufgefallen sein. Was macht schlecht implementierte Menüs aus?

Sie liefern wenig oder gar keinen hilfreichen Text in ihrer Beschreibung und enthalten keine Symbole. Zu den häufigeren Fehlern bei Menüs zählen:

- Schlechte Menütitel
- Menüs ohne Symbole
- Fehlende Menüs
- Menüs, die nicht das machen, was sie machen sollen

Nun weisen zwar alle genannten Aspekte auf ein schlechtes Menü hin, aber der größte Fehler in der Liste stellt das fehlende Symbol dar. Das mag sich ein wenig seltsam anhören, aber denken Sie einmal kurz darüber nach. Wenn ein Menü kein Symbol hat, dann hat sich der Entwickler nicht die für die Gestaltung einer guten Benutzerschnittstelle erforderliche Zeit genommen, worunter die Benutzerfreundlichkeit leidet. Ein gutes Menü sollte für Endbenutzer visuell und textlich ansprechend gestaltet sein. Das Aussehen des Menüsymbols liefert Hinweise darauf, wie intensive Gedanken sich der Entwickler bei der Erstellung des Menüs und der Auswahl der am besten zu seiner Anwendung passenden Symbole gemacht hat. Daraus lassen sich also Rückschlüsse darauf ziehen, wie er das Menü entworfen hat. Beachten Sie dabei aber auch, dass Menüs nicht zwangsläufig gelungen sein müssen, nur weil es in der Anwendung Menüsymbole gibt.

Ich nutze beispielsweise Menüsymbole zur anfänglichen Bewertung der Nützlichkeit des Menüs. Und ich halte Menüs ohne Symbole für weniger nützlich als Menüs mit Symbolen.

Ihr erstes Menü erstellen

Sie können Menüs im Code oder über XML-Dateien erstellen, die Sie im Ordner `res/menu` ablegen. Dabei sollten Sie der Vorgehensweise mit XML-Dateien den Vorzug geben und die Menüs dann in ein Programmobjekt übernehmen, mit dem der Benutzer interagieren kann. Dadurch lässt sich die Menüdefinition besser vom eigentlichen Anwendungscode trennen.

Die XML-Datei erstellen

Führen Sie die folgenden Schritte aus, um ein XML-Menü zu definieren:

1. **Erstellen Sie im Ordner** `res` **das Unterverzeichnis** `menu`**.**
2. **Fügen Sie eine Datei namens** `list_menu.xml` **zu diesem Verzeichnis hinzu.**

    Wählen Sie dazu New|Other|Android XML file und tragen Sie im Feld File den Dateinamen `list_menu.xml` ein. Lassen Sie Menu als Typ der zu erstellenden Ressource markiert und klicken Sie Finish an.

3. Geben Sie den Code aus Listing 10.1 in die Datei `list_menu.xml` ein.

```xml
<?xml version="1.0" encoding="utf-8"?>
<menu
  xmlns:android="http://schemas.android.com/apk/res/android">
  <item android:id="@+id/menu_insert"
    android:icon="@android:drawable/ic_menu_add"
    android:title="@string/menu_insert" />
</menu>
```

Listing 10.1: Menü für `ReminderListActivity`

Beachten Sie, dass eine neue String-Ressource hinzugekommen ist, die Sie noch erstellen müssen. (Das wird in Schritt 4 erledigt). Beim Wert von `android:icon` handelt es sich um ein internes Android-Symbol. Die zugehörige Bitmap müssen Sie nicht selbst als Bildressource zur Verfügung stellen. Die Android-Plattform stellt das Symbol für die verschiedenen Auflösungen (ldpi, mdpi und hdpi) bereit. Wenn Sie sich über die anderen verfügbaren Ressourcen informieren wollen, finden Sie die Dokumentation zu `android.R.drawable` unter der Adresse http://developer.android.com/reference/android/R.drawable.html.

Alle Ressourcen der Klasse `android.R` können Sie in Ihren Anwendungen nutzen. Sie sollten sie zudem bevorzugt verwenden, weil Sie Ihrer Anwendung damit ein dem Benutzer bereits vertrautes Aussehen verleihen, das mit der übrigen Android-Benutzeroberfläche konsistent ist.

4. Erstellen Sie eine neue String-Ressource namens `menu_insert` mit dem Wert Termin hinzufügen in der Ressourcendatei `strings.xml`.

5. Fügen Sie für die Klasse `ReminderListActivity` den folgenden Code in die entsprechende Datei ein:

```java
@Override
public boolean onCreateOptionsMenu(Menu menu) {
    super.onCreateOptionsMenu(menu);
    MenuInflater mi = getMenuInflater();
    mi.inflate(R.menu.list_menu, menu);
    return true;
}
```

In Zeile 4 übernehme ich einen `MenuInflater`, der Menüs aus XML-Ressourcen importieren kann. Anschließend wird das Menü in Zeile 5 in das eigentliche Menüobjekt im Programm übernommen. Das erzeugte Menü befindet sich im Objekt `menu`, das der Methode `onCreateOptionsMenu()` übergeben wird.

Fügen Sie bei Bedarf jeweils die zusätzlich benötigten `import`-Anweisungen ein. Wählen Sie dazu im Kontextmenü Ihres Projekts der Einfachheit halber SOURCE|ORGANIZE IMPORTS.

6. **Installieren Sie die Anwendung im Emulator und klicken Sie die Schaltfläche MENU an.**
   Nun sollte das Fenster des Emulators wie in Abbildung 10.1 aussehen.

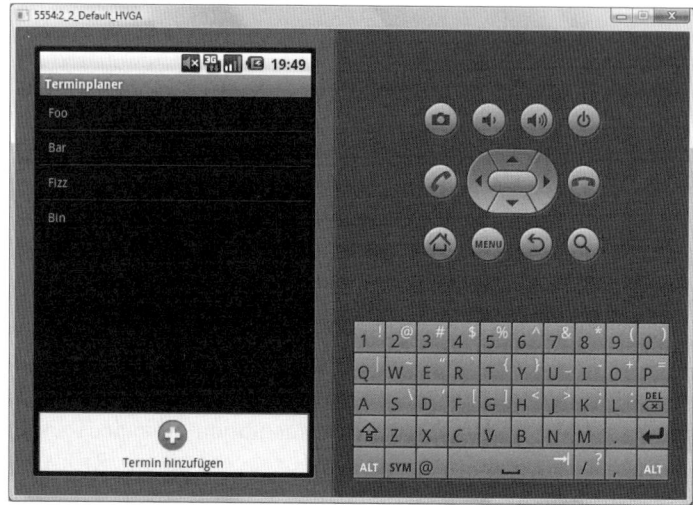

Abbildung 10.1: Das Menüsymbol TERMIN HINZUFÜGEN

Umgang mit Benutzeraktionen

Das Menü wurde erstellt und nun soll auch etwas geschehen, wenn es angeklickt wird. Fügen Sie dazu den folgenden Code am Ende der Klassendatei ReminderListActivity an:

```
@Override
public boolean onMenuItemSelected(int featureId, MenuItem item) {                    → 2
    switch(item.getItemId()) {                                                       → 3
        case R.id.menu_insert:                                                       → 4
            createReminder();                                                        → 5
            return true;                                                             → 6
    }

return super.onMenuItemSelected(featureId, item);
}
```

Die einzelnen Codezeilen werden nachfolgend erläutert:

✔ → **2:** Diese Methode wird bei der Auswahl eines Menüelements aufgerufen. Der Parameter featureId gibt an, auf welchem Panel sich das Menü befindet. Der Parameter item gibt an, welches Menüelement angeklickt wurde.

✔ → **3:** Um festzustellen, mit welchem Element Sie arbeiten, vergleichen Sie die ID der Menüelemente mit den bekannten vorhandenen Menüelementen. Daher wird eine switch-

Anweisung verwendet, um alle möglichen Fälle zu prüfen. Die Menü-ID erhalten Sie über die MenuItem-Methode getItemId().

✔ →4: Ich benutze die ID des in Listing 10.1 definierten Menüelements, um zu prüfen, ob es angeklickt wurde.

✔ →5: Wenn das Menüelement TERMIN HINZUFÜGEN angeklickt wurde, soll die Anwendung über die Methode createReminder() (wird im folgenden Abschnitt definiert) dafür sorgen, dass der Benutzer an den Termin erinnert wird.

✔ →6: Diese Zeile gibt true zurück, um der Methode onMenuItemSelected() mitzuteilen, dass eine Menüauswahl verarbeitet wurde.

Momentan erhalten Sie möglicherweise noch Fehler beim Kompilieren, was Sie aber nicht weiter stören sollte! Ich werde sie im nachfolgenden Abschnitt »createReminder() erstellen« beheben.

createReminder() erstellen

Die Methode createReminder() wird benutzt, damit der Benutzer zu ReminderEditActivity navigieren kann, um einen neuen Task mit einer Erinnerung zu erstellen. Fügen Sie die folgenden Zeilen am Ende Ihrer Klassendatei ReminderListActivity hinzu:

```
private static final int ACTIVITY_CREATE=0;
private void createReminder() {
    Intent i = new Intent(this, ReminderEditActivity.class);
    startActivityForResult(i, ACTIVITY_CREATE);
}
```

Dieser Code erzeugt einen neuen Intent, der ReminderEditActivity startet. Der Aufruf startActivityForResult() in Zeile 4 wird verwendet, wenn Sie nach Abschluss der aufgerufenen Aktivität ein Ergebnis haben wollen. Sie werden vielleicht wissen wollen, wenn eine Aktivität zurückgegeben wurde, um dann irgendwelche Maßnahmen ergreifen zu können. Im Falle der Terminplaner-Anwendung werden Sie wissen wollen, wann ReminderEditActivity zurückgegeben wurde, um die Terminliste erneut mit dem neu hinzugefügten Termin zu füllen. Der Aufruf verwendet die folgenden beiden Parameter:

✔ Intent i: Dieser Intent startet ReminderEditActivity.

✔ ACTIVITY_CREATE: Dies ist der Anforderungscode, der an Ihre Aktivität über einen Aufruf von onActivityResult() (nachfolgend beschrieben) zurückgegeben wird. Beim Anforderungscode handelt es sich um eine klassenweite Konstante.

Die Konstante ACTIVITY_CREATE wird am Anfang von ReminderListActivity so definiert:

```
private static final int ACTIVITY_CREATE=0;
```

Die Aktivität vervollständigen

Der letzte Aufruf `onActivityResult()` findet nach Abschluss von `ReminderEditActivity` statt. Die Methode `onActivityResult()` wird mit einem Anforderungscode, einem Ergebniscode und einem Intent aufgerufen, wobei die darin enthaltenen Daten an die ursprünglich aufrufende Aktivität zurückgegeben werden können. Fügen Sie den folgenden Code am Ende der Klassendatei `ReminderListActivity` hinzu:

```
@Override
protected void onActivityResult(int requestCode, int resultCode, Intent intent)
{
    super.onActivityResult(requestCode, resultCode, intent);
    // Liste hier neu laden
}
```

Dieser Aufruf macht vorläufig noch gar nichts. Er steht hier aber schon einmal, weil er in Kapitel 12 dazu verwendet wird, Termine aus der SQLite-Datenbank neu zu laden. Er verwendet die folgenden Parameter:

- ✔ `requestCode`: Der vom ursprünglichen `startActivityForResult()`-Aufruf übergebene Integer-Anforderungscode. Wenn Ihre Aktivität verschiedene andere Kindaktivitäten mit unterschiedlichen Anforderungscodes startet, können Sie die zurückgegebenen Aufrufe über eine `switch`-Anweisung behandeln, ähnlich wie dies auch bei `onMenuItemSelected()` gemacht wurde.

- ✔ `resultCode`: Der von der Kindaktivität über ihren `setResult()`-Aufruf zurückgegebene Integer-Ergebniscode. Über den Ergebniscode können Sie feststellen, ob die angeforderte Aktion abgeschlossen, nicht ausgeführt oder aus anderen Gründen beendet wurde. Über diese Codes können Sie feststellen, was zwischen Aktivitätsaufrufen geschehen ist.

- ✔ `intent`: Ein Intent, den die Kindaktivität erzeugen kann, um Ergebnisdaten zur aufrufenden Methode zurückzugeben (verschiedene Daten können über zusätzliche EXTRA-Variablen beigefügt werden). Im dargestellten Beispiel ist diese Intent-Instanz mit der identisch, die an die Methode `onActivityResult()` übergeben wurde.

Die Superklasse wird aufgerufen, um gegebenenfalls erforderliche zusätzliche Verarbeitungsschritte durchzuführen.

Ein Kontextmenü erstellen

Kontextmenüs werden erzeugt, wenn Benutzer länger auf ein Steuerelement drücken. Kontextmenüs schweben über der aktuellen Aktivität und ermöglichen Benutzern die Auswahl einer von mehreren Optionen.

Glücklicherweise ähnelt die Erstellung von Kontextmenüs der von Auswahlmenüs. Das Menü lässt sich über eine XML-Datei definieren und dann mit denselben Verfahren übernehmen, die auch bei der Erstellung von Auswahlmenüs zum Einsatz kommen. Daher können wir gleich loslegen. Um ein Kontextmenü zu erstellen, müssen Sie `registerForContextMenu()`

mit einer View als Ziel aufrufen. Anschließend müssen Sie den Aufruf `onCreateContextMenu()` überschreiben. Beides stelle ich in Kapitel 9 dar.

Im Terminplaner müssen nicht mehr benötigte Termine entfernt werden können. Diese Funktion implementiere ich über ein Kontextmenü. Wenn Benutzer länger auf einen in der Liste angezeigten Termin drücken, wird ihnen ein Kontextmenü angezeigt, in dem sie eine entsprechende Option auswählen und einzelne Termine entfernen können.

Die XML-Datei für das Menü erstellen

Für dieses Menü erstellen Sie im Ordner `res/menu` eine neue XML-Datei. Ich habe sie hier `list_menu_item_longpress.xml` genannt. Geben Sie den folgenden Code in die XML-Datei ein:

```xml
<?xml version="1.0" encoding="utf-8"?>
<menu
  xmlns:android="http://schemas.android.com/apk/res/android">
  <item android:id="@+id/menu_delete"
    android:title="@string/menu_delete" />
</menu>
```

Beachten Sie, dass die Eigenschaft `title` die neue String-Ressource `menu_delete` verwendet. Sie müssen daher in der Datei `strings.xml` eine neue String-Ressource mit dem Namen `menu_delete` und dem Wert `Termin entfernen` erstellen. Beachten Sie auch, dass ich diesem Menü kein Symbol zugeordnet habe. Das liegt daran, dass es sich bei einem Kontextmenü einfach nur um eine Liste von Menüoptionen handelt, die über der aktuellen Aktivität schwebend angezeigt wird und keine Symbole unterstützt.

Das Menü laden

Um das Menü zu laden, fügen Sie in `ReminderListActivity.java` den folgenden Code für die Methode `onCreateContextMenu()` ein, der das Chooser-Beispiel aus Kapitel 9 ersetzt:

```java
@Override
public void onCreateContextMenu(ContextMenu menu, View v,
                                ContextMenuInfo menuInfo) {
    super.onCreateContextMenu(menu, v, menuInfo);
    MenuInflater mi = getMenuInflater();
    mi.inflate(R.menu.list_menu_item_longpress, menu);
}
```

Dieser Code erfüllt dieselbe Funktion wie der Aufruf `onCreateOptionsMenu()`, allerdings binden Sie hier das definierte Kontextmenü ein. Wenn Sie nun länger auf ein Element in der Liste drücken, wird das in Abbildung 10.2 dargestellte Kontextmenü angezeigt.

Abbildung 10.2: Das Kontextmenü in der Terminplaner-Anwendung

Verarbeitung der Benutzerauswahl

Die Verarbeitung der Auswahl dieser Menüelemente ähnelt der bei einem Auswahlmenü. Fügen Sie dazu den folgenden Code am Ende Ihrer Klassendatei ReminderListActivity hinzu:

```
@Override
public boolean onContextItemSelected(MenuItem item) {                    → 2
    switch(item.getItemId()) {                                           → 3
        case R.id.menu_delete:                                           → 4
            // Termin entfernen
            return true;
    }
    return super.onContextItemSelected(item);
}
```

Die Codezeilen werden nachfolgend erläutert:

- **→ 2:** Diese Methode wird aufgerufen, wenn ein Kontextmenüelement ausgewählt wird. Beim Parameter item handelt es sich um das im Kontextmenü ausgewählte Element.

- **→ 3:** Mit der in der Datei list_menu_item_longpress.xml festgelegten ID ermittelt eine switch-Anweisung, welches Element angeklickt wurde.

- **→ 4:** Hierbei handelt es sich um die ID der Schaltfläche menu_delete in der Datei list_menu_item_longpress.xml. Wenn diese Menüoption ausgewählt wird, würde der nachfolgende Code entsprechende Aktionen durchführen. Vorläufig passiert in diesem Codeblock noch weiter nichts, aber in Kapitel 12 wird hier der markierte Termin aus der SQLite-Datenbank gelöscht.

Verarbeitung von Benutzereingaben

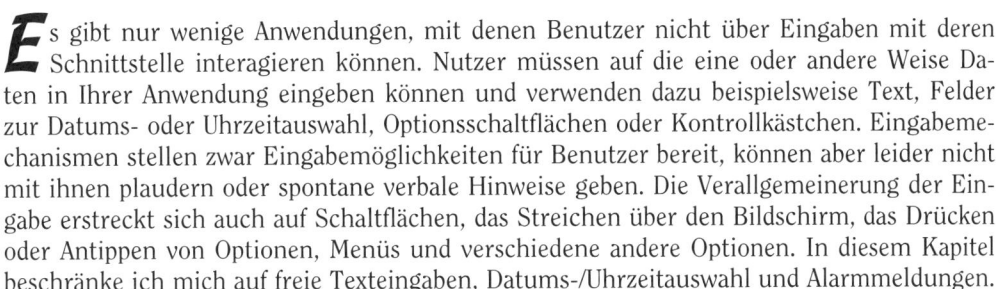

In diesem Kapitel
- Mit `EditText`-Widgets arbeiten
- `DatePicker` und `TimePicker` erzeugen
- Alarm-Dialogfelder einrichten
- Benutzereingaben prüfen

*E*s gibt nur wenige Anwendungen, mit denen Benutzer nicht über Eingaben mit deren Schnittstelle interagieren können. Nutzer müssen auf die eine oder andere Weise Daten in Ihrer Anwendung eingeben können und verwenden dazu beispielsweise Text, Felder zur Datums- oder Uhrzeitauswahl, Optionsschaltflächen oder Kontrollkästchen. Eingabemechanismen stellen zwar Eingabemöglichkeiten für Benutzer bereit, können aber leider nicht mit ihnen plaudern oder spontane verbale Hinweise geben. Die Verallgemeinerung der Eingabe erstreckt sich auch auf Schaltflächen, das Streichen über den Bildschirm, das Drücken oder Antippen von Optionen, Menüs und verschiedene andere Optionen. In diesem Kapitel beschränke ich mich auf freie Texteingaben, Datums-/Uhrzeitauswahl und Alarmmeldungen.

Schnittstellen für Benutzereingaben erstellen

Die freie Texteingabe ist eine der häufigsten Eingabevarianten und erfolgt über `EditText`-Widgets. Diese sind auch unter der Bezeichnung Texteingabefeld bekannt. Bei der Benutzung eines `EditText`-Widgets wird eine Bildschirmtastatur eingeblendet, die der Benutzer anstelle einer realen Tastatur für Eingaben nutzen kann.

Ein EditText-Widget erstellen

In Kapitel 9 wurde eine XML-Datei für das Layout einer View namens `reminder_edit.xml` erstellt, die den folgenden Code enthielt:

```
<EditText android:id="@+id/title"
    android:layout_width="fill_parent"
    android:layout_height="wrap_content" />
```

Dieser Codeschnipsel definiert ein Texteingabefeld für den Titel des Termins. Darin kann der Benutzer Daten eingeben. Das `EditText`-Widget nimmt die gesamte Breite des Bildschirms in Anspruch und beschränkt sich auf die wirklich benötigte Höhe. Wird es ausgewählt, zeigt Android automatisch die Bildschirmtastatur ein, über die der Benutzer Daten eingeben kann. Das letzte Beispiel verkörpert eine Minimalvariante. Das folgende `EditText`-Beispiel, das ebenfalls in der Layoutdatei `reminder_edit.xml` erstellt wurde, ist da schon ein wenig umfangreicher:

```
<EditText android:id="@+id/body" android:layout_width="fill_parent"
    android:layout_height="wrap_content"
    android:minLines="5"
    android:scrollbars="vertical"
    android:gravity="top" />
```

Dieses Textfeld dient der Eingabe der ausführlicheren Beschreibung des Termins. Breite (`layout_width`) und Höhe (`layout_height`) wurden wie beim vorherigen `EditText`-Widget gewählt, weshalb auch dieses Widget die gesamte verfügbare Breite auf dem Bildschirm einnimmt. Der Unterschied besteht bei dieser `EditText`-Definition in den nachfolgend kurz beschriebenen drei weiteren Eigenschaften:

- ✔ `minLines`: Über diese Eigenschaft wird festgelegt, wie hoch die `EditText`-View sein soll. `EditText` ist eine Unterklasse des `TextView`-Objekts und verfügt daher über dieselbe gemeinsame Eigenschaft. Hier lege ich fest, dass das `EditText`-Objekt mindestens fünf Zeilen hoch sein soll. Schließlich soll das Feld ja längere Texteingaben aufnehmen, über die Termine ausführlicher beschrieben werden können. Sie können dieses Feld mit dem für die Eingabe eines E-Mail-Textes vergleichen, der ja auch meist deutlich umfangreicher als die Betreffangabe ist.

- ✔ `scrollbars`: Über diese Eigenschaft wird festgelegt, welche Rollbalken angezeigt werden sollen, wenn die vorhandene Textmenge den im Texteingabefeld real verfügbaren Platz übersteigt. Hier gebe ich `vertical` an, damit dann seitlich in der `EditText`-View ein Rollbalken angezeigt wird.

- ✔ `gravity`: Wenn der Benutzer ein `EditText`-Feld aktiviert, wird der Text standardmäßig vertikal mittig angezeigt (siehe Abbildung 11.1). Das entspricht aber nicht den Erwartungen der Benutzer bei mehrzeiligen Eingaben. Normalerweise wird er erwarten, dass der Cursor oben in der `EditText`-View angezeigt wird. Dazu müssen Sie die Eigenschaft `gravity` der `EditText`-View auf `"top"` setzen.

 Damit die Bildschirmtastatur wie in Abbildung 11.1 dargestellt wird, genügt es, wenn Sie im Emulator über EINSTELLUNGEN|EINSTELLUNGEN FÜR SPRACHE UND TASTATUR die »japanischen« Optionen deaktivieren. Zudem werden Sie es möglicherweise vorziehen, über die Option ANDROID-TASTATUR-EINSTELLUNGEN die Optionen AUTOM. VERVOLLSTÄNDIGEN und/oder VORSCHLÄGE ANZEIGEN zu deaktivieren.

Anzeige einer Bildschirmtastatur

Die `EditText`-View ist höchst vielseitig und lässt sich auf vielerlei Weise konfigurieren. Sie ist dafür verantwortlich, wie die Bildschirmtastatur angezeigt wird. Da viele Geräte mit berührungsempfindlichem Bildschirm keine reale Tastatur besitzen, muss die Eingabe bei ihnen über eine Bildschirmtastatur erfolgen. Über eine der Eigenschaften der `EditText`-View lassen sich verschiedene Aspekte der Bildschirmtastatur anpassen.

Und warum sollte man das Aussehen der Bildschirmtastatur anpassen? Einfach deshalb, weil bei Eingaben in eine `EditText`-View für unterschiedliche Datentypen andere Tasten benötigt werden. Wenn in `EditText` beispielsweise eine Telefonnummer angezeigt wird, sollte die Bildschirmtastatur nur Ziffern anzeigen. Wenn es sich beim `EditText`-Wert um eine E-Mail-

11 ► Verarbeitung von Benutzereingaben

Abbildung 11.1: Eine EditText*-View ohne gesetzte* gravity*-Eigenschaft*

Adresse handelt, sollte die Bildschirmtastatur die darin gebräuchlichen Zeichen (wie das at-Symbol @) anzeigen. Merken Sie sich hier einfach, dass es verschiedene Möglichkeiten gibt, das Aussehen der Bildschirmtastatur anzupassen. Wenn Sie dabei geschickt vorgehen, können Sie Ihre Anwendung damit benutzerfreundlicher gestalten.

Die Merkmale der Bildschirmtastatur lassen sich über die Eigenschaft inputType der EditText-View beeinflussen. Dabei gibt es viel zu viele Optionen, als dass ich sie in diesem Buch behandeln könnte. Sie finden die verschiedenen Optionen aber unter der URL http://developer.android.com/reference/android/widget/TextView.html#attr_android:inputType.

Auswahl von Datum und Uhrzeit

Hier geht es um die Erstellung einer Terminplaner-Anwendung, die wenig nützlich wäre, wenn es in ihr nicht Möglichkeiten zur Festlegung von Datum und Uhrzeit für die verschiedenen Erinnerungstermine gäbe. Schließlich muss der Benutzer benachrichtigt werden, wenn es etwas zu erledigen gilt. Ohne entsprechende Möglichkeiten ließe sich eine Terminplaner-Anwendung letztlich gar nicht erstellen! Es würde sich einfach nur um eine Aufgabenliste handeln, was meiner Meinung nach recht langweilig wäre.

Wenn Sie schon einmal in anderen Programmiersprachen mit Datum und Uhrzeit gearbeitet haben, wissen Sie vielleicht, dass das Erstellen entsprechender Eingabeverfahren recht mühsam werden kann, wenn Sie dabei nicht auf vordefinierte Komponenten zurückgreifen können. Glücklicherweise kann ich Ihnen hier mitteilen, dass Ihnen die Android-Programmierer diese Arbeit bereits weitgehend abgenommen haben. Die Android-Plattform stellt Ihnen mit `DatePicker` und `TimePicker` zwei Klassen zur Verfügung, die Sie bei dieser Aufgabenstellung unterstützen. Und diese enthalten darüber hinaus auch Klassen, mit deren Hilfe Sie Dialogfelder zur Auswahl eines Datums oder einer Uhrzeit einblenden können. Daher können Sie entweder `DatePicker` und/oder `TimePicker` in die Views Ihrer Anwendung einbinden oder die `Dialog`-Klassen verwenden, mit denen Sie sich dann auch noch die Arbeit der Erstellung einer View mit darin eingebetteten `DatePicker`- und `TimePicker`-Views sparen können.

Genug der Vorrede über die Fähigkeiten dieser Auswahl-Widgets. Bestimmt brennen Sie bereits darauf, sie zu nutzen!

Auswahl-Schaltflächen erstellen

Da ich bisher `DatePicker` oder `TimePicker` noch nicht in die Terminplaner-Anwendung eingebaut habe, werde ich das in diesem Abschnitt nachholen. In der Datei `reminder_edit.xml` sind bereits einige Zeilen vorhanden, die letztlich der Anzeige von `DatePicker` und `TimePicker` dienen. Diese befinden sich hinter den vorhin erläuterten `EditText`-Definitionen. Dabei handelt es sich um zwei Schaltflächen, über denen deren Titel angezeigt wird. Den entsprechenden Code finden Sie in Listing 11.1.

```
<TextView android:layout_width="wrap_content"                     → 1
    android:layout_height="wrap_content"
    android:text="@string/date" />
<Button                                                            → 4
    android:id="@+id/reminder_date"
    android:layout_height="wrap_content"
    android:layout_width="wrap_content"
    />
<TextView android:layout_width="wrap_content"                     → 9
    android:layout_height="wrap_content"
    android:text="@string/time" />
<Button                                                            → 12
    android:id="@+id/reminder_time"
    android:layout_height="wrap_content"
    android:layout_width="wrap_content"
    />
```

Listing 11.1: Die Schaltflächen `date` *und* `time` *mit den zugehörigen* `TextView`*-Beschriftungen*

Die Codezeilen lassen sich wie folgt beschreiben:

- ✔ **→ 1:** Hierbei handelt es sich um das `TextView`-Label für die Datum-Schaltfläche. Entsprechend den Angaben in der String-Ressource wird hier der Wert `Erinnerungsdatum` angezeigt.

- ✔ **→ 4:** In dieser Zeile wird eine Schaltfläche definiert, die der Benutzer anklicken kann, um den `DatePickerDialog` anzeigen zu lassen. Damit befasst sich der folgende Abschnitt »DatePicker einbinden«.

- ✔ → **9:** Hierbei handelt es sich um das `TextView`-Label für die Uhrzeit-Schaltfläche. Entsprechend den Angaben in der String-Ressource wird hier der Wert `Alarmzeit` angezeigt.

- ✔ → **12:** In dieser Zeile wird eine Schaltfläche definiert, die der Benutzer anklicken kann, um den `TimePickerDialog` anzeigen zu lassen. Damit befasst sich der Abschnitt »TimePicker einbinden« weiter hinten in diesem Kapitel.

DatePicker einbinden

Wenn der Benutzer die `date`-Schaltfläche anklickt, soll er das Datum ändern können. Wie das geht, beschreibe ich in den folgenden Abschnitten.

Den Klick-Listener für die date-Schaltfläche einrichten

Um diese Funktion zu implementieren, öffnen Sie die Aktivität, in die Ihr Code für die Terminplaner-Anwendung eingefügt werden soll, also die Datei `ReminderEditActivity.java`.

Fügen Sie dort am Ende der Methode `onCreate()` den folgenden Code ein:

`registerButtonListenersAndSetDefaultText();`

Eclipse weist darauf hin, dass Sie diese Methode erstellen müssen. Am einfachsten können Sie das erledigen, wenn Sie den Mauszeiger über der mit einer Wellenlinie gekennzeichneten Zeile ruhen lassen und im dann eingeblendeten Fenster die Option CREATE METHOD 'REGISTERBUTTONLISTENERSANDSETDEFAULTTEXT()' anklicken. Geben Sie in die Methode `registerButtonListenersAndSetDefaultText()` den Code aus Listing 11.2 ein.

```
mDateButton.setOnClickListener(new View.OnClickListener() {               → 1

    @Override
    public void onClick(View v) {                                         → 4
        showDialog(DATE_PICKER_DIALOG);                                   → 5
    }
});
updateDateButtonText();                                                   → 8
updateTimeButtonText();                                                   → 9
```

Listing 11.2: Den `DateButton`-Klick-Listener implementieren

Die Codezeilen lassen sich wie folgt beschreiben:

- ✔ → **1:** In dieser Zeile wird die Variable `mDateButton` verwendet. Wahrscheinlich wird Ihnen aufgefallen sein, dass sie bisher noch nirgends definiert wurde. Das müssen Sie am Anfang der Klasse `ReminderEditActivity` erledigen. Wenn diese Variable definiert worden ist, können Sie `onClickListener()` für die Schaltfläche setzen. In dieser Methode befindet sich der Code, der beim Anklicken der Schaltfläche ausgeführt wird. Die beim Anklicken der Schaltfläche auszuführende Aktion finden Sie in Zeile 5.

    `private Button mDateButton;`

Nachdem diese Variable erstellt wurde, muss sie in der Methode `onCreate()` direkt nach dem Aufruf von `setContentView()` initialisiert werden:

```
mDateButton = (Button) findViewById(R.id.reminder_date);
```

- →**4:** Diese Zeile überschreibt das standardmäßige Klickverhalten der Schaltfläche, um eigene Aktionen durchführen zu können. Bei dem Parameter `View v` handelt es sich um das Steuerelement, das angeklickt wurde.

- →**5:** In dieser Zeile wird festgelegt, was beim Anklicken der Schaltfläche geschehen soll. Hier rufe ich mit `showDialog()` eine Methode der Klasse der Basisaktivität auf. `showDialog()` akzeptiert als Parameter die ID des anzuzeigenden Dialogfeldes. Diesen Wert stelle ich über eine Konstante namens `DATE_PICKER_DIALOG` bereit. Sie müssen diese und die Konstante `TIME_PICKER_DIALOG` am Anfang der Klasse über die beiden nachfolgenden Anweisungen definieren. Die zweite Konstante wird dann im Abschnitt »TimePicker einbinden« weiter hinten in diesem Kapitel benutzt.

```
private static final int DATE_PICKER_DIALOG = 0;
private static final int TIME_PICKER_DIALOG = 1;
```

Die erste der beiden Konstanten sorgt für die ID, mit der die Methode `showDialog()` aufgerufen wird, wenn der `DatePickerDialog` angezeigt werden soll.

- →**8:** Diese Methode wird aufgerufen, um das Datum im Schaltflächentext zu aktualisieren. Sie wird in Listing 11.5 erstellt.

- →**9:** Diese Methode wird aufgerufen, um die Uhrzeit im Schaltflächentext zu aktualisieren. Sie wird in Listing 11.6 erstellt.

Die Methode showDialog() erstellen

Die Methode `showDialog()` führt für Sie einige Arbeiten in der Klasse der Basisaktivität aus. Letztlich müssen Sie dazu nur wissen, dass über den Aufruf von `showDialog()` mit einer ID die Methode `onCreateDialog()` der Aktivität aufgerufen wird. Fügen Sie am Ende Ihrer Klassendatei den Code aus Listing 11.3 ein, um auf den Methodenaufruf `showDialog()` zu reagieren.

```
@Override
protected Dialog onCreateDialog(int id) {                                    →2
    switch(id) {
        case DATE_PICKER_DIALOG:                                             →4
            return showDatePicker();
    }
    return super.onCreateDialog(id);
}

private DatePickerDialog showDatePicker() {                                  →10
    DatePickerDialog datePicker = new DatePickerDialog(ReminderEditActivity.this,
        new DatePickerDialog.OnDateSetListener() {                           →13
```

11 ▶ Verarbeitung von Benutzereingaben

```
        @Override
        public void onDateSet(DatePicker view, int year, int monthOfYear,
                int dayOfMonth) {                                                → 17

            mCalendar.set(Calendar.YEAR, year);                                  → 19
            mCalendar.set(Calendar.MONTH, monthOfYear);
            mCalendar.set(Calendar.DAY_OF_MONTH, dayOfMonth);                    → 21
            updateDateButtonText();                                              → 22
            }
        }, mCalendar.get(Calendar.YEAR), mCalendar.get(Calendar.MONTH),
                mCalendar.get(Calendar.DAY_OF_MONTH));                           → 25
        return datePicker;                                                       → 26
    }

    private void updateDateButtonText() {                                        → 29
        SimpleDateFormat dateFormat = new SimpleDateFormat(DATE_FORMAT);         → 30
        String dateForButton = dateFormat.format(mCalendar.getTime());           → 31
        mDateButton.setText(dateForButton);                                      → 32
    }
```

Listing 11.3: Auf showDialog() *mit* onCreateDialog() *reagieren*

Die wichtigen Codezeilen lassen sich wie folgt beschreiben:

- ✔ **→ 2:** Die Methode `onCreateDialog()` wird überschrieben und aufgerufen, wenn die Methode `showDialog()` mit einem Parameter aufgerufen wird. Beim Parameter `int id` handelt es sich um die zuvor an die Methode `showDialog()` übergebene ID.

- ✔ **→ 4:** In dieser Zeile wird festgestellt, ob es sich bei der an `onCreateDialog()` übergebenen ID um dieselbe handelt, die als Parameter an die Methode `showDialog()` übergeben wurde. Wenn sie dem Wert `DATE_PICKER_DIALOG` entspricht, wird der Wert der Methode `showDatePicker()` zurückgegeben. Der Aufruf `showDatePicker()` muss einen `Dialog`-Typ zurückgeben, damit `onCreateDialog()` ein Dialogfeld anzeigt.

- ✔ **→ 10:** Die Definition der Methode `showDatePicker()`, die einen `DatePickerDialog` zurückgibt.

- ✔ **→ 13:** In dieser Zeile erstelle ich einen neuen `DatePickerDialog`, der den aktuellen Kontext als ersten Parameter übernimmt. Ich habe die aktuelle Instanz `ReminderEditActivity.this` als Wert für `Context` übergeben. Der vollständige Klassenname muss deshalb angegeben werden, weil der Parameter innerhalb einer verschachtelten Anweisung verwendet wird. Der nächste Parameter ist `onDateSetListener()`, der für einen Callback sorgt, der in den Zeilen 13 bis 22 definiert wird. Dieser Callback stellt das Datum als Wert bereit, das über `DatePickerDialog` ausgewählt wurde. Die anderen Parameter für `DatePickerDialog` finden Sie bei den Erläuterungen zu Zeile 25.

- ✔ **→ 17:** Die Implementierung der Methode `onDateSet()`, die aufgerufen wird, wenn der Benutzer das Datum über `DatePickerDialog` einstellt und die Schaltfläche EINSTELLEN (SET) anklickt. Diese Methode unterstützt die folgenden Parameter:

- `DatePicker view`: der im Dialogfeld zur Datumsauswahl benutzte `DatePicker`
- `int year`: das eingestellte Jahr
- `int monthOfYear`: der eingestellt Monat im Format 0–11 (zwecks Kompatibilität mit dem `Calendar`-Objekt)
- `int dayOfMonth`: der Tag des Monats

✔ →**19 bis →21:** Dieser Codeblock verwendet eine Variable namens `mCalendar`. Dabei handelt es sich um eine klassenweite `Calendar`-Variable, in der ich die vom Benutzer in `ReminderEditActivity` über `DatePickerDialog` und `TimePickerDialog` eingestellten Werte für Datum und Uhrzeit speichern kann. Die Variable `mCalendar` müssen Sie noch mit der nachfolgenden Codezeile am Anfang der Klasse als klassenweite `Calendar`-Variable definieren. In diesem Codeblock verwende ich Konstanten, um für die Werte des `Calendar`-Objekts die vom Benutzer im `DatePickerDialog` eingestellten Werte zu setzen.

```
private Calendar mCalendar;
```

Weisen Sie innerhalb der Methode `onCreate()` dem Objekt `mCalendar` mit der Methode `getInstance()` einen Wert zu, die eine neue Instanz des `Calendar`-Objekts zurückgibt.

```
mCalendar = Calendar.getInstance();
```

✔ →**22:** Nachdem das Objekt `mCalendar` aktualisiert wurde, rufe ich `updateDateButtonText()` auf, um den Text der Schaltfläche zu aktualisieren, den der Benutzer zur Anzeige des Dialogs zur Datumsauswahl angeklickt hat. Diese Methode wird beim Code der Zeilen 29 bis 31 erläutert.

✔ →**25:** Dies sind die übrigen Parameter zur Einrichtung von `DatePickerDialog`. Diese Calendar-Werte werden angezeigt, wenn `DatePickerDialog` auf dem Bildschirm erscheint. Ich benutze `mCalendar.get`, um die Werte für Jahr, Monat und Tag von `mCalendar` zu übernehmen. Wenn `mCalendar` bisher noch nicht gesetzt wurde, wird das aktuelle Datum für diesen Wert übernommen. Wenn `mCalendar` zuvor bereits gesetzt wurde und der Benutzer `DatePickerDialog` erneut öffnet, um das Datum zu ändern, gibt das `mCalendar`-Objekt das bei der vorherigen Auswahl gesetzte Datum als Voreinstellung für den neuen `DatePickerDialog` zurück.

✔ →**26:** Am Ende dieser Methode gebe ich eine Instanz der `Dialog`-Klasse zurück, weil diese von `onCreateDialog()` benötigt wird. Da es sich bei der Klasse `DatePickerDialog` um eine Unterklasse von `Dialog` handelt, kann ich `DatePickerDialog` zurückgeben. Damit kann `onCreateDialog()` das Dialogfeld erstellen und für den Benutzer auf dem Bildschirm anzeigen.

✔ →**29:** Wie in Zeile 22 beschrieben, wird die Methode `updateDateButtonText()` aufgerufen, nachdem das `mCalendar`-Objekt mit neuen Datenwerten eingerichtet wurde. Diese Methode wird verwendet, um den Text der Datumsschaltfläche zu aktualisieren, die der Benutzer anklickt, wenn er das Datum ändern will. In dieser Methode setze ich den Schaltflächentext auf den Wert des ausgewählten Datums, damit der Benutzer schnell erkennen kann, welches Datum gewählt wurde, ohne dazu den `DatePickerDialog` öffnen zu müssen.

✔ →**30:** In dieser Zeile wird ein `SimpleDateFormat`-Objekt eingerichtet. Dieses Objekt wird dazu benutzt, um ein Datum unter Verwendung einer konkreten Klasse (zum Beispiel nach dem gregorianischen oder hebräischen Kalender) logisch sinnvoll zu formatieren und auszuwerten. Unter Verwendung der verschiedenen Formatierungsoptionen für das Datum, die in der Java-Dokumentation aufgeführt werden (http://download-llnw.oracle.com/javase/1.4.2/docs/api/java/text/SimpleDateFormat.html), können Sie für verschiedene Ausgaben sorgen. In dieser Zeile verwende ich zur Einrichtung von SimpleDateFormat eine lokale Konstante namens DATE_FORMAT als Parameter. Diese Konstante definiert das Format der Anzeige der Datumsangaben für den Benutzer. Sie müssen diese Konstante am Anfang der Klasse so definieren:

```
private static final String DATE_FORMAT = "dd.MM.yyyy";
```

Das Datumsformat wird als "dd.MM.yyyy" definiert, wobei der Tag zweistellig, der Monat zweistellig und am Ende das Jahr vierstellig angezeigt wird. Die einzelnen Teile werden durch einen Punkt voneinander getrennt. Ein Beispiel wäre 24.12.2011.

✔ →31: In dieser Zeile verwende ich das SimpleDateFormat-Objekt, um das mCalendar-Datum über einen Aufruf der Methode getTime() des mCalendar-Objekts zu formatieren. Diese Methode gibt ein date-Objekt zurück, das vom SimpleDateFormat-Objekt in das in Zeile 30 vorgegebene DATE_FORMAT gebracht wird. Dann übergebe ich das Ergebnis (einen String) an eine lokale Variable.

✔ →32: Unter Verwendung der in Zeile 31 eingerichteten lokalen Variable setze ich den Text der Datumsschaltfläche über die Methode setText() der Button-Klasse.

Das DatePickerDialog-Widget ist damit eingebunden und kann Benutzereingaben entgegennehmen.

Wenn Sie wollen, können Sie die App hier und am Ende des nächsten Abschnitts in ihrem aktuellen Zustand testen. Dazu müssen Sie nur für die erforderlichen import-Anweisungen sorgen und hier schon einmal eine leere Rumpfmethode für updateTimeButtonText() erstellen.

TimePicker einbinden

Über TimePickerDialog kann der Benutzer eine Uhrzeit für den Tag auswählen, zu der er an den anstehenden Termin erinnert werden will.

Den Klick-Listener für die time-Schaltfläche einrichten

Die Einrichtung von TimePickerDialog ist mit der von DatePickerDialog nahezu identisch. Erst einmal müssen Sie den onClickListener() für die time-Schaltfläche deklarieren. Dazu erstellen Sie am Anfang der Klasse die lokale Variable mTimeButton:

```
private Button mTimeButton;
```

Dann müssen Sie die Variable in der Methode onCreate() wie folgt initialisieren:

```
mTimeButton = (Button) findViewById(R.id.reminder_time);
```

Damit haben Sie eine Zeit-Schaltfläche, mit der Sie arbeiten und für die Sie den Klick-Listener einrichten können. Fügen Sie in die Methode registerButtonListenersAndSetDefaultText() den Code aus Listing 11.4 ein.

```
mTimeButton.setOnClickListener(new View.OnClickListener() {
    @Override
    public void onClick(View v) {
        showDialog(TIME_PICKER_DIALOG);
    }
});
```

Listing 11.4: Den `OnClickListener` *für die Zeit-Schaltfläche implementieren*

Die gesamte Methode ist mit dem `onClickListener()` der Datumsschaltfläche identisch, nur dass in Zeile 4 eine andere Konstante als Parameter der Methode `showDialog()` verwendet wird. Das mache ich deshalb, weil `showDialog()` nach dem Aufruf wiederum `onCreateDialog()` mit dieser ID aufruft. Dann kann ich logisch feststellen, wie `TimePickerDialog` erstellt werden soll. Sie müssen die Konstante `TIME_PICKER_DIALOG` am Anfang der Klasse erstellen. (Dies haben wir bereits bei der Einrichtung des Klick-Listeners für die Datumsschaltfläche erledigt.)

Nun müssen Sie wieder zur Methode `onCreateDialog()` zurückkehren und den folgenden Code hinter `return showDatePicker()` in die `switch`-Anweisung einzufügen:

```
case TIME_PICKER_DIALOG:
    return showTimePicker();
```

Die Methode showTimePicker() erstellen

Die Methode `showTimePicker()` wurde bisher noch nicht erstellt. Das soll nun nachgeholt werden. Fügen Sie dazu den Code der vollständigen Methodendefinition aus Listing 11.5 hinter der Methode `showDatePicker()` in die Datei `ReminderEditActivity.java` ein.

```
private TimePickerDialog showTimePicker() {
    TimePickerDialog timePicker = new TimePickerDialog(this, new
        TimePickerDialog.OnTimeSetListener() {                              → 3
        @Override
        public void onTimeSet(TimePicker view, int hourOfDay, int minute){  → 5
            mCalendar.set(Calendar.HOUR_OF_DAY, hourOfDay);                 → 6
            mCalendar.set(Calendar.MINUTE, minute);                         → 7
            updateTimeButtonText();                                         → 8
        }
    }, mCalendar.get(Calendar.HOUR_OF_DAY),                                 → 10
            mCalendar.get(Calendar.MINUTE), true);                          → 11

    return timePicker;
}
```

Listing 11.5: Die Methode `showTimePicker()`

Der Code aus Listing 11.5 ist recht einfach, weil er mit dem der Methode `showDatePicker()` nahezu identisch ist. Es gibt aber Unterschiede in den folgenden Zeilen:

11 ➤ Verarbeitung von Benutzereingaben

✔ **→ 3:** Hier wird ein `TimePickerDialog` mit einem neuen `OnTimeSetListener()` eingerichtet, der aufgerufen wird, wenn der Benutzer eine Uhrzeit über den `TimePickerDialog` setzt.

✔ **→ 5:** Wenn die Zeit gesetzt wurde, werden die Werte von Stunde und Minute an die Methode `onTimeSet()` übergeben, in der Sie die erforderlichen Schritte mit den Werten durchführen können.

✔ **→ 6:** Hier setze ich die Stunde des klassenweiten `Calendar`-Objekts.

✔ **→ 7:** Hier setze ich die Minute des klassenweiten `Calendar`-Objekts.

✔ **→ 8:** Diese Zeile delegiert die Aktualisierung des auf der Zeitschaltfläche angezeigten Textes an eine Methode namens `updateTimeButtonText()`, die bei Listing 11.6 erläutert wird.

✔ **→ 10:** In dieser Zeile wird die Stunde für `TimePickerDialog` vorgegeben. Dieser Wert wird vom klassenweiten `Calendar`-Objekt übernommen.

✔ **→ 11:** In dieser Zeile werden die Minuten für `TimePickerDialog` vorgegeben. Dieser Wert wird ebenfalls vom klassenweiten `Calendar`-Objekt übernommen. Der letzte Parameter wird auf den Wert `true` gesetzt, der dafür sorgt, dass der `TimePickerDialog` die Uhrzeit im 24-Stunden- und nicht im 12-Stunden-Format (mit a. m. oder p. m. als Zusatz) anzeigt.

Am Ende der Methode wird die `TimePickerDialog`-Instanz an die Methode `onCreateDialog()` zurückgegeben, damit dem Benutzer das Dialogfeld angezeigt werden kann.

In Zeile 8 rufe ich `updateTimeButtonText()` auf. Diese Methode ähnelt der in diesem Kapitel bereits beschriebenen Methode `updateDateButtonText()` recht stark. Geben Sie den Code aus Listing 11.6 in den Editor ein, um die Methode `updateTimeButtonText()` zu erstellen.

```
private void updateTimeButtonText() {
    SimpleDateFormat timeFormat = new SimpleDateFormat(TIME_FORMAT);         → 2
    String timeForButton = timeFormat.format(mCalendar.getTime());           → 3
    mTimeButton.setText(timeForButton);                                      → 4
}
```

Listing 11.6: Die Methode `updateTimeButtonText()`

Dieser Code lässt sich wie folgt erläutern:

✔ **→ 2:** Diese Codezeile erzeugt ein neues `SimpleDateFormat`, aber diesmal mit einer anderen Konstante. Sie müssen die Konstante `TIME_FORMAT` am Anfang der Klassendatei wie folgt definieren:

```
private static final String TIME_FORMAT = "kk:mm";
```

Diese Konstante teilt der Klasse `SimpleDateFormat` mit, dass die Minuten und Sekunden mit einem trennenden Doppelpunkt vom `Calendar`-Objekt übernommen werden sollen. Ein Beispiel wäre 12:45.

✔ **→ 3:** Diese Zeile formatiert die aktuelle Uhrzeit entsprechend den Vorgaben aus Zeile 2.

✔ **→ 4:** Diese Zeile aktualisiert den Schaltflächentext und verwendet dabei die in Zeile 3 übernommene Uhrzeit.

Damit haben Sie die Widgets zur Datums- und Uhrzeitauswahl so eingerichtet, dass der Benutzer sie für seine Eingaben verwenden kann. Und dazu mussten Sie den Code für die eigentliche Datums- und Uhrzeiteingabe nicht einmal schreiben, sondern mussten nur auf die Klick-Listener reagieren.

Ihr erstes Alert-Dialogfeld erstellen

Steuerelemente zur Auswahl von Datum und Uhrzeit werden zwar für die Terminplaner-Anwendung benötigt, darüber hinaus müssen Sie Benutzer aber gelegentlich auch über Dialogfelder darüber informieren, dass bestimmte Dinge geschehen sind. Im Android-System gibt es ein Framework für Dialogfelder, die alle möglicherweise benötigten Implementierungsvarianten abdecken.

Es stehen mehrere verschiedene Arten von Dialogfeldern zur Verfügung. Besonders häufig werden die folgenden verwendet:

- ✔ `Alert`: Informiert den Benutzer über wichtige Ereignisse. Ermöglicht auch das Setzen der Textwerte der Schaltflächen und die Definition der Aktionen, die beim Anklicken durchgeführt werden sollen. Als Entwickler können Sie an den `AlertDialog` eine Reihe von anzuzeigenden Elementen übergeben, zwischen denen der Benutzer auswählen kann.

- ✔ `Progress`: Wird zur Anzeige eines Fortschrittsbalkens oder eines Rädchens genutzt. Dieses Dialogfeld wird über die Klasse `ProgressDialog` erstellt.

- ✔ `Custom`: Die speziell angepassten Dialogfelder müssen Sie als Android-Entwickler weitgehend selbst erstellen und programmieren. Sie erstellen eigene Dialogklassen durch Erweitern der Basisklasse `Dialog` oder über eigens erstellte XML-Layoutdateien.

Warum Sie Dialogfelder nutzen sollten

Haben Sie schon einmal eine Anwendung benutzt, die zwar im Hintergrund hektisch vor sich hin gewerkelt hat, dabei aber keine weiteren Warnungen, Benachrichtigungen oder Informationen angezeigt hat? Falls nicht, denken Sie an das folgende Beispiel. Stellen Sie sich einen E-Mail-Client vor, der Sie nicht über den Eingang neuer E-Mails benachrichtigt. Das wäre doch höchst irritierend, oder? Benutzer über wichtige Aspekte oder auszuwählende Optionen zu informieren, gehört zu den zentralen Elementen der Benutzerfreundlichkeit. Es folgen einige Beispiele für Ereignisse, bei denen Sie Benutzer über Dialogfelder darüber informieren können, dass eine Nachricht eingetroffen ist und/oder eine Maßnahme ergriffen werden muss:

- ✔ Es geschieht etwas im Hintergrund (darüber informiert ein `ProgressDialog`).
- ✔ Die Werte in einem `EditText`-Steuerelement sind ungültig.
- ✔ Die Netzwerkverbindung ist unterbrochen.
- ✔ Der Benutzer muss ein Datum und/oder eine Uhrzeit auswählen (wie eben dargestellt).
- ✔ Die Geräteausstattung ist nicht mit der Anwendung kompatibel. Vielleicht muss für die App GPS aktiviert sein, vielleicht ist sie auf eine SD Card angewiesen oder vielleicht fehlt eine Kamera und das wurde beim Start der Anwendung erkannt.

✔ Der Benutzer muss eine Aktion aus einer Liste von Optionen auswählen.

Diese Liste ist sicherlich nicht umfassend, sollte Ihnen aber einen Eindruck davon vermitteln, was mit Dialogfeldern sinnvoll oder möglich ist.

Wenn Sie Prozesse nutzen, die Ihre App blockieren können (Datenübertragung über ein Netzwerk, länger laufende Tasks und so weiter), sollten Sie immer irgendein Dialogfeld oder eine Fortschrittsanzeige einblenden, um den Benutzer darüber zu informieren, was gerade geschieht. Wenn Benutzer gar nicht wissen, dass etwas vor sich geht, werden sie schnell vermuten, dass die Anwendung nicht mehr reagiert und sie nicht weiter verwenden. Das Android-Framework stellt verschiedene Varianten zur Fortschrittsanzeige bereit. `ProgressDialog` und `ProgressBar` zählen dabei zu den häufig verwendeten Klassen.

Die Klasse `AsyncTask` wird aufgrund ihrer fortgeschrittenen Natur in diesem Buch zwar nicht behandelt, mit ihr können aber länger laufende Tasks verwaltet und dabei die Benutzerschnittstelle aktualisiert werden. Ein hervorragendes Tutorial mit der Überschrift »Painless Threading« finden Sie in der Android-Dokumentation unter `http://d.android.com/resources/articles/painless-threading.html`. Sie können auch einen neuen Thread im Code erzeugen, aber die Klasse `AsyncTask` vereinfacht die Vorgänge.

Zu den Aufgaben passende Dialogfelder auswählen

Sie müssen letztlich selbst festlegen, welches Dialogfeld Sie für die jeweiligen Situationen verwenden wollen. Ich folge bei der entsprechenden Entscheidung allerdings einer logischen Abfolge von Schritten:

1. **Handelt es sich um einen länger laufenden Task?**

    - *Ja:* Verwenden Sie einen `ProgressDialog`, um den Benutzer darüber zu informieren, dass etwas im Hintergrund geschieht und die App nicht abgestürzt ist. Wie Sie dabei vorgehen müssen, wird unter `http://d.android.com/guide/topics/ui/dialogs.html#ProgressDialog` detailliert erläutert.

    - *Nein:* Weiter mit Schritt 2.

2. **Muss der Benutzer anspruchsvollere Aktionen im Dialogfeld durchführen?**

    (Mit *anspruchsvolleren Aktionen* meine ich etwas, das von der Klasse `AlertDialog` nicht unterstützt wird.)

    - *Ja:* Erzeugen Sie eine speziell angepasste `Dialog`-Klasse, die die `Dialog`-Basisklasse erweitert, oder erstellen Sie ein Dialogfeld über eine XML-Layoutdatei. Weitere Informationen zu speziell angepassten Dialogfeldern finden Sie unter der Adresse `http://d.android.com/guide/topics/ui/dialogs.html#CustomDialog`.

    - *Nein:* Weiter mit Schritt 3.

3. **Muss der Benutzer eine Frage wie »Sind Sie sicher?« mit Ja oder Nein beantworten?**
   - *Ja:* Erstellen Sie einen `AlertDialog` und reagieren Sie auf die Schaltflächenereignisse im Dialogfeld über `onClickListener()`-Aufrufe.
   - *Nein:* Weiter mit Schritt 4.

4. **Muss der Benutzer eine Option aus einer einfachen Liste auswählen?**
   - *Ja:* Erstellen Sie einen `AlertDialog`.
   - *Nein:* Weiter mit Schritt 5.

5. **Muss der Benutzer einfach nur über etwas informiert werden?**
   - *Ja:* Erstellen Sie einen einfachen `AlertDialog`.
   - *Nein:* Vielleicht wird gar kein Dialogfeld benötigt. Überlegen Sie, ob Sie den Benutzer nicht auf eine andere Weise benachrichtigen können.

Ein eigenes Alert-Dialogfeld erstellen

Manchmal müssen Sie Benutzer über wichtige Ereignisse informieren und dazu Dialogfelder anzeigen. Android erleichtert dies stark durch die angebotene Klasse `AlertDialog.Builder`. Mit dieser Klasse können Sie auf einfache Weise einen `AlertDialog` mit verschiedenen Optionen und Schaltflächen erstellen. Sie können auf das Anklicken der Schaltflächen reagieren, wenn Sie dafür jeweils `onClickListener()` definieren.

Die Klasse `AlertDialog.Builder` wird zwar in der Terminplaner-Anwendung nicht benötigt, aber ich zeige Ihnen in Listing 11.7 dennoch, wie Sie sie zur Erstellung eines Dialogfeldes nutzen können.

Nehmen Sie an, dass dem Benutzer in der Terminplaner-Anwendung beim Anklicken der Schaltfläche SPEICHERN ein Dialogfeld mit einer Bestätigung angezeigt werden soll, das Abbildung 11.2 entspricht, und in dem der Benutzer gefragt wird, ob er die Änderung wirklich speichern will.

Um einen `AlertDialog` auf diese Weise anzuzeigen, müssen Sie einen Klick-Listener für die Schaltfläche SPEICHERN einrichten.

Am besten lassen Sie Dialogfelder immer über `showDialog()` und `onCreateDialog()` anzeigen. Um das Beispiel kurz zu halten, werde ich das Dialogfeld hier jedoch im Klick-Listener der SPEICHERN-Schaltfläche erstellen.

Definieren Sie am Anfang der Klasse die lokale Variable `mConfirmButton`:

`mConfirmButton = (Button) findViewById(R.id.confirm);`

Nachdem diese Variable erstellt wurde, müssen Sie sie in der Methode `onCreate()` nach dem Aufruf von `setContentView()` initialisieren und dabei den in `reminder_edit.xml` festgelegten Namen `confirm` der Schaltfläche verwenden:

`mDateButton = (Button) findViewById(R.id.confirm);`

Abbildung 11.2: Ein AlertDialog*-Fenster zum Bestätigen der Eingabe*

Dann erstellen Sie das Gerüst für setOnClickListener() für die SPEICHERN-Schaltfläche und fügen bei den Listenern der beiden anderen Schaltflächen in registerButtonListenersAnd SetDefaultText() diesen Code ein:

```
mConfirmButton.setOnClickListener(new View.OnClickListener() {
    @Override
    public void onClick(View v) {
        // Code aus Listing 11.7 einfügen
    }
});
```

Schließlich fügen Sie beim Ereignis onClick den Code zur Erstellung des Dialogfeldes (siehe Abbildung 11.2) ein, der in Listing 11.7 dargestellt wird.

```
AlertDialog.Builder builder
    = new AlertDialog.Builder(ReminderEditActivity.this);              →2
builder.setMessage("Soll der Termin gespeichert werden?")              →3
    .setTitle("Sind Sie sicher?")                                      →4
    .setCancelable(false)                                              →5
    .setPositiveButton("Ja",                                           →6
     new DialogInterface.OnClickListener() {                           →7
        public void onClick(DialogInterface dialog, int id) {
            // Aktionen ergreifen und z.B. Termin speichern            →9
        }
    })
```

```
                .setNegativeButton("Nein", new DialogInterface.OnClickListener() {     → 12
                    public void onClick(DialogInterface dialog, int id) {
                        dialog.cancel();                                                → 14
                    }
                });
        builder.create().show();                                                        → 17
```

Listing 11.7: Einen `AlertDialog` *mit der Klasse* `AlertDialog.Builder` *erstellen*

Dieser Code lässt sich wie folgt beschreiben:

- ✔ **→ 2:** In dieser Zeile wird die Klasse `AlertDialog.Builder` für die aktuell laufende Aktivität (`ReminderEditActivity`) eingerichtet.

- ✔ **→ 3:** In dieser Zeile wird der Text der Meldung festgelegt, der mitten im `AlertDialog` angezeigt werden soll (siehe Abbildung 11.2). Bei diesem Wert kann es sich um einen String oder eine String-Ressource handeln, wobei ich in diesem Beispiel die Texte direkt als Strings angebe, weil der Code später ohnehin wieder entfernt wird.

- ✔ **→ 4:** Hier wird der Titel des Dialogfeldes festgelegt, der von `AlertDialog` verwendet werden soll. Bei diesem Wert kann es sich um einen String oder eine String-Ressource handeln.

- ✔ **→ 5:** In dieser Zeile wird das Attribut `Cancelable` auf `false` gesetzt. Das bedeutet, dass der Benutzer eine der beiden Schaltflächen in `AlertDialog` anklicken muss. Der Benutzer kann dann nicht mehr die ZURÜCK-Taste (oder Schaltfläche) am Gerät benutzen, um den `AlertDialog` auszublenden.

- ✔ **→ 6:** Hier wird der Text angegeben, der auf der »positiven Schaltfläche« angezeigt werden soll. Dabei handelt es sich um die Schaltfläche, die der Benutzer anklickt, wenn die im `AlertDialog` angegebene Aktion ausgeführt werden soll. Hier wird `Ja` als Text verwendet. Bei diesem Wert kann es sich um einen String oder eine String-Ressource handeln.

- ✔ **→ 7:** Bei diesem aus den Zeilen 7 bis 11 bestehenden Codeblock wird der `onClickListener()` für die positive Schaltfläche (Ja) definiert. Beim Anklicken der Schaltfläche wird dieser Code ausgeführt. In Zeile 9 befindet sich ein Kommentar mit einem Hinweis darauf, was hier geschehen soll.

- ✔ **→ 12:** Hier wird der Text angegeben, der auf der »negativen Schaltfläche« angezeigt werden soll. Dabei handelt es sich um die Schaltfläche, die der Benutzer anklickt, wenn die im `AlertDialog` angegebene Aktion *nicht* ausgeführt werden soll. Hier wird `Nein` als Text verwendet. Bei diesem Wert kann es sich um einen String oder eine String-Ressource handeln.

- ✔ **→ 14:** Hier wird der `onClickListener()` für die negative Schaltfläche definiert. Der Listener verweist auf das aktuell angezeigte Dialogfeld. Ich rufe die Methode `cancel()` des `Dialog`-Objekts auf, um das Dialogfeld zu schließen, wenn der Benutzer im `AlertDialog` die NEIN-Schaltfläche anklickt.

- ✔ **→ 17:** Diese Zeile sorgt dafür, dass Android den `AlertDialog` über die Methode `create()` erzeugt und das Dialogfeld dann über die Methode `show()` auf dem Bildschirm anzeigt.

 Es ist viel einfacher, Dialogfelder über die Klasse `AlertDialog.Builder` zu erstellen, als eine eigene `Dialog`-Klasse abzuleiten. Sofern möglich, sollten Sie Ihre Dialogfelder über die Klasse `AlertDialog.Builder` erzeugen, da Ihre Anwendung dann mit der übrigen Android-Oberfläche konsistent bleibt und für den Benutzer vertraut aussieht.

Wenn der Benutzer die SPEICHERN-Schaltfläche (oder eine andere Schaltfläche, der Sie den Code zugeordnet haben) anklickt, wird ein `AlertDialog` angezeigt, über den er noch einmal bestätigen muss, dass der Termin gespeichert wird. Bisher werden die Termine zwar noch nicht wirklich gespeichert, aber damit befasst sich Kapitel 12, in dem die Termine in einer SQLite-Datenbank gespeichert werden.

Die `Dialog`-Klasse verfügt noch über eine Reihe weiterer Optionen. Beispiele dafür finden Sie in der Android-Dokumentation unter http://d.android.com/guide/topics/ui/dialogs.html.

Eingaben prüfen

Sie haben ein Formular erstellt, in das Benutzer Daten eingeben können, und vielleicht haben Sie ja sogar schon dafür gesorgt, dass diese in einer Datenbank gespeichert oder an einen auf einem anderen Rechner laufenden Server übergeben werden. Was passiert aber, wenn Benutzer ungültige oder gar keine Daten eingeben? Dann wird es wichtig, die Eingaben zu prüfen.

Eingabeprüfungen finden statt, bevor die Daten wirklich gespeichert werden. Nehmen Sie an, dass der Benutzer keinen Text für den Titel oder als Beschreibung angegeben hat und den Termin zu speichern versucht. Sollte das erlaubt sein? Zumindest im Falle des leeren Titels natürlich nicht!

Leider gibt es kein Android-Framework zur Prüfung von Eingaben. Vielleicht wird dieses mit zukünftigen Versionen der Android-Plattform ja noch nachgeholt. Natürlich gibt es aber auch beim aktuellen Framework Möglichkeiten zur Prüfung von Benutzereingaben.

Wie Sie dabei vorgehen, bleibt letztlich Ihnen überlassen. Einige gebräuchliche Verfahren zur Implementierung der Eingabeprüfung sind:

✔ `TextWatcher`: Dieser wird für das `EditText`-Widget implementiert. Diese Klasse bietet Callbacks, die jeweils aufgerufen werden, wenn der Text im `EditText`-Widget geändert wird. Damit können Sie den Text bei jedem Tastendruck untersuchen.

✔ `OnSave`: Wenn der Benutzer die aktuellen Formulardaten zu speichern versucht, können Sie die Werte aller Formularfelder untersuchen und den Benutzer auf möglicherweise vorhandene Probleme hinweisen.

✔ `onFocusChanged()`: Sie untersuchen die Werte im Formular beim Ereignis `onFocusChanged()`, wenn also der Fokus von einem Steuerelement zu einem anderen wechselt. Das Verlassen eines Eingabefeldes eignet sich üblicherweise gut für die Prüfung von Eingaben.

Wenn man einmal davon absieht, dass `DatePicker` und `TimePicker` keine Falscheingaben zulassen, finden in der Terminplaner-Anwendung keine weiteren Prüfungen der Benutzereingaben statt. Sie können das aber natürlich ändern.

Toast-Meldungen

Das gebräuchlichste Verfahren, um Benutzer darüber zu informieren, dass etwas falsch gelaufen ist, besteht in der Anzeige von Toast-Meldungen. Bei einem »Toast« (Trinkspruch) handelt es sich um ein kleines Fenster mit irgendwelchen Informationen für den Benutzer (hier zum Beispiel Fehlermeldungen bei falschen Eingaben), das nur wenige Sekunden lang angezeigt wird und anschließend automatisch wieder vom Bildschirm verschwindet.

Um einen Toast anzuzeigen und den Benutzer damit auf Eingabefehler aufmerksam zu machen, müssen Sie nur den folgenden Code implementieren:

```
Toast.makeText(ReminderEditActivity.this, "Titel muss angegeben werden",
Toast.LENGTH_SHORT).show();
```

Sie können diese Toast-Meldung anzeigen, wenn der Benutzer beim Anklicken der SPEICHERN-Schaltfläche das Titelfeld leer gelassen hat.

Das einzige Problem bei Toast-Meldungen besteht darin, dass sie nur kurz angezeigt werden. Sie lassen sich zwar auch so konfigurieren, dass sie länger angezeigt werden, aber wenn der Benutzer nicht auf den Bildschirm blickt, kann es immer geschehen, dass er die Meldung gar nicht wahrnimmt, weil sie zwischenzeitlich bereits wieder ausgeblendet wurde.

Andere Prüfungsverfahren nutzen

Neben Toast-Meldungen können Sie andere Verfahren benutzen, um Benutzer über Probleme bei ihren Eingaben zu informieren. Dazu zählen:

- ✔ AlertDialog: Erzeugen Sie eine AlertDialog-Instanz, um Benutzer auf Fehler hinzuweisen. Dann ist gewährleistet, dass der Benutzer die Fehlermeldung sieht, da sie entweder bestätigt oder aktiv ausgeblendet werden muss.

- ✔ **Hervorhebung von Eingabefeldern:** Wenn die Werte im Feld unzulässig sind, kann Rot (oder eine andere Farbe) als Hintergrundfarbe für das betreffende EditText-Widget gesetzt werden, um darauf hinzuweisen.

- ✔ **Spezielle Prüfungen:** Wenn Sie entsprechend ambitioniert sind, können Sie eine eigene Bibliothek für allerlei Prüfungen entwickeln. Dabei könnten Sie Felder hervorheben und kleine Pfeile anzeigen lassen, die auf die Fehler hinweisen. So ähnlich verfährt Google bei Geräten wie dem G1 bei der ersten Anmeldung.

Ich habe Ihnen hier die gängigsten Verfahren zur Anzeige von Fehlerhinweisen bei der Prüfung von Benutzereingaben kurz vorgestellt. Sie können sich aber natürlich auch andere Verfahren ausdenken und sie anwenden. In Kapitel 14 wird zum Beispiel die Benachrichtigungsleiste vorgestellt, die ich in eigenen Projekten dazu benutzt habe, um Benutzer auf Probleme mit Hintergrunddiensten hinzuweisen. Dabei handelt es sich zwar um einen Spezialfall, der sich aber durchaus auch für Rückmeldungen an den Benutzer eignen kann, wenn dieser Anpassungen der Anwendung oder andere Korrekturen vornehmen muss.

Eingabedaten dauerhaft speichern

In diesem Kapitel
- Medien für die Datenspeicherung
- Benutzerberechtigungen
- Eine SQLite-Datenbank erstellen
- Ihre Datenbank abfragen

Bei den meisten Anwendungen müssen Sie gewisse Daten für die spätere Wiederverwendung speichern. Die Terminplaner-Anwendung wäre sicherlich nicht sonderlich nützlich, wenn man mit ihr eingegebene Termindaten nicht dauerhaft speichern könnte. Und auch hier bietet die Android-Plattform in Verbindung mit Java eine Reihe bewährter Werkzeuge, die Sie zu diesem Zweck nutzen können.

In diesem Kapitel wird die Erstellung und Aktualisierung einer SQLite-Datenbank ausführlich behandelt. Ich werde zwar die einzelnen Schritte genau erläutern, dabei aber nur wenig auf Datenbanktheorien eingehen.

 Wenn Sie mit SQL (Structured Query Language) oder dem SQLite-Datenbanksystem nicht vertraut sind, empfehle ich Ihnen einen Besuch der SQLite-Website (www.sqlite.org), auf der Sie ausführlichere Informationen finden.

Dieses Kapitel ist zudem sehr codeintensiv. Sollten Sie einmal den Faden verlieren, können Sie aber immer noch auf den vollständigen Quellcode der fertigen Anwendung zurückgreifen, der online bereitgestellt wird.

Orte zum Speichern von Daten

In Abhängigkeit von den Anforderungen Ihrer Anwendung müssen Sie Ihre Daten möglicherweise an verschiedenen Orten speichern. Einige Apps nutzen beispielsweise Audiodateien. Die darin enthaltene Musik werden Benutzer aber möglicherweise auch mit anderen Programmen wiedergeben wollen, weshalb Sie sie besser an einem Ort speichern sollten, auf den alle Anwendungen zugreifen können. Andere Apps müssen vielleicht sensitive Daten wie verschlüsselte Benutzernamen und Kennwörter speichern. Dann sollten andere Programme auf diese Daten besser nicht zugreifen können, weshalb sich in diesem Fall die lokale Speicherung an einem sicheren Ort am besten eignet. Android stellt Ihnen jedenfalls für die verschiedenen Situationen unterschiedliche Optionen zur Speicherung von Daten zur Verfügung.

Die verschiedenen Speicheroptionen

Das Android-System bietet verschiedene Orte für dauerhafte Speicherung von Daten. Zu den gebräuchlichsten zählen:

- ✔ **Gemeinsam genutzte Einstellungen:** Dabei handelt es sich um private Daten, die in Schlüssel/Wert-Paaren gespeichert werden. Wie Sie mit derartigen Einstellungen arbeiten, ist in Kapitel 15 dargestellt.

- ✔ **Interner Speicher:** Dabei handelt es sich um Platz im internen Speicher des Geräts. Standardmäßig sind dort abgelegte Dateien nur für Ihre Anwendung zugänglich (private), während andere (und auch der Benutzer des Geräts) nicht darauf zugreifen können. Wenn der Benutzer die Anwendung deinstalliert, werden auch die privaten Dateien entfernt.

- ✔ **Lokaler Cache:** Wenn Sie einige Daten lieber nur zwischenzeitlich und nicht dauerhaft speichern wollen, können Sie den Cache im internen Datenordner erstellen. Dazu sollten Sie die Methode getCacheDir() verwenden, die von den Activity- oder Context-Objekten von Android zur Verfügung gestellt werden. Beachten Sie, dass Android die so gespeicherten Dateien möglicherweise löscht, um Platz zu gewinnen, wenn der interne Speicher des Systems knapp wird. Sie sollten dafür sorgen, dass Sie möglichst nicht mehr als etwa ein Megabyte Speicherplatz für derartige Zwecke verwenden.

- ✔ **Externer Speicher:** Alle Android-Geräte unterstützen gemeinsam nutzbaren externen Speicher, in dem Sie Dateien ablegen können. Dabei kann es sich um Wechselmedien wie SD Cards (Secure Digital Cards) und/oder fest im Gerät installierten Speicher handeln. Die Dateien im externen Speicher sind typischerweise öffentlich zugänglich (public) und können daher von allen Anwendungen (und Benutzern) geändert werden. Bei extern gespeicherten Dateien greifen keinerlei Sicherheitsmechanismen. Sie können vom Benutzer mit einem Dateimanager geändert werden und sind auch zugänglich, wenn Sie das Gerät über ein USB-Kabel mit einem Computer verbinden und als externen Speicher einbinden. Bevor Sie externen Speicher nutzen, sollten Sie immer dessen aktuellen Status über das Environment-Objekt abfragen und mit einem Aufruf von getExternalStorageState() prüfen, ob das Speichermedium verfügbar ist.

    Mit Android 2.2 kamen eine Reihe neuer Methoden für den Umgang mit externen Dateien hinzu. Bei der wichtigsten Methode getExternalFilesDir() des Context-Objekts handelt es sich um einen Aufruf, dem ein String-Parameter als Schlüssel übergeben werden kann, über den sich festlegen lässt, welche Art von Medien gespeichert werden soll, wie zum Beispiel Klingeltöne, Musik oder Fotos. Weitere Informationen dazu finden Sie bei den Beispielen und der Dokumentation zum externen Speicher unter http://d.android.com/guide/topics/data/data-storage.html#filesExternal.

- ✔ **SQLite-Datenbank:** Android unterstützt SQLite-Datenbanken umfassend. Bei SQLite handelt es sich um ein einfaches SQL-Datenbanksystem (Structured Query Language), das für unterschiedliche Plattformen wie Android, iPhone, Windows, Linux, Mac und einige andere eingebettete Systeme zur Verfügung steht. Sie können Tabellen erstellen und sie mit SQL-Anweisungen abfragen. In diesem Kapitel implementiere ich eine SQLite-Datenbank, um die in der Terminplaner-Anwendung eingegebenen Daten dauerhaft zu speichern.

- ✔ **Netzwerkverbindung:** Bei der letzten, aber bestimmt nicht unwichtigsten Option handelt es sich um Netzwerkspeicher, der von anderen Geräten bereitgestellt wird. Dabei kann es sich um beliebige Datenquellen handeln, auf die Sie zugreifen können. Flickr stellt beispielsweise ein API bereit, über das Sie Bilder auf den Servern des Unternehmens speichern können. Diese Möglichkeit könnten Sie in Ihren Apps nutzen. Sie könnten auch Android-Anwendungen schreiben, die auf andere beliebte Internetwerkzeuge zurückgreifen, wie zum Beispiel Twitter, Facebook oder Basecamp. Dann würde Ihre App bei der Speicherung von Daten diese via HTTP (oder andere möglicherweise erforderliche Protokolle) an die APIs von Drittanbietern weiterreichen.

Auswahl einer Speicheroption

Wie Sie sehen, stehen Ihnen eine ganze Menge verschiedener Optionen zur Speicherung von Daten zur Verfügung. Wichtig ist nur, dass Sie sich für eine der Optionen entscheiden. Zuweilen werden Sie möglicherweise in einer einzigen App auch mehrere Alternativen nutzen müssen.

Wenn Ihre Anwendung zum Beispiel mit dem API eines Drittanbieters wie Twitter kommuniziert, werden Sie eine lokale Kopie aller seit der letzten Aktualisierung des Servers veränderten Daten aufbewahren wollen, weil Netzwerkverbindungen langsam und nicht hundertprozentig zuverlässig sind. Dadurch kann die Anwendung bis zur nächsten Online-Aktualisierung (zumindest halbwegs) nutzbar bleiben. Sie könnten die Daten in einer lokalen Kopie einer SQLite-Datenbank speichern und diese erneut aktualisieren, sobald der Benutzer die entsprechende Aktion anstößt.

Wenn Ihre Anwendung sich bei der Abfrage und Speicherung von Daten allein auf Netzwerkkommunikation stützt, sollten Sie überlegen, ob Sie nicht eine SQLite-Datenbank (oder andere Speicherverfahren) nutzen, um die Anwendung auch dann nutzbar zu halten, wenn sie sich im *Offline-Modus* befindet, weil keine Netzwerkverbindung hergestellt werden kann. Und das geschieht erstaunlicherweise nicht gerade selten. Wenn sich Ihre Anwendung nicht auch ohne funktionierende Netzwerkverbindung nutzen lässt, hagelt es sehr wahrscheinlich negative Beurteilungen auf dem Android-Marktplatz (und eine Menge Anfragen, die Offline-Nutzung zu ermöglichen). Auch wenn das im Rahmen Ihrer Android-Anwendungsentwicklung ein wenig Mehrarbeit bedeutet, zahlt es sich hinsichtlich der Benutzerfreundlichkeit zehnfach aus.

Den Benutzer um Erlaubnis bitten

Sicherlich würde es Ihnen gar nicht gefallen, wenn Ihr Nachbar seine Weihnachtsdekoration in Ihrem Gartenhaus lagern würde, ohne Sie vorher um Erlaubnis gebeten zu haben, oder? Bestimmt nicht! Android verhält sich da ähnlich und es bedarf einer Erlaubnis des Benutzers, um Daten irgendwo auf dem Gerät speichern zu dürfen. Aber nicht nur dafür ist die Zustimmung des Benutzers erforderlich.

Welchen Einfluss Berechtigungen auf die Benutzerfreundlichkeit haben

Wenn Benutzer Anwendungen vom Android-Marktplatz installieren, wird über deren Manifest-Datei ermittelt, welche Berechtigungen benötigt werden, damit die App funktioniert. Immer wenn Ihre Anwendung auf kritische Komponenten wie etwa externen Speicher, das Internet oder den Gerätestatus zugreifen will, wird der Benutzer darüber informiert. Dann kann er entscheiden, ob er die Anwendung installieren will.

Wenn Ihre Anwendung eine Menge unnötiger Berechtigungen anfordert, werden sich Benutzer wahrscheinlich fragen, wofür diese benötigt werden, und Ihre Anwendung möglicherweise nicht installieren. Stellen Sie sich vor, die Anwendung LAUTLOSMODUS-UMSCHALTER (die in einigen der vorherigen Kapitel dieses Buches erstellt wurde) wollte Ihre aktuelle GPS-Position abfragen, auf das Internet zugreifen und weitere Angaben zum Gerät (Hardwareinfo) ermitteln. Diese Anwendung benötigt keine derart ausufernden Berechtigungen, weshalb Benutzer sehr wahrscheinlich misstrauisch werden und auf die Installation verzichten dürften.

Über die vielen von mir veröffentlichten Anwendungen konnte ich feststellen, dass Anwendungen umso eher installiert werden, je weniger Berechtigungen sie erfordern. Wenn Anwendungen bestimmte Berechtigungen nicht benötigen, sollte Sie sie auch nicht anfordern!

Berechtigungen über die Datei AndroidManifest.xml anfordern

Wenn Ihr Projekt bestimmte Berechtigungen benötigt, müssen Sie sie über die Datei `AndroidManifest.xml` anfordern. Um mit einer SQLite-Datenbank arbeiten zu können, sind keine Berechtigungen erforderlich. Daher werde ich hier zwei Berechtigungen zur Terminplaner-Anwendung hinzufügen, die für den `AlarmManager`-Code benötigt werden, der in Kapitel 13 hinzugefügt wird:

- `android.permission.RECEIVE_BOOT_COMPLETED`
- `android.permission.WAKE_LOCK`

Diese Berechtigungen sehen ein wenig seltsam aus. Über die Berechtigung `RECEIVE_BOOT_COMPLETED` kann die Anwendung ermitteln, ob das Telefon neu gestartet wird. Über die Berechtigung `WAKE_LOCK` bleibt das Telefon aktiv, während bestimmte Hintergrundprozesse ausgeführt werden. Darauf gehe ich zusammen mit dem `AlarmManager` in Kapitel 13 näher ein.

Diese beiden Berechtigungen sind recht speziell und werden von den meisten Anwendungen nicht benötigt. Daher beschreibe ich nachfolgend einige der gebräuchlichsten Berechtigungen kurz und zeige Ihnen, wie Sie sie setzen können. Viele Anwendungen funktionieren nur, wenn sie Zugriff auf das Internet haben. Einige Apps müssen auch Daten auf SD Card schreiben können. Dafür sind die beiden folgenden Berechtigungen zuständig:

- **Internet:** `android.permission.INTERNET`
- **SD Card:** `android.permission.WRITE_EXTERNAL_STORAGE`

Es gibt zwei Möglichkeiten, um Berechtigungen zur Datei `AndroidManifest.xml` hinzuzufügen:

- ✔ Über den PERMISSIONS-Editor von AndroidManifest.xml. Lassen Sie dazu die Datei AndroidManifest.xml in Eclipse anzeigen, aktivieren Sie die Registerkarte PERMISSIONS, klicken Sie die Schaltfläche ADD an und wählen Sie im dann angezeigten Dialogfeld USES PERMISSION in der Liste aus.

- ✔ Durch manuelle Bearbeitung der XML-Datei. Diese Variante benutze ich bevorzugt. Dabei müssen Sie ein oder mehrere uses-permission-Elemente in das manifest-Element einfügen. Die Anforderung einer Berechtigung sieht in der XML-Datei dann so aus:

  ```
  <uses-permission android:name="android.permission.WAKE_LOCK" />
  ```

Sofern noch nicht geschehen, fügen Sie die Berechtigungen WAKE_LOCK und RECEIVE_BOOT_COMPLETED zur Terminplaner-Anwendung hinzu. Sollten Sie sich für eine vollständige Liste der verfügbaren Berechtigungen interessieren, finden Sie sie in der Android-Dokumentation unter http://d.android.com/reference/android/Manifest.permission.html.

Wenn Sie die von der Datenbanktabelle benötigten Berechtigungen nicht deklarieren, funktioniert sie nicht wie erwartet, wenn ein Benutzer Ihre Anwendung auf seinem Gerät installiert. Manchmal kommt es zu Laufzeitfehlern, die die Datenbanktabelle beschädigen. Achten Sie immer darauf, dass Sie die erforderlichen Berechtigungen anfordern. Das sollte aber sehr wahrscheinlich ohnehin der Fall sein, da die Apps ansonsten auf einem Gerät oder Emulator nicht laufen sollten.

Die SQLite-Datenbank für Ihre App erstellen

Ihre Terminplaner-Anwendung muss Termine auslesen, erstellen, aktualisieren und löschen können. Dazu müssen die Daten irgendwo gespeichert und wieder abgerufen werden können, wofür sich eine SQLite-Datenbank am besten eignet.

Gelegentlich ist die Rede von CRUD-Operationen. Das Kürzel steht für »Create, Read, Update, and Delete«, also das Erstellen, Lesen, Aktualisieren und Löschen von Datensätzen.

Die Arbeitsweise der SQLite-Datenbank

Die beiden Aktivitäten in der Terminplaner-Anwendung müssen verschiedene Aufgaben erfüllen. Dazu gehören bei ReminderEditActivity die folgenden:

1. Neue Datensätze erstellen.
2. Einzelne Datensätze zur Anzeige und Bearbeitung auslesen.
3. Vorhandene Datensätze aktualisieren.

ReminderListActivity erledigt die folgenden Aufgaben:

1. Alle Termine zur Darstellung auf dem Bildschirm auslesen.
2. Einzelne Termine nach einem Klick-Ereignis (längeres Drücken auf ein Element) und entsprechender Auswahl im Kontextmenü löschen.

Um mit einer SQLite-Datenbank arbeiten zu können, müssen Sie mit SQLite über Klassen im Paket android.database kommunizieren. Dabei wird die Datenbankkommunikation häufig möglichst weitgehend vom Activity-Objekt getrennt. Die Datenbankfunktionen werden in eine andere Java-Datei (und bei umfangreicheren Datenbankteilen in ein Paket) ausgelagert, um mehrere Funktionsebenen innerhalb der Anwendung zu schaffen. Wenn Sie dann den die Datenbank betreffenden Code ändern müssen, wissen Sie, dass Sie sich dabei auf eine Stelle beschränken können. Ich werde diesem Ansatz in den nachfolgenden Abschnitten ebenfalls folgen.

Eine Java-Datei für den Datenbankcode erstellen

Zunächst einmal müssen Sie in Ihrem Android-Projekt eine Java-Datei (mit NEW|CLASS über das Kontextmenü) erstellen, die den datenbankspezifischen Code aufnehmen soll. Diese soll RemindersDbAdapter.java heißen, weil es hier softwaretechnisch um die einfache Implementierung eines *Adapters* geht.

Beim Adaptermodell handelt es sich einfach um eine Hüllklasse, über die inkompatible Klassen miteinander kommunizieren können. Stellen Sie sich das Adaptermodell wie die Kabel und Anschlüsse an der Rückseite Ihres Fernsehers und DVD-Players vor. Die Kabel werden mit Anschlüssen verbunden, bei denen es sich im Wesentlichen um Adapter handelt, über die Geräte miteinander kommunizieren können, die dazu ansonsten nicht in der Lage sind. Sie benutzen nach Herstellung der Verbindung eine gemeinsame Schnittstelle. Wenn Sie einen Adapter erstellen, der die Datenbankkommunikation übernimmt, können Sie über die Programmiersprache Java mit dieser Klasse kommunizieren, während sich die Adapterklasse um die Übersetzung kümmert und bestimmte Java-Anforderungen in SQLite-spezifische Befehle umwandelt.

Die Schlüsselelemente definieren

Zunächst müssen Sie einige Schlüsselfelder definieren, bevor Sie Ihre Datenbank erstellen und öffnen können. Fügen Sie dazu in die Klasse RemindersDbAdapter den Code aus Listing 12.1 ein.

```
    private static final String DATABASE_NAME = "data";                    →1
    private static final String DATABASE_TABLE = "reminders";              →2
    private static final int DATABASE_VERSION = 1;                         →3

    public static final String KEY_TITLE = "title";                        →5
    public static final String KEY_BODY = "body";
    public static final String KEY_DATE_TIME = "reminder_date_time";
    public static final String KEY_ROWID = "_id";                          →8
```

12 ➤ Eingabedaten dauerhaft speichern

```
private DatabaseHelper mDbHelper;                                    → 11
private SQLiteDatabase mDb;                                          → 12

private static final String DATABASE_CREATE =                        → 14
        "create table " + DATABASE_TABLE + " ("
                + KEY_ROWID + " integer primary key autoincrement, "
                + KEY_TITLE + " text not null, "
                + KEY_BODY + " text not null, "
                + KEY_DATE_TIME + " text not null);";

private final Context mCtx;                                          → 21

public RemindersDbAdapter(Context ctx) {                             → 23
    this.mCtx = ctx;
}
```

Listing 12.1: Die Konstanten, Felder und Konstruktoren der Klasse RemindersDbAdapter

Achten Sie auf die Leerzeichen in den Strings, aus denen die SQL-Anweisungen zusammengesetzt werden!

Die einzelnen Zeilen werden nachfolgend ausführlich erläutert:

- ✔ → **1:** Hierbei handelt es sich um den Namen der Datenbankdatei im Android-Dateisystem.

- ✔ → **2:** Hierbei handelt es sich um den Namen der Datenbanktabelle zur Aufnahme der Termine. Die Tabelle und deren Einrichtung wird im nachfolgenden Abschnitt behandelt.

- ✔ → **3:** Hier wird die Version der Datenbank angegeben. Wenn Sie den Aufbau Ihrer Datenbank ändern, sollten Sie die Version erhöhen und die Implementierung der Methode onUpgrade() von DatabaseHelper ändern. Mit dieser Hilfsklasse befasst sich der Abschnitt »Die Datenbanktabelle erstellen« weiter hinten in diesem Kapitel.

- ✔ → **5 bis** → **8:** In diesen Zeilen werden die Spaltennamen der Tabelle definiert, die im nachfolgenden Abschnitt »Die SQL-Tabelle visualisieren« beschrieben werden.

- ✔ → **11:** Bei der klassenweiten Instanzvariablen DatabaseHelper handelt es sich um eine Implementierung der Android-Klasse SQLiteOpenHelper, die der Erstellung und der Versionsverwaltung von SQLite-Datenbanken dient.

- ✔ → **12:** Hierbei handelt es sich um eine Instanz des SQLite-Datenbankobjekts auf Klassenebene, über die Sie Datensätze anlegen, lesen, aktualisieren und löschen können.

- ✔ → **14:** In dieser Zeile wird das Skript erzeugt, mit dem die Datenbank erstellt wird. Dabei werden die verschiedenen Werte aus den vorherigen Zeilen miteinander verbunden, um die verschiedenen Spalten anzulegen. Die verschiedenen Skriptkomponenten werden im nachfolgenden Abschnitt »Die SQL-Tabelle visualisieren« erläutert.

✔ → **21:** Hier handelt es sich um das `Context`-Objekt, das dem SQLite-Datenbank-Objekt zugeordnet wird.

✔ → **23:** Das `Context`-Objekt wird über den Konstruktor der Klasse gesetzt.

Damit kann die SQL-Datenbank mit dem in der Variablen `DATABASE_CREATE` enthaltenen Skript erstellt werden.

Die SQL-Tabelle visualisieren

Beim Tabellenobjekt in SQL handelt es sich um ein Konstrukt, das die zu verwaltenden Daten enthält. Datenbanktabellen kann man sich wie Arbeitsblätter in einem Tabellenkalkulationsprogramm vorstellen. Die Zeilen entsprechen den Datensätzen und die Spalten den zugehörigen Datenfeldern. In Listing 12.1 wurden in den 5 bis 8 die Spaltennamen der Datenbank definiert. Diese würden den Spaltenüberschriften im Arbeitsblatt entsprechen (siehe Abbildung 12.1). Die Zeilen enthalten einen Wert in den einzelnen Spalten. Konzeptionell werden die Daten so in SQLite gespeichert.

_id	title	body	reminder_date_time
1	Flugtickets bestellen	Im Reisebüro Tickets bestellen	2011-05-15 16:15
2	Auszeit anberaumen	E-Mail-Manager im Büro umkonfigurieren	2011-05-17 15:00
3	Urlaub nehmen	Ja! Endlich die nötige Entspannung.	2011-06-10 14:30
4	Rechnungen bezahlen	Überweisungsformulare ausfüllen	2011-05-10 12:15

Tabelle 12.1: Daten in der Terminplaner-Anwendung visualisieren

Ab Zeile 14 stelle ich das Skript zusammen, mit dem die Datenbank erstellt wird. Dabei werden verschiedene Konstanten zusammengeführt. Wenn SQLite das Skript ausführt, wird eine Tabelle namens `reminders` in einer Datenbank namens `data` erstellt. Die Spalten werden im Skript zur Erstellung der Datenbank wie folgt definiert:

✔ `"create table " + DATABASE_TABLE`: Dieser Teil des Skripts sorgt dafür, dass SQLite eine Datenbanktabelle namens `reminders` (dem Wert der Variablen `DATABASE_TABLE`) erstellt.

✔ `ROW_ID`: Diese Eigenschaft fungiert als Kennung für den Termin. Dieser Spalte werden die Attribute `integer primary key autoincrement` zugeordnet. `integer` gibt den Datentyp für die Spalte vor. Über `primary key` wird die Spalte `ROW_ID` zum Primärschlüssel der Termine. Das Attribut `autoincrement` sorgt dafür, dass SQLite beim Einfügen eines neuen Termins jeweils den Wert von `ROW_ID` inkrementiert und den nächsthöheren Integer-Wert verwendet. Wenn beispielsweise bereits Zeilen mit den Werten 1, 2 und 3 von `ROW_ID` existieren, wird der Wert der Spalte beim nächsten eingefügten Datensatz auf 4 gesetzt.

✔ `KEY_TITLE`: Hierbei handelt es sich um den vom Benutzer für den Termin angegebenen Titel, wie zum Beispiel »Flugtickets bestellen«. Das Attribut `text` sorgt dafür, dass SQLite eine Spalte mit diesem Datentyp anlegt. Das Attribut `not null` legt fest, dass diese Spalte einen Wert enthalten muss. (Leere Datenfelder haben in SQL-Datenbanken den Wert `null`.)

✔ KEY_BODY: Hierbei handelt es sich um die Beschreibung des Termins. Die Attribute dieser Spalte sind mit denen von KEY_TITLE identisch.

✔ KEY_DATE_TIME: Hier werden Datum und Uhrzeit des Erinnerungstermins gespeichert. Die Attribute dieser Spalte sind mit denen der beiden vorherigen Spalten identisch. Moment! Jetzt denken Sie bestimmt, dass hier etwas nicht stimmen kann, weil das Datum als Textfeld gespeichert wird. Das liegt daran, dass es in SQLite keinen speziellen Datentyp für die Speicherung von Datum und/oder Uhrzeit gibt.

Mehr Informationen über Daten und Uhrzeiten in SQLite erfahren Sie aus der Dokumentation unter www.sqlite.org/datatype3.html#datetime.

Die Datenbanktabelle erstellen

Nun können Sie Ihre erste Datenbanktabelle erstellen. Dazu implementieren Sie SQLiteOpenHelper. Den entsprechenden Code für die Klasse RemindersDbAdapter finden Sie in Listing 12.2. Damit wird eine in die Klasse RemindersDbAdapter eingebettete Java-Klasse erstellt.

```
private static class DatabaseHelper extends SQLiteOpenHelper {                →1
    DatabaseHelper(Context context) {
        super(context, DATABASE_NAME, null, DATABASE_VERSION);                →3
    }

    @Override
    public void onCreate(SQLiteDatabase db) {                                 →7
        db.execSQL(DATABASE_CREATE);                                          →8
    }

    @Override
    public void onUpgrade(SQLiteDatabase db, int oldVersion,
            int newVersion) {                                                 →12
        // Nicht benutzt. Datenbank kann aber mit ALTER aktualisiert werden
        // Skripts
    }
}
```

Listing 12.2: Ihre erste Datenbanktabelle erstellen

Nachfolgend werden die Codezeilen erläutert:

✔ →1: Die Implementierung von SQLiteOpenHelper.

✔ →3: Der Aufruf des Basiskonstruktors SQLiteOpenHelper, der eine Datenbank erstellt, öffnet und/oder verwaltet. Die Datenbank wird nicht wirklich erstellt oder geöffnet, bis getReadableDatabase() oder getWriteableDatabase() für die Instanz SQLiteOpenHelper aufgerufen wird, bei der es sich hier um die Variable mDbHelper handelt.

- ✔ **→ 7:** Die Methode `onCreate()`, die zum Erstellen der Datenbank aufgerufen wird.
- ✔ **→ 8:** In dieser Codezeile werden Ihre Datenbank und Ihre Datenbanktabelle erstellt. Die Methode `execSQL()` übernimmt einen String mit einem SQL-Skript als Parameter. Dabei handelt es sich um den SQL-Code, den die SQLite-Datenbank zum Erstellen der Datenbanktabelle ausführt.
- ✔ **→ 12:** Die Methode `onUpgrade()` wird zur Aktualisierung einer bereits bestehenden Datenbank benutzt.

Nun erstellen Sie die Datenbank durch Aufruf der Methoden `getReadableDatabase()` oder `getWritableDatabase()` des `DatabaseHelper`-Objekts. Fügen Sie dazu den folgenden Code irgendwo in die Klasse `RemindersDbAdapter` ein:

```
public RemindersDbAdapter open() throws android.database.SQLException {
    mDbHelper = new DatabaseHelper(mCtx);
    mDb = mDbHelper.getWritableDatabase();
    return this;
}
```

Die Methode `open()` öffnet (und erstellt bei Bedarf) die Datenbank unter Verwendung der gerade erstellten Klasse `DatabaseHelper()`. Diese Klasse gibt sich dann selbst über das Java-Schlüsselwort `this` zurück, weil der Aufrufer (`ReminderEditActivity` oder `ReminderListActivity`) auf Daten dieser Klasse zugreifen muss. Letztlich gibt diese Methode eine Instanz von `RemindersDbAdapter` zurück.

Die Datenbank schließen

Bei Datenbanken handelt es sich um kostbare Ressourcen, die immer geschlossen werden sollten, wenn sie nicht benutzt werden. Fügen Sie dazu irgendwo in die Klasse `RemindersDbAdapter` die folgende Methode ein:

```
public void close() {
    mDbHelper.close();
}
```

Wenn diese Methode aufgerufen wird, schließt sie die Datenbank. Sie rufen sie aus `ReminderEditActivity` heraus auf, wenn der Benutzer die Aktivität über die ZURÜCK-Taste am Gerät abbricht.

Termine mit SQLite erstellen und bearbeiten

Erst einmal müssen Sie Termine erstellen. Dazu fügen Sie Datensätze in Ihre Datenbank ein. Anschließend müssen Sie die Termine in der `ReminderListActivity` auf dem Bildschirm auflisten, woraufhin Sie einzelne Termine zur Bearbeitung antippen oder sie nach längerem Drücken über das Kontextmenü löschen können wollen. Diese Benutzerinteraktionen umfassen das Erstellen, Lesen, Aktualisieren und Löschen von Datensätzen (Terminen), auf die ich bereits eingegangen bin.

12 ▸ Eingabedaten dauerhaft speichern

Ihre Datenbank aktualisieren

Wann sollte Ihre Datenbank aktualisiert werden? Stellen Sie sich vor, dass Sie Ihre Anwendung veröffentlicht haben und sie bereits von 10.000 Benutzern installiert wurde, die die darin definierte Datenbanktabelle aktiv nutzen. Und die Benutzer schätzen Ihre Anwendung auch! Einige Benutzer wünschen sich zudem weitere Funktionen und informieren Sie darüber. Sie entschließen sich dazu, eine der gewünschten Funktionen zu implementieren. Dazu müssen Sie aber den Datenbankaufbau ändern. Daher wollen Sie innerhalb des Aufrufs onUpgrade() zur Aktualisierung der Datenbank die SQL-Anweisung ALTER ausführen. Andere Beispiele im Internet zeigen, wie Sie Datenbanken dadurch aktualisieren können, dass Sie die vorhandene Datenbank löschen und dann eine neue erstellen. Das wollen Sie aber sicherlich nicht machen, weil dabei alle Daten des Benutzers gelöscht werden würden! Stellen Sie sich vor, Sie würden Ihre bevorzugte Terminplaner-Anwendung aktualisieren, nur um anschließend feststellen zu müssen, dass dadurch alle zuvor erstellten Termine gelöscht wurden! Das wäre ein gravierender Fehler.

Einen ersten Termineintrag einfügen

Wenn Sie erst einmal wissen, wie es geht, lassen sich Termine recht einfach einfügen. Um Ihren ersten Termin in die SQLite-Datenbank einzufügen, müssen Sie die folgenden Schritte ausführen:

1. **Sie setzen die benötigten lokalen Variablen,**
2. **erstellen den Klick-Listener für die Speichern-Schaltfläche,**
3. **übernehmen die Werte der** EditText**-Views,**
4. **reichen sie an die Klasse** RemindersDbAdapter **weiter und**
5. **öffnen und schließen die Datenbank.**

Wenn Sie Ihren ersten Termin einfügen, sollten Sie die Zusammenarbeit mit der Klasse SQLiteDatabase gut genug verstanden haben, um weitere Aufgaben über sie erledigen zu können. Daher werde ich jetzt die vollständige Implementierung von RemindersDbAdapter vorstellen, die einfache Varianten der bisher behandelten CRUD-Operationen enthält.

Die Werte auf dem Bildschirm in der Datenbank speichern

Wenn Benutzer Termine erstellen, findet dies in ReminderEditActivity statt. Dazu müssen Sie eine Variable namens RemindersDbAdapter auf Klassenebene erstellen, von der eine Instanz in der Methode onCreate() erstellt wird:

```
private RemindersDbAdapter mDbHelper;
```

Anschließend öffne ich die Datenbank in der Methode `onResume()` mit einem Aufruf der Methode `open()` von `RemindersDbAdapter`. Fügen Sie dazu nun in der Klasse `ReminderEditActivity` den fett dargestellten Code in die Methode `onCreate()` ein.

```
@Override
protected void onCreate(Bundle savedInstanceState) {
            super.onCreate(savedInstanceState);

            mDbHelper = new RemindersDbAdapter(this);

            setContentView(R.layout.reminder_edit);
            // ... der Rest der Methode onCreate()
```

Damit gibt es einen Verweis auf die Klasse `RemindersDbAdapter`, über den Sie einen Termin erstellen können. Dazu müssen Sie dessen Titel, Beschreibung, Datum und Uhrzeit eingeben. Um auf den Titel und die Beschreibung zugreifen zu können, müssen Sie zu `ReminderEditActivity` drei Variablen auf Klassenebene hinzufügen. Bei zweien handelt es sich um Variablen vom Typ `EditText`, die auf Textwerte im Layout von `ReminderEditActivity` Bezug nehmen. Bei der noch verbleibenden Variablen auf Klassenebene, die Sie im letzten Kapitel erstellt haben (sofern Sie der Erweiterung des Beispiels um eine Sicherheitsabfrage gefolgt sind), handelt es sich um die Speichern-Schaltfläche, die angeklickt wird, wenn ein Termin in der SQLite-Datenbank gespeichert werden soll. Fügen Sie die Deklarationen dieser Variablen wie folgt am Anfang der Datei `ReminderEditActivity` ein:

```
private EditText mTitleText;
private Button mConfirmButton;
private EditText mBodyText;
```

In der Methode `onCreate()` müssen Sie wie folgt Instanzen dieser Variablen erzeugen:

```
mConfirmButton = (Button) findViewById(R.id.confirm);
mTitleText = (EditText) findViewById(R.id.title);
mBodyText = (EditText) findViewById(R.id.body);
```

Es gibt bereits ein `Calendar`-Objekt, das die Daten von `DatePicker` und `TimePicker` übernimmt, weshalb Sie hinsichtlich dieser Werte keine weiteren Elemente erstellen müssen. Sie müssen nur noch dafür sorgen, dass der Termin nach der Eingabe von Werten in die `EditText`-Felder (Titel und Beschreibung) beim Drücken der Speichern-Schaltfläche in die SQLite-Datenbank übertragen wird. Dazu müssen Sie für die Speichern-Schaltfläche einen Klick-Listener erstellen (oder ihn ändern, wenn Sie ihn im letzten Kapitel bereits für die Sicherheitsabfrage erstellt haben). Fügen Sie zu diesem Zweck den folgenden Code in die Methode `registerButtonListenersAndSetDefaultText()` ein:

12 ▸ Eingabedaten dauerhaft speichern

```
mConfirmButton.setOnClickListener(new View.OnClickListener() {
        public void onClick(View view) {
                saveState();                                    → 3
                setResult(RESULT_OK);                           → 4
                Toast.makeText(ReminderEditActivity.this,       → 5
                    getString(R.string.task_saved_message),
                    Toast.LENGTH_SHORT).show();
                finish();                                       → 7
        }
});
```

Nachfolgend werden die Codezeilen erläutert:

✔ →**3:** Aufruf der Methode `saveState()`.

✔ →**4:** Setzt das Ergebnis von `ReminderEditActivity`. Denken Sie daran, dass `ReminderEditActivity` in `ReminderListActivity` über einen Aufruf von `startActivityForResult()` gestartet wurde. Indem Sie in `setResult()` als Ergebnis `RESULT_OK` setzen, teilen Sie `ReminderListActivity` mit, dass alles wie geplant gelaufen ist, wenn die Methode `finish()` von `ReminderEditActivity` in Zeile 7 ausgeführt wird. Die Konstante `RESULT_OK` ist ein Mitglied der Elternklasse `Activity`. Dieser Ergebniscode kann in `ReminderListActivity` in der Methode `onActivityResult()` untersucht werden. Ihre Datenbanktabelle kann beliebig viele Ergebnisse an den Aufrufer zurückgeben, damit Sie herausfinden können, was Sie anschließend mit der Datenbanktabelle machen müssen.

✔ →**5:** Erstellt eine Toast-Benachrichtigung für den Benutzer, die ihn darüber informiert, dass der Termin gespeichert wurde. Für diese Zeile müssen Sie (in `strings.xml`) noch eine String-Ressource namens `task_saved_message` erstellen, für deren Wert ich `Termin gespeichert` verwendet habe.

✔ →**7:** Aufruf der Methode `finish()`, die `ReminderEditActivity` beendet.

In `ReminderEditActivity` müssen Sie jetzt noch die Methode `saveState()` erstellen, die in Listing 12.3 dargestellt wird. Sie kommuniziert bei der Speicherung des Termins mit `RemindersDbAdapter`.

```
private void saveState() {
        String title = mTitleText.getText().toString();                         → 2
        String body = mBodyText.getText().toString();                           → 3

        SimpleDateFormat dateTimeFormat = new
            SimpleDateFormat(DATE_TIME_FORMAT);                                 → 5
        String reminderDateTime =
                dateTimeFormat.format(mCalendar.getTime());                     → 6

        long id = mDbHelper.createReminder(title, body, reminderDateTime);      → 8
}
```

Listing 12.3: Die Methode `saveState()`

Die Codezeilen werden nachfolgend erläutert:

- ✔ →2 bis →3: Diese Codezeilen übernehmen den Text von den EditText-Views.

- ✔ →5: In dieser Zeile wird ein SimpleDateFormat definiert, das zur Speicherung von Datum und Uhrzeit in der SQLite-Datenbank verwendet wird. Dabei wird die String-Konstante DATE_TIME_FORMAT verwendet, die Sie wie folgt am Anfang der Klassendatei erstellen müssen:

  ```
  public static final String DATE_TIME_FORMAT = "dd.MM.yyyy kk:mm:ss";
  ```

  Mit dieser Deklaration wird ein Format definiert, für das ein Beispiel 24-12-2011 12:34:21 lautet, das sich gut für die Speicherung von Datum und Uhrzeit in einer SQLite-Datenbank eignet.

- ✔ →6: In dieser Zeile werden Datum und Uhrzeit in eine lokale Variable übernommen.

- ✔ →8: In dieser Codezeile wird über die Methode createReminder() der Variablen auf Klassenebene ReminderDbAdapter ein Erinnerungstermin mDbHelper erzeugt. Die Methode müssen Sie in der Klasse ReminderDbAdapter erstellen, was in Zeile 38 von Listing 12.4 geschieht (siehe nächsten Abschnitt).

Der Termin wird durch Übernahme der Werte der EditText-Felder und des lokalen Calendar-Objekts und den Aufruf der Methode createReminder() der Klasse ReminderDbAdapter erstellt. Durch Verwendung des Adaptermodells konnten Sie die SQLite-Anweisungen in eine Java-Klasse einbetten. Dadurch muss ReminderEditActivity nichts über die interne Arbeitsweise der SQLite-Datenbank wissen.

Die vollständige Implementierung von RemindersDbAdapter

Haben Sie jemals ein Auto gekauft, von dem Sie nur Bilder der Türgriffe, der Motorhaube und vielleicht der Sitze gesehen haben? Wahrscheinlich nicht! Wahrscheinlich würden Sie nie jemandem ein Auto abkaufen, der Ihnen nicht erst einmal Bilder des gesamten Autos gezeigt hat! Im Ernst, wahrscheinlich würden Sie sich die Bilder der Türgriffe und/oder der Haube gar nicht erst ansehen! Manchmal ist es besser, das Ganze auf einen Blick zu sehen, als die verschiedenen Einzelteile zu betrachten. So verhält es sich auch mit SQLite in der Klasse RemindersDbAdapter.

Es wäre wenig sinnvoll, Ihnen erst einmal die verschiedenen Teile einzeln zu erläutern. Daher finden Sie in Listing 12.4 gleich die vollständige Implementierung von RemindersDbAdapter, damit Sie einen Eindruck davon bekommen, womit Sie es zu tun haben. Dann werde ich die unterschiedlichen neuen Bereiche erläutern und im restlichen Kapitel darauf verweisen. Hoffentlich bringt das Ihre Android-Denke so richtig in Schwung.

12 ► Eingabedaten dauerhaft speichern

```java
public class RemindersDbAdapter {

    private static final String DATABASE_NAME = "data";
    private static final String DATABASE_TABLE = "reminders";
    private static final int DATABASE_VERSION = 1;

    public static final String KEY_TITLE = "title";
    public static final String KEY_BODY = "body";
    public static final String KEY_DATE_TIME = "reminder_date_time";
    public static final String KEY_ROWID = "_id";

    private DatabaseHelper mDbHelper;
    private SQLiteDatabase mDb;

    private static final String DATABASE_CREATE =
            "create table " + DATABASE_TABLE + " ("
                    + KEY_ROWID + " integer primary key autoincrement, "
                    + KEY_TITLE + " text not null, "
                    + KEY_BODY + " text not null, "
                    + KEY_DATE_TIME + " text not null);";

    private final Context mCtx;

    public RemindersDbAdapter(Context ctx) {
        this.mCtx = ctx;
    }

    public RemindersDbAdapter open() throws SQLException {
        mDbHelper = new DatabaseHelper(mCtx);
        mDb = mDbHelper.getWritableDatabase();
            return this;
    }

    public void close() {
        mDbHelper.close();
    }

    public long createReminder(String title, String body, String reminderDateTime) {    → 38
        ContentValues initialValues = new ContentValues();
        initialValues.put(KEY_TITLE, title);
        initialValues.put(KEY_BODY, body);
        initialValues.put(KEY_DATE_TIME, reminderDateTime);

        return mDb.insert(DATABASE_TABLE, null, initialValues);                          → 44
    }
```

```
public boolean deleteReminder(long rowId) {                                    → 47
    return
        mDb.delete(DATABASE_TABLE, KEY_ROWID + "=" + rowId, null) > 0;         → 48
}

public Cursor fetchAllReminders() {                                            → 51
    return mDb.query(DATABASE_TABLE, new String[] {KEY_ROWID, KEY_TITLE,
        KEY_BODY, KEY_DATE_TIME}, null, null, null, null, null);
}

public Cursor fetchReminder(long rowId) throws SQLException {                  → 55
    Cursor mCursor =
        mDb.query(true, DATABASE_TABLE, new String[] {KEY_ROWID,
            KEY_TITLE, KEY_BODY, KEY_DATE_TIME}, KEY_ROWID + "=" + rowId, null,
            null, null, null, null);                                           → 56
    if (mCursor != null) {
        mCursor.moveToFirst();                                                 → 57
    }
    return mCursor;

}


public boolean updateReminder(long rowId, String title, String body,
                    String reminderDateTime) {                                 → 63
    ContentValues args = new ContentValues();                                  → 64
    args.put(KEY_TITLE, title);
    args.put(KEY_BODY, body);
    args.put(KEY_DATE_TIME, reminderDateTime);

    return
     mDb.update(DATABASE_TABLE, args, KEY_ROWID + "=" + rowId, null) > 0;      → 69
}

        // Aus Platzgründen wurde die Klasse SQLiteOpenHelper weggelassen.
        // Deren Code folgt hier.
}
```

Listing 12.4: Die vollständige Implementierung von ReminderDbAdapter

Die Codezeilen werden nachfolgend erläutert:

✔ **→ 38:** In Zeile 38 wird die Methode createReminder() erzeugt. Unmittelbar nach der Deklaration wird das ContentValues-Objekt benutzt, um die Werte für die verschiedenen Spalten in der einzufügenden Datenbankzeile zu definieren.

✔ **→ 44:** In Zeile 44 wird insert() aufgerufen, um eine Zeile in die Datenbank einzufügen. Diese Methode gibt eine long-Variable zurück, bei der es sich um die eindeutige Kennung

12 ▶ Eingabedaten dauerhaft speichern

der gerade in die Datenbank eingefügten Zeile handelt. In `ReminderEditActivity` wird sie auf eine lokale Variable gesetzt, die in Kapitel 13 von der Klasse `AlarmManager` genutzt wird, um festzustellen, mit welchem Termin gearbeitet wird. Die Verwendung der Methode `insert()` und deren Parameter werden im folgenden Abschnitt ausführlich beschrieben.

✔ → **47:** Hier wird die Methode `deleteReminder()` definiert, die als Parameter die `rowId` des zu löschenden Termins übernimmt.

✔ → **48:** Die Methode `delete()` wird mit der `rowId` für die SQLite-Datenbank aufgerufen, um einen Termin aus der Datenbank zu löschen. Die Verwendung der Methode `delete()` und deren Parameter werden im Abschnitt »Die delete-Operation verstehen« weiter hinten in diesem Kapitel ausführlich beschrieben.

✔ → **51:** In dieser Zeile wird die Methode `fetchAllReminders()` definiert, die die Methode `query()` für die SQLite-Datenbank nutzt, um alle im System gespeicherten Erinnerungstermine zu ermitteln. Das `Cursor`-Objekt wird von der aufrufenden Datenbanktabelle genutzt, um Werte aus der vom Methodenaufruf `query()` zurückgegebenen Ergebnismenge zu übernehmen. Die Verwendung der Methode `query()` und deren Parameter werden im Abschnitt »Die query-Operation zum Auslesen von Datensätzen verstehen« weiter hinten in diesem Kapitel ausführlich beschrieben.

✔ → **55:** In dieser Zeile wird die Methode `fetchReminder()` definiert, die mit der `rowId` die Zeilenkennung des aus der Datenbank abzufragenden Termins akzeptiert.

✔ → **56:** In dieser Zeile wird die SQLite-Methode `query()` benutzt, um ein `Cursor`-Objekt zurückzugeben. Die Verwendung der Methode `query()` und deren Parameter werden im Abschnitt »Die query-Operation zum Auslesen von Datensätzen verstehen« weiter hinten in diesem Kapitel ausführlich beschrieben.

✔ → **57:** Das `Cursor`-Objekt kann viele Datenbankzeilen umfassen. Weil es sich um eine Ergebnismenge handelt, verweist es anfangs nicht gleich auf den ersten Datensatz. Mit der Methode `moveToFirst()` wird der Cursor auf den ersten Datensatz in der Ergebnismenge gesetzt, um mit dem Datensatz arbeiten zu können. Sie wird nur aufgerufen, wenn das `Cursor`-Objekt nicht den Wert `null` hat. Stellen Sie sich die Ergebnismenge wie eine Art Karteikasten vor, aus der Sie die einzelnen Karten erst herausnehmen müssen, um sie lesen zu können.

✔ → **63:** In dieser Zeile wird die Methode `updateReminder()` definiert, die die Methode `update()` nutzt. `update()` sorgt für die Aktualisierung eines vorhandenen Termins mit neuen Daten. Die Verwendung der Methode `update()` und deren Parameter werden im Abschnitt »Die update-Operation verstehen« weiter hinten in diesem Kapitel ausführlich beschrieben.

✔ → **64:** Hier wird das Objekt `ContentValues` erzeugt. Es speichert die verschiedenen Werte, die in der SQLite-Datenbank aktualisiert werden müssen.

✔ → **69:** Diese Zeile aktualisiert den Datensatz in der Datenbank und weist ihm die vom Benutzer der Datenbanktabelle neu angegebenen Werte zu. Die Verwendung der Methode `update()` und deren Parameter werden im Abschnitt »Die update-Operation verstehen« weiter hinten in diesem Kapitel ausführlich beschrieben.

Das letzte Listing demonstriert den Einsatz der verschiedenen CRUD-Routinen. Diese akzeptieren eine Reihe verschiedener Parameter, die in den nachfolgenden Abschnitten ausführlich erläutert werden.

Die insert-Operation verstehen

Bei Einfügen von Datensätzen (Zeilen) handelt es sich um eine recht einfache Operation. Die Methode `insert()` akzeptiert die folgenden Parameter:

- ✔ `table`: Der Name der Tabelle, in die Daten eingefügt werden sollen. Für den Wert verwende ich die Konstante `DATABASE_TABLE`.

- ✔ `nullColumnHack`: SQL erlaubt nicht das Einfügen völlig leerer Zeilen. Wenn der nächste Parameter `ContentValues` also leer ist, wird dieser Spalte explizit der Wert `null` zugewiesen. Ich übergebe hier `null` als Wert.

- ✔ `values`: Dieser Parameter legt die Anfangswerte fest, die als `ContentValues`-Objekt definiert wurden. Ich übergebe die lokale Variable `initialValues` als Wert für diesen Parameter. Sie enthält das Schlüssel/Wert-Paar als Daten, das eine neue Zeile definiert.

Die query-Operation zum Auslesen von Datensätzen verstehen

Mit der Methode `query()` können Sie Datenbankabfragen erstellen und damit in erster Linie Datensätze *auslesen*. Bei ihrer Verwendung wird auf der Basis der von Ihnen angegebenen Kriterien eine Ergebnismenge zurückgegeben. Dabei handelt es sich um ein `Cursor`-Objekt, das den wahlfreien Lese- und Schreibzugriff auf die von der Abfrage (query) zurückgegebene Ergebnismenge ermöglicht. Die Methode `query()` besitzt die folgenden Parameter:

- ✔ `distinct`: Die Datensätze sollen eindeutig sein. Die Datenbank soll keine doppelten Zeilen enthalten. Daher übergebe ich für diesen Parameter den Wert `true`.

- ✔ `table`: Der Name der Datenbanktabelle, die abgefragt werden soll. Für diesen Parameter übergebe ich den in der Konstanten `DATABASE_TABLE` enthaltenen Wert.

- ✔ `columns`: Eine Liste der Spalten, die von der Abfrage zurückgegeben werden sollen. Bei Übergabe des Wertes `null` werden alle Spalten zurückgegeben, was normalerweise aber nicht erwünscht ist, weil dann Daten gelesen und zurückgegeben werden, die gar nicht benötigt werden. Sollten Sie alle Spalten benötigen, können Sie aber natürlich `null` übergeben. Ich übergebe im Beispiel einen Array mit Strings, die die Namen der zurückzugebenden Spalten enthalten.

- ✔ `selection`: Ein Filter, der beschreibt, welche Zeilen zurückgegeben werden sollen, und der als SQL-Klausel `WHERE` (ohne das Schlüsselwort `WHERE` selbst) formatiert wird. Bei der Übergabe von `null` werden alle Zeilen der Tabelle zurückgegeben. Je nach Begleitumständen übergebe ich entweder die `rowId` des abzufragenden Termins oder den Wert `null`, um alle Termine zurückzugeben.

- ✔ `selectionArgs`: Innerhalb von `selection` können Sie Fragezeichen (?) verwenden. Diese werden dann durch Werte aus `selectionArgs` in der Reihenfolge ersetzt, in der die Fragezeichen in `selection` auftreten. Diese Werte werden als Strings gebunden. Da ich `selectionArgs` nicht benötige, übergebe ich den Wert `null`.

- groupBy: Ein Filter, der beschreibt, wie Zeilen gefiltert werden sollen und der als SQL-Klausel GROUP BY (ohne die Schlüsselwörter GROUP BY selbst) formatiert wird. Wenn der Wert null übergeben wird, werden die Zeilen nicht in Gruppen zusammengefasst. Da ich keine Gruppen im Ergebnis benötige, übergebe ich den Wert null.

- having: Wenn mit Zeilengruppen gearbeitet wird, lässt sich über diesen Filter festlegen, welche Zeilengruppen in das Cursor-Objekt übernommen werden sollen. Wird der Wert null übergeben, werden alle Gruppen übernommen. Da dies notwendig ist, wenn keine Gruppen verwendet werden, übergebe ich den Wert null.

- orderBy: Gibt über die SQL-Klausel ORDER BY (ohne ORDER BY selbst) an, wie die Zeilen sortiert werden sollen. Bei Übergabe von null wird die vorgegebene Sortierreihenfolge verwendet, bei der die Daten möglicherweise nicht sortiert sind. Da ich die zurückgegebenen Daten nicht sortieren will, übergebe ich den Wert null.

- limit: Beschränkt die Anzahl der von der Abfrage zurückgegebenen Zeilen über die SQL-Klausel LIMIT. Bei Übergabe des Wertes null wird die LIMIT-Klausel nicht angewendet. Da ich alle Zeilen zurückgeben und deren Anzahl nicht einschränken will, übergebe ich den Wert null.

Die update-Operation verstehen

Bei der Aktualisierung eines Datensatzes in einer Datenbank werden einfach die ankommenden Parameter übernommen, um mit ihnen die Zielzellen innerhalb einer (oder mehrerer) angegebenen Datenbankzeile(n) zu ersetzen. Wie die nachfolgend beschriebene delete-Operation kann auch update viele Zeilen betreffen. Sie müssen wissen, welche Parameter die Methode update() unterstützt und wie sie sich auf die Sätze in der Datenbank auswirken:

- table: Die zu aktualisierende Tabelle. Für diesen Parameter übergebe ich den in der Konstanten DATABASE_TABLE enthaltenen Wert.

- values: Das ContentValues-Objekt, das die zu aktualisierenden Felder enthält. Ich verwende die Variable args, die in Zeile 64 von Listing 12.4 erstellt wird.

- whereClause: Die WHERE-Klausel, über die sich die aktualisierenden Zeilen einschränken lassen. Im Beispiel fordere ich die Datenbank auf, die Zeile mit der Kennung rowId zu aktualisieren. Dazu übergebe ich den String-Wert KEY_ROWID + "=" + rowId.

- whereArgs: Weitere Argumente werden in der WHERE-Klausel nicht benötigt, weshalb für diesen Parameter der Wert null übergeben wird.

Die delete-Operation verstehen

Bei Verwendung der Methode delete() lassen sich die Löschkriterien in der Datenbank über verschiedene Parameter definieren. Eine delete-Anweisung kann keinen, einen, mehrere oder alle Datensätze in der Datenbank betreffen. Um nicht versehentlich Daten zu löschen, müssen Sie die Parameter der Methode delete() verstehen:

- ✔ `table`: Die Tabelle, aus der Zeilen gelöscht werden sollen. Der Wert dieses Parameters wird über die Konstante `DATABASE_TABLE` bereitgestellt.

- ✔ `whereClause`: Dabei handelt es sich um die optionale `WHERE`-Klausel, über die beim Löschen von Datensätzen die Auswahl eingeschränkt werden kann. Wenn Sie den Wert `null` übergeben, werden alle Zeilen einer Datenbanktabelle gelöscht. Den Wert für die `WHERE`-Klausel setze ich im Code zusammen und übergebe ihn als String-Wert `KEY_ROWID + "=" + rowId`.

- ✔ `whereArgs`: Die optionalen Argumente der `WHERE`-Klausel, die in diesem Aufruf nicht benötigt werden, da die `WHERE`-Klausel selbst bereits alle erforderlichen Angaben enthält. Daher übergebe ich den Wert `null` für diesen Parameter.

Alle Termine über einen Cursor zurückgeben

Sie können mittlerweile zwar Termine erstellen, diese werden aber noch nicht in der Terminliste angezeigt? Stimmt, leider ist das vorläufig wirklich noch so. Daher zeige ich Ihnen jetzt, wie Sie die aktuell in der Datenbank existierenden Termine in `ReminderListActivity` in der `ListView` ausgeben können.

Listing 12.5 enthält das Gerüst der gesamten `ReminderListActivity` mit dem neuen Code, der die Terminliste aus der Datenbank in die `ListView` übernehmen kann.

```
public class ReminderListActivity extends ListActivity {
    private static final int ACTIVITY_CREATE=0;
    private static final int ACTIVITY_EDIT=1;

    private RemindersDbAdapter mDbHelper;                                           → 5

    /** Called when the activity is first created. */
    @Override
    public void onCreate(Bundle savedInstanceState) {
        super.onCreate(savedInstanceState);
        setContentView(R.layout.reminder_list);
        mDbHelper = new RemindersDbAdapter(this);
        mDbHelper.open();
        fillData();                                                                 → 14
        registerForContextMenu(getListView());
    }

    private void fillData() {
        Cursor remindersCursor = mDbHelper.fetchAllReminders();                     → 20
        startManagingCursor(remindersCursor);                                       → 21

        // Einen Array mit den gewünschten Feldern erstellen (nur TITLE)
        String[] from = new String[]{RemindersDbAdapter.KEY_TITLE};                 → 24
```

12 ▶ Eingabedaten dauerhaft speichern

```
        // ... und einen Array der Felder, die in die View einbezogen werden sollen
        int[] to = new int[]{R.id.text1};                                        → 27

        // Einfachen Cursor-Adapter erstellen und für Anzeige setzen
        SimpleCursorAdapter reminders =
                new SimpleCursorAdapter(this, R.layout.reminder_row,
                        remindersCursor, from, to);                              → 30
        setListAdapter(reminders);                                               → 31
    }

    // Menücode aus Platzgründen entfernt

    @Override
    protected void onListItemClick(ListView l, View v, int position, long id) {
        super.onListItemClick(l, v, position, id);
        Intent i = new Intent(this, ReminderEditActivity.class);
        i.putExtra(RemindersDbAdapter.KEY_ROWID, id);                            → 40
        startActivityForResult(i, ACTIVITY_EDIT);
    }

    @Override
    protected void onActivityResult(int requestCode, int resultCode, Intent intent) {
        super.onActivityResult(requestCode, resultCode, intent);
        fillData();                                                              → 48
    }

    @Override
    public boolean onContextItemSelected(MenuItem item) {                        → 52
        switch(item.getItemId()) {
            case R.id.menu_delete:
                AdapterContextMenuInfo info =
                        (AdapterContextMenuInfo) item.getMenuInfo();             → 55
                mDbHelper.deleteReminder(info.id);                               → 56
                fillData();                                                      → 57
                return true;
        }
        return super.onContextItemSelected(item);
    }
}
```

Listing 12.5: Die gesamte `ReminderListActivity` *mit SQLite-Verbindungen*

Nachfolgend wird der Code für das Auslesen der Terminliste erläutert:

- → **5:** In dieser Codezeile wird eine `RemindersDbAdapter`- Instanzvariable auf Klassenebene definiert. Eine Instanz der Variablen wird über die Methode `onCreate()` erstellt.
- → **14:** Hier wird die Methode `fillData()` aufgerufen, die Daten aus der SQLite-Datenbank in die `ListView` lädt.
- → **20:** Innerhalb der Methode `fillData()` werden alle Erinnerungstermine aus der Datenbank übernommen. Dies geschieht in Zeile 51 von Listing 12.4.
- → **21:** Diese Zeile verwendet die Verwaltungsmethode `startManagingCursor()` der Klasse `Activity`. Über diese Methode kann die Aktivität den Lebenszyklus des angegebenen `Cursor`-Objekts auf der Basis ihres eigenen Lebenszyklus verwalten. Wenn die Aktivität zum Beispiel gestoppt und später wieder gestartet wird, ruft sie erst automatisch `deactivate()` und später dann `requery()` für das `Cursor`-Objekt auf. Wenn die Aktivität zerstört wird, werden alle verwalteten `Cursor` automatisch geschlossen.
- → **24:** In dieser Zeile definiere ich das Auswahlkriterium der Abfrage. Hier soll der Titel des Termins zurückgegeben werden.
- → **27:** In dieser Zeile definiere ich den Array der Views, die als View für die Zeile gebunden werden sollen. Wenn ein Termintitel angezeigt wird, entspricht dieser daher einer bestimmten Terminkennung. Daher wurde die Variable in Zeile 24 `from` und die in Zeile 27 `to` genannt. Die Werte aus Zeile 24 werden auf die in Zeile 27 übertragen.
- → **30:** In dieser Zeile wird ein `SimpleCursorAdapter` erzeugt, der Spalten aus einem `Cursor` auf die in einer XML-Layoutdatei definierten `TextView`-Objekte abbildet. Über diese Methode können Sie festlegen, welche Spalten angezeigt werden sollen und welche XML-Datei für das Aussehen der Views maßgeblich sein soll. Die Verwendung von `SimpleCursorAdapter` und der zugehörigen Parameter wird im nachfolgenden Abschnitt beschrieben.
- → **31:** `SimpleCursorAdapter` wird als Adapterparameter an die Methode `setListAdapter()` übergeben, um der `ListView` mitzuteilen, wo sich deren Daten befinden.
- → **40:** Diese Codezeile überträgt die `ID` des zu bearbeitenden Termins in den Intent. `ReminderEditActivity` untersucht diesen Intent und versucht dem Benutzer die Bearbeitung des Termins zu ermöglichen, wenn die `ID` gefunden wird.
- → **48:** Die Methode `fillData()` wird bei der Rückkehr aus einer anderen Aktivität aufgerufen. Sie wird hier aufgerufen, weil der Benutzer einen Termin aktualisiert oder hinzugefügt haben könnte. Damit ist gewährleistet, dass neue oder geänderte Termine in der `ListView` angezeigt werden.
- → **52:** In dieser Zeile wird die Methode definiert, die Kontextmenüereignisse verarbeitet, die dann auftreten, wenn der Benutzer ein Element im Kontextmenu nach längerem Drücken auf einen Termin in der Listenansicht auswählt.
- → **55:** Diese Codezeile nutzt die Methode `getMenuInfo()` des angeklickten Elements, um eine Instanz von `AdapterContextMenuInfo` zu übernehmen. Diese Klasse stellt verschiedene Angaben zum Menüelement und das in der `ListView` länger gedrückte Element bereit.

- ✔ →56: Diese Codezeile nutzt `RemindersDbAdapter`, um den Termin zu löschen, dessen Kennung vom `id`-Feld des Objekts `AdapterContextMenuInfo` übernommen wurde. Das `id`-Feld enthält die Kennung der Zeile in der Listenansicht. Dabei handelt es sich um die `rowId` des Termins in der Datenbank.

- ✔ →57: Nachdem der Termin aus dem System gelöscht wurde, rufe ich `fillData()` auf, um die Terminliste wieder zu füllen. Dadurch wird diese aktualisiert und das gelöschte Element entfernt.

SimpleCursorAdapter verstehen

In Zeile 30 von Listing 12.5 habe ich einen `SimpleCursorAdapter` erstellt. Nun erläutere ich ausführlicher, welche Bedeutung deren verschiedene Parameter bedeuten. `SimpleCursorAdapter` nimmt Ihnen eine Menge der Schwerarbeit ab, wenn Sie Daten von einem `Cursor`-Objekt mit einer `ListView` verbinden wollen. Wenn Sie einen `SimpleCursorAdapter` einrichten, müssen Sie die folgenden Parameter übergeben:

- ✔ `this`/Context: Der Kontext, in dem sich der Adapter befinden soll.

- ✔ `R.layout.reminder_row`/layout: Die ID der Layoutressource, über die die Datei angegeben wird, die für dieses Listenelement verwendet werden soll.

- ✔ `reminderCursor`/c: Der Datenbank-Cursor.

- ✔ `from`/from: Ein Array der Spaltennamen, die benutzt werden, um die Daten vom Cursor mit der View zu verbinden. Er wird in Zeile 24 definiert.

- ✔ `to`/to: Ein Array der View-IDs, die die Spaltendaten vom `from`-Parameter anzeigen sollen. Das `to`-Feld wird in Zeile 27 definiert.

- ✔ Die Parameter `to` und `from` sorgen für die Zuordnungen im `SimpleCursorAdapter` zwischen den Daten im Cursor und den Views im Zeilenlayout.

Wenn Sie nun die Datenbanktabelle starten, wird eine Liste der erstellten und aus der SQLite-Datenbank ausgelesenen Elemente angezeigt. Da der Code für das Einfügen von Terminen noch nicht erstellt wurde, wird hier vorläufig noch die Meldung »Keine Termine vorhanden« angezeigt. Im nachfolgenden Abschnitt werden wir uns mit dem Code befassen, mit dem über die entsprechende Menüoption Termine hinzugefügt werden können.

Einen Termin löschen

Um einen Termin zu löschen, muss der Benutzer nur länger auf ein Element in `ReminderListActivity` drücken und die entsprechende Option im Kontextmenü auswählen. Das eigentliche Löschen des Termins aus der Datenbank erfolgt über die Methode `delete()` des SQLite-Datenbankobjekts. Diese Methode wird in Zeile 48 von Listing 12.4 aufgerufen.

Die Methode `deleteReminder()` von `RemindersDbAdapter` wird aus dem Methodenaufruf von `onContextSelectedItem()` in Zeile 56 von Listing 12.5 heraus aufgerufen. Um einen Termin aus der Datenbank löschen zu können, wird vorab nur dessen `rowId` in der Datenbank benötigt. Um die `rowId` zu ermitteln, müssen Sie das `AdapterContextMenuInfo`-Objekt verwenden, das zusätzliche Menüinformationen liefert. Wenn ein Menü für die `ListView` angezeigt wird, werden diese der Kontextmenüauswahl übermittelt. Da ich die Liste mit einem Datenbank-Cursor fülle, enthält die `ListView` die gesuchte `rowId`. Das ist hier wirklich so einfach! In Zeile 55 von Listing 12.5 übernehme ich das `AdapterContextMenuInfo`-Objekt und in Zeile 56 rufe ich die Methode `delete()` mit der `rowId` als Parameter auf. Anschließend rufe ich die Methode `fillData()` auf, um die Termine erneut auf den Bildschirm zu übernehmen. Nun können Sie den Termin erstellen, auflisten (lesen) und entfernen (löschen). Bleibt nur noch die Aktualisierung des Termins.

Einen Termin aktualisieren

Letztlich handelt es sich bei der Aktualisierung von Terminen um eine recht triviale Aufgabe. Da ich aber dieselbe Aktivität für die Aktualisierung und Erstellung von Terminen benutze, wird es ein wenig schwieriger. Im Code muss daher festgestellt werden, ob ein Termin jeweils bearbeitet oder neu erstellt werden soll. Die logische Entscheidung basiert dabei auf Intent, der zum Starten der Aktivität benutzt wurde. Die folgende Aktivität wird gestartet, wenn ein Element in `ReminderListActivity` angetippt wird:

```
Intent i = new Intent(this, ReminderEditActivity.class);
i.putExtra(RemindersDbAdapter.KEY_ROWID, id);
startActivityForResult(i, ACTIVITY_EDIT);
```

Dieser Code teilt Android mit, dass `ReminderEditActivity` mit dem Parameter i (dem Intent) gestartet werden soll, der zusätzliche Informationen über die Zeilenkennung des Termins enthält, der bearbeitet werden soll. In `ReminderEditActivity` untersuche ich den empfangenen Intent, um festzustellen, ob er die zusätzlichen `id`-Informationen enthält. Ist dies der Fall, geht es um die Bearbeitung eines Termins, dessen Daten in das Formular geladen werden müssen, damit sie vom Benutzer geändert werden können. Fehlen die zusätzlichen Informationen (das ist dann der Fall, wenn der Benutzer über das Menü einen neuen Termin hinzufügen will), wird dem Benutzer ein leeres Formular präsentiert, in das er die Daten eines neuen Termins eintragen kann.

In Listing 12.6 finden Sie eine Implementierung der eben beschriebenen logischen Abläufe. Bei den fett dargestellten Abschnitten handelt es sich um den neuen Code.

```
package com.dummies.android.terminplaner;

import java.text.ParseException;
import java.text.SimpleDateFormat;
import java.util.Calendar;
import java.util.Date;

// Die übrigen import-Anweisungen sind eindeutig und lassen
// sich über Source|Organize Imports im Kontextmenü ergänzen.
// Daher hier aus Platzgründen weggelassen.
```

12 ▶ Eingabedaten dauerhaft speichern

```java
public class ReminderEditActivity extends Activity {

    // Hier fehlen die anderen Variablen auf Klassenebene, die
    // hier aus Platzgründen nicht erneut aufgeführt werden.
    private Long mRowId;

    @Override
    protected void onCreate(Bundle savedInstanceState) {
        super.onCreate(savedInstanceState);

        mDbHelper = new RemindersDbAdapter(this);


        setContentView(R.layout.reminder_edit);

        mCalendar = Calendar.getInstance();
        mTitleText = (EditText) findViewById(R.id.title);
        mBodyText = (EditText) findViewById(R.id.body);
        mDateButton = (Button) findViewById(R.id.reminder_date);
        mTimeButton = (Button) findViewById(R.id.reminder_time);

        mConfirmButton = (Button) findViewById(R.id.confirm);

        mRowId = savedInstanceState != null                                    → 22
            ? savedInstanceState.getLong(RemindersDbAdapter.KEY_ROWID)
            : null;
        registerButtonListenersAndSetDefaultText();
    }

      private void setRowIdFromIntent() {                                     → 28
        if (mRowId == null) {
            Bundle extras = getIntent().getExtras();
            mRowId = extras != null
                ? extras.getLong(RemindersDbAdapter.KEY_ROWID)
                : null;
        }
      }

    @Override
    protected void onPause() {
        super.onPause();
        mDbHelper.close();                                                    → 40
    }
```

```
@Override
protected void onResume() {                                                  → 44
    super.onResume();
    mDbHelper.open();                                                        → 46
    setRowIdFromIntent();                                                    → 47
    populateFields();                                                        → 48
}

// Code für DatePicker, Klick-Ereignisse, Aktualisierung
// der Schaltflächentexte und onCreateDialog aus
// Platzgründen weggelassen.
// Normalerweise gehören sie hier hin ...

private void populateFields() {                                              → 55
    if (mRowId != null) {
        Cursor reminder = mDbHelper.fetchReminder(mRowId);                   → 57
        startManagingCursor(reminder);                                       → 58
        mTitleText.setText(reminder.getString(
            reminder.getColumnIndexOrThrow(RemindersDbAdapter.KEY_TITLE)));  → 60
        mBodyText.setText(reminder.getString(
            reminder.getColumnIndexOrThrow(RemindersDbAdapter.KEY_BODY)));   → 61
        SimpleDateFormat dateTimeFormat =
                new SimpleDateFormat(DATE_TIME_FORMAT);                      → 63
        Date date = null;                                                    → 64
        try {
            String dateString = reminder.getString(
                    reminder.getColumnIndexOrThrow(
                            RemindersDbAdapter.KEY_DATE_TIME));              → 67
            date = dateTimeFormat.parse(dateString);                         → 68
            mCalendar.setTime(date);                                         → 69
        } catch (ParseException e) {                                         → 70
            Log.e("ReminderEditActivity", e.getMessage(), e);                → 71
        }
    }

    updateDateButtonText();
    updateTimeButtonText();
}

@Override
protected void onSaveInstanceState(Bundle outState) {
    super.onSaveInstanceState(outState);
    outState.putLong(RemindersDbAdapter.KEY_ROWID, mRowId);                  → 82
}
```

12 ▶ Eingabedaten dauerhaft speichern

```
private void saveState() {
    String title = mTitleText.getText().toString();
    String body = mBodyText.getText().toString();

    SimpleDateFormat dateTimeFormat = new SimpleDateFormat(DATE_TIME_FORMAT);
        String reminderDateTime =
            dateTimeFormat.format(mCalendar.getTime());

    if (mRowId == null) {                                                      → 94
        long id = mDbHelper.createReminder(title, body, reminderDateTime);     → 95
        if (id > 0) {                                                          → 96
            mRowId = id;                                                       → 97
        }
    } else {
        mDbHelper
            .updateReminder(mRowId, title, body, reminderDateTime);            → 100
    }
}
```

Listing 12.6: ReminderEditActivity *mit Code zum Einfügen und Aktualisieren von Terminen*

Nachfolgend werden die einzelnen Codezeilen erläutert:

- ✔ →**22:** Der Status der Instanz wird geprüft, um festzustellen, ob sie irgendwelche Werte für mRowId enthält. Der Status der Instanz wird in Zeile 84 gesetzt.

- ✔ →**28:** Diese Methode übernimmt mRowId von dem Intent, der die Aktivität gestartet hat. Wenn das Intent-Objekt keine zusätzlichen Informationen enthält, behält das mRowId-Objekt den Wert null. Beachten Sie, dass ich hier eine Long-Variable (mit großem *L*) verwende. Dabei handelt es sich um einen Referenztyp für den Datentyp long (Ganzzahlen), bei dem das Objekt den Wert null oder einen long-Wert enthalten kann.

- ✔ →**40:** Die Datenbank wird geschlossen, bevor die Aktivität beendet wird oder pausiert.

- ✔ →**44:** Die Methode onResume() wird im Rahmen des normalen Lebenszyklus der Aktivität aufgerufen. Der Lebenszyklus wird in Kapitel 5 erläutert und in Abbildung 5.1 grafisch veranschaulicht.

- ✔ →**46:** Die Datenbank wird geöffnet, um sie in dieser Aktivität nutzen zu können.

- ✔ →**47:** Dieser Methodenaufruf übernimmt die Werte des Intents, der die Aktivität gestartet hat, in das mRowId-Objekt.

- ✔ →**48:** Die Methode populateFields() wird aufgerufen, um das Formular mit Daten zu füllen.

- ✔ →**55:** Diese Methode füllt das Formular mit Daten, wenn das mRowId-Objekt nicht null ist.

- → **57:** Basierend auf mRowId übernimmt diese Codezeile einen Cursor von der SQLite-Datenbank. Der Aufruf von fetchReminder() erfolgt in Zeile 55 von Listing 12.4.
- → **58:** Startet die Aktivitätsverwaltung für das Cursor-Objekt.
- → **60:** Nutzt Cursor, um den Titeltext zu setzen. Um Werte vom Cursor-Objekt zu übernehmen, müssen Sie den Index der Spalte in diesem Objekt kennen. Die Methode getColumnIndexOrThrow() des Cursor-Objekts liefert den Spaltenindex, wenn der Spaltenname übergeben wird. Wenn der Spaltenindex bekannt ist, können Sie den Spaltenwert durch einen Aufruf von getString() mit dem Spaltenindex als Parameter übernehmen. Anschließend wird dieser Text in die EditText-View mTitleText übertragen.
- → **61:** Übernimmt und setzt den Wert der EditText-View mBodyTest mit derselben Methode, die in Zeile 60 beschrieben wurde. Natürlich wird hier aber ein anderer Spaltenname und Index verwendet.
- → **63:** Da SQLite keine speziellen Datentypen für Datum und Uhrzeit kennt, werden diese als Strings gespeichert. Um die Daten aus der Datenbank auszuwerten, muss ich daher ein SimpleDateFormat erstellen.
- → **64:** In dieser Zeile wird eine neue Instanz des Date-Objekts aus dem Paket java.util.Date erzeugt.
- → **67:** Übernimmt das Datum als String vom Cursor.
- → **68:** Überträgt die Daten in ein Calendar-Objekt.
- → **69:** In dieser Zeile werden Datum und Uhrzeit des Calendar-Objekts auf die aus der Datenbank übernommenen Werte gesetzt.
- → **70:** Hier werden Fehler abgefangen, die bei der Übernahme von fehlerhaften String-Formaten in das SimpleDateFormat auftreten könnten. Der hier abgefangene Ausnahmefehler ParseException stammt aus dem Paket java.text.ParseException.
- → **71:** Überträgt die Fehlermeldung in das Systemprotokoll.
- → **82:** Speichert den Status der mRowId-Instanz. Die Methode onSaveInstanceState() wird aufgerufen, damit der Instanzstatus auf Aktivitätsebene ermittelt und in einem Bundle gespeichert werden kann. Diese Methode wird aufgerufen, bevor die Aktivität zerstört wird. Wenn sie später wieder aktiviert wird, kann sie wieder in einen bekannten Zustand versetzt werden (wie dies in der Methode onResume() geschieht). In Zeile 22 prüfe ich, ob eine rowId im savedInstanceState-Objekt vorhanden ist, bevor ich die ankommenden Daten des Intents auswerte. Das mache ich deshalb, weil Android die Aktivität möglicherweise irgendwann aus irgendwelchen Gründen zerstört, während die App noch verwendet wird. Das kann bei eintreffenden Telefonanrufen, der Nutzung von Maps-Funktionen, der Wiedergabe von Musik und bei anderen Gelegenheiten der Fall sein. Wenn Sie später schließlich wieder zu Ihrer App zurückkehren, kann savedInstanceState untersucht werden, um festzustellen, ob die Aktivität wieder in ihren vorherigen Zustand versetzt werden kann. Wenn ich mRowId in diesem Objekt speichere, kann ich die Arbeit mit der Aktivität in einem vorgegebenen Status fortsetzen.

12 ➤ Eingabedaten dauerhaft speichern

- ✔ →**94:** In der Methode `saveState()` muss ich feststellen, ob ein neuer Termin gespeichert oder ein vorhandener aktualisiert werden soll. Hat `mRowId` den Wert `null`, konnte keine `rowId` in `savedInstanceState` oder im ankommenden Intent gefunden werden. Dann wird davon ausgegangen, dass es sich um einen neuen Termin handelt.

- ✔ →**95:** In der Datenbank wird ein neuer Termin erstellt.

- ✔ →**96:** Hier wird geprüft, ob die nach dem Einfügen zurückgegebene Kennung größer als 0 ist. Beim Einfügen neuer Datensätze wird deren Datensatzkennung zurückgegeben, bei der es sich immer um einen positiven ganzzahligen Wert handeln sollte. (Andere Werte weisen auf Fehler hin.)

- ✔ →**97:** Hier wird die lokale `mRowId` auf die neu erstellte ID gesetzt.

- ✔ →**100:** In dieser Zeile wird der Termin aktualisiert. Ich übergebe die `rowId`, um den Titel, den erläuternden Text, Datum und Uhrzeit für den zu aktualisierenden Termin zu aktualisieren.

Wenn Sie die App im Emulator starten, können Sie nun Termine erstellen, auslesen, aktualisieren und entfernen! Nun muss nur noch für Benachrichtigungen in der Statusleiste gesorgt werden, die den Benutzer an anstehende Termine erinnern!

Terminerinnerungen mit AlarmManager

In diesem Kapitel

- Aufgabenplanung verstehen
- Alarm-Ereignisse einrichten
- Der Einfluss von Geräteneustarts auf Alarm-Ereignisse

*V*iele Aufgaben müssen tagtäglich erledigt werden. Aufstehen, duschen, frühstücken und so weiter – das kennen Sie bestimmt auch. Für die meisten von uns gehört dies (in Variationen) zur alltäglichen Routine, bevor wir zur Arbeit gehen. Vielleicht werden Sie ja von Ihrer »inneren Uhr« geweckt und wachen immer rechtzeitig auf, ich stelle jedenfalls den Wecker, um nicht zu verschlafen! Bei der Arbeit nutze ich einen Kalender, der mich an anstehende Ereignisse wie Meetings und wichtige Server-Updates erinnert, an denen ich teilnehmen oder die ich veranlassen muss. Terminerinnerungen, Wecker, Alarm-Ereignisse, Aufgabenplanung, Task-Planer oder wie Sie das auch nennen wollen, zählen zur täglichen Routine, auf die wir uns auf die eine oder andere Weise verlassen.

Es wäre recht mühsam, wenn Sie sich Ihr System für die Aufgabenplanung selbst programmieren müssten. Glücklicherweise gibt es die Aufgabenplanung unter Windows, `cron` unter Linux und die `AlarmManager`-Klasse unter Android. Android basiert zwar auf Linux, Sie können aber nicht auf `cron` zurückgreifen. Daher müssen Sie bei der Aufgabenplanung `AlarmManager` nutzen.

Warum AlarmManager benötigt wird

Die Terminplaner-Anwendung wäre nicht besonders nützlich, wenn sie nicht auch auf die gespeicherten Termine erinnern könnte. Benutzer müssen Titel, Beschreibung und Datum/Uhrzeit für Terminerinnerungen festlegen können, damit sie entsprechend alarmiert werden können. Dazu müssen sie Android mitteilen können, wann der Alarm für einen Termin ausgelöst werden soll. Denken Sie an eine Situation, in der Sie bereits etliche Termine in die Terminplaner-Anwendung eingefügt haben, die alle im weiteren Verlauf des Tages fällig werden. Sie stecken Ihr Gerät in die Tasche und arbeiten weiter. Wenn Sie auf die anstehenden Termine nicht hingewiesen werden, würden Sie sie vergessen. Daher müssen Sie irgendwie daran erinnert werden. Und genau diese Aufgabe erfüllt die `AlarmManager`-Klasse.

Über die `AlarmManager`-Klasse können Sie einen zukünftigen Zeitpunkt festlegen, an dem Ihre Anwendung ausgeführt werden soll. Wird ein Alarm ausgelöst, wird ein Intent vom System übertragen. Ihre Anwendung reagiert dann auf diesen Broadcast-Intent und führt irgendwelche Aufgaben aus. Sie wird beispielsweise geöffnet, macht den Benutzer über ein Symbol in der Statusleiste auf sich aufmerksam (damit befasst sich Kapitel 14) oder führt irgendwelche anderen Aktionen aus.

Die Klasse `AlarmManager` hält die CPU so lange wach, wie die Methode `onReceive()` des Alarm-Empfängers ausgeführt wird. Das gewährleistet, dass das Gerät nicht in den Schlafmodus wechselt, bis das Broadcast-Ereignis verarbeitet wurde. Aus diesem Grund muss auch die `WAKE_LOCK`-Berechtigung gesetzt werden, wie es im letzten Kapitel geschehen ist.

Einen Prozess mit AlarmManager aufwecken

Wenn Sie einen Prozess mit `AlarmManager` aufwecken wollen, müssen Sie erst einmal den Alarm setzen. In der Terminplaner-Anwendung erledigen Sie das am besten direkt nach dem Speichern des Termins in der Methode `saveState()`. Bevor Sie diesen Code jedoch hinzufügen können, müssen Sie Ihr Projekt erst noch um vier Klassendateien erweitern:

- ✔ `ReminderManager.java`: Diese Klasse ist für die Einrichtung der Terminerinnerungen über `AlarmManager` verantwortlich. Den Code für diese Klasse finden Sie in Listing 13.1 im nächsten Abschnitt dieses Kapitels.

- ✔ `OnAlarmReceiver.java`: Diese Klasse ist für die Verarbeitung des Broadcasts nach der Auslösung des Alarms zuständig. Den Code für diese Klasse finden Sie in Listing 13.2 im Abschnitt »Die Klasse OnAlarmReceiver erstellen« weiter hinten in diesem Kapitel. Damit Ihre Anwendung diesen Empfänger erkennen kann, müssen Sie die folgende Zeile zum `application`-Element in der Datei `AndroidManifest.xml` hinzufügen:

    ```
    <receiver android:name=".OnAlarmReceiver" />
    ```

    Die Syntax mit dem führenden Punkt teilt Android mit, dass sich der Empfänger (`receiver`) im aktuellen Paket befindet, das im `application`-Element der Datei `AndroidManifest.xml` festgelegt wurde.

- ✔ `WakeReminderIntentService.java`: Diese abstrakte Klasse ist für die Verwaltung der Einschlafsperre zuständig. Den Code für diese Klasse finden Sie in Listing 13.3 im Abschnitt »Die Klasse WakeReminderIntentService erstellen« weiter hinten in diesem Kapitel.

- ✔ `ReminderService.java`: Bei dieser Klasse handelt es sich um eine Implementierung von `WakeReminderIntentService`, die für die in Kapitel 14 dargestellte Einrichtung der Benachrichtigung zuständig ist. Den Code für diese Klasse finden Sie in Listing 13.4 im Abschnitt »Die Klasse ReminderService erstellen« weiter hinten in diesem Kapitel.

    Damit Ihre Anwendung diesen Dienst erkennen kann, müssen Sie die folgende Codezeile zum `application`-Element in der Datei `AndroidManifest.xml` hinzufügen:

    ```
    <service android:name=".ReminderService" />
    ```

Die Klasse ReminderManager erstellen

Wie bereits erwähnt, ist die Klasse `ReminderManager` in Android für die Einrichtung der Terminerinnerungen über die Klasse `AlarmManager` verantwortlich. In diese Klasse werde ich

13 ▶ Terminerinnerungen mit AlarmManager

alle Aktionen einbinden, bei denen es um die Einrichtung von Alarm-Ereignissen der Klasse `AlarmManager` geht.

Für den Alarm für diesen Termin fügen Sie den folgenden Code in die Klasse `ReminderEdit Activity` am Ende der Methode `saveState()` ein:

`new ReminderManager(this).setReminder(mRowId, mCalendar);`

Diese Codezeile sorgt dafür, dass `ReminderManager` eine neue Terminerinnerung für den Termin mit der Zeilenkennung `mRowId` für ein bestimmtes Datum und die Uhrzeit einrichtet, die über die Variable `mCalendar` definiert werden.

Listing 13.1 zeigt den Code der Klasse `ReminderManager`, für den Sie eine neue Datei unter dem Namen `ReminderManager.java` erstellen und in das Projekt einbinden müssen. Das erledigen Sie im PACKAGE EXPLORER wie gehabt über das Kontextmenü (NEW|CLASS). Das Hinzufügen der erforderlichen `import`-Anweisungen über die Option SOURCE|ORGANIZE IMPORTS im Kontextmenü sollte Ihnen dabei mittlerweile zur Routine geworden sein.

```
public class ReminderManager {

private Context mContext;
private AlarmManager mAlarmManager;
public ReminderManager(Context context) {                              → 6
    mContext = context;
    mAlarmManager =
        (AlarmManager)context.getSystemService(Context.ALARM_SERVICE);  → 9
}

public void setReminder(Long taskId, Calendar when) {                  → 12
    Intent i = new Intent(mContext, OnAlarmReceiver.class);             → 13
    i.putExtra(RemindersDbAdapter.KEY_ROWID, (long)taskId);             → 14

    PendingIntent pi =
    PendingIntent.getBroadcast(mContext, 0, i,
                    PendingIntent.FLAG_ONE_SHOT);                       → 16

    mAlarmManager.set(AlarmManager.RTC_WAKEUP, when.getTimeInMillis(), pi); → 17
        }
}
```

Listing 13.1: Die Klasse `ReminderManager`

Nachfolgend werden die einzelnen Codezeilen erläutert:

- ✔ → **6:** Es wird eine Instanz der Klasse `ReminderManager` mit einem `context`-Objekt erzeugt.
- ✔ → **9:** Über den Aufruf von `getSystemService()` wird ein `AlarmManager`-Objekt übernommen.

- → **12:** Die Methode `setReminder()` wird mit der Datenbankkennung des Termins und dem `Calendar`-Objekt mit dem Zeitpunkt der Auslösung des Alarms aufgerufen.

- → **13:** Es wird ein neues `Intent`-Objekt erzeugt. Dieses Objekt ist dafür zuständig, was nach der Auslösung des Alarms geschehen soll. Hier lege ich fest, dass der Empfänger `OnAlarmReceiver` aufgerufen werden soll.

- → **14:** Das `Intent`-Objekt wird mit zusätzlichen Informationen versorgt (der Kennung des Termins in der Datenbank).

- → **16:** `AlarmManager` wird in einem eigenständigen Prozess ausgeführt. Damit `AlarmManager` eine Anwendung darüber informieren kann, dass eine Aktion ausgeführt werden muss, muss ein `PendingIntent` erzeugt werden. Das `PendingIntent`-Objekt enthält ein `Intent`-Objekt, das in Zeile 13 erzeugt wurde. In dieser Zeile wird ein `PendingIntent`-Objekt mit dem Statusindikator `FLAG_ONE_SHOT` erzeugt, der dafür sorgt, dass es nur einmal benutzt werden kann.

- → **17:** Die Methode `set()` des `AlarmManager`-Objekts wird aufgerufen, um den Alarmtermin zu setzen. Dieser Methode werden die folgenden Parameter übergeben:

  - `type:AlarmManager.RTC_WAKEUP` gibt die koordinierte Weltzeit (UTC – Universal Time Coordinated) an. Dieser Parameter weckt das Gerät auf, wenn die über das Argument `triggerAtTime` angegebene Zeitspanne abgelaufen ist.

  - `triggerAtTime:when.getTimeInMillis()` gibt die Uhrzeit an, zu der der Alarm ausgelöst werden soll. Das `Calendar`-Objekt stellt die Methode `getTimeInMillis()` bereit, die die Zeit in einen `long`-Wert umwandelt, der der Zeit in Einheiten von Millisekunden entspricht.

  - `operation`: Bei `pi` handelt es sich um den schwebenden Intent (pending intent), auf den reagiert werden soll, wenn der Alarm ausgelöst wird. Der Alarm wird nun zur angeforderten Zeit ausgelöst.

Wenn bereits ein Alarm mit einem schwebenden Intent anberaumt wurde, der dieselbe Signatur enthält, wird der vorherige Alarm annulliert und ein neuer eingerichtet.

Die Klasse OnAlarmReceiver erstellen

Die Klasse `OnAlarmReceiver` ist für die Verarbeitung des Intents zuständig, der beim Auftreten eines Alarms ausgelöst wird. Da es sich im Wesentlichen um eine einfache Implementierung von `BroadcastReceiver` handelt, die auf Broadcast-Ereignisse im Android-System reagieren kann, fungiert `OnAlarmReceiver` als Einhängepunkt im Alarmsystem.

Erstellen Sie für die Java-Klasse `OnAlarmReceiver` die Datei `OnAlarmReceiver.java` und fügen Sie dort den Code aus Listing 13.2 ein.

13 ▶ Terminerinnerungen mit AlarmManager

```
public class OnAlarmReceiver extends BroadcastReceiver {
    @Override
    public void onReceive(Context context, Intent intent) {
        long rowid =
            intent.getExtras().getLong(RemindersDbAdapter.KEY_ROWID);      → 4

        WakeReminderIntentService.acquireStaticLock(context);              → 6

        Intent i = new Intent(context, ReminderService.class);             → 8
        i.putExtra(RemindersDbAdapter.KEY_ROWID, rowid);                   → 9
        context.startService(i);                                           → 10
    }
}
```

Listing 13.2: Die Klasse `OnAlarmReceiver`

Nachfolgend werden die einzelnen Codezeilen erläutert:

- ✔ **→ 4:** Nachdem der Empfänger mit der Verarbeitung des Intents begonnen hat, übernehme ich die Datenbankkennung des Termins vom Intent.

- ✔ **→ 6:** Hier weise ich `WakeReminderIntentService` an, sich eine statische CPU-Sperre zu beschaffen, um das Gerät wach zu halten, solange Arbeiten erledigt werden.

- ✔ **→ 8:** In dieser Zeile wird ein neues `Intent`-Objekt definiert, das `ReminderService` starten soll.

- ✔ **→ 9:** In dieser Zeile übergebe ich die ID des Termins dem Intent, der zum Starten des Dienstes verwendet wird, der die Arbeit verrichten soll. Damit erhält die Klasse `ReminderService` die Kennung des Termins, mit dem sie arbeiten muss.

- ✔ **→ 10:** Diese Zeile startet `ReminderService`.

Hierbei handelt es sich um den ersten Eintrittspunkt für den gesetzten Alarm. Während dieser `BroadcastReceiver` verarbeitet wird, wäre es nicht erwünscht, dass das Gerät zurück in den Schlafzustand wechselt, weil Ihr Termin dann nie abgeschlossen werden könnte und Ihre App möglicherweise in einen unterbrochenen Status übergehen würde, durch den Daten in der Datenbank beschädigt werden können.

Wenn ein Alarm ausgelöst wird, wird der mit dem Alarm anberaumte schwebende Intent über das System übertragen. Alle Broadcast-Empfänger, die etwas damit anzufangen wissen, werden ihn dann verarbeiten.

Da Sie sich hier erst das zweite Mal mit dem `BroadcastReceiver`-Objekt befassen, ist Ihnen deren Arbeitsweise wahrscheinlich noch nicht wirklich klar. Bei einem `BroadcastReceiver` handelt es sich um eine Komponente, die weiter nichts macht, als übertragene Systemnachrichten zu empfangen und darauf zu reagieren. Ein `BroadcastReceiver` zeigt zwar keine Benutzerschnittstelle an, startet aber in Reaktion auf das Broadcast-Ereignis eine Aktivität. Bei `OnAlarmReceiver` handelt es sich um eine Instanz von `BroadcastReceiver`.

Wenn `AlarmManager` den schwebenden Intent überträgt, reagiert die Klasse `OnAlarmReceiver` auf den Intent, weil er an diese Klasse adressiert ist (siehe Zeile 13 von Listing 13.1). Diese Klasse übernimmt dann den Intent, sperrt die CPU und verrichtet die erforderliche Arbeit.

Die Klasse WakeReminderIntentService erstellen

Bei der Klasse `WakeReminderIntentService` handelt es sich um die Basisklasse der `Reminder Service`-Klasse. Sie ist für die Anforderung und Freigabe der CPU-Einschlafsperre und deren Verwaltung zuständig. Eine CPU-Einschlafsperre (»wake lock« oder als Menüoption auch AKTIV LASSEN genannt) sorgt dafür, dass das Gerät (aber nicht zwangsläufig auch der Bildschirm) eingeschaltet bleibt, während Daten verarbeitet werden. Nach Abschluss der Verarbeitung hebt diese Klasse die Sperrung auf, damit das Gerät wieder in den Schlafmodus wechseln kann.

Erstellen Sie für die Java-Klasse `WakeReminderIntentService` die Datei `WakeReminderIntent Service.java` und fügen Sie dort den Code aus Listing 13.3 ein.

```
public abstract class WakeReminderIntentService extends IntentService {
    abstract void doReminderWork(Intent intent);                              → 2

        public static final String
            LOCK_NAME_STATIC="com.dummies.android.terminplaner.Static";       → 3
        private static PowerManager.WakeLock lockStatic=null;                 → 4

        public static void acquireStaticLock(Context context) {
            getLock(context).acquire();                                       → 5
        }

        synchronized private static PowerManager.WakeLock
                            getLock(Context context) {                       → 8
            if (lockStatic==null) {
                PowerManager
                    mgr=(PowerManager)context
                        .getSystemService(Context.POWER_SERVICE);            → 10

                lockStatic=mgr.newWakeLock(PowerManager.PARTIAL_WAKE_LOCK,
                                LOCK_NAME_STATIC);                           → 12
                lockStatic.setReferenceCounted(true);                        → 13
        }
            return(lockStatic);                                              → 15
        }

        public WakeReminderIntentService(String name) {                      → 18
            super(name);
        }

        @Override
        final protected void onHandleIntent(Intent intent) {                 → 23
```

13 ► Terminerinnerungen mit AlarmManager

```
            try {
                doReminderWork(intent);                              → 25
            } finally {
                getLock(this).release();                             → 27
            }

        }
    }
```

Listing 13.3: Die Klasse `WakeReminderIntentService`

Nachfolgend werden die einzelnen Codezeilen erläutert:

- ✔ **→ 2:** Diese abstrakte Methode wird in allen Nachfahren dieser Klasse implementiert, wie zum Beispiel in Zeile 7 von Listing 13.4 in `ReminderService`.

- ✔ **→ 3:** Dies ist die Kennung, die ich als Name für die übernommene CPU-Einschlafsperre verwende und die die Fehlersuche unterstützt.

- ✔ **→ 4:** Hierbei handelt es sich um die private statische Variable für die Einschlafsperre, auf die später in dieser Klasse verwiesen und die dort gesetzt wird.

- ✔ **→ 5:** Hier wird die Methode `getLock()` aufgerufen, die bei Zeile 8 beschrieben wird. Um sicherzustellen, dass sich das Gerät im angeforderten Status der partiellen Einschlafsperre befindet, wird nach der Rückkehr aus dem Methodenaufruf die Methode `acquire()` aufgerufen. Diese Sperre verhindert zwar, dass das Gerät in den Schlafmodus wechselt, schaltet aber den Bildschirm nicht ein.

- ✔ **→ 8:** In dieser Zeile wird die Methode `getLock()` definiert, die `PowerManager.WakeLock` zurückgibt, über die Sie Android mitteilen können, dass das Gerät eingeschaltet bleiben soll, solange Ihre App noch Daten verarbeitet.

- ✔ **→ 10:** In dieser Zeile wird `PowerManager` vom Aufruf `getSystemService()` übernommen. Mit ihr wird die Sperre erzeugt.

- ✔ **→ 12:** Hier wird mit dem Methodenaufruf `newWakeLock()` eine neue `WakeLock`-Sperre erzeugt. Diese Methode akzeptiert die folgenden Parameter:

  - `flags`: Sie können diesem Aufruf zwar zahlreiche Schalter übergeben, ich benutze mit `PowerManager.PARTIAL_WAKE_LOCK` aber nur einen. `PARTIAL_WAKE_LOCK` teilt Android mit, dass die CPU eingeschaltet bleiben muss, der Bildschirm aber abgeschaltet werden kann.

  - `tag`: Bei `LOCK_NAME_STATIC` kann es sich um den Namen Ihrer Klasse oder einen anderen String handeln. Dieser String wird für Zwecke der Fehlersuche genutzt und in Zeile 3 definiert.

- ✔ **→ 13:** Diese Zeile teilt `PowerManager` mit, dass für die Verweise ein Zähler benutzt werden soll. Dieser wird beim Aufruf von `acquire()` und `release()` inkrementiert beziehungsweise dekrementiert. Wenn der Zähler negativ wird, kommt es zu einem schwer zu findenden Laufzeitfehler.

- → **15:** Hier wird `WakeLock` an den Aufrufer zurückgegeben.

- → **18:** Dies ist der Konstruktor mit dem Namen der ihn erzeugenden Kindinstanz. Der Name wird nur für Fehlersuchzwecke genutzt.

- → **23:** Hierbei handelt es sich um den Aufruf der Methode `onHandleIntent()` von `IntentService`. Diese Methode wird aufgerufen, sobald der Dienst gestartet wurde, um den ihr übergebenen Intent zu verarbeiten.

- → **25:** Der Dienst versucht, die notwendige Arbeit durch Aufruf von `doReminderWork()` zu erledigen.

- → **27:** Unabhängig vom Erfolg des Aufrufs von `doReminderWork()` will ich sicherstellen, dass `WakeLock` freigegeben wird. Wenn ich `release()` für `WakeLock` nicht aufrufe, könnte das Gerät bis zu dessen nächstem Neustart eingeschaltet bleiben. Das wäre höchst unerfreulich, weil dadurch die Akkus entladen werden. Deshalb wird die Methode `release()` auch abschließend im `finally`-Block der Ausnahmebehandlung über `try-catch` aufgerufen. Der `finally`-Block von `try-catch` wird unabhängig vom Erfolg des `try`-Blocks immer aufgerufen.

Auch wenn `doReminderWork()` in `ReminderService` bisher noch nicht implementiert wurde, reagiert die Terminplaner-Anwendung bereits auf Alarm-Ereignisse. Wenn Sie wollen, können Sie mehrere Termine einrichten und Haltepunkte im Debugger setzen, um zu beobachten, wie der Ausführungspfad in der Methode `ReminderService doReminderWork()` abbricht.

`AlarmManager` speichert Alarm-Ereignisse nicht dauerhaft. Wenn das Gerät neu gestartet wird, müssen die Alarm-Ereignisse daher wieder neu eingerichtet werden. Das ist bei jedem Geräteneustart notwendig.

Der eben vorgestellte Code zeigt, was erforderlich ist, um Daten mit einem Gerät zu verarbeiten, das in den Schlafmodus übergehen oder gesperrt werden könnte. Er fordert eine `WakeLock`-Sperre an und ruft, während das Gerät aktiv gehalten wird, die in `ReminderService` implementierte Methode `doReminderWork()` auf.

Die Klasse ReminderService erzeugen

Die Klasse `ReminderService` verrichtet die Arbeit, wenn ein Alarm ausgelöst wird. Bei der Implementierung in diesem Kapitel wird vorläufig nur ein Gerüst für die auszuführenden Arbeiten erstellt. Die Benachrichtigungen in der Statusleiste werden später in Kapitel 14 implementiert.

Erstellen Sie für die Klasse `ReminderService` die Datei `ReminderService.java` und fügen Sie dort den Code aus Listing 13.4 ein.

13 ▸ Terminerinnerungen mit AlarmManager

```
public class ReminderService extends WakeReminderIntentService {                → 1
    public ReminderService() {
        super("ReminderService");
    }

    @Override
    void doReminderWork(Intent intent) {                                        → 7
        Long rowId = intent.getExtras()
            .getLong(RemindersDbAdapter.KEY_ROWID);                             → 8

        // Hier Code für Benachrichtigungen in Statusleiste einfügen
    }
}
```

Listing 13.4: Die Klasse ReminderService

Nachfolgend werden die einzelnen Codezeilen erläutert:

- ✔ → **1:** In dieser Zeile wird die Klasse ReminderService als Nachfahre von WakeReminder IntentService definiert.
- ✔ → **7:** Hier wird die abstrakte Methode doReminderWork() von WakeReminderIntent Service implementiert.
- ✔ → **8:** Hier wird die ID des Termins übernommen, die im an diese Klasse übergebenen Intent-Objekt enthalten war.

Wie erwähnt, wurde diese Klasse hier nur vorläufig implementiert und übernimmt erst einmal nur die ID des Termins vom Intent.

Geräte neu starten

Zugegeben, nach einem langen Arbeitstag und ausgiebiger Nachtruhe vergesse auch ich manchmal etwas. Das ist doch nur menschlich, oder? Nach dem Aufwachen muss ich üblicherweise an bestimmte Dinge erinnert werden. Dagegen lässt sich nichts machen. Und auch der AlarmManager von Android bildet hier keine Ausnahme. Er kann Alarm-Ereignisse nicht dauerhaft speichern. Nach einem Geräteneustart müssen die Alarm-Ereignisse daher komplett neu eingerichtet werden. Das ist zwar nichts Weltbewegendes, aber sicherlich wissenswert.

Wenn Sie die Alarm-Ereignisse nicht neu setzen, kann naturgemäß auch kein Alarm ausgelöst werden, weil Android dann nichts von ihnen weiß.

Einen BootReceiver erzeugen

Im letzten Kapitel habe ich Sie aufgefordert, die Berechtigung RECEIVE_BOOT_COMPLETED zu setzen. Mit dieser Berechtigung kann Ihre Anwendung eine Systemnachricht von Android empfangen, wenn der Startvorgang des Geräts abgeschlossen ist und es interaktive Benutzereingaben entgegennehmen kann. Da das Android-System dann Systemnachricht versenden kann, müssen Sie zu Ihrem Projekt einen weiteren BroadcastReceiver hinzufügen, der die Android-Systemnachricht über den abgeschlossenen Neustart verarbeitet. Wenn die Nachricht empfangen wird, muss der Empfänger über RemindersDbAdapter eine Verbindung mit SQLite herstellen, die Termine durchlaufen und die entsprechenden Alarm-Ereignisse setzen. Auf diese Weise sorgen Sie dafür, dass die Terminerinnerungen mit einem Neustart nicht vergessen werden.

Sie müssen zu Ihrer Terminplaner-Anwendung also einen neuen BroadcastReceiver hinzufügen, den ich OnBootReceiver genannt habe. Zudem müssen Sie zum application-Element der Datei AndroidManifest.xml die folgenden Codezeilen hinzufügen:

```xml
<receiver android:name=".OnBootReceiver">
    <intent-filter>
        <action android:name="android.intent.action.BOOT_COMPLETED" />
    </intent-filter>
</receiver>
```

Damit teilen Sie Android mit, dass OnBootReceiver die Systemnachricht über die Aktion BOOT_COMPLETED empfangen können soll. Einfach ausgedrückt soll OnBootReceiver erfahren, dass das Gerät neu gestartet wurde.

Erstellen Sie für die Klasse OnBootReceiver die Datei OnBootReceiver.java. Fügen Sie dort die vollständige Implementierung ein, die Sie in Listing 13.5 finden.

Da hier beim Erzeugen der erforderlichen import-Anweisungen Mehrdeutigkeiten auftreten, hier der Hinweis, dass (neben den über SOURCE|ORGANIZE IMPORTS zu erzeugenden Anweisungen) die Module java.text.ParseException und android.util.Log importiert werden müssen.

```java
public class OnBootReceiver extends BroadcastReceiver {                    →1

    @Override
    public void onReceive(Context context, Intent intent) {                →4
        ReminderManager reminderMgr = new ReminderManager(context);        →6
        RemindersDbAdapter dbHelper = new RemindersDbAdapter(context);
        dbHelper.open();
        Cursor cursor = dbHelper.fetchAllReminders();                      →11
        if(cursor != null) {
            cursor.moveToFirst();                                          →14

            int rowIdColumnIndex = cursor.getColumnIndex(RemindersDbAdapter.KEY_ROWID);
                int dateTimeColumnIndex =
                cursor.getColumnIndex(RemindersDbAdapter.KEY_DATE_TIME);
```

```
            while(cursor.isAfterLast() == false) {                           → 19
                Long rowId = cursor.getLong(rowIdColumnIndex);
                String dateTime = cursor.getString(dateTimeColumnIndex);

                Calendar cal = Calendar.getInstance();
                SimpleDateFormat format = new
                    SimpleDateFormat(ReminderEditActivity.DATE_TIME_FORMAT);

        try {
                java.util.Date date = format.parse(dateTime);               → 27
                cal.setTime(date);                                          → 28

                reminderMgr.setReminder(rowId, cal);                        → 30
            } catch (ParseException e) {
                Log.e(ÖnBootReceiver", e.getMessage(), e);                  → 32
            }
            cursor.moveToNext();                                            → 35
        }
            cursor.close();                                                 → 37
        }
            dbHelper.close();                                               → 40
    }
}
```

Listing 13.5: OnBootReceiver

Nachfolgend werden die einzelnen Codezeilen erläutert:

✔ → **1:** Hier wird `OnBootReceiver` definiert.

✔ → **4:** Hier handelt es sich um die Methode `onReceive()`, die aufgerufen wird, wenn ein Intent empfangen wird und Aktionen durchgeführt werden müssen.

✔ → **6:** Hier wird ein neues `ReminderManager`-Objekt eingerichtet, mit dem Alarm-Ereignisse anberaumt werden können.

✔ → **11:** Hier wird ein `Cursor` mit allen Erinnerungsterminen von `RemindersDbAdapter` übernommen. Dabei handelt es sich um denselben Aufruf, der auch zum Füllen der `List View` in `ReminderListActivity` benutzt wird.

✔ → **14:** Hier wird das `Cursor`-Objekt auf den ersten Datensatz gesetzt. Da ein `Cursor`-Objekt viele Datensätze enthalten kann, lässt sich der Cursor auf den jeweils nächsten Datensatz setzen. Das geschieht hier in der nachfolgenden Schleife.

✔ → **19:** In dieser Zeile beginnt eine `while`-Schleife, in der mit der Methode `isAfterLast()` geprüft wird, ob sich der Cursor hinter dem letzten Datensatz befindet. Das Ergebnis `false` besagt, dass ich weiterhin mit einem gültigen Datensatz arbeite. In Zeile 35 wird der Cursor auf den nächsten Datensatz gesetzt. Wenn das Ergebnis den Wert `true` hätte, gäbe es keine weiteren nutzbaren Datensätze mehr im `Cursor`-Objekt.

✔ → **27:** Die Daten des aus der Datenbank übernommenen Strings werden untersucht.

✔ → **28:** Nach der Übernahme des Datums aus dem `Cursor`-Objekt muss die Variable `Calendar` mit der richtigen Uhrzeit aktualisiert werden. In dieser Zeile werden die Datumswerte für die Übernahme in das lokale `Calendar`-Objekt formatiert.

✔ → **30:** Hier wird ein neuer Erinnerungstermin mit der Zeilenkennung aus der Datenbank und der zuvor belegten `Calendar`-Variablen erstellt.

✔ → **32:** Diese Anweisung trägt Ausnahmefehler in das Systemprotokoll ein.

✔ → **35:** Die Methode `moveToNext()` wechselt zum nächsten Datensatz im `Cursor`-Objekt. Wenn keine weiteren Datensätze mehr vorhanden sind, liefert der Aufruf von `isAfterLast()` den Wert `true` und die `while`-Schleife wird verlassen. Wird die Schleife erneut durchlaufen, wird das Programm mit Zeile 19 fortgesetzt. Das geschieht so lange, bis alle in der Datenbank vorhandenen Sätze verarbeitet worden sind.

✔ → **37:** Hier wird das `Cursor`-Objekt geschlossen, da es nicht mehr benötigt wird. Bei der bisherigen Nutzung des `Cursor`-Objekts wird Ihnen vielleicht aufgefallen sein, dass ich es nie schließen musste. Das lag daran, dass es bisher vom `Activity`-Objekt verwaltet wurde. Hier habe ich aber keinen Zugriff auf die `Activity`-Klasse, weil sich das `Cursor`-Objekt in einem `BroadcastReceiver` und damit außerhalb des Gültigkeitsbereichs befindet, weshalb ich nicht darauf zurückgreifen kann.

✔ → **40:** Hier wird `RemindersDbAdapter` geschlossen, woraufhin wiederum die nicht mehr benötigte Datenbank geschlossen wird.

Wenn Sie die Anwendung starten, ein paar Termine erstellen und dann das Gerät neu starten, könnten Sie nun sehen, dass die Terminerinnerungen weiterhin existieren. Wenn Sie die App debuggen wollen, denken Sie daran, dass Sie das Attribut `debuggable` im Anwendungs-Manifest auf `true` setzen müssen. (Wie das geht, wird in Kapitel 5 im Abschnitt »Den Debugger und die Debug-Perspektive starten« beschrieben.)

Funktion von BootReceiver prüfen

Wenn Sie sich nicht sicher sind, ob `OnBootReceiver` funktioniert, können Sie die folgenden `Log`-Anweisungen in die `while`-Schleife einbauen:

`Log.d("OnBootReceiver", "Alarm beim Start.");`

`Log.d("OnBootReceiver", "rowIdColumnIndex - " + rowIdColumnIndex);`

Dadurch werden Meldungen in das Systemprotokoll eingetragen, die in der DDMS-Perspektive angezeigt werden. Sie können dann den Emulator beenden oder Ihr Gerät herunterfahren und anschließend neu starten. Beobachten Sie den Strom der angezeigten Meldungen in DDMS und achten Sie dabei auf die `OnBootReceiver`-Meldungen. Wenn in Ihrer Datenbank zwei Termine gespeichert sind, sollten zwei Sätze von Meldungen angezeigt werden, die darüber informieren, dass das System nach dem Start Alarm-Ereignisse hinzugefügt hat und welchen Wert `rowIdColumnIndex` dabei hatte.

Die Android-Statusleiste aktualisieren

In diesem Kapitel
- Die Statusleiste – einige Grundlagen
- Mit der Android-Benachrichtigungsverwaltung arbeiten
- Benachrichtigungen aktualisieren und entfernen

*I*m Verlauf dieses Buches habe ich verschiedene Möglichkeiten behandelt, um Benutzer über Dialogfelder, Toasts und neue Aktivitäten auf bestimmte Ereignisse aufmerksam zu machen. Diese Verfahren funktionieren zwar in bestimmten Situationen recht gut, aber manchmal wollen Sie Benutzer auch auf etwas hinweisen, ohne ihre Aufmerksamkeit von der aktuellen Aktivität abzulenken. Dann brauchen Sie Möglichkeiten, den Benutzer auf etwas hinzuweisen, es ihm aber überlassen bleibt, wann er sich damit befassen will. Für derartige Zwecke eignet sich die Statusleiste.

Elemente der Statusleiste

Da einem uralten Sprichwort zufolge ein Bild mehr als tausend Worte sagt, lässt sich die Statusleiste am besten anhand eines Bildes beschreiben. Betrachten Sie also Abbildung 14.1.

Abbildung 14.1: Die Statusleiste mit mehreren vorhandenen Symbolen

Symbole in der Statusleiste

Beim ersten Symbol oben links in Abbildung 14.1 handelt es sich um eine Calendar-Benachrichtigung, die mich darüber informiert, dass heute ein Treffen mit einem Mitarbeiter ansteht. Das zweite teilt mir mit, dass das Gerät über die USB-Schnittstelle mit einem anderen (einem Computer) verbunden ist, und das dritte Symbol weist darauf hin, dass das USB-Debugging aktiviert ist. Ich kann auf die Statusleiste drücken und sie herunterziehen, um mir wie in Abbildung 14.2 weitere Informationen zu den Benachrichtigungssymbolen anzeigen zu lassen.

In Abbildung 14.2 sehen Sie, dass es zu den einzelnen Benachrichtigungen erweiterte Views mit weiteren Informationen zu den Symbolen gibt. Benutzer können die sie interessierende erweiterte View auswählen und damit die angeforderte Aktion starten.

Entwicklern können den Inhalt der Statusleiste ändern.

Abbildung 14.2: Die Statusleiste aufziehen

Benutzer über Statusleistenwerkzeuge benachrichtigen

Die Statusleiste stellt Ihnen verschiedene Werkzeuge zur Verfügung, um Benutzer zu benachrichtigen. Bei der einfachen Anzeige von Symbolen im Benachrichtigungsbereich handelt es sich nicht um Ihre einzige Option. Sie können die Wirkung Ihrer Benachrichtigung durch zusätzliche Merkmale (auf die ich weiter hinten in diesem Kapitel noch näher eingehe) verstärken. Zu diesen Optionen zählen:

- ✔ **Vibration:** Sie können das Gerät bei Benachrichtigungen vibrieren lassen. Das ist nützlich, wenn Benutzer es in der Tasche tragen.

- ✔ **Sound:** Zusammen mit der Benachrichtigung können Sie irgendwelche Alarm- oder Klingeltöne erklingen lassen. Sie können Tonsignale auch selbst aufnehmen und zusammen mit Ihrer Anwendung installieren. Das ist nützlich, wenn Benutzer die Lautstärke ihrer Geräte hochgezogen haben.

- ✔ **Lichtsignale:** An vielen Geräten gibt es programmierbare LEDs. Dann können Sie darauf zugreifen und sie in einem bestimmten Intervall oder auch in einer bestimmten Farbe blinken lassen. Wenn die LED nur eine Farbe (beispielsweise Weiß) unterstützt, werden dabei Farbvorgaben ignoriert. Wenn Benutzer ihr Gerät in den Lautlosmodus versetzt haben, können Lichtsignale hervorragend auf Ereignisse hinweisen, die der Aufmerksamkeit des Benutzers bedürfen.

Wenn Sie diese verschiedenen Optionen für Benachrichtigungen verwenden, können Sie Benutzer besser auf bestimmte Geschehnisse auf ihren Geräten hinweisen, die ihrer Aufmerksamkeit bedürfen.

Die Statusleiste ist ein äußerst mächtiges Werkzeug, da Benutzer über sie während der Lebenszeit einer Anwendung wertvolle Rückmeldungen erhalten können. Symbole, Vibrationsalarm, Licht- und Tonsignale könnten Ihnen vielleicht wie eine Art Hauptgewinn vorkommen,

14 ▶ Die Android-Statusleiste aktualisieren

aber sie bilden noch nicht das Ende der Fahnenstange. Über Benachrichtigungen können Sie Benutzern auch wie bei einem Nachrichtenticker über den Bildschirm rollende Informationen zukommen lassen. Diese werden beim ersten Auftreten der Benachrichtigung angezeigt. Später müssen Benutzer dann die Statusleiste aufziehen, um die erweiterte View anzeigen zu lassen.

Das Statusleisten-Framework lässt sich dazu benutzen, Anwender über verschiedene Aktivitäten zu informieren, wie zum Beispiel den Gerätestatus, neu eintreffende E-Mail oder auch den Fortschritt von Downloads (Abbildung 14.3).

Abbildung 14.3: Fortschrittsanzeige in der Statusleiste

Als Entwickler können Sie programmgesteuert erweiterte Views erstellen. Dabei handelt es sich um die View, die der Benutzer zu sehen bekommt, wenn er die Statusleiste herunterzieht.

 **Und was ist mit Android 3.0 (Honeycomb)?**

Android 3.0 ist keine einfache Weiterentwicklung von Android 2.x, sondern wurde für den Einsatz auf Tablets neu gestaltet.

Hier gibt es eine Aktionsleiste am oberen und eine Statusleise am *unteren* Bildschirmrand, die Softbuttons für die Schalter HOME, SUCHE, MENÜ und ZURÜCK enthält. Während sich Android 1.x und 2.x laut Aussage von Google selbst eigentlich nicht für Tablets eignet (sondern vorwiegend für Telefone und ähnliche Geräte), lässt sich andererseits mit Android 3.x (Honeycomb) auf Geräten mit relativ kleinem Bildschirm wenig Staat machen.

Das heißt aber für Entwickler (zumindest im Extremfall) auch, dass es sich bei Android 1.x/2.x und Android 3.x letztlich um zwei zwar sehr ähnliche, aber doch unterschiedliche

> Plattformen handelt. Möglicherweise erstellen Sie besser verschiedene Versionen Ihrer Apps für die beiden Android-Varianten.
>
> Wenn Sie an die oft recht unterschiedliche Hardware der Telefonie- und der Tablet-Geräte denken, empfiehlt es sich wahrscheinlich ohnehin, sich ein paar Gedanken darüber zu machen, ob sich Ihre Apps für beide Gerätekategorien eignen, und entsprechende Hinweise in deren Beschreibung zu geben!

NotificationManager benutzen

NotificationManager dient der Benachrichtigungsverwaltung und damit als Schnittstelle zu den entsprechenden Android-Optionen. Benachrichtigungen werden in der Statusleiste auf dem Bildschirm des Geräts angezeigt. Um mit NotificationManager arbeiten zu können, müssen Sie einfach nur dessen aktuellen Kontext abfragen. Innerhalb einer Aktivität lautet der entsprechende Code wie folgt:

```
NotificationManager mgr = (NotificationManager)getSystemService(NOTIFICATION_SERVICE);
```

Mit dieser Codezeile erhalten Sie über den Aufruf getSystemService() das Notification Manager-Objekt.

Ihre erste Benachrichtigung erstellen

Die Terminplaner-Anwendung muss den Benutzer irgendwie darauf aufmerksam machen, dass ein Termin ansteht und beachtet werden soll. Das geschieht, wenn der Alarm für den entsprechenden Termin ausgelöst wird. Um dafür eine Benachrichtigung in der Statusleiste anzuzeigen, müssen Sie NotificationManager nutzen.

Fügen Sie in die Methode doReminderWork() der Klasse ReminderService den Code aus Listing 14.1 ein.

```
Long rowId = intent.getExtras().getLong(RemindersDbAdapter.KEY_ROWID);              → 1

NotificationManager mgr =
        (NotificationManager)getSystemService(NOTIFICATION_SERVICE);                → 3

Intent notificationIntent = new Intent(this, ReminderEditActivity.class);           → 5
notificationIntent.putExtra(RemindersDbAdapter.KEY_ROWID, rowId);                   → 6

PendingIntent pi = PendingIntent.getActivity(this, 0, notificationIntent,
        PendingIntent.FLAG_ONE_SHOT);                                               → 8
```

14 ▶ Die Android-Statusleiste aktualisieren

```
Notification note=new Notification(android.R.drawable.stat_sys_warning,
           getString(R.string.notify_new_task_message),
              System.currentTimeMillis());                              → 10

note.setLatestEventInfo(this, getString(R.string.notify_new_task_title),
           getString(R.string.notify_new_task_message), pi);            → 12

note.defaults |= Notification.DEFAULT_SOUND;                            → 14
note.flags |= Notification.FLAG_AUTO_CANCEL;                            → 15

// Wenn der Benutzer mehr als 2.147.483.647 Termine (max. int-Wert)
// eingibt, kann es zu Problemen kommen.
// Das dürfte zwar nie geschehen, sollte aber doch angemerkt werden.
int id = (int)((long)rowId);                                            → 19
mgr.notify(id, note);                                                   → 20
```

Listing 14.1: Die Implementierung von doReminderWork()

Nachfolgend werden die einzelnen Zeilen von Listing 14.1 erläutert:

- ✔ **→ 1:** Der Intent, der ReminderService gestartet hat, enthält die rowId des Termins, mit dem aktuell gearbeitet wird. Diese ID wird benötigt, weil sie als Teil von PendingIntent für den Status gesetzt wird. Wenn die Benachrichtigung in der Statusleiste ausgewählt wird, soll ReminderEditActivity mit der rowId als Teil des schwebenden Intents starten. Auf diese Weise wird ReminderEditActivity angezeigt, liest die Daten der entsprechenden rowId und zeigt sie dem Benutzer an.

- ✔ **→ 3:** Eine Instanz von NotificationManager übernehmen.

- ✔ **→ 5:** Hier wird ein neuer Intent erstellt und die Klasse auf ReminderEditActivity gesetzt. Dabei handelt es sich um die Aktivität, die gestartet werden soll, wenn der Benutzer die Benachrichtigung auswählt.

- ✔ **→ 6:** rowId in den Intent übernehmen.

- ✔ **→ 8:** Einen schwebenden Intent einrichten, der vom Benachrichtigungssystem verwendet werden soll. Da das Benachrichtigungssystem in einem anderen Prozess ausgeführt wird, muss ein PendingIntent genutzt werden. Das Flag FLAG_ONE_SHOT wird verwendet, um dafür zu sorgen, dass der schwebende Intent nur ein einziges Mal benutzt werden kann.

- ✔ **→ 10:** In dieser Zeile wird das in der Statusleiste anzuzeigende Notification-Objekt erzeugt. Die Klasse Notification akzeptiert die folgenden Parameter:
  - icon: android.R.drawable.stat_sys_warning ist die Ressourcenkennung des in der Statusleiste anzuzeigenden Symbols, bei dem es sich um ein kleines Dreieck mit einem darin enthaltenen kleinen Ausrufezeichen handelt. Da dies ein vordefiniertes Symbol der Android-Plattform ist, müssen Sie sich nicht um die Erstellung von Symbolen für unterschiedliche Auflösungen kümmern.
  - tickerText: getString(R.string.notify_new_task_message) übernimmt den Text, der bei der ersten Anzeige der Benachrichtigung durch die Statuszeile gerollt

wird, aus einer String-Ressource. Diese wird im Abschnitt »String-Ressourcen hinzufügen« weiter hinten in diesem Kapitel hinzugefügt.

- `when`: `System.currentTimeMillis()` ermittelt die im Zeitfeld der Benachrichtigung anzuzeigende Uhrzeit.

✔ → **12:** Diese Zeile setzt den Inhalt der erweiterten View und verwendet dabei das Standardlayout von Android für das letzte Ereignis (`LatestEvent`). Sie könnten aber auch selbst ein XML-Layout erstellen, das angezeigt werden soll. Hier verzichte ich darauf und greife für die Benachrichtigung einfach auf eine vordefinierte View zurück. Die Methode `setLatestEventInfo()` akzeptiert die folgenden Parameter:

- `context`: `this` gibt den mit der Ereignisinformation zu verbindenden Kontext an.
- `contentTitle`: `getString(R.string.notifiy_new_task_title)` übernimmt den Text, der als Titel in der erweiterten View angezeigt werden soll, aus einer String-Ressource. Diese wird im Abschnitt »String-Ressourcen hinzufügen« weiter hinten in diesem Kapitel hinzugefügt.
- `contextText`: `getString(R.string.notify_new_task_message)` übernimmt den erläuternden Text, der in der erweiterten View angezeigt werden soll, aus einer String-Ressource. Diese wird im Abschnitt »String-Ressourcen hinzufügen« weiter hinten in diesem Kapitel hinzugefügt.
- `contentIntent`: `pi` legt fest, welcher Intent bei der Auswahl der erweiterten View gestartet werden soll.

✔ → **14:** Beim Setzen des `Notification`-Objekts wird ein bitweises Oder verwendet, um für eine akustische Benachrichtigung zu sorgen. Dadurch wird der voreingestellte Benachrichtigungssound wiedergegeben, sofern die Lautstärke am Gerät nicht heruntergezogen wurde.

✔ → **15:** Beim Setzen des `Notification`-Objekts wird ein bitweises Oder verwendet, um die Benachrichtigung auszublenden, wenn sie vom Benutzer ausgewählt wurde.

✔ → **19:** Typumwandlung der `rowId` in einen Integer-Wert. In der SQLite-Datenbank wird die Kennung als `long` gespeichert. Hier wandle ich sie unter Genauigkeitsverlusten in einen Integer-Wert um. Ich bezweifle allerdings stark, dass mit dieser Anwendung jemals mehr als 2.147.483.647 (der Maximalwert einer Integer-Variablen in Java) Termine eingerichtet werden. Daher sollte diese Umwandlung zu keinerlei Problemen führen. Sie ist erforderlich, weil der Code in Zeile 20 nur einen Integer-Wert als Kennung für die Benachrichtigung akzeptiert.

✔ → **20:** Überträgt die Benachrichtigung in die Statusleiste. Der Aufruf von `notify()` akzeptiert zwei Parameter:

- `id`: Bei `id` handelt es sich um eine eindeutige Kennung innerhalb Ihrer Anwendung.
- `Notification`: `note` ist ein `Notification`-Objekt, das beschreibt, wie der Benutzer benachrichtigt werden soll.

Der Arbeitsablauf

Durch den vorgestellten Code kommt es zum folgenden Arbeitsablauf:

- Der Benutzer verwendet eine andere Anwendung, wie zum Beispiel ein E-Mail-Programm.
- Ein Termin wird fällig und daher wird ein Alarm ausgelöst. Die Benachrichtigung wird in der Statusleiste angezeigt.
- Der Benutzer kann die Statusleiste aufziehen und die Benachrichtigung auswählen oder sie vorläufig ignorieren.
- Wenn der Benutzer die Statusleiste aufzieht und ein Element auswählt, wird der schwebende Intent innerhalb der Benachrichtigung aktiviert. Dieser sorgt wiederum dafür, dass `ReminderEditActivity` mit der entsprechenden `rowId` des Termins angezeigt wird.
- Die Benachrichtigung wird aus der Statusleiste entfernt.
- Die Termindaten werden aus der Datenbank übernommen und von `ReminderEditActivity` im Formular angezeigt.

String-Ressourcen hinzufügen

Ich habe bereits darauf hingewiesen, dass Sie noch die folgenden String-Ressourcen in `strings.xml` definieren müssen, damit Sie die App im aktuellen Zustand starten können:

- `notify_new_task_message`: Diesen Wert habe ich auf »Ein Termin muss überprüft werden!« gesetzt. Diese Meldung wird in der erweiterten View und als Tickertext bei der ersten Anzeige der Benachrichtigung verwendet.
- `notify_new_task_title`: Diesen Wert habe ich auf »Terminplaner« gesetzt. Diese Meldung wird als Titel für die erweiterte View genutzt.

Benachrichtigungen aktualisieren

Manchmal werden Sie die View Ihrer Benachrichtigung möglicherweise aktualisieren müssen. Stellen Sie sich vor, dass Ihre Anwendung im Hintergrund ausgeführt wird und prüft, ob Termine geändert wurden. Dabei ermittelt sie, ob bestimmte Benachrichtigungen nicht weiter angezeigt werden müssen. Sie legen fest, dass das Symbol der Benachrichtigung nach Ablauf von zwei Stunden geändert werden soll und dass dann beispielsweise ein rotes Ausrufezeichen angezeigt und die LED am Gerät schnell rot blinken soll. Glücklicherweise lassen sich Benachrichtigungen recht leicht ändern.

Wenn Sie die Methode `notify()` mit einer aktuell in der Statusleiste aktiven Kennung und mit einem neuen Satz von `Notification`-Parametern aufrufen, wird die Benachrichtigung in der Statusleiste aktualisiert. Daher müssen Sie nur einfach ein neues `Notification`-Objekt mit dem roten Symbol als Parameter erstellen und `notify()` aufrufen, um die Benachrichtigung zu aktualisieren.

Benachrichtigungen entfernen

Das Verhalten der Benutzer lässt sich nie sicher vorhersehen. Schließlich können sie sich ja auch an irgendeinem beliebigen Ort der Welt aufhalten! Es könnte sich um Erstanwender, erfahrene Benutzer und so weiter handeln. Und alle benutzen ihre Geräte und Anwendungen auf ihre ganz eigene, spezielle Weise. Irgendwann wird ein Benutzer eine Benachrichtigung sehen und sich dazu entschließen, die App auf dem manuellen Umweg über den Anwendungsstarter aufrufen.

Wenn der Benutzer aber diesen Umweg wählt, während eine Benachrichtigung aktiv ist, bleibt die Benachrichtigung erhalten. Selbst wenn der Benutzer den betreffenden Termin betrachtet, bleibt die Benachrichtigung in der Statusleiste stehen. Das ist zwar kein großes Problem, aber Ihre Anwendung sollte den eigenen Status erkennen und möglicherweise bestehende Benachrichtigungen für den betreffenden Termin ausblenden können. Wenn ein Benutzer Ihre App aber öffnet und einen anderen Termin ohne aktive Benachrichtigung betrachtet, sollten Benachrichtigungen für andere Termine erhalten bleiben. Sie sollten nur Benachrichtigungen für vom Benutzer überprüfte Termine entfernen.

Vorhandene Benachrichtigungen lassen sich beim `NotificationManager` wirklich einfach mit der Methode `cancel()` entfernen. Diese akzeptiert mit der Kennung der Benachrichtigung nur einen einzigen Parameter. Erinnern Sie sich noch daran, dass ich die ID des Termins auch für die Benachrichtigung verwendet habe? Das ist der Grund dafür. Die ID des Termins ist innerhalb der Terminplaner-Anwendung eindeutig. Auf diese Weise kann ich einfach einen Termin anzeigen und alle dafür vorhandenen Benachrichtigungen mit einem Aufruf der Methode `cancel()` und der Kennung des Termins entfernen.

Irgendwann werden Sie auch einmal alle zuvor angezeigten Benachrichtigungen entfernen müssen. Dazu können Sie einfach die Methode `cancelAll()` von `NotificationManager` aufrufen.

Arbeiten mit dem Android-Preference-Framework

In diesem Kapitel
- So funktionieren Einstellungen in Android
- Einen Bildschirm für Einstellungen erstellen
- Einstellungen programmgesteuert ändern

Ich würde mich als erfahrenen Computerbenutzer bezeichnen und bin mir sicher, dass das auch auf Sie zutrifft. Ich weiß, dass sich die meisten Programme konfigurieren und (weitgehend) an meine Bedürfnisse anpassen lassen. Daher versuche ich üblicherweise auf eigene Faust Einstellungen oder Optionen zu finden, mit denen ich die Konfiguration der jeweiligen Programme ändern kann. Wenn Sie Ihren Benutzern in Ihren Android-Anwendungen auch diese Möglichkeit geben, trägt dies zu deren Benutzerfreundlichkeit bei. Glücklicherweise lassen sich derartige Prozesse zum Ändern von Einstellungen in Android recht einfach implementieren.

Android enthält direkt ein robustes Preference-Framework, mit dessen Hilfe sie Einstellungen für Ihre Anwendung deklarieren und programmgesteuert ändern können. Android speichert die Einstellungen dauerhaft als Schlüssel-Wert-Paare primitiver Datentypen. Sie müssen die Werte nicht in einer Datei, Datenbank oder auf anderem Weg speichern. Das Android-Preference-Framework übernimmt die angegebenen Werte und überträgt sie in den internen Speicher, damit Sie von Ihrer Anwendung weiter benutzt werden können. Über das Preference-Framework können Sie boolean-, float-, int-, long- und string-Werte speichern. Die Daten bleiben auch über mehrere Benutzersitzungen hinweg erhalten. Der Benutzer kann die App also schließen und später wieder starten und die gespeicherten Einstellungen weiterhin nutzen. Das gilt selbst dann, wenn Ihre App zwangsweise beendet wird.

In diesem Kapitel werde ich Ihnen das Android-Preference-Framework vorstellen und beschreiben, wie Sie es in Ihre Anwendungen einbinden können. Ich werde Ihnen zeigen, wie Sie das PreferenceActivity-Objekt zum Erstellen und Bearbeiten von Einstellungen benutzen und wie Sie Einstellungen über den Code Ihrer Anwendungen auslesen und speichern können. Am Ende des Kapitels werden diese Möglichkeiten vollständig in Ihrer Terminplaner-Anwendung integriert sein.

Das Android-Preference-Framework verstehen

Richtig toll am Android-Preference-Framework ist es, wie einfach sich ein Bildschirm erstellen lässt, über den der Benutzer Einstellungen ändern kann. Die meiste Schwerarbeit nimmt Ihnen Android ab und dadurch wird diese Aufgabe derart erleichtert, dass Sie nur noch den Bildschirm mit den Einstellungen in einer XML-Datei definieren müssen, die im Ordner `res/xml` Ihres Projekts abgelegt wird. Diese XML-Dateien sind allerdings nicht mit den Layoutdateien identisch, da es sich um spezifische XML-Definitionen für Bildschirme, Kategorien und die eigentlichen Einstellungen handelt. Zu den verbreiteten Einstellungen, die bereits in das Framework integriert sind, zählen:

- `EditTextPreference`: Eine Einstellung, die einen Text als String speichern kann
- `CheckBoxPreference`: Eine Einstellung, die einen booleschen Wert speichern kann
- `RingtonePreference`: Eine Einstellung, in der der Benutzer den bevorzugten der auf dem Gerät verfügbaren Klingeltöne speichern kann
- `ListPreference`: Eine Einstellung, in der der Benutzer ein Element aus einer Liste als Vorgabe für ein Dialogfeld speichern kann

Wenn die bereits vordefinierten Einstellungen nicht Ihren Anforderungen genügen, können Sie eigene Einstellungen von der Basisklasse `Preference` oder `DialogPreference` ableiten. `DialogPreference` ist die Basisklasse für Einstellungen, die auf Dialogfeldern basieren. Wenn diese Einstellungen angeklickt werden, wird ein Dialogfeld mit den eigentlichen Steuerelementen für die Einstellungen angezeigt. Beispiele für integrierte `DialogPreference`-Objekte sind `EditTextPreference` und `ListPreference`.

Android bietet auch eine `PreferenceActivity`, in der Sie die Einstellungsbildschirme auf dieselbe Weise ableiten und laden können, wie Sie ein Layout für die Basisklasse `Activity` laden würden. Mit der Basisklasse werden die `PreferenceActivity`-Ereignisse erreichbar und Sie können einige anspruchsvollere Aufgaben erledigen, wie zum Beispiel die Einrichtung eines `EditTextPreference`-Objekts, das nur bestimmte Zeichen akzeptiert.

Die Klasse PreferenceActivity verstehen

Die Klasse `PreferenceActivity` ist dafür verantwortlich, dass eine Hierarchie der `Preference`-Objekte in einer Liste angezeigt wird, die sich über mehrere Bildschirmseiten erstrecken kann (siehe Abbildung 15.1).

Bearbeitete Einstellungen werden unter Verwendung einer Instanz von `SharedPreferences` gespeichert. Die Klasse `SharedPreferences` stellt eine Schnittstelle für den Zugriff und die Bearbeitung von Einstellungsdaten bereit, die von der Methode `getSharedPreferences()` beliebiger `Context`-Objekte zurückgegeben werden.

`PreferenceActivity` ist eine Basisklasse, die der Basisklasse `Activity` recht stark ähnelt. `PreferenceActivity` verhält sich jedoch ein wenig anders. Eine der wichtigsten Funktionen von `PreferenceActivity` besteht darin, Einstellungen im gleichen Stil wie die Systemeinstellungen anzuzeigen. Dadurch erhalten Ihre Anwendungen durchweg ein konsistentes Aussehen und verwenden die üblichen Komponenten der Android-Benutzerschnittstelle. Sie sollten `PreferenceActivity` nutzen, wenn Sie in Ihren Android-Anwendungen Bildschirme für Einstellungen definieren.

15 ► Arbeiten mit dem Android-Preference-Framework

Ein Bildschirm mit verschiedenen Einstellungen

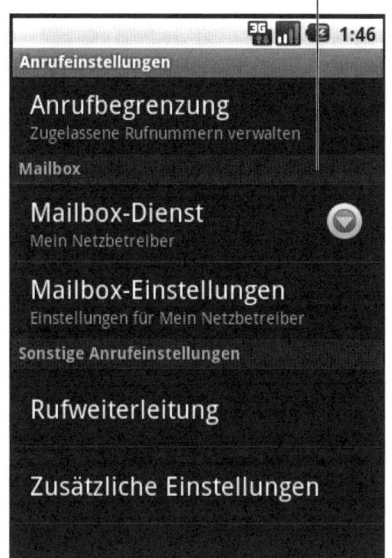

Abbildung 15.1: Der Bildschirm ANRUFEINSTELLUNGEN in Android

Einstellungen dauerhaft speichern

Da das Android-Framework Einstellungen in SharedPreferences speichert und damit dafür sorgt, dass deren Daten automatisch im internen Speicher landen, ist das Definieren und Ändern von Einstellungen eine einfache Angelegenheit. Wenn ein Benutzer eine Einstellung ändert, wird deren Wert automatisch dauerhaft gespeichert, ohne dass Sie sich weiter darum kümmern müssen!

Das klingt zwar ein wenig nach schwarzer Magie, ist es aber sicherlich nicht! In Abbildung 15.2 ändere ich ein EditTextPreference-Objekt, das in der Terminplaner-Anwendung verwendet werden soll. Nach Anklicken von OK übernimmt Android den angegebenen Wert und speichert ihn dauerhaft in SharedPreferences. Dazu muss ich weiter gar nichts machen. Wenn es um die dauerhafte Speicherung von Einstellungswerten geht, übernimmt Android die ganze Arbeit.

Das Layout von Einstellungsbildschirmen

Das Arbeiten mit Layouts kann in Android manchmal zu einer mühseligen Angelegenheit werden, bei der Sie sich mit der korrekten Ausrichtung und etlichen anderen Aspekten herumplagen müssen. Das Erstellen von Layouts ähnelt fast der Gestaltung von Webseiten mit verschiedenen auf der Seite verstreuten Tabellen. Manchmal ist es einfach, manchmal aber eben auch nicht. Glücklicherweise lassen sich Bildschirme für Android-Einstellungen sehr viel einfacher als die für das Layout Ihrer Anwendungen erstellen.

Abbildung 15.2: Eine Einstellung ändern

Die Einstellungsbildschirme von Android lassen sich in die folgenden Kategorien unterteilen:

✔ PreferenceScreen: Entspricht einer Einstellung auf der obersten Ebene, die die Wurzel der Einstellungshierarchie darstellt. Sie können PreferenceScreen an zwei Stellen verwenden:

- In einer PreferenceActivity: Das PreferenceScreen-Objekt selbst wird nicht angezeigt, sondern nur die in seiner Definition enthaltenen Einstellungen.

- In einer anderen Einstellungshierarchie: Wenn PreferenceScreen in einer anderen Hierarchie enthalten ist, dient es als Verbindungselement zu einem anderen Bildschirm mit Einstellungen. Stellen Sie sich das als Verschachtelung von Preference Screen-Deklarationen in andere PreferenceScreen-Deklarationen vor. Das mag zwar zunächst ein wenig verwirren, aber stellen Sie es sich wie XML-Definitionen vor. In XML können Sie Elemente deklarieren, die wiederum jeweils dasselbe Elternelement enthalten können. Dann verschachteln Sie die Elemente. Dasselbe gilt für Preferen ceScreen. Durch Verschachtelung der Elemente teilen Sie Android mit, dass es bei deren Auswahl einen neuen Bildschirm anzeigen soll.

✔ PreferenceCategory: Diese Einstellung wird zur Gruppierung von Preference-Objekten benutzt und stellt einen die Kategorie beschreibenden Gruppentitel bereit.

✔ Preference: Eine Einstellung, die auf dem Bildschirm angezeigt wird. Dabei kann es sich um allgemeine oder speziell selbst definierte Einstellungen handeln.

Durch Kombinieren der Elemente PreferenceScreen, PreferenceCategory und Preference in XML können Sie auf einfache Weise Einstellungsbildschirme erstellen, die wie der in Abbildung 15.1 aussehen.

Ihren ersten Einstellungsbildschirm erstellen

Beim Erzeugen von Einstellungen mit `PreferenceActivity` und einer entsprechenden XML-Datei handelt es sich um einen recht einfachen Prozess. Zunächst müssen Sie die XML-Datei für die Einstellungen erstellen, in der Sie das Layout des Bildschirms und die Werte der angezeigten String-Ressourcen definieren. Diese werden als `TextView`-Objekte auf dem Bildschirm angezeigt, um dem Benutzer mitteilen zu können, welchem Zweck sie dienen.

Hier werde ich einen Bildschirm mit Einstellungen für die Terminplaner-Anwendung erstellen. Benutzer sollen eine vorgegebene Zeitspanne für einen Erinnerungstermin (in Minuten) und eine Titelvorgabe für neue Termine festlegen können. Beim aktuellen Stand der Anwendung bleibt der Titel erst einmal leer und als Zeitvorgabe wird die jeweils aktuelle Uhrzeit verwendet. Durch diese Einstellungen kann sich der Benutzer beim Erstellen neuer Termine einige Schritte sparen. Wenn der Benutzer beispielsweise häufig Termine erstellt, an die er in 60 Minuten erinnert werden will, kann er dies nun über die Einstellungen vorgeben. Dieser neue Wert wird dann beim Erstellen neuer Termine für die Terminerinnerung standardmäßig angeboten.

Eine Datei für die Einstellungen erstellen

Um Ihren ersten Einstellungsbildschirm zu erstellen, müssen Sie einen Ordner namens `res/xml` in Ihrem Projekt erzeugen. Darin erstellen Sie über die Auswahl NEW|OTHER im Kontextmenü und Auswahl von ANDROID XML FILE eine XML-Datei namens `task_preferen ces.xml`. Tragen Sie dazu im Dialogfeld NEW ANDROID XML FILE diesen Namen in das Feld FILE ein und wählen Sie bei der zu erstellenden Ressource die Option PREFERENCE aus, bevor Sie abschließend die Schaltfläche FINISH anklicken.

In Listing 15.1 finden Sie das Gerüst für den Inhalt der Datei `task_preferences.xml`.

```
<?xml version="1.0" encoding="utf-8"?>
<PreferenceScreen                                                              →2
    xmlns:android="http://schemas.android.com/apk/res/android">
        <PreferenceCategory                                                    →4
            android:key="@string/pref_category_task_defaults_key"              →5
            android:title="@string/pref_category_task_defaults_title">         →6
            <EditTextPreference                                                →7
                android:key="@string/pref_task_title_key"                      →8
                android:dialogTitle="@string/pref_task_title_dialog_title"     →9
                android:dialogMessage="@string/pref_task_title_message"        →10
                android:summary="@string/pref_task_title_summary"              →11
                android:title="@string/pref_task_title_title" />               →12
        </PreferenceCategory>
        <PreferenceCategory                                                    →13
            android:key="@string/pref_category_datetime_key"                   →14
            android:title="@string/pref_category_datetime_title">              →15
            <EditTextPreference                                                →16
                android:key="@string/pref_default_time_from_now_key"           →17
```

```
        android:dialogTitle="@string/pref_default_time_from_now_dialog_title"        → 18
        android:dialogMessage="@string/pref_default_time_from_now_message"           → 19
        android:summary="@string/pref_default_time_from_now_summary"                 → 20
        android:title="@string/pref_default_time_from_now_title" />                  → 21
    </PreferenceCategory>
</PreferenceScreen>
```

Listing 15.1: Die Datei `task_preferences.xml`

Listing 15.1 enthält etliche neue String-Ressourcen, die in Listing 15.2 aufgeführt werden. Die nummerierten Codezeilen werden nachfolgend erläutert:

- ✔ →2: Hierbei handelt es sich um das `PreferenceScreen`-Element auf oberster Ebene, den Container für den Bildschirm selbst. Alle anderen Einstellungen sind dieser Deklaration untergeordnet.

- ✔ →4: Dies ist ein `PreferenceCategory`-Element, das die Kategorie für Terminvorgaben definiert, wie zum Beispiel für Titel oder Beschreibung. Wie Sie vielleicht bemerkt haben, deklariere ich in Zeile 13 ein weiteres `PreferenceCategory`-Element für die Zeitvorgabe für die Termine. Normalerweise hätte ich diese beiden Elemente in derselben Kategorie untergebracht, aber hier habe ich sie getrennt, um Ihnen zu zeigen, wie Sie mehrere `PreferenceCategory`-Elemente auf einem Bildschirm verwenden können.

- ✔ →5: In dieser Zeile wird der Schlüssel definiert, der verwendet wird, um die Einstellung in `SharedPreferences` zu speichern und von dort abzurufen. Dieser Schlüssel muss eindeutig sein.

- ✔ →6: Hier wird der Titel der Kategorie definiert.

- ✔ →7: Diese Zeile enthält die Definition des `EditTextPreference`-Elements, in dem die Vorgabe für den Titel eines Termins gespeichert wird.

- ✔ →8: Diese Zeile enthält den Schlüssel für den vorgegebenen Text für den Titel des `EditTextPreference`-Elements.

- ✔ →9: `EditTextPreference` ist ein Nachfahre der Klasse `DialogPreference`. Deshalb wird bei der Auswahl dieser Einstellung ein Dialogfeld angezeigt, das dem aus Abbildung 15.2 ähnelt. In dieser Codezeile wird der Titel dieses Dialogfeld definiert.

- ✔ →10: Hier wird die im Dialogfeld angezeigte Meldung definiert.

- ✔ →11: In dieser Zeile wird der zusammenfassende Text definiert, der auf dem Einstellungsbildschirm angezeigt wird (siehe Abbildung 15.1).

- ✔ →12: Diese Zeile definiert den Titel der Einstellung auf dem Einstellungsbildschirm.

- ✔ →13: In dieser Zeile wird das `PreferenceCategory`-Element für die Zeitvorgabe definiert.

- ✔ →14: Hier wird der Schlüssel der Kategorie definiert.

- ✔ →15: Hier wird der Titel der Kategorie definiert.

15 ▶ Arbeiten mit dem Android-Preference-Framework

- ✓ →**16:** In dieser Zeile beginnt die Definition des `EditTextPreference`-Elements, das die Vorgabezeit in Minuten speichert, die ein Erinnerungstermin hinter der aktuellen Uhrzeit liegen soll.

- ✓ →**17:** In dieser Zeile wird der Schlüssel für die Zeitvorgabe der Termineinstellung definiert.

- ✓ →**18:** In dieser Zeile wird der Titel des Dialogfeldes definiert, das angezeigt wird, wenn die Einstellung ausgewählt wird.

- ✓ →**19:** In dieser Zeile wird die Meldung definiert, die im Dialogfeld angezeigt werden soll.

- ✓ →**20:** In dieser Zeile wird die Zusammenfassung der Einstellung definiert, die auf dem Hauptbildschirm der Einstellungen angezeigt wird (siehe Abbildung 15.1).

- ✓ →**21:** In dieser Zeile wird der Titel der Einstellung auf dem Einstellungsbildschirm definiert.

String-Ressourcen hinzufügen

Damit Sie Ihre Anwendung kompilieren können, müssen Sie die String-Ressourcen für die Einstellungen hinzufügen. Tragen Sie dazu die folgenden Werte in die Datei `res/values/strings.xml` ein:

```xml
<!- Einstellungen/Preferences ->
<string name="pref_category_task_defaults_key">task_default_category</string>
<string name="pref_category_task_defaults_title">Vorgabe für Titel</string>
<string name="pref_task_title_key">default_reminder_title</string>
<string name="pref_task_title_dialog_title">Vorgabe Termintitel</string>
<string name="pref_task_title_message">Vorgabe für den Titel eines Termins</string>
<string name="pref_task_title_summary">Vorgegebener Text für den Termintitel</string>
<string name="pref_task_title_title">Titelvorgabe für Termine</string>
<string name="pref_category_datetime_key">date_time_default_category</string>
<string name="pref_category_datetime_title">Vorgaben für Datum/Uhrzeit</string>
<string name="pref_default_time_from_now_key">time_from_now_default</string>
<string name="pref_default_time_from_now_dialog_title">Zeit ab jetzt</string>
<string name="pref_default_time_from_now_message">Vorgegebene Zeitspanne in Minuten,
         die eine Terminerinnerung nach der aktuellen Uhrzeit erfolgen soll.</string>
<string name="pref_default_time_from_now_summary">Stellt die Vorgabezeit für
         Erinnerungstermine ein</string>
<string name="pref_default_time_from_now_title">Zeitvorgabe für Termine</string>
```

Nun sollten Sie Ihre App kompilieren können.

Einen Einstellungsbildschirm zu definieren, ist recht einfach, da Sie dazu nur die für die Attribute benötigten Werte festlegen müssen. Dass Sie den Bildschirm in XML definiert haben, heißt aber noch nicht, dass er auch auf dem Bildschirm angezeigt werden kann. Dazu müssen Sie noch eine `PreferenceActivity` erstellen.

Mit der Klasse PreferenceActivity arbeiten

PreferenceActivity zeigt die Einstellungen auf dem Bildschirm hierarchisch an und folgt dabei den in einer Einstellungsdatei definierten XML-Strukturen, wie Sie sie eben erstellt haben. Die Einstellungen können mehrere Bildschirmseiten umfassen (wenn mehrere verschachtelte PreferenceScreen-Objekte angezeigt werden). Diese Einstellungen werden automatisch in SharedPreferences gespeichert. Zudem folgen die angezeigten Einstellungen automatisch der Optik der Systemeinstellungen, wodurch die Gestaltung Ihrer Anwendung mit den üblichen Gepflogenheiten der Android-Plattform konsistent bleibt und damit zur positiven Benutzererfahrung beiträgt.

Um den gerade erstellten PreferenceScreen zu erzeugen und anzuzeigen, fügen Sie eine von PreferenceActivity abgeleitete Aktivität zu Ihrer Anwendung hinzu, die ich hier TaskPreferences genannt habe. Erstellen Sie die Datei TaskPreferences.java für diese neue Klasse, fügen Sie dort den Code aus Listing 15.2 und die erforderlichen import-Anweisungen ein.

```
public class TaskPreferences extends PreferenceActivity {                    → 1
    @Override
    protected void onCreate(Bundle savedInstanceState) {
        super.onCreate(savedInstanceState);
        addPreferencesFromResource(R.xml.task_preferences);                  → 5

        EditTextPreference timeDefault = (EditTextPreference)
   findPreference(getString(R.string.pref_default_time_from_now_key));       → 6
 timeDefault.getEditText().setKeyListener(DigitsKeyListener.getInstance());  → 7
    }
}
```

Listing 15.2: Die Datei TaskPreferences

Das war's! Mehr Code wird für das Anzeigen, die Bearbeitung und die dauerhafte Speicherung von Einstellungen in Android nicht benötigt! Die hervorgehobenen Codezeilen werden nachfolgend erläutert:

- ✔ → **1:** Die Klassendatei TaskPreferences wird als Nachfahre der Basisklasse Preference Activity definiert.

- ✔ → **5:** Dem Aufruf der Methode addPreferencesFromResource() wird die Ressourcenkennung der im Ordner res/xml gespeicherten Datei task_preferences.xml übergeben.

- ✔ → **6:** Ich ermittle EditTextPreference für die vorgegebene Zeit der Terminerinnerung durch Aufruf der Methode findPreference(), der ich den in der Datei task_preferences.xml definierten Schlüssel übergebe.

- ✔ → **7:** In dieser Zeile übernehme ich das EditText-Objekt, das ein Kind von EditTextPre ference ist, mit der Methode getEditText(). Für dieses Objekt setze ich zur Überwachung von Tastenereignissen KeyListener. Dazu verwende ich die Methode setKeyListener(), der ich eine Instanz von DigitsKeyListener übergebe, die nur die Eingabe von Ziffern bei der Vorgabe für den Erinnerungstermin in EditTextPreference zulässt. Damit will ich verhindern, dass Benutzer Texte in das Feld eingeben, bei denen es sich um unzulässige Integer-Werte handeln würde. `DigitsKeyListener` stellt sicher, dass nur Ziffern für diese Einstellung eingegeben werden können.

Nicht vergessen! Sie müssen Ihre neue `PreferenceActivity` mit der folgenden Codezeile auch in Ihre Datei `AndroidManifest.xml` übernehmen:

`<activity android:name=".TaskPreferences" android:label="@string/app_name" />`

Nun kann die Aktivität benutzt werden. Über diese `PreferenceActivity` können Benutzer ihre Einstellungen bearbeiten und speichern. Wie Sie sehen können, mussten Sie für diese Implementierung nur sehr wenig Code schreiben. Im nächsten Schritt sorgen Sie durch Hinzufügen eines entsprechenden Menüelements dafür, dass der Einstellungsbildschirm in Ihrer App auch angezeigt und genutzt werden kann.

Anlegen der Klasse PreferenceActivity

Um diese neue Aktivität anzulegen, müssen Sie ein Menüelement zu `ReminderListActivity` hinzufügen. Dazu müssen Sie eine neue Menüdefinition in die Datei `list_menu.xml` eintragen, die sich im Ordner `res/menu` befindet. Wenn Sie diese Datei aktualisieren, ändern Sie das Menü zur `ReminderListActivity`. Die aktualisierte Datei `list_menu.xml` sieht wie folgt aus, wobei die neuen Zeilen fett hervorgehoben werden:

```
<?xml version="1.0" encoding="utf-8"?>
<menu
    xmlns:android="http://schemas.android.com/apk/res/android">
    <item android:id="@+id/menu_insert"
        android:icon="@android:drawable/ic_menu_add"
        android:title="@string/menu_insert" />
        <item android:id="@+id/menu_settings"
            android:icon="@android:drawable/ic_menu_preferences"
            android:title="@string/menu_settings" />
</menu>
```

Das letzte Element fügt ein Menüelement für Einstellungen hinzu, das das entsprechende interne Android-Symbol und eine String-Ressource namens `menu_settings` verwendet.

Sie müssen eine neue String-Ressource namens `menu_settings` mit dem Wert `Einstellungen` zu Ihren String-Ressourcen in der Datei `strings.xml` hinzufügen.

Verarbeitung der Menüauswahl

Jetzt haben Sie zwar Ihr Menü aktualisiert, müssen aber noch dafür sorgen, dass Ihre Anwendung auch auf die Auswahl dieses Menüelements reagiert. Dazu müssen Sie den Code der Methode `onMenuItemSelected()` in `ReminderListActivity` erweitern. Der Code für das Menü EINSTELLUNGEN wird fett hervorgehoben:

```
@Override
public boolean onMenuItemSelected(int featureId, MenuItem item) {
    switch(item.getItemId()) {
        case R.id.menu_insert:
            createReminder();
            return true;
        case R.id.menu_settings:
            Intent i = new Intent(this, TaskPreferences.class);
            startActivity(i);
            return true;
    }
    return super.onMenuItemSelected(featureId, item);
}
```

Der hervorgehobene Code erzeugt hier einfach ein neues `Intent`-Objekt mit der Zielklasse `TaskPreferences`. Wenn der Benutzer das Menüelement EINSTELLUNGEN auswählt, wird ihm nun der entsprechende Bildschirm angezeigt. Wenn Sie die App starten und diese Menüauswahl treffen, sollte das Ergebnis Abbildung 15.3 ähneln.

Abbildung 15.3: Der Bildschirm EINSTELLUNGEN

15 ► Arbeiten mit dem Android-Preference-Framework

Während der Laufzeit mit Einstellungen in Aktivitäten arbeiten

Einstellungen in einer `PreferenceActivity` vornehmen zu können, ist zwar nützlich, ist aber letztlich eigentlich wenig wert, wenn Sie sie nicht während der Ausführung des Programms, aus dem `SharedPreferences`-Objekt auslesen und in Ihrer Anwendung nutzen können. Aber auch das macht Ihnen Android glücklicherweise leicht.

In der Terminplaner-Anwendung müssen Sie diese Werte in `ReminderEditActivity` auslesen, um die Vorgaben zu setzen, wenn Benutzer einen neuen Termin erstellen. Da die Einstellungen in `SharedPreferences` gespeichert sind, können Sie darauf in verschiedenen Aktivitäten in Ihrer Anwendung zurückgreifen.

Werte von Einstellungen ermitteln

Öffnen Sie `ReminderEditActivity` und gehen Sie zur Methode `populateFields()`. Sie stellt fest, ob es sich um einen bereits bestehenden oder um einen neuen Termin handelt. Bei einem neuen Termin werde ich die Vorgabewerte aus `SharedPreferences` in die Aktivität übernehmen, damit der Benutzer sie nutzen kann. Wenn der Benutzer aus irgendwelchen Gründen bisher noch keinerlei Einstellungen vorgenommen hat, handelt es sich dabei um leere Strings, die ich dann ignoriere. Kurz gesagt werden die Einstellungen nur genutzt, wenn Sie vom Benutzer zuvor gesetzt wurden.

Um die Werte von Einstellungen abzurufen, müssen Sie das `SharedPreferences`-Objekt wie nachfolgend beschrieben nutzen. Fügen Sie den in Listing 15.3 fett dargestellten Code in die Methode `populateFields()` ein.

```
private void populateFields() {
    if (mRowId != null) {
        Cursor reminder = mDbHelper.fetchReminder(mRowId);
        startManagingCursor(reminder);
        mTitleText.setText(reminder.getString(
            reminder.getColumnIndexOrThrow(RemindersDbAdapter.KEY_TITLE)));
        mBodyText.setText(reminder.getString(
            reminder.getColumnIndexOrThrow(RemindersDbAdapter.KEY_BODY)));

        SimpleDateFormat dateTimeFormat = new
            SimpleDateFormat(DATE_TIME_FORMAT);
        Date date = null;
        try {
            String dateString =
                reminder.getString(reminder.getColumnIndexOrThrow(
                    RemindersDbAdapter.KEY_DATE_TIME));
            date = dateTimeFormat.parse(dateString);
```

```
                mCalendar.setTime(date);
        } catch (ParseException e) {
                Log.e("ReminderEditActivity", e.getMessage(), e);
        }
} else {                                                                    → 21
    SharedPreferences prefs =
        PreferenceManager.getDefaultSharedPreferences(this);                → 22
    String defaultTitleKey = getString(R.string.pref_task_title_key);       → 23
    String defaultTimeKey =
            getString(R.string.pref_default_time_from_now_key);             → 24

    String defaultTitle = prefs.getString(defaultTitleKey, "");             → 26
    String defaultTime = prefs.getString(defaultTimeKey, "");               → 27
    if("".equals(defaultTitle) == false)
        mTitleText.setText(defaultTitle);                                   → 30
    if("".equals(defaultTime) == false)
        mCalendar.add(Calendar.MINUTE, Integer.parseInt(defaultTime));      → 33
}

updateDateButtonText();
updateTimeButtonText();  → 37
}
```

Listing 15.3: Werte aus SharedPreferences *übernehmen*

Die neuen Codezeilen werden nachfolgend erläutert:

✔ **→ 21:** Hier habe ich die else-Anweisung hinzugefügt, in der die bei neuen Terminen erforderlichen Aufgaben erledigt werden.

✔ **→ 22:** In dieser Zeile wird das SharedPreferences-Objekt vom statischen Aufruf getDefaultSharedPreferences() des PreferenceManager-Objekts übernommen.

✔ **→ 23:** In dieser Zeile übernehme ich den Schlüsselwert der Einstellung für die Titelvorgabe aus den String-Ressourcen. Dabei handelt es sich um denselben Schlüssel, der in Listing 15.1 bei der Definition der Einstellung verwendet wurde.

✔ **→ 24:** In dieser Zeile übernehme ich den Schlüsselwert der Vorgabe für den Zeitversatz (in Minuten) aus den Einstellungen (ein anderer Schlüssel, aber dieselbe Vorgehensweise wie in Zeile 23).

✔ **→ 26:** In dieser Zeile übernehme ich mit einem Aufruf von getString() des SharedPreferences-Objekts den Wert für den Vorgabetitel aus den Einstellungen. Beim ersten Parameter handelt es sich um den Schlüssel der Einstellung und beim zweiten um den Vorgabewert, der verwendet wird, wenn die Einstellung nicht existiert (oder nicht gesetzt wurde). Hier soll der Vorgabewert "" (ein leerer String) lauten.

✔ **→ 27:** In dieser Zeile übernehme ich die Vorgabe für den Zeitwert aus den Einstellungen. Dabei verwende ich dasselbe Verfahren wie in Zeile 26 mit einem anderen Schlüssel.

15 ▶ Arbeiten mit dem Android-Preference-Framework

- ✔ → 30: In dieser Zeile übernehme ich den ermittelten Text in die `EditText`-View und damit als Titel für den neuen Termin. Dieser Wert wird nur gesetzt, wenn es sich bei dieser Einstellung nicht um einen leeren String gehandelt hat.

- ✔ → 33: Wenn es sich beim Wert der Einstellung nicht um einen leeren String gehandelt hat, inkrementiere ich in dieser Zeile die Zeit des lokalen `Calendar`-Objekts durch Aufruf der Methode `add()` mit dem Parameter `Calendar.MINUTE`. Die Konstante `Calendar.MINUTE` teilt dem `Calendar`-Objekt mit, dass es sich beim nächsten Parameter um eine Minutenangabe handelt und entsprechend hinzuaddiert werden soll. Wenn dadurch Stunden- oder Tagesgrenzen überschritten werden, nimmt Ihnen das `Calendar`-Objekt die erforderlichen Aktualisierungen der anderen Felder automatisch ab. Wird die Zeit beispielsweise am 31.12.2011 um 23:45 Uhr um 60 Minuten vorgesetzt, ergibt sich als neuer Wert für das `Calendar`-Objekt 01.01.2012 00:45. Da `EditTextPreference` alle Werte als Strings speichert, muss ich den String mit der Minutenangabe mit der Methode `Integer.parseInt()` in einen `integer`-Wert umwandeln. Zusammen mit den Werten des lokalen `Calendar`-Objekts werden auch die der Zeitauswahlelemente und der zugehörigen Schaltflächen geändert.

- ✔ → 37: In dieser Zeile wird der Text auf der Schaltfläche mit der Uhrzeit aktualisiert, damit sie der Zeit entspricht, die zum lokalen `Calendar`-Objekt hinzuaddiert wurde.

Wenn Sie die Anwendung starten, können Sie nun die Einstellungen setzen und sehen, wie sie sich beim Hinzufügen eines neuen Termins zur Liste auswirken. Löschen Sie versuchsweise die Einstellungen und erstellen Sie einen neuen Termin. Beachten Sie, dass die zuvor festgelegten Vorgaben aufgehoben wurden. Nun, das war einfach!

Werte von Einstellungen programmgesteuert setzen

Auch wenn diese Möglichkeit in der Terminplaner-Anwendung nicht genutzt wird, müssen Sie die Werte von Einstellungen doch zuweilen über den Code Ihrer Apps ändern. Stellen Sie sich vor, dass Sie eine Anwendung für ein Helpdesk-Ticketsystem entwickeln, bei dem Benutzer jeweils ihre aktuelle Abteilung eingeben müssen. Es gibt zwar eine Einstellung zur Vorgabe der Abteilung, aber die Benutzer wollen den Bildschirm mit den Einstellungen einfach nicht benutzen. Daher tragen sie die Abteilung immer wieder neu in Ihre Anwendung ein. Dann können Sie Routinen schreiben, die feststellen, dass die Benutzer immer wieder dieselbe Abteilung bei den einzelnen Helpdesk-Tickets eintragen. Nehmen wir an, dass es sich dabei um die Abteilung *Buchhaltung* handelt. Dann können Sie den Benutzer fragen, ob diese Abteilung als Vorgabe verwendet werden soll. Bestätigt der Anwender dies, können Sie diese Einstellung programmgesteuert vornehmen. Wie das geht, zeige ich Ihnen nun noch kurz.

Um Einstellungen programmgesteuert ändern zu können, benötigen Sie eine Instanz von `SharedPreferences`. Wie Listing 15.4 demonstriert, erhalten Sie sie über `PreferenceManager`. Anschließend können Sie eine Instanz des `Editor`-Objekts dazu verwenden, verschiedene Einstellungen zu ändern. Wenn Einstellungen geändert wurden, müssen sie noch gespeichert werden. Auch das zeigt Listing 15.4.

```
SharedPreferences prefs =
    PreferenceManager.getDefaultSharedPreferences(this);                    → 1
Editor editor = prefs.edit(); → 2
editor.putString("default_department", "Buchhaltung");                      → 3
editor.commit(); → 4
```

Listing 15.4: Einstellungen programmgesteuert bearbeiten

Die nummerierten Codezeilen werden nachfolgend erläutert:

- ✔ → **1:** Vom `PreferenceManager` wird eine Instanz des `SharedPreferences`-Objekts übernommen.

- ✔ → **2:** Durch den Aufruf der Methode `edit()` des `SharedPreferences`-Objekts wird eine Instanz des `Editor`-Objekts übernommen.

- ✔ → **3:** In dieser Zeile bearbeite ich durch Aufruf der Methode `putString()` des `Editor`-Objekts eine Einstellung mit dem Schlüsselwert `default_department`. Ich setze den Wert auf "Buchhaltung". Normalerweise sollten Schlüsselwerte aus String-Ressourcen übernommen und String-Werte vom Programm ermittelt oder durch Benutzereingabe festgelegt werden. Hier wollte ich den Codeschnipsel aber einfach nur kurz und verständlich halten.

- ✔ → **4:** Wenn Änderungen irgendwelcher Einstellungen vorgenommen wurden, müssen Sie die Methode `commit()` des `Editor`-Objekts aufrufen, um sie dauerhaft in `SharedPreferences` zu speichern. Der Aufruf von `commit()` ersetzt automatisch alle aktuell in `SharedPreferences` gespeicherten Werte mit dem im Aufruf von `putString()` angegebenen Schlüssel.

Wenn Sie die Methode `commit()` des `Editor`-Objekts nicht aufrufen, werden die Änderungen nicht dauerhaft gespeichert und Ihre Anwendung wird nicht wie erwartet funktionieren.

Durch Erweiterung Ihrer Anwendung um einen Bildschirm mit Einstellungen machen Sie Ihre Anwendung konfigurierbar und für Endbenutzer nützlicher. Neue Einstellungen über Code oder XML-Deklarationen hinzuzufügen, ist recht einfach. Daher ziehen keine Entschuldigungen, wenn Sie dies versäumen! Durch zusätzliche Konfigurationsmöglichkeiten versorgen Sie erfahrene Benutzer möglicherweise mit den von ihnen gesuchten Zusatzfunktionen.

Teil IV

Der Top-Ten-Teil

In diesem Teil ...

Part IV enthält einige der besten und größten Android-Schätze, auf die man normalerweise erst dann stößt, wenn man bereits längere Zeit Android-Apps entwickelt hat. Zunächst stelle ich einige der besten Beispielanwendungen vor, die Ihnen als Sprungbrett auf Ihrem Weg beim Erstellen der nächsten App mit durchschlagendem Erfolg dienen können. Darunter befinden sich datenbankorientierte Apps, interaktive Spiele und Apps, die mit Web-APIs (Application Programming Interfaces – Anwendungsprogrammierschnittstellen) zusammenarbeiten.

Dann beschließe ich Teil IV mit einer Liste von Profiwerkzeugen und Bibliotheken, mit denen Sie Ihre Apps optimieren, den Prozess Ihrer Anwendungsentwicklung produktiver gestalten und sich Ihr Leben als Entwickler erheblich erleichtern können.

Zehn tolle kostenlose Beispielanwendungen und SDKs (mit Code!)

In diesem Kapitel
- Soziales Netzwerken
- Bilder bearbeiten
- Spielen
- Musik streamen
- Demoprogramme ausprobieren

Als Android-Entwickler werden Sie möglicherweise gelegentlich mit Ihrem Quellcode nicht mehr so recht vorankommen. Vielleicht müssen Sie Daten mit dem API eines Dritten austauschen, das die Daten im JSON-Format übergibt. Vielleicht geht es aber auch um die Kollisionserkennung bei Objekten in einem Spiel. In derartigen Fällen begebe ich mich üblicherweise im Web auf die Suche nach Beispielcode. Wahrscheinlich hat bereits jemand den gesuchten Code geschrieben! Dann kann ich mir diesen ansehen, ihn bei Bedarf anpassen und mit der Entwicklung fortfahren.

Beispielcode ist nicht mehr und nicht weniger als Beispielcode und meist nicht perfekt. Dem kann ich zwar nur zustimmen, möchte aber noch hinzufügen, dass die Betrachtung von Beispielen einen zusätzlichen Nebeneffekt hat und das Lernen erleichtern kann. Wenn Sie wissen wollen, wie ein Android-Programm aussehen muss, sollten Sie Beispielcode betrachten! Natürlich liegen dem Android-SDK etliche Beispiele bei, wie zum Beispiel die in Kapitel 2 erwähnten API-Demos. Aber die wirklich tollen Beispiele finden Sie unter der Vielzahl der kostenlos im Web erhältlichen Quelltexte echter Apps! Im Internet sind dank der quelloffenen Ausrichtung von Android qualitativ gute, quelloffene Apps verfügbar, die als Vorbild dienen können.

Es wäre doch recht gemein, wenn ich Ihnen nun sagen würde, dass Sie sich selbst danach auf die Suche begeben sollen. Um Ihnen das Lernen zu erleichtern, werde ich Ihnen in diesem Kapitel daher zehn wirklich tolle quelloffene Apps und Beispiele vorstellen, die Sie selbst ausprobieren und von denen Sie profitieren können. Bei den meisten der folgenden Quellcodebeispiele handelt es sich um echte Android-Apps, die Sie auf dem Android-Marktplatz finden und auf Ihrem Gerät installieren können. Ich würde Ihnen empfehlen, sich die Apps erst auf Ihr Gerät zu laden und sie selbst zu benutzen. Wenden Sie sich dann dem Quellcode zu, um zu sehen, wie die verschiedenen Rädchen bei den jeweiligen Apps ineinandergreifen.

Die offizielle Foursquare-App

Foursquare ist gerade in. Diese App arbeitet standortabhängig und erfordert eine Anmeldung. Innerhalb sozialer Netzwerke können Anwender mit ihr auf einer Landkarte sehen, wo sich andere Personen gerade befinden und auch den Anspruch auf verschiedene Ämter irgendwo auf diesem Planeten beantragen. Vielleicht fühlen Sie sich in Ihrer Nachbarschaft ja zum virtuellen Bürgermeister berufen. Sie interessieren sich für die interne Arbeitsweise einer Android-App für soziale Netzwerke? Dann sollten Sie sich den Quellcode von Foursquare über Google Code besorgen. Sie wollen wissen, wie Sie mit einer API von Dritten kommunizieren können, die Daten im XML- oder JSON-Format zurückgibt? Dann kann ich mir für den Einstieg nichts Besseres vorstellen, als sich den Quellcode dieser bewährten App anzusehen! Das ist das Wunderbare am quelloffenen Gedanken! Der Quellcode enthält Unmengen Beispiele für Android-Funktionen, wie die folgenden:

- ✔ Asynchrone Tasks
- ✔ XML-Daten parsen
- ✔ Mehrere Aktivitäten
- ✔ Benutzerauthentifizierung mit OAuth
- ✔ Google Maps und Karten mit mehreren Darstellungsebenen (Layer)
- ✔ GPS
- ✔ Integration von Fremd-Web-APIs (das Foursquare-API)

Hier bekommen Sie nicht nur eine Menge Quellcode, von dem Sie lernen können. Dieser wurde vielmehr noch aufgeteilt und in verschiedene Pakete unterteilt, wodurch Sie die von Ihnen gesuchten Beispiele leicht aufspüren können. Sie finden den Quellcode unter `http://code.google.com/p/foursquared`.

LOLCat

Hierbei handelt es sich um ein hervorragendes Beispiel, wenn Sie sich für die Bildbearbeitung mit Android interessieren. Sie erfahren, wie Sie Bilder mit der Gerätekamera aufnehmen, sie mit Titeln versehen und die daraus resultierende Datei auf SD-Speicherkarte ablegen können. Sie finden zudem heraus, wie Sie Zielsetzungen wie den Versand von Bildern als MMS (Multimedia-Mitteilungen) oder als E-Mail-Anhang umsetzen können. Den Quellcode finden Sie unter `http://code.google.com/p/apps-for-android`.

Amazed

Das Spiel *Amazed* kann Ihnen zeigen, wie Sie eine zweidimensionale Glaskugel über den geräteinternen Beschleunigungssensor durch mit Hindernissen gespickte Labyrinthe steigenden Schwierigkeitsgrads manövrieren können. Wenn Sie sich für Anwendungen interessieren, die den Beschleunigungssensor nutzen, könnte Ihnen der Quellcode dieser App enorm nützlich sein. Darüber hinaus verdeutlicht die App auch andere Grundkonzepte der Spielentwicklung, wie zum Beispiel Kollisionserkennung und den Schleifenaufbau von Spielen. Den Quellcode finden Sie unter http://code.google.com/p/apps-for-android.

API-Demos

Das Android-SDK versorgt Sie mit verschiedenen Beispielanwendungen wie *API-Demos*. Diese App verdeutlicht den Einsatz der verschiedenen Android-APIs über kleine, leichtverdauliche, funktionierende Beispiele. Sie finden im Quellcode der API-Demos Unmengen einfache Beispiele, die direkt auf den Punkt kommen. Vielleicht wollen Sie in Ihrem Projekt Animationen nutzen oder Audiodateien wiedergeben. Kein Problem, denn für beide Zielsetzungen finden Sie Beispiele unter den API-Demos! Wenn Sie zwar eine Menge Ideen aber nur wenig Zeit haben, sollten Sie diese gelungenen Beispiele definitiv einmal ausprobieren. Um genau herauszufinden, was die vielen Demo-Apps eigentlich machen, sollten Sie sie auf Ihrem Gerät installieren und ein wenig mit ihnen herumspielen. Den Quellcode finden Sie in Ihrem Android-SDK im Ordner samples.

Das Beispiel MultipleResolutions

Wenn Ihre App bei allen Bildschirmauflösungen gut laufen soll, müssen Sie sich das Beispiel *Multiple Resolution* einfach ansehen. Schade, dass es dieses Beispiel noch nicht gab, als ich selbst damit begonnen habe, Apps für unterschiedliche Bildschirmauflösungen zu entwickeln, denn es hätte mir die stundenlange Fehlersuche und Ausprobiererei bei der Positionierung der Ansichten der Benutzeroberfläche erspart. Android liefert eine funktionierende Beispiel-App, die Ihnen zeigt, wie Sie mehrere Bildschirmauflösungen ohne allzu großen Aufwand unterstützen können. Das Beispiel verdeutlicht, wie Sie Ihre Ressourcen richtig skalieren und Ihre Ansichten positionieren und lästige Behelfslösungen mit nur wenig Code vermeiden können. Da Sie sich dadurch eine Menge späterer Kopfschmerzen ersparen können, empfehle ich Ihnen vor der Entwicklung der ersten eigenen App dringend, sich erst einmal den Beispielcode dieser Anwendung anzusehen. Den Quellcode finden Sie in Ihrem Android-SDK im Ordner samples.

Das Anwendungspaket Last.fm

Sie wollen zur nächsten aufstrebenden Sensation im Internetradio werden? Dann müssen Sie wissen, wie Sie Musik streamen und können sich dabei am Beispiel des APIs *Last.fm* orientieren. Um diese App ausführen und ausprobieren zu können, benötigen Sie einen Last.fm-API-Schlüssel, den Sie unter der URL www.last.fm/api/account erhalten. Um Musik streamen zu können, benötigen Sie ein gebührenpflichtiges Konto. Wenn Sie sich nur mit dem Code selbst befassen wollen, kommen Sie letztlich aber auch ohne Schlüssel und Konto aus. Mit diesem Beispiel lassen sich die Grundlagen des Streamens leichter verstehen. Den Quellcode finden Sie unter http://github.com/mxcl/lastfm-android.

Hubroid

Git ist ein beliebtes quelloffenes, verteiltes Versionskontrollsystem. Der gesamte Code und die Textdateien dieses Buches wurden während der Arbeit daran in verschiedenen Git-Repositories gespeichert! *Hubroid* ist eine auf GitHub.com basierende Android-App, mit der Sie unterwegs jederzeit Zugriff auf all Ihre bevorzugten Git-Repositories auf GitHub.com haben. Hubroid verdeutlicht hervorragend die Nutzung des GitHub-APIs. Den Quellcode finden Sie unter http://github.com/eddieringle/hubroid.

Facebook-SDK für Android

Sie sind ehrgeizig? Wie wäre es dann mit der Entwicklung der nächsten verbreiteten Facebook-App? Sie wissen nicht, wo Sie anfangen sollen? Mit dem Android-SDK für Facebook können Sie auf einfache Weise Facebook-Funktionen in Ihre App integrieren. Sie können mit diesem API Benutzer autorisieren, API-Abfragen absetzen und vieles mehr! Sie können alle Facebook-Leckerbissen ohne allzu viel Aufwand nutzen. Den Quellcode finden Sie unter http://github.com/facebook/facebook-android-sdk.

Replica Island

Vielleicht wollen Sie ein Spiel erstellen, bei dem der Hintergrund seitlich über den Bildschirm verschoben wird, wissen aber nicht, wie Sie das Problem angehen sollen. Sie sind ein Glückspilz, denn bei *Replica Island* handelt es sich um genau ein solches Spiel, in dem ein kleiner grüner Roboter, der bekannte und geschätzte Android, über den Bildschirm flitzt. Das kostenlose Spiel ist nicht nur auf dem Android-Marktplatz beliebt, sondern auch komplett quelloffen und eine hervorragende Lernhilfe für Spielentwickler! Ein wirklich gutes Beispiel für ein 2D-Spiel auf der Android-Plattform. Den Quellcode finden Sie unter http://code.google.com/p/replicaisland.

Notepad-Tutorial

Wenn Sie sich für die Grundlagen von *SQLite* ohne den Wust dieser ganzen anderen Dienste, Hintergrundaufgaben und so weiter interessieren, ist dies die geeignete App für Sie. Sie lässt sich zwar einfach starten und nutzen, mit dem begleitenden Quellcode und dem Tutorial lassen sich aber die Grundlagen von SQLite leichter verstehen. Den Quellcode und das Tutorial finden Sie unter http://d.android.com/guide/tutorials/notepad/index.html.

Zehn Tools zur Erleichterung Ihres Entwicklerlebens

In diesem Kapitel
- Code aus Bibliotheken nutzen
- Programmlayouts schnell erstellen
- Bilder bearbeiten
- Den eigenen Code testen und bereinigen
- Umgang mit Versionskontrollsystemen

Es liegt in der Natur der Sache, dass Sie als Entwickler Werkzeuge entwickeln werden, mit denen Sie selbst produktiver werden. Ich selbst habe beispielsweise verschiedene Hilfsmethoden zur Unterstützung der asynchronen Kommunikation, zum Parsen von XML und JSON, für Datum und Uhrzeit und vieles mehr erstellt. Bevor Sie aber haufenweise Hilfsklassen oder Frameworks für die Nutzung von Elementen schreiben, sollten Sie sich besser erst einmal im Internet nach bereits verfügbaren Tools umsehen. Ich habe hier zehn Tools und Utilities zusammengestellt, die Ihnen Ihr Entwicklerleben erleichtern, Ihre Produktivität steigern und dafür sorgen können, dass Ihre App voll auf der Höhe sind.

Droid-Fu

Droid-Fu ist eine quelloffene Bibliothek mit einer Handvoll Methoden, die Ihre Entwicklungszeiten drastisch reduzieren können. Droid-Fu besteht aus Hilfsklassen, die Ihnen all die Arbeit abnehmen und sich um asynchrone Hintergrundanforderungen kümmern, Bilder aus dem Web übernehmen und insbesondere den Lebenszyklus der Applikation verlängern. Sie müssen sich nie mehr um Zustandsänderungen kümmern, da sich Droid-Fu nicht nur darum kümmert. Warten Sie nicht länger und nutzen Sie Droid-Fu! Den Quellcode finden Sie unter http://github.com/kaeppler/droid-fu.

RoboGuice

Auch wenn es sich irgendwie nach einem Energiegetränk anhört, handelt es sich bei *RoboGuice* doch um ein Framework, das die Guice-Bibliothek von Google dazu benutzt, *Dependency Injection* zum Kinderspiel werden zu lassen. Dependency Injection übernimmt die rechtzeitige Initialisierung Ihrer Variablen, sodass Sie sich nicht selbst darum kümmern müssen. Sie verringert die Menge des Codes, den Sie letztlich selbst schreiben müssen, und erleichtert deutlich die spätere Wartung Ihrer App. Den Quellcode finden Sie unter http://code.google.com/p/roboguice.

DroidDraw

DroidDraw ist ein Werkzeug zum Erstellen grafischer Benutzeroberflächen, mit dessen Hilfe Sie Layouts für Ihre Android-Apps erstellen können, indem Sie Steuerelemente in einer Art Zeichenprogramm auf eine Arbeitsfläche ziehen. Ich benutze es zum Entwerfen von Benutzeroberflächen oder um sie später zu optimieren, weil es die Möglichkeit bietet, sich die Benutzeroberfläche ansehen zu können, ohne dazu die App kompilieren zu müssen. Nach dem Erstellen eines Entwurfs in DroidDraw können Sie ihn speichern und in Ihrer App verwenden. Da sich diese Anwendung noch in der Betaphase befindet, kann sie sich noch ändern. Sie finden sie unter www.droiddraw.org.

Draw 9-patch

Draw 9-patch ist ein Hilfsprogramm, mit dem Sie ohne großen Aufwand skalierbare Bilder für Android erstellen können. Draw 9-patch wird zwar in diesem Buch nicht näher behandelt, Einzelheiten dazu können Sie aber auf der englischsprachigen Website http://d.android.com/guide/developing/tools/draw9patch.html finden.

Sie können dieses Dienstprogramm dazu verwenden, Anweisungen in Ihre Bilder einzubetten, die dem Betriebssystem mitteilen, wie es Ihre Abbildungen skalieren soll, damit sie unabhängig von der Größe und Auflösung des Gerätebildschirms klar und deutlich angezeigt werden.

Hierarchy Viewer

Wenn Sie beim Erstellen einer Benutzeroberfläche in Ihrer Layoutdatei mit verschiedenen Ansichten arbeiten, ist dies oft nicht ganz einfach. Mit dem *Hierarchy Viewer*, der sich im Ordner tools des Android-SDKs befindet, können Sie genau sehen, wie Ihre Steuerelemente grafisch auf dem Bildschirm dargestellt werden. Sie können deutlich die Ränder der einzelnen Steuerelemente erkennen und wissen so, was genau sich auf dem Bildschirm abspielt. Ich halte das Programm für das ultimative Werkzeug zum Erstellen pixelgenauer Benutzeroberflächen. Mit Hierarchy Viewer können Sie auch die pixelgenaue Darstellung des Bildschirms vergrößern und prüfen, ob Ihre Bilder und Benutzeroberflächen bei allen Bildschirmgrößen und Auflösungen fehlerfrei angezeigt werden. Mehr über dieses Programm erfahren Sie unter http://developer.android.com/guide/developing/tools/hierarchy-viewer.html.

UI/Application Exerciser Monkey

UI/Application Exerciser Monkey können Sie benutzen, um Ihre App einem Intensivtest zu unterziehen. Das Programm wird dabei seinem Namen gerecht, verhält sich affenartig und simuliert zufällige Berührungen, Klicks und andere Anwenderereignisse und versucht Ihre App unter abnormen Umständen zum Absturz zu bringen. Mit einer Art Affen

17 ➤ Zehn Tools zur Erleichterung Ihres Entwicklerlebens

können Sie Ihre Apps entweder im Emulator oder auf Ihrem eigenen Gerät testen. Weitere Informationen zu diesem Programm finden Sie unter http://developer.android.com/guide/developing/tools/monkey.html.

zipalign

zipalign richtet alle nicht komprimierten Daten in Ihrem APK aus. Durch Ausführung von zipalign können Sie den Laufzeit-Speicherbedarf Ihrer App minimieren. Wie in Kapitel 8 demonstriert, wird Ihre App beim Export einer signierten Anwendung immer ausgerichtet, wenn Sie das ADT in Eclipse verwenden. Weitere Informationen zu diesem Programm finden Sie unter http://developer.android.com/guide/developing/tools/zipalign.html.

layoutopt

layoutopt ist ein Befehlszeilenwerkzeug, das Ihre Layouts analysiert und auf möglicherweise problematische oder ineffiziente Stellen hinweist. Da es Bremsen und andere mögliche Probleme in Ihrer App erkennen kann, können Sie mit diesem hervorragenden Werkzeug all Ihre Layouts und Ressourcenverzeichnisse prüfen. Sehen Sie es sich einmal an; Sie finden es unter http://developer.android.com/guide/developing/tools/layoutopt.html.

Git

Git ist ein äußerst schnelles, kostenloses und quelloffen vertriebenes Versionskontrollsystem. Git sorgt für die effiziente Verwaltung Ihrer Repositories und schnelle und problemlose Sicherungen Ihrer Projekte. Verzichten Sie nicht auf den Einsatz eines Versionskontrollsystems und sorgen Sie dafür, dass Ihre nächste spektakuläre App auch vor Systemabstürzen sicher ist! Mit Git können Sie effizient mehrere Projektversionen verwalten und es lässt sich unkompliziert in Ihre Arbeitsabläufe integrieren. Mit den angebotenen Eclipse-Plugins lassen sich Ihre Git-Repositories auch aus der Eclipse-IDE heraus auf einfache Weise verwalten. Sie können Git eigenständig nutzen, Ihre Git-Repositories aber auch andernorts sicher speichern. Kostenlose private Git-Repositories können Sie unter http://projectlocker.com oder http://unfuddle.com ablegen. Für quelloffenen Quellcode ist dies auch unter https://github.com möglich. Mehr über Git erfahren Sie unter http://git-scm.com.

Paint.NET und GIMP

Irgendwann werden Sie im Rahmen Ihrer Android-Entwicklungen mit Bildern arbeiten müssen. Profis nutzen zur Bildbearbeitung meist Adobe Photoshop, es gibt aber auch Alternativen für den kleinen Geldbeutel. Zwei kostenlose Optionen sind Paint.NET und GIMP.

Paint.NET ist ein kostenloses Bildbearbeitungsprogramm, das das .NET-Framework nutzt. Es wird überall auf der Welt von vielen Entwicklern benutzt. Sie finden dieses Windows-Programm unter `www.getpaint.net`.

Das quelloffene Programm *GIMP* ähnelt Photoshop. GIMP gibt es in Versionen für Windows, Linux und den Mac. Sie finden es in den allermeisten Linux-Distributionen und unter `www.gimp.org`.

Stichwortverzeichnis

A

Abmessung 166
Accelerometer 37
acquire() 299
ACTION_EDIT 178
ACTION_MAIN 178
ACTION_VIEW 178
Activity 31, 129
Activity (Klasse) 129
Activity Manager 44
Adapter 227, 268
AdapterContextMenuInfo 284
Adaptermodell 268
adb (Android Debug Bridge) 52
add() 325
addPreferencesFromResource() 320
AdMob 209
Adobe Photoshop 335
ADP1 126
Adresse 179
AdSense 209
ADT (Android Development Tools) 48, 149
ADT-Export-Assistent 198
Aktivität 129
    Zustand 130
Aktivitätsstapel 130
Alarmdienst 141
Alarm-Ereignis 293
AlarmManager 220
AlarmManager (Klasse) 293
AlertDialog 256
AlertDialog.Builder 258
Amazed 330
Android
    3.0 307
    Logo 87
    Paket 58
    Plattform 61
    Wurzeln 27
Android Development Phone 1 126
Android Device Chooser 148
Android SDK 23
Android SDK and AVD Manager 78
android.database 268
android.jar 95
android.R (Klasse) 239
android.util.Log 152

android.widget 138
Android-ADT 48
ANDROID-Bildschirm 87
AndroidManifest.xml 93, 101, 158, 191, 196, 223, 266, 294
Android-Marktplatz 28, 41, 195
Android-Paketdatei 195
Android-Projekt 27
Android-Quellcode 28
Android-SDK 47
    Ordnerstruktur 61
Anforderungscode 242
ANR (Application Not Responding) 185
ANR-Fehler 180
Ant 197
Anwendung
    veröffentlichen 210
Anwendungsfokus 220
Anwendungsframework 43
Anwendungsname 72
Anwendungsstarter 72
Apache Ant 31
API
    Beispiele 65
    Demos 66
API-Demos 331
APK (Android Package) 58
APK-Datei 195
    erstellen 198
App
    veröffentlichen 210
Apple iPhone 171
Application Launcher 72
Application Name 72
Application Not Responding 150
App-Widget 173
    zum Startbildschirm hinzufügen 193
AppWidget.java 181
App-Widget-Framework 176
AppWidgetProvider 175, 182, 186
Arbeitsbereich 56
arrays.xml 97
Asset 95
Asset Manager 95
assets (Ordner) 92, 95
AsyncTask (Klasse) 34, 257
Audiodienst 141

AudioManager 140
Aufgabenplanung 220, 293
Auflösung 96
Ausnahmebehandlung 300
Ausnahmefehler 33, 134, 191, 290
Auswahlmenü 32, 237
AVD (Android Virtual Device) 78

B

background (Eigenschaft) 126
Backup-Manager 72
Basisklasse 132
Bedienschnittstelle 44
Beginnauszeichner 110
Begrüßungsbildschirm 88
Beispielcode 329
Benachrichtigungsbereich 306
Benachrichtigungsleiste 145, 221
Benachrichtigungssymbol 305
Benachrichtigungsverwaltung 308
Benutzerkontensteuerung 50
Berechtigung 38, 102, 266
Berührungsereignis 135
Beschleunigungssensor 37, 330
Betreffzeile 234
Bewertungssystem 215
Bibliothek 98
Bild 170
    anzeigen 116, 119
Bildbearbeitungsprogramm 336
Bildschirmdichte 166
Bildschirmfoto 150, 209
Bildschirmtastatur
    japanische Optionen 246
bin (Ordner) 92
Blackberry 171
Blogger-Konto 203
Bluetooth 29
    Android-Version 51
Bool 167
bottom 120
Breakpoint 154
Broadcast-Ereignis 176
Broadcast-Intent 293
BroadcastReceiver 191, 297, 302
Build Target 77
buildUpdate() 189
Bundle 135, 233
Button (Datentyp) 137
Button (Widget) 136

C

C2DM-Framework 39
Cache 264
Callback-Methode 130
catch 300
center_horizontal 119
center_vertical 120
CheckBoxPreference 314
checkIfPhoneIsSilent() 143, 144, 156
Chooser 32, 232, 233
clickable (Eigenschaft) 136
Client-Server-Computing 38
Close All 106
Close Project 106
Cloud-Messaging 39
Cloud-to-Device Messaging 39
Codebeispiele 66
Codevervollständigung 120
colors.xml 97, 167
ContentValues 279
ContentView 135
Context 188
createReminder() 241, 276
cron 220, 293
CRUD 267
CSS (Cascading Style Sheet) 98, 166
Cursor 227, 280

D

Dalvik 31
Dalvik Virtual Machine 43
Danger 27
Darstellbare Ressource 120
DatabaseHelper 269
DatabaseHelper() 272
DATE_PICKER_DIALOG 250
DATE_TIME_FORMAT 276
Datei
    schließen 106
Datentyp
    umwandeln 137
DatePicker 248
DatePickerDialog 248
DB (Android Debugging Bridge) 149
DDMS (Dalvik Debug Monitor Server) 63, 150
ddms.bat 152
Debug 158
Debuggable 158
Debugger 154, 158
Debug-Konfiguration 82

Debug-Perspektive 159
Debug-Schlüssel 197
default.properties 93, 103
delete() 279, 281
deleteReminder() 279, 285
Developer Tools 59
Dialogfeld 221, 256
Dienst 35
DigitsKeyListener 320
dimens.xml 97
Dimension 166
Donut 21
doReminderWork() 300, 308
dp (density-independent pixels) 166
dpi (dots per inch) 166
Draw 9-patch 334
Drawable 97, 120, 170
DroidDraw 334
Droid-Fu 333
DVM (Dalvik Virtual Machine) 43

E

Eclipse 47, 55
    Installation 56
    Konfiguration 60
Eclipse-IDE 47
EditText 245
EditText (Widget) 136
EditTextPreference 314
Eigenschaftenbereich 111
Einschlafsperre 294, 298
Einstellung 313
Einstellungsbildschirm 315
Empfänger 294
Emulator 63, 78
    einrichten 78
Endauszeichner 110
Entwicklergebühr 202
Entwicklungstelefon 126
Entwicklungsumgebung 55
Ereignisbehandlungsroutine 131
Ereignisüberwachungsfunktion 135
Ergebniscode 242
Ergebnismenge 280
Erweiterte Systemeinstellungen 53
Event-Listener 135
Exception 191
execSQL() 272
Exerciser Monkey 334
Export Android Application 199
EXTRA_SUBJECT 234

EXTRA_TEXT 234
Extract Android String 169

F

Facebook-SDK 332
Farbdatei 167
Farbe 167
FC (Force Close) 159
Feature Detection 29
Fehlersuchmodus 158
fetchAllReminders() 279
fetchReminder() 279, 290
fill_parent 114
fillData() 284
findPreference() 320
findViewById() 137
Flugmodus 132
Force Close 150, 159
Format 166
Formatvorlage 166
Foursquare 36, 330
FrameLayout 111

G

G1 21
Galileo 55
gen (Ordner) 76, 92, 99
Geolokation 29
Geräteemulator 50
Gerätehardware 35
Geräteneustart 301
Geste
    angepasste 36
    Multitouch 36
getCacheDir() 264
getColumnIndexOrThrow() 290
getDefaultSharedPreferences() 324
getEditText() 320
getExternalFilesDir() 264
getExternalStorageState() 264
getExtras() 233
getInt() 233
getItemId() 241
getListView() 231
getLock() 299
getMenuInfo() 284
getSharedPreferences() 314
getString() 290, 324
getSystemService() 141, 299, 308
getTimeInMillis() 296

GIMP 336
Git 335
Git (Repository) 42
github 335
Globalisierung 165, 171
Gmail-Konto 202
Google 45
Google AdSense 209
Google Maps
    APIs 62
Google TV 36
Google-Konto 202
GPS (Global Positioning System) 29, 65, 151
GPS-Koordinate 65
GPX (GPS eXchange Format) 151
Grafisches Oberflächenelement 97
Graphical Layout (Registerkarte) 111
Gruppe 281

H

Hallo Android 72
Haltepunkt 154
    setzen 156
Händlerkonto 207
Hardwarekomponenten 35
HDPI (High Dots Per Inch) 97
Helios 55
Hierarchy Viewer 334
Hintergrunddienst 185
Hintergrundfarbe
    ändern 126
Honeycomb 307
Hotkey 135
HTC 45
HTC Evo 4G 36
HTC Sense 87
Hubroid 332
Hüllklasse 268

I

icon.png 122
id (Attribut) 119
IDE (Integrated Development
    Environment) 47
if 144
ImageButton (Widget) 136
ImageView 119
import 104, 138, 141
Indigo 55
Inhaltsrichtlinien 213

initialLayout 190
inputType 247
insert() 278
Integer-Array 167
Intent 31, 177
Intent-Filter 192
Intent-Receiver 32
Intent-Resolution 179
IntentService 185
iPhone 21, 171
isAfterLast() 303
isFinishing() 133
iTwitter 29

J

Jarsigner 197
Java 21, 30, 46
Java Development Kit 23
Java Platform (JDK) 48
Java SE Downloads 48
Java Virtual Machine 46
Java-JDK 47
Java-SDK 48
Java-Tutorial 46
JDK (Java Development Kit) 23, 47, 48
    Download 48
JSON 330
JTwitter 98
jUnit 164
JVM (Java Virtual Machine) 46

K

Kaskadierende Formatvorlage 98
Keystore 198
Keytool 197, 198
KISS-Prinzip 40
Klick 230
Klingel
    Status ermitteln 139
Klingelton 306
KML (Keyhole Markup Language) 151
Kollisionserkennung 331
Kompass 29
Kompatibilitätsprogramm 29
Kontextmenü 237, 242
Kopierschutz 212
Kurz-Druck 230

L

Ländercode 200

Stichwortverzeichnis

Landscape 125
Lang-Druck 33, 230
Lang-Klick 230
Last.fm 331
Laufzeitfehler 155
Laufzeitumgebung 43
Launch-Konfiguration 82
Lautlosmodus-Umschalter 105
layout_gravity (Eigenschaft) 119
Layoutdatei 108
layoutopt 335
LayoutParams 115
layouts (Ordner) 108, 168
Layouttyp 109
Layoutwerkzeug 110
layout_height 115
layout_width 115
LDPI (Low Dots Per Inch) 97
Lebenszeit 131
Lebenszyklus 130
left 120
LG 45
Library 98
libs (Ordner) 92, 98
Lichtsignal 306
LinearLayout 109
Linux-Kernel 42
list_menu.xml 238, 321
list_menu_item_longpress.xml 243
ListActivity 227
ListItemRow (Widget) 136
ListPreference 314
Location Manager 44
Log 151
LogCat 150
Lokalisierung 170
LOLCat 330
Long (Datentyp) 289

M

main.xml 108, 135, 168
MainActivity 73, 92
MainActivity.java 93, 134
Manifest-Datei 101, 166, 191
Maps-API 39
MapView 151
Mashup 29
match_parent 116
mAudioManager 140
Maven 197
mCalendar 252

mConfirmButton 258
MDPI (Medium Dots Per Inch) 97
Media Frameworks 43
Menü 167
   erstellen 237
   erweitertes 237
menu_insert 239
MenuInflater 239
MenuItem (Widget) 136
Message 32
Metadaten 190
Methode 129
MIME-Typ 179
Min SDK Version 73, 77
minHeight 190
minSdkVersion 196
minWidth 190
Modul
   importieren 104
Monkey 164
Motorola 45
moveToFirst() 279
moveToNext() 304
mTimeButton 253
Multiple Resolution 331
Multitouch 36

N

Nachrichtenbus-Architektur 177
Nachrichtensystem 177
Nachrichtenticker 307
Netzwerkstapel 42
Nook 46
NotificationManager 221, 308
notify() 310
Nutzdaten 179
NVidia 45

O

OAuth 330
OHA (Open Handset Alliance) 45
onActivityResult() 241, 242
OnAlarmReceiver (Klasse) 296
OnAlarmReceiver.java 294
OnBootReceiver (Klasse) 302
onCreate (Methode) 129
onCreate() 131, 132, 134
onCreateContextMenu() 231, 243
onCreateDialog() 251
onCreateOptionsMenu() 239

onDateSet() 251
onDestroy() 131
onHandleIntent() 300
onKeyDown() 136
onListItemClick() 230
onMenuItemSelected() 241
onPause (Methode) 130
onPause() 132
onResume() 289
onSaveInstanceState() 290
onStart() 131
onStop() 131
onUpgrade() 272, 273
Open GL 43
Open Handset Alliance 45
orientation 115

P

Paint.NET 336
Paket 73
    Namenskonventionen 73
Paketname 73
Parcelable 135
ParseException 290
parseInt() 325
PendingIntent 177, 296
PendingIntent.getBroadcast() 180
Permission 102
Persönlicher Ordner 71
Persönlichkeitsrecht 30
Pfadangabe 47
phone_on.png 116
phone_silent.png 118
Pixeldichte 96
Point 166
populateFields() 323
Portnummer 87
Portrait 125
Portweiterleitung 150
ppi (Pixel Per Inch) 96
Preference 316
PreferenceActivity (Klasse) 319
PreferenceCategory 316
Preference-Framework 313
PreferenceScreen 316
ProgressBar (Klasse) 257
ProgressDialog (Klasse) 257
proguard.cfg 93
Projectlocker 335
Projekt
    erstes 69

    erzeugen 69
    neu erstellen 106
    neues 69
    Ordner 92
    schließen 106
Projekteinstellung 103
Properties 113
Properties-Editor 103
Prozessverwaltung 42
pt (Punkt) 166
Punkt 166
Punktdichte 96
putString() 326
px (Pixel) 166

Q

Quattro Wireless 209
query() 279, 280

R

R (Klasse) 100, 168
R.colors (Klasse) 97
R.dimens (Klasse) 97
R.java 99, 100
R.strings (Klasse) 97
R.styles (Klasse) 98
Raw asset file 95
RECEIVE_BOOT_COMPLETED 266, 301
Rechtsklick 33
Referenced Libraries (Ordner) 92
registerButtonListenersAndSetDefaultText() 274
registerForContextMenu() 231, 242
Registrierungsgebühr 42
RelativeLayout 111
reminder_edit.xml 224, 245
reminder_row.xml 227
ReminderEditActivity 223
ReminderManager (Klasse) 294
RemindersDbAdapter 273
ReminderService (Klasse) 300
ReminderService.java 294
RemoteView 175
Replica Island 332
requestCode 242
res (Ordner) 92, 96
res/layout (Ordner) 184
Research In Motion 171
Ressource 165
    darstellbare 120

resultCode 242
right 120
RINGER_MODE_NORMAL 144
RINGER_MODE_SILENT 144
RingtonePreference 314
RoboGuice 333
Ruhezustand 132
Run Configurations 82
Run-Konfiguration 82
Run-time exception 33

S

samples (Ordner) 65, 331
Samsung 45
saveState() 275, 291
Schaltfläche
    hinzufügen 123
Schema 167
Schließen erzwingen 159
Schlüssel 197
    öffentlicher 197
    privater 197
ScrollView 226
SD Card 81
SDK (Software Development Kit) 47, 50
    Beispiele 65
SDK-Tools 62
SD-Speicherkarte 37
Secure Sockets Layer 43
sendBroadcast() 178
Service 35
setClickable() 136
setKeyListener() 320
setLatestEventInfo() 310
setListAdapter() 228
setText() 253
showDatePicker() 251
showDialog() 250
showTimePicker() 254
Sicherheitsmodell 42, 174
Signierung 197
SimpleCursorAdapter 284, 285
SimpleDateFormat 252, 290
SimpleDateFormat (Klasse) 255
Skin 80
SlidingDrawer 110
Sony Ericsson 45
Sortierreihenfolge 281
Soziale Netze 29
Soziales Netzwerk 330
sp (scale-independent pixels) 166

Speicher
    externer 264
    interner 264
Speicherverwaltung 42
Spinner (Widget) 136
Spracherkennung 72
Sprint 36, 45
SQL (Structured Query Language) 263
SQLite 43, 332
    Datenbank 264
    Datenbank erstellen 267
    Website 263
SQLiteOpenHelper 271
src (Ordner) 92
SSL (Secure Sockets Layer) 43
Standortdienst 141
startActivity() 178
startActivityForResult() 241
Startbildschirm 89, 174, 193
Startbildschirm-Widget 173
startManagingCursor() 284
Startsymbol 121
    hinzufügen 122
Statusleiste 221, 305
Steuerelement 33, 109
strings.xml 97, 169, 171, 239
Style 98, 166
Style Sheets 166
styles.xml 98
super.onCreate() 134
Symbolgröße 122
Symbolmenü 237
Systemdienst 141
Systemeigenschaften 53
Systemnachricht 32, 175, 297
Systemprotokoll 154

T

TabHost 110
TableLayout 111
Tag 110
task_preferences.xml 317
task_saved_message 275
Task-Planer 293
TaskPreferences (Klasse) 322
TaskPreferences.java 320
Tastaturereignis 135
Tastenkombination 135
Telephony Manager 44
Template 122
Terminerinnerung 293

Terminplaner 219
Texas Instruments 45
Texteingabefeld 245
TextView
   Schriftart 167
TextWatcher 261
Thema 80, 167
Theme 167
Thread 34
TimePicker 248
TimePickerDialog 249, 253
T-Mobile 27, 45
Toast 220
Toggle Breakpoint 156
toggleUi() 144
tools (Ordner) 150, 152
top 120
Transparenz
   Bilder 176
Treibermodell 42
Treppeneffekt 170
try 300
Twitter 29
Twitter-API 98
Typisiertes Array 167

U

UI (User Interface) 44
UI/Application Exerciser Monkey 334
Umgebungsvariablen 53
Unfuddle 335
Untermenü 237
update() 279, 281
updateReminder() 279
updateTimeButtonText() 255
USB-Treiber 64
   Installation 64
USB&divis;Treiber 62
usb_driver 62
uses-permission 267
uses-sdk 196

V

values (Ordner) 171

Verbose 152
Versionscode 74, 101
Versionskontrollsystem 335
Versionsname 74, 101
VGA (Video Graphics Array) 80
Vibration 306
View 33, 109
View System 44
Virtuelles Android-Gerät 78
Visueller Designer 111
Vorgabeaktivität 84
Vorlage 122

W

WAKE_LOCK 266
WakeReminderIntentService (Klasse) 294, 298
WakeReminderIntentService.java 294
WebKit 43
WebTV 27
Wecker 293
Werbung 209
Wertressource 167
Widget 123
   einbinden 138
   importieren 138
widget.xml 184
Widgets 33
Wildfire Communications 27
Workspace 57
Workspace Launcher 56
wrap_content 124

X

XML 330
XML (eXtensible Markup Language) 30, 94
XML-Datei 238

Z

Zertifikat 197
Zielplattform 77
   Auswahl 72
zipalign 335
Zum Startbildschirm hinzufügen 193